海外中国研究丛书
刘东 主编

[美] 韩瑞 著
袁剑 译

THE HYPOTHETICAL MANDARIN

假想的『满大人』

同情、现代性与中国疼痛

Sympathy, Modernity, and Chinese Pain

江苏人民出版社

图书在版编目(CIP)数据

假想的"满大人":同情、现代性与中国疼痛/
(美)韩瑞著;袁剑译. --南京:江苏人民出版社,
2013.3(2021.12重印)
(海外中国研究丛书/刘东主编)
书名原文:The Hypothetical Mandarin:Sympathy,
Modernity, and Chinese Pain
ISBN 978-7-214-09229-8

Ⅰ.①假… Ⅱ.①韩…②袁… Ⅲ.①生活方式-对比研究-中国、西方国家 Ⅳ.①D669.3②D583

中国版本图书馆 CIP 数据核字(2013)第 048979 号

The Hypothetical Mandarin: Sympathy, Modernity, and Chinese Pain was originally published in English in 2009. This translation is published by arrangement with Oxford University Press and is for sale in the Mainland of the People's Republic of China only.
Copyright © Eric Hayot 2009
Simplified Chinese translation copyright © 2012 by Jiangsu People's Publishing, Ltd..
All rights reserved
江苏省版权局著作权合同登记:图字 10-2010-305

书　　名	假想的"满大人":同情、现代性与中国疼痛
著　　者	[美]韩瑞
译　　者	袁　剑
责任编辑	孙　立　洪　扬
特约编辑	张　欣
装帧设计	陈　婕
责任监制	王　娟
出版发行	江苏人民出版社
地　　址	南京市湖南路 1 号 A 楼,邮编:210009
照　　排	江苏凤凰制版有限公司
印　　刷	南京新洲印刷有限公司
开　　本	652 毫米×960 毫米　1/16
印　　张	23.75　插页 4
字　　数	300 千字
版　　次	2013 年 4 月第 1 版
印　　次	2021 年 12 月第 3 次印刷
标准书号	ISBN 978-7-214-09229-8
定　　价	48.00 元

(江苏人民出版社图书凡印装错误可向承印厂调换)

序"海外中国研究丛书"

中国曾经遗忘过世界,但世界却并未因此而遗忘中国。令人嗟讶的是,20世纪60年代以后,就在中国越来越闭锁的同时,世界各国的中国研究却得到了越来越富于成果的发展。而到了中国门户重开的今天,这种发展就把国内学界逼到了如此的窘境:我们不仅必须放眼海外去认识世界,还必须放眼海外来重新认识中国;不仅必须向国内读者迻译海外的西学,还必须向他们系统地介绍海外的中学。

这个系列不可避免地会加深我们150年以来一直怀有的危机感和失落感,因为单是它的学术水准也足以提醒我们,中国文明在现时代所面对的绝不再是某个粗蛮不文的、很快就将被自己同化的、马背上的战胜者,而是一个高度发展了的、必将对自己的根本价值取向大大触动的文明。可正因为这样,借别人的眼光去获得自知之明,又正是摆在我们面前的紧迫历史使命,因为只要不跳出自家的文化圈子去透过强烈的反差反观自身,中华文明就找不到进入其现代形态的入口。

  当然,既是本着这样的目的,我们就不能只从各家学说中筛选那些我们可以或者乐于接受的东西,否则我们的"筛子"本身就可能使读者失去选择、挑剔和批判的广阔天地。我们的译介毕竟还只是初步的尝试,而我们所努力去做的,毕竟也只是和读者一起去反复思索这些奉献给大家的东西。

刘 东

目 录

译者的话 *1*

中文版序言 *1*

致谢 *1*

导论 *1*

一、轶事理论 49
   1. 叙述语法 53
   2. 代理者的疼痛语言 66
   3. 轶事理论 71

二、怜悯之交换：刑罚、服饰、同情，1800—1801 78
   1. 装束与习俗 79
   2. 特殊刑罚 86
   3. 英式书写，"中式"图片 100
   4. 怜悯之交换 109

三、疼痛中的中国身体：1838—1852年美国传教士的医疗救助活动 120
   1. 市场渗透 122

  2. 脸庞、肿瘤、风格　　*131*

  3. 林呱所绘的肖像画　　*134*

  4. 饱受煎熬的结石病　　*165*

四、中国人的身体，中国人的未来：19世纪晚期美洲的"苦力"　　*170*

  1. 中国人的入侵　　*170*

  2. 机器身体　　*175*

  3. 反乌托邦(Dystopian)的感觉　　*188*

  4. 学着失去　　*206*

  5. 拟人化的光圈　　*212*

五、伯特兰·罗素的中国之眼；或现代主义的双重视野　　*218*

  1. 线条的作用何在　　*223*

  2. 伯特兰·罗素的中国之眼　　*243*

  3. 疼痛与剑桥哲学　　*253*

  4. 受苦的中国性　　*261*

  5. 假想的满大人(回归)　　*265*

六、麻醉的观念：针灸、照相与物质形象　　*268*

  1. 麻醉与审美　　*272*

  2. 审美的地理学　　*284*

  3. 质素(*Hyle*)：图像的意图　　*300*

  4. 缺失现代性的现代性　　*313*

七、结语　　*320*

  1. 终结意识(Ⅰ)　　*321*

  2. 终结意识(Ⅱ)　　*323*

  3. 终结意识(Ⅲ)　　*328*

  4. 趋于同情　　*341*

译后记　　*350*

译者的话
"痛苦"：中西方之间的心灵边疆

> 那种可能落到他头上的最小的灾难会引起他某种更为现实的不安，如果明天要失去一个小指，他今晚就会睡不着觉；但是，倘若他从来没有见到过中国的亿万同胞，他就会在知道了他们毁灭的消息后怀着绝对的安全感呼呼大睡，亿万人的毁灭同他自己微不足道的不幸相比，显然是更加无足轻重的事情。因此，为了不让他的这种微不足道的不幸发生，一个有人性的人如果从来没有见到过亿万同胞，就情愿牺牲他们的生命吗？
>
> ——亚当·斯密：《道德情操论》

痛苦，始终是人类的主题之一。关注痛苦，就是关注人类的灵魂。

在中国，从来就不缺少苦难叙事，远到汉乐府《东门行》中的"出东门，不顾归；来入门，怅欲悲。盎中无斗米储，还视架上无悬衣。拔剑东门去，舍中儿母牵衣啼……"到杜甫名作《石壕吏》中那凄凉的哀诉："三男邺城戍，一男附书至，二男新战死。存者且偷生，死者长已矣！室中更无人，惟有乳下孙，有孙母未去，出入无完裙。老妪力虽衰，请从吏夜归，急应河阳役，犹得备晨炊"，再到埃德加·斯诺在《西行漫记》对身处苦难中的中国人民的同情："你有没有见到过一个人——一个辛勤劳动、'奉公守法'、于人无犯的诚实的好人——有一个多月没有吃饭了？这种景象真是令人惨不忍睹。挂在他身上快要死去的皮肉打着皱褶；你可以一清二楚地看到他身上的每一根骨头；他的眼光茫然无神；他即使是个二十岁的青年，行动起来也像个干瘪的老太婆，一步一迈，走不动路。他早已卖了妻鬻了女，那还算是他的运气。他把什么都已卖了——房上的木梁，身上的衣服，有时甚至卖了最后的一块遮羞布。他在烈日下摇摇晃晃，睾丸软软地挂在那里象干瘪的橄榄核儿——这是最后一个严峻的嘲弄，提醒你他原来曾经是一个人！"这些曾经有过的叙述，无疑会让我们回望自己民族的苦难命运，不由得沉思良久，但是，我们却往往忘却了正视这些"痛苦"的勇气，在某种程度上，由于民族性格中的隐忍，更由于我们心灵屏障的重重遮蔽，我们成了鲁迅先生所言的"容易健忘的中国人"。

在一年多以前，曾有过这样一条新闻，相信都曾触动过大家的心灵：2011年5月26日，美国参议院以全票赞成的结果通过一项法案，为19世纪末、20世纪初的排华法案等诸项歧视华人的法律道歉。在这份由参议员黛安·法因斯坦和斯科特·布朗等人联署的提案中，这么说道："许多华人在19世纪末、20世纪初来到美国，为美国经济发展以及西部的大开发做出了重大贡献，但却遭到种族歧视和暴力侵害，美国政府还通过了排华法案等歧视性的法律，对华人造成了巨大的伤害。这些法律与美国独立宣言中人人平等的理念不符、与美国宪法精神不符。对这些排华法律及其所造成的不公正，参议院表示深深的歉意，并将会在今后致力于保护华人等少数族裔享有与其他美国国民相同的民权与宪法权利。"对历史事件，美国政府轻易不会道歉，因此，这种表态，在某种程度上表达了一种相当明显的信号，即，美国开始正视这段历史，并在此基础上去重新认识中国，而现在的这个中国，与100年前的中国，有诸多不同，也有着诸多的类似。

在指向当下问题的论述过程中，回溯历史总是必需的。在历史的长河中,中西方在实现交流互动的同时,也在痛苦的感觉领域展现各自不同的面向,在近代的思想文化交织过程中,双方的这种不同痛苦体验也在某种程度上彼此"遭遇"到了一起。但一种痛苦与另一种痛苦碰撞到一起的时候,所产生的是一种怎样的情形?而从更为广义的角度来说,对他者"痛苦"认知的另一面则是对自身"被痛苦"的强调,而自身的这种有意识"被痛苦"心态更能激发起本国民众对于他者"痛苦"的关注与批判情绪。这些问题激发着我们不尽的思考。

在一百年之后,恩里克·海耶特(Eric Hayot,中文名:韩瑞)力图从几个特殊的角度给我们作出解答。他目前是宾夕法尼亚州立大学比较文学系副教授,并兼任该校亚洲研究项目主管。在这本名为《假想的"满大人":同情、现代性和中国疼痛》的书中,作者倾注了数年的心血,所涉及的研究素材极为广泛,但问题意识却非常明确,它以两个简单的问题展开:首先,为什么西方世界会在这么长的时间跨度之内,以这么多不同的方式来表达这样的观念,即,中国人与残暴及肉体痛苦有着特殊的关系?其次就是,这种观念的历史和表现形式如何印证着当前西方的对华关系?可以说,本书是作者对这种中国的"痛苦"以及西方的"被痛苦"问题所作出的整体性回答。

具体而言,本书所叙述的是西方想象的历史,但同时也是启蒙时期哲学、18 世纪以来在"全球化"口号之下的国际贸易活动、人权理论以及现代性观念史之间互动的历史,是一种复线的、多元的历史。作者通过对文学和历史方面一系列事例的探究,展现出中国生活方式与欧洲式同情相互之间的平衡关系。对这些事例的再现式和历时性的处理方式体现了西方与中国的明确关系,而且还成为一种表达西方最根本的价值观的重要方式。在本书中,作者通过对小说、医案、旅游报告、照片、绘画作品等各方面素材的解读,揭示出西方世界同情与人道之间的关联,以及这种西方式的对华"同情"之心的来龙去脉,并力图通过这些分析展现出对"中国"的整体印象。西方对中国疼痛的反应成为语言、身体、现代性的社会与哲学经验以及对人的主体性定义之间关系的核心所在。可以说,作者在本书中进行的这些分析,开启了思考西方过去与当今对华关系新的可能性,并且通过对同情、受苦、经济交流以及再现式交换这四个术语的专门论述,进而建立起分析中国历史话语、同情与现代性的新网络。在结合了文化研究、亚洲研究、美国研究以及医疗史研究的基础上,作者为我们提供了一个重新审视中西方关系的独特历史视角,无怪乎哈佛大学的王德威先生会不吝赞词了。

在这样的一个时代,我们不希望正视和感知国家与社会所经历的"痛苦"的竟然都是外国人,毋宁是希望,在西方视角下的这些观察与叙述中,我们能够更好地正视自己的祖国、其中那些常常被夸大的"欢乐",以及多有遮蔽的"痛苦"。我们不希望的是,所谓中国人,仅仅是那些将祖国当成是"符号"膜拜的、只在记忆中怀念中国的人们,而理应是那些认真对待并认识中国"痛苦"并力图挽救的人们。

袁　剑
2012年11月28日

(本文主要部分曾以《中国的"痛苦"与西方的"被痛苦":两部作品勾起的记忆》为题发表于《中国图书评论》2011年第12期,在收入本书时,在内容方面作了相应的调整修改,特此说明。)

中文版序言

作品的翻译给作者提供了反思自己写作实践的机会,他需要勇于正视自己作品的独特风格,也需要承认这种风格所带来的理解上的困难,甚至会为此深感歉意。作品在被翻译成另外一种语言的过程中,作者会意识到自己的作品给**其他人**造成了困难,而这正体现了作者的选择所具有的价值。

在此,我首先要向读者,也要向译者袁剑表示歉意。这本书的风格确属另类,读起来可能颇为费解。不过,或许因为我本身就是一个比较特殊复杂的人,我觉得致歉可能并不恰当。毕竟,这本书原本就没打算用大众熟悉的英语来写。我不想像其他人那样来写作。事实上,作为写作者,我的部分目的是要采用特殊的方式写作,以使作品产生一种积极的力量。也就是说,读者不仅能意识到作品及其中的观点是作者个人的思想,而且还能够思考这样一个问题:思想观点能否在写作风格本身这一层面上生发出来?

文学领域的学者认为,作品的观点既跟写作视角有关,也跟它的风格紧密相连。很难想象有人会认为豪尔赫·路易斯·博尔赫斯(Jorge Luis Borges)或者鲁迅等其他人的写作风格与他们小说或散文的内容没有关联。文学批评同样如此：没有人会认为德里达（Derrida）的写作风格与他的思想毫不相干。

那么，为什么大多数批评家的写作风格仿佛与他们的思想毫无关系呢？或许他们的目标不够高远吧，也或许他们压根就没把自己看成艺术家。我不敢打包票说自己是一名艺术家，但是我知道，对我来说，**尝试着**像艺术家一样写作很重要。也就是说，要认真对待自己所做的事情——这并不是因为我确信我的作品终究是认真严肃的，而是因为我确信，要写好道德文章的话，首先就要坚信写作可以发挥重要作用，写作本身就是思想的一种形式。

这是我为什么要专门对袁剑所付出的心血深表感谢的原因所在。据我所知（我的中文阅读能力不是很好，但是我让一位朋友为我大声朗读了作品的部分内容），他出色地翻译了本书，在中译本中十分精准地抓住了我在写作时的感觉。亲爱的读者，如果你觉得行文风格有点怪怪的话，请不要担心——这本书本来就是要让读者觉得新奇的，有时候甚至对于英语母语者来说也是这样。听上去从不让人感到新奇的东西是有风险的，会让人觉得太熟悉了，它们因此无法打破读者所见所闻方面的惯习及常识。但是学术作品，如同艺术作品一样，应该把打破观众的惯习和常识作为自己最基本的目标。

我写本书的目的之一，就是要颠覆欧美长久以来认为他们最重要的哲学概念全部起源于西方国家以及西方文化圈内这一观点。在此，我要指出的是，从同情（sympathy）这一概念的发展来讲，这种观点是不正确的。我也要说明"中国"这一概念是如何帮助欧洲"思考"并且理解众多关于现代生活的重要观念的，其中就包括世界历史、宗教融合、国家与个人残忍行为之间的关系、自然与尚古主义的关系以及身体与自我的关系等诸多概念。在每一项当中，某种欧洲或美国观念的历史都与某一特定的中国概念息息相关，这一中国概念确实对文化和哲学具有重要影响。本书所讲述的就是这种概念发生影响的历史。

不错，就是这种特定的中国概念。但这个中国概念并不就是真实的、当下的中国。真实的中国并不存在，存在的只有中国思想。中国人也都秉持这些思想。如果我们把美国人用来指称"mandarin Chinese"的语言作一番比较，就很容易看到这一点。美国人所指称的"mandarin Chinese"有四种意思：普通话、汉语、国语、中文。普通话所指涉的是该国普遍通用的语言；汉语体现了民族性；国语则通过一种模糊性（哪个国家？），体现了台湾对大陆的抗拒；中文则是华夏中心论（Chinese centrality）这一传统观念的体现。这其中没有哪个概念可以用来指称**当今**或者**真实的**汉语语言。每个概念都表达了该语言的一种思想。我们选择使用哪个概念取决于我们想做什么。这一用法反映了中国性（chineseness）内部的观念冲突，这不仅体现在整个中国范围内，在海外也是如此。我们需要做更多的工作来帮助我们理解中国思想运行的来龙去脉。

* * *

这些对于中国思想的论述，有助于读者理解我对当前中国存在的大量焦虑现象的所思所想，这个问题在本书中被看成是完全欧洲式的事件：被频繁报道的残忍行为以及令人发指的冷漠态度。典型事件有中国网站上一位女性用脚踩扁小猫头部的视频，场面令人震惊；另外还有同样震撼人心的小悦悦事件，这个小女孩被车撞后倒在马路上，18名行人路过而无一人相救。你可能会惊讶地问，中国人是不是真的对他人的痛苦漠不关心？欧洲人究竟是不是错了呢？

不。正如我在本书中所说的，对个人残忍行为的关注是欧洲用于管理现代性当中国家与个人之间诡异关系的策略。非洲、拉丁美洲、东亚以及南亚的欧洲人对于个人残忍行为或冷漠态度的报道，至少在一定程度上说明了国家暴力行为会影响个人行为。我们看到，国家（或者说宏观层面的残忍）和个人（或者说微观层面的残忍）之间正在道德无知当中取得某种平衡，其程度之大令人震惊。美国在巴基斯坦、阿富汗和也门进行的"反恐"战争及无人机的使用令大量平民不幸丧生。尽管这一事实众所周知,但美国公民依然对美国军队进行的此类军事行动心安理得。而与此同时,一位造成相同数量平民死亡的自杀性炸弹袭击者却被大多数美国人视为道德上的恶魔。因此,美国无人机对平民的误伤(美国人不把它称为"谋杀",尽管人人都知道此类**经常**发生)的伤亡事件是国家层面的行为,是一项矫正行动,而那些恐怖分子所策划的针对美国平民的谋杀行为,尽管或多或少是个人所为,但却不属于国家行为,因此就必然会受到强烈谴责。

因此,重点不在于恐怖主义和无人机误伤这两者都是残忍行为,也不在于两者都是无知行为。我们真正需要理解的是"同情"(以及它的反义词:残忍)这整个概念,不管在什么地方,这个概念都是一种强烈的社会及哲学行为,可用于判定个人与国家之间的关系。这不是说残忍(或同情)不存在,而仅仅意味着这两个概念在一个普遍的意义范围内发挥作用,在这一范围内,它们主要社会功能之一就是解决看上去不相关的人类生活中的各种争端,也就是政府和人民这两者间的分歧。

这就表明,大众所消费和传播的残忍形象几乎总是一个正发生在别处的、国家层面的场景。但是,这并不能免除个人关心他人、力所能及地帮助需要帮助的陌生人等这些责任。人们还是需要尽自己所能诚实地对待他人,而且我们也必须互相鼓励,尽可能待人以诚。但是,这并不是说,看到最近**中国国内**几段关于残忍或冷漠行为的视频,我们就应该考虑国家层面的行为是通过何种方式影响个人行为的。我们都知道,一些从小悦悦身旁走过的人害怕被利用,害怕会因此陷入某些骗局而被敲诈勒索或者带来牢狱之灾。这是一个国家的问题,并不能通过个人来解决,因为个人的行为只能发生在国家这一大环境当中。一个拥有强大有力、公正廉洁的法律体系的国家会让人民更容易去做正确的事情。一个好的国家会让做好事变得清晰透明,甚至变得容易……所以,我们开始慢慢地善待他人,甚至不会意识到我们正在进行这样的转变。诸如一些人拒绝帮助街头受伤小孩这类所谓的**内部**事件在本质上是**外部的**，也是彼此相关的。我们可以通过抨击内部事件（鼓励人们变得更加关心他人，等等）来解决这个问题，或者，我们也可以通过解决外部问题来解决这个问题。这两个方法都是很有价值的。如果我们认为唯一的解决方法只能是内部的，或者仅仅针对内部理念（人人都是恶魔，等等）的大声疾呼掩盖了外部、国家层面对于该问题的解决方法的话，那么，事情就不会顺利进行。没有人想要生活在一个众人对街头受伤小孩视而不见的世界中，就连那些在小悦悦身旁走过的人也不想这样。问题在于，我们怎样才能让这一愿望变为现实。我们首先必须好好思考社会结构和个人选择之间的关系，认识到我们可以通过共同努力改变操控着我们的社会结构。

（我注意到了，我没有谈到那个踩在小猫头上的妇女。很明显，她只不过是个傻瓜。如果我特别努力地想要做一个好人，我对她也是怀有同情的；她属于那类认为踩死小猫可以自我取乐的可怜人。）

* * *

本书的写作纯属偶然。2003 年，我花了几个星期的时间在康奈尔大学图书馆阅读文献。康奈尔大学图书馆藏有大量美国涉华文献，大多可以追溯到 19 世纪。那时候，我头脑中还没有一个特定的计划；我只是觉得自己应该读一些东西，构建知识基础，以后可能会用得上。几年以后，我在写一篇关于伯特兰·罗素（Bertrand Russel）的文章（成为本书第五章）时看到一个句子，写的是所谓中国人对他人痛苦的冷漠态度。我觉得我之前看到过这个句子。我回到康奈尔查文献，其中包括关于伯驾（Peter Parker）于 19 世纪三四十年代在广州进行外科手术的报道。在那些报道中，我发现了一句对于中国外科手术病人安静行为的描述（如今收入本书第三章）。这两句话让我头脑中产生了对整本书的初步构想。

最初，这本书我打算写 13 章。但在我写作的过程中，一些不怎么成熟的观点被剔除了。另外一些观点则融合在一个章节中（与赛珍珠

(Pearl Buck)和乔治·巴塔耶(Georges Bataille)放在一起论述,现为本书第六章)。我在写作时找到了我主要观点的主线。但是,最终这个观点跟我一开始写作此书时的观点并不是完全一样的。写作此书的过程改变了我的想法。(若非如此,你就得在两年时间内按照最初写作时的思想写作:多么令人沮丧的事情啊!)随着主线愈加清晰可见,书的结构也从一堆草稿和纸片中凸显出来,我最终从中选取素材写作了这些章节,也就是你现在看到的本书中的章节。若说得太多,就会过多地重复我自己的思想。我在本书结尾的时候没有用明确的语言来作总结,我觉得这是很重要的。这也是为什么在我提了三个可能性的结尾之后,依然以开放性地方式收尾的原因,这给本书提供一个新的空间。在英文版中,我在最后特地写了一句带有韵律的句子,让读者感到后面仿佛还应该有另外的句子。我想让读者觉得,接下去的句子该由他们自己写下去。尽管这本书对一些观点做了总结性**结论**,但与此同时却**开启了**其他方面的论争。最大的可能性则在于,当时,同情感(sympasthetics)这一观念正需要我们像在文学方面所做的那样,对情感活动的复杂性也要认真对待。我自己在这一方面没有写什么内容,但是,这一观念依然令我着迷。

当然,在一定程度上,对《假想的"满大人"》(*The Hypothetical Mandarin*)一书的最新评判要归结到这一中译本上来。它已经拓展到了一种新的语言,而这也是我最初思想的来源地。如果认为这些思想在翻译时丝毫未被改变的话,那就说明你对语言的了解还不够深入。我为这些思想能够得到改变而感到兴奋,我希望袁剑在中译版中所引入的任何一种变化,不仅能够给一些旧的思想输入新鲜血液,也能够引导读者走入我思想的深处,作出进一步的解释、延伸或者修正。翻译是一个解释的过程,也是一种对话的方式。袁剑用中文开启了这场对话。我希望读者们能够把这场对话进行下去。

韩瑞(Eric Hayot)
宾夕法尼亚州立大学/2012年夏

致 谢

真是一言难尽！所有的文字都是对生存与死亡所做的反思性的、带有某种警惕性的安排，它跟照片的记录是全然不同的，照片的记录在文字的眼里完全是一种好奇之举，是不入流的。而文章可以抗拒记忆的洗礼，得以铭记，传之久远，并被加以编码，以应对未来的期望。每一种再生都转而会让记忆慢慢走向湮灭。同样，在记忆与忘却的双重结构当中，那些有助于形成这种书写可能性的特殊行为，也将一种活力转译为另一种活力，并灌注到这一文本当中。有鉴于此：

我要感谢我的家人，感谢他们多年以来的关爱与支持。

本书的观点很多都要归功于朱迪斯·格林(Judith Green)，是他邀请我作讲座，而这场讲座的内容形成了本书的主要观点。我是在图森勾勒出《假想的"满大人"》一书最初的框架的，在这里，在跟查理·博特什(Charlie Bertsch)和格雷格·杰克逊(Greg Jackson)的长期相处中，他们在友谊和学养方面令我受益良多。在亚利桑那大学，我也从一大帮学生（克里斯汀·鲍姆加特胡伯(Christine Baumgarthaber)、肖恩·科布(Baumgarthuber Sean Cobb)、马特·库克(Matt Cook)、阿曼达·格拉迪赛科(Amanda Gradisek)、梅根·马西诺(Megan Massino)、莎莉·诺斯莫尔(Sally Northmore)、萨拉·奥斯蒙特(Sarah Osment)、海伦娜·里贝罗(Helena Ribeiro)、萨姆·施瓦茨(Sam Schwartz)、杰克·斯克芬顿(Jack Skeffington)、马克·苏斯曼(Mark Sussman)和朱莉·沃德(Julie Ward))以及同事(苏珊·艾肯(Susan Aiken)、埃德·德莱顿(Ed Dryden)、比尔·爱泼斯坦(Bill Epstein)、拉里·埃弗斯(Larry Evers)、斯蒂芬妮·皮尔曼(Stephanie Pearmain)和苏珊·怀特(SusanWhite))那里收获颇多。第三章的部分研究工作得到亚利桑那大学人文学院一项职业发展奖金的支持,它使我有时间查阅康奈尔大学 Kroch 图书馆馆藏的华生东亚藏书(Wason Collection on East Asia)。

  本书大部分文稿是在洛杉矶写就的,在这两年时间里,我有幸获得了加州大学洛杉矶分校国际研究所一项全球研究奖金的资助,这一项目的主管李欧娜(Françoise Lionnet)尽职尽责,为我提供了长期而又无微不至的服务。我非常感谢我所在研究所的各位同事,特别是尼特桑·乔雷夫(Nitsan Chorev)、利兹·德洛格利(Liz DeLoughrey)、内特·詹森(Nate Jensen)、史密莎·拉达克里希南(Smitha Radhakrishnan)、尼娜·塞万努斯(Nina Sylvanus)、杰夫·提蒙斯(Jeff Timmons)以及王亦蛮(Yiman Wang),也要感谢戈尔曼·埃斯帕萨(German Esparza)和今井隆昌(Takamasa Imai),以及罗恩·罗戈夫斯基(Ron Rogowski),正是他们,使国际研究所成为写作和思考的绝佳胜地。在加州大学洛杉矶分校的日子里,我还在跟阿里·贝达德(Ali Behdad)、迈克尔·海姆(Michael Heim)、尼尔图·卡纳(Neetu Khanna)、克里斯·罗比(Chris Looby)、杰西卡·普莱斯曼(Jessica Pressman)、马里卡·里德(Marcia Reed)(来自盖蒂研究所)、大卫·沙贝格(David Schaberg)、迈克尔·萨雷(Michael Szalay)、史书美(Shu-mei Shih)和约翰·威廉斯(John Williams)等人的交流当中得到诸多的启发与灵感,他们全都大致浏览过本书的部分草稿,或者对部分内容作过回应。在洛杉矶周边的朋友当中,我尤其要感谢米歇尔·克莱顿(Michelle Clayton)、保罗·吉尔默(Paul Gilmore)、马克·戈布尔(Mark Goble)、友吉达·戈雅尔(Yogita Goyal)、埃莉诺·考夫曼(Eleanor Kaufman)、马克·麦格尔(Mark McGurl)、西安内·恩加依(Sianne Ngai)、莎伦·奥斯特(Sharon Oster)、伊丽莎·塔玛金(Elisa Tamarkin)以及朱莉·汤森(Julie Townsend);在跟他们朝夕相处的两年时光里,我们结下了最深厚、最令人难以忘怀的学术与个人情谊。第二章的研究工作得到了亨廷顿图书馆一项梅隆基金的资助,在这里,梅雷迪思·博比(Meredith Berbee)、胡安·戈麦斯(Juan Gomez)和凯特·汉宁森(Kate Henningsen)为我提供了无私的帮助。拜国际研究所提供的经费所赐,我有幸数次探访耶鲁大学医学史图书馆,托比·阿佩尔(Toby Appel)引导我穿越伯驾藏品的重重迷雾,找到其中的宝藏。

本书稿件在宾夕法尼亚州立大学(State College, Pennsylvania)经历了一遍又一遍的修改、打磨,在这里,同事贾贝巴·巴德隆(Gabeba Baderoon)、汤姆·毕比(Tom Beebee)、海丝特·布卢姆(Hester Blum)、克里斯·卡斯蒂利亚(Chris Castiglia)、陈磊(Liana Chen)、乔恩·恩伯纳(Jon Eburne)、迈克尔·埃文斯基(Michael Elavsky)、凯里·埃克哈特(Carey Eckhardt)、夏洛特·尤班克斯(Charlotte Eubanks)、黄承元(Alexander Huang)、杰拉尔·卡迪尔(Djelal Kadir)、布莱恩·列侬(Brian Lennon)、索菲娅·麦克林(Sophia McClennen)、亨利·莫雷洛(Henry Morello)、丹尼尔·珀迪(Daniel Purdy)、克里斯·里德(Chris Reed)、阿米特·希捷特(Amit Schejter)、瑞秋·特科尔斯基(Rachel Teukolsky)以及立花れい子(Reiko Tachibana)相伴左右,令我如沐春风。我要特别感谢我的科研助手伯尼·托里(Bunny Torrey)和吴君(Grace Wu),以及宾州州立大学比较文学系的行政人员,他们是辛迪·毕尔里(Cindy Bierly)、若埃勒·迪瓦伊尼(JoElle DeVinney)、菲利斯·菲佛利特(Phyllis Favorite)、艾琳·格拉西(Irene Grassi)、莎朗·拉斯科夫斯基(Sharon Laskowsky)、莫娜·马兹欧(Mona Muzzio)、邦尼·罗兹曼(Bonnie Rossman)以及林恩·塞兹勒(Lynn Setzler),非常感谢他

们的帮助!

加州大学洛杉矶分校中国研究中心、剑桥大学、加州大学伯克利分校、亚利桑那大学、耶鲁大学、威斯康星大学、清华大学、加州大学尔湾分校、宾夕法尼亚大学、普林斯顿大学,以及美国比较文学学会(American Comparative Literature Association)三次会议上的诸位听众,他们才思敏锐,一直给予我有益的帮助。我有幸跟艾米丽·阿普特(Emily Apter)、比尔·布朗(Bill Brown)、戴若什(David Damrosch)、周蕾(Rey Chow)、苏珊·斯坦福·弗里德曼(Susan Stanford Friedman)、罗伯特·科恩(Robert Kern)以及刘禾(Lydia Liu)作过深入的交流,并从他们那里获得了很好的建议,并跟珍·盖洛普(Jane Gallop)结下了深厚的友谊。李珍妮(Jennifer Lee)、吴经权(David Eng)、林赛水(Lindsay Waters)、约瑟芬·帕克(Josephine Park)、金守子(Soo La Kim)、罗鹏(Carlos Rojas)、宋惠慈(Wai Chee Dimock)、保罗·圣-阿穆尔(Paul St. Amour)、周成荫(Eileen Chow)以及石静远(Jing Tsu),此外还有特德·韦斯珀(Ted Wesp)、凯利·克林根史密斯(Kelly Klingensmith),他们帮我澄清并扩展了自己的想法。本书编辑、牛津大学出版社的夏侬·麦克兰(Shannon McLachlan)是这一项目的主心骨,就像当年风靡明尼阿波利斯的 Hüsker Dü 乐队一样,令我无比信任。我也感谢她的助手克里斯·吉布森(Chrissy Gibson)以及布兰登·奥尼尔(Brendan O'Neill),以及该系列丛书的编辑凯文·德特马(Kevin Dettmar)和马克·乌兰格(Mark Wollaeger),他们两位慧眼独具,并说服我将拙作纳入他们的系列当中。

最后,我要感谢我的诸位同仁:毕墨惜(Timothy Billings)、克里斯托弗·布什(Christopher Bush)、佩里克莱斯·刘易斯(Pericles Lewis)、凌津奇(Colleen Lye)、苏源熙(Haun Saussy)、瑞贝卡·沃克维兹(Rebecca Walkowitz)以及斯蒂芬·姚(Steven Yao)。我们彼此交流互通,共同搭建起未来发展的舞台。最后,我要把本书献给克里斯,这位我最有力的对话者,他的文章、他的言谈、他的友谊,一直都是我未来人生的楷模。

本书第三章的一个版本以《中国人的身体,中国人的未来》(Chinese Bodies, Chinese Futures)为题发表于《表现》(*Representations*)99(2007年夏季号)上;第五章的一个版本曾发表在《现代中国文学与文化》(*Modern Chinese Literature and Culture*)18:1(2006)上。我要感谢这些刊物允准我在此复述这些素材。

导论
假想的"满大人"

1. 满大人①的首次出现

在亚当·斯密(Adam Smith)②1790年去世前不久出版、经过大幅修订扩充的《道德情操论》(*The Theory of Moral Sentiments*)③的第六版中,他在论及"良知的影响与威望"时加入了一个重要的思维实验。这

---

① The Mandarin,狭义指中国的富人或官员,广义则指中国人甚至中国出产的东西,因为当时正处于清朝时期,故有此称。在本书中,作者为其赋予了更多层面的意义。——译者注
② 亚当·斯密(Adam Smith,1723—1790),18世纪英国著名的经济学家和伦理学家。1723年6月5日出生于苏格兰法夫郡;1737年进入格拉斯哥大学学习哲学;1740年被选入牛津大学深造;1748年,任爱丁堡大学讲师;1751年任格拉斯哥大学教授;1763年,任英国财政大臣养子的伴游导师;1778年任爱丁堡关税局长;1790年7月17日辞世,一生未娶,没有子女。斯密一生奉献了两部传世经典:《道德情操论》(1759年初版)和《国富论》(1776年)。前者为伦理学著作,它的出版使斯密享誉学术界;后者为经济学著作,它的出版标志着经济学作为一门独立学科的诞生,也成就了亚当·斯密作为"经济学之父"的不朽名声。——译者注
③《道德情操论》是亚当·斯密的伦理学著作,首次出版于1759年,该书在斯密去世前共出版过六次。全书共由七卷构成,主要阐释的是道德情感的本质和道德评价的性质问题。斯密在该书中继承了哈奇森的道德感学说和休谟的同情论思想,形成了自己的道德情感理论。他反对神学家用天启来说明道德的根源,而把它认为是人的本性中所有同情的情感,并以之作为阐释道德的基础。他用同情的原理来解释人类正义感和其他一切道德情感的根源,来说明道德评价的性质,并以此为基础表明各种基本美德的特征。——译者注

一实验与道德判断相去甚远的身体上的进步有关。亚当·斯密认为双方之间的任何道德裁决都必须让他们之间的中立者以"第三方的立场和视角"作出,他进一步强调,在具体实践中这种裁决实际上很少出现。①假如"中华大帝国"在一次地震中被突然摧毁的话,一般的欧洲人对此会有何反应呢?尽管这个人在一开始可能会吓一跳,"对于人类生命的不确定性作出一些忧伤的反应",或者就是在清醒之时思考"这一灾难对欧洲商业将会造成的影响",但是,他最终将会回归到他的日常生活当中,"该怎样还是怎样,就好像什么都未曾发生过"(MS,136)。眼不见,心不烦,万里之遥数百万芸芸众生的死去最终还是无法铭记其意识方面的宿命以及客观上的可怕印象。但亚当·斯密写道:

> 那种可能落到他头上的最小的灾难会引起他某种更为现实的不安。如果明天要失去一个小指,他今晚就会睡不着觉;但是,倘若他从来没有见到过中国的亿万同胞,他就会在知道了他们毁灭的消息后怀着绝对的安全感呼呼大睡,亿万人的毁灭同他自己微不足道的不幸相比,显然是更加无足轻重的事情。因此,为了不让他的这种微不足道的不幸发生,一个有人性的人如果从来没有见到过亿万同胞,就情愿牺牲他们的生命吗?(MS,136-37)

通过这种最后的假设性问题,即,将亿万中国人生命的价值与失去一根手指的不幸相比,亚当·斯密首次提出了一种哲学上的猜测,即,欧洲人对过去两个世纪以众多派生形式出现的、久已存在的一种关键性的

---

① 亚当·斯密:《道德情操论》,D. D. 拉斐尔和 A. L. 麦克菲编(Adam Smith, *The Theory of Moral Sentiments*, eds. D. D. Raphael and A. L. Macfie) (Indianapolis, 1984),135。此书在本文随后的注释中将简写成 MS。拉斐尔和麦克菲注意到,尽管他下面的章节写于 1760 年,但直到 1790 年的版本中才印出来;他们还认为,他所选取的那次地震属于 1755 年的大地震,在这场大地震中,有 9 万人丧生,里斯本整个城市被夷为平地(参见 134na,136nj 以及 141nx以获取更多的书目信息)。"良知的影响与威望"这一部分首次出现于 1760 年的第二版中,这对 1759 年第一版做了相当大的修订。亚当·斯密的这本书直到 1790 年付梓的第六版为止尚无多大的改动。

意识:当灾难降临到一位中国陌生人的身上时,对你究竟有多少意义?

这种假设的经典表达出现在巴尔扎克的《高老头》(*Le Père Goriot*,1835)当中,拉斯蒂涅与皮安训的一次交谈:

"你读过卢梭的书没有?"

"读过。"

"你可曾记得,在他著作里有一段,说倘使身在巴黎,能够单凭一念之力,在中国杀掉一个年老的满大人,因此发财;读者打算怎么办?你可记得?"

"记得。"

"那么你怎么办?"

"噢!满大人我已经杀了好几打了。"

"说正经话,如果真有这样的事,只消你点点头就行,你干不干?"

"那满大人是不是老得很了呢? 老也罢,少也罢,痨病也罢,健康也罢,我吗,吓!我不干。"①

到19世纪末,巴尔扎克的这段文字在1874年的Littré辞典中以"杀死满大人"(tuer le mandarin)为辞条而为人所熟知,该辞条解释为"在希望不被人所知的情况下做邪恶之事";这段文字还出现在1932至1935年编成的法兰西学院②词典的第八版当中,作为一个熟语,指代"为了获

---

① 巴尔扎克(Balzac):《高老头》(*Le Père Goriot*),收录于《巴尔扎克全集·私人生活场景6》(*Oeuvres Complètes*,*Scènes de la vie privée VI*)(Paris,1949),361。(中译本:[法]巴尔扎克著,傅雷译:《高老头》,人民文学出版社,1989年。——译者注)
② 法兰西学院(法语:Académie Française)是法国的一所学术机构,它是法兰西学会(Institut de France)下属的五个学术院之一,是五个学术院中历史最悠久、名气最大的学术权威机构,当选法兰西学院院士是极高的荣誉。法兰西学院具有双重任务:一、规范法国语言;二、保护各种艺术。规范法语是学术院最初的任务,为了法兰西语言的规范、明晰、纯正并为所有使用者理解,法兰西学院的院士们于1694年编辑出版了第一部词典,此后于1718年、1740年、1762年、1798年、1835年、1878年、1932—1935年出版了其他版本。1992年开始出的第九版正在编撰过程中。——译者注

得某些利益,用一种适当的、不受惩罚的方式杀死一位完全不相识的人"。在中间的这段岁月中,它成为关于道德距离的哲学问题的一种主要特征,具有最重要的地位,比如,在卡洛·金斯伯格(Carlo Ginzburg)的文章《杀死一个中国满大人:道德距离的意蕴》(To Kill a Chinese Mandarin: The Implications of Moral Distance)中,就将此问题放入到了从亚里士多德到大卫·休谟,从斯密、巴尔扎克一直到瓦尔特·本雅明(Walter Benjamin)①这一连串的历史轨迹之中,并且通过展示怜悯必须性的哲学清晰度是如何形成的,进而以勾画出它们所属时代的方式,揭示了人类同情的这一"天性"的来龙去脉。通过这种方式,金斯伯格指出,巴尔扎克文中所提的问题实际上从未在卢梭的著作当中出现过。②

---

① 瓦尔特·本雅明(Walter Benjamin,1892—1940),德国现代卓有影响的思想家、哲学家和马克思主义文学批评家,其重要作品,如《发达资本主义时代的抒情诗人》、《单向街》等均为中国作家、人文学者所重视。——译者注
② 这段文字的一个版本可以在弗朗索瓦-勒内·德·夏多布里昂(François-René de Chateaubriand,1768—1848,法国作家、政治家、外交家、法兰西学院院士。著有小说《阿拉达》、《勒内》、《基督教真谛》、长篇自传《墓畔回忆录》等。——译者注)于1802年出版的《基督教真谛》(Le Génie du Christianisme)一书中找到,在本书中,是这样写的:"如果仅仅只是希望的话,你可以在中国杀死一个人并获得他在欧洲的财富,通过超自然的力量完全可以使这事永远无人知晓,但你会让自己这样做吗?"(卡洛·金斯伯格:《杀死一个中国满大人:道德距离的意蕴》(Carlo Ginzburg,"To Kill a Chinese Mandarin: The Moral Implications of Distance"),收录于《木制眼睛:距离的九种反映》(Wooden Eyes: Nine Reflections on Distance),马丁·赖尔和凯特·索伯(Martin Ryle and Kate Soper)译[New York, 2001], 164.)金斯伯格(Ginzburg)认为,夏多布里昂的故事源于狄德罗(Denis Diderot)从1773开始出版的百科全书中的一段经历,在该书中,一位欧洲谋刺者"被流放到了中国沿海地区",这里离他的犯罪之地万分遥远,从而让他感觉到自己良心上的不安(165页)。但这可能只是一个简要解释,因为亚当·斯密的文本比夏多布里昂的文本要早出版十二年。就算夏多布里昂从1799年在英国时就开始撰写《基督教真谛》一书,他对假设的基本结构的资料来源也更可能来自于亚当·斯密而非狄德罗。夏多布里昂的文字在保罗·罗奈:《杀死满大人》(Paul Ronai, "Tuer le Mandarin")(《比较文学杂志》(Revue de littérature comparée)10 (1930), 520 - 23中有所论列。关于满大人的假设出现在那些年的诸多文学作品当中,关于对大多数欧洲文献的罗列可见劳伦斯·W·基特斯:《神奇的满大人:起源、文学父权、伦理意蕴》(Laurence W. Keates, "Mysterious Miraculous Mandarin: Origins, Literary Paternity, Implication in Ethics"),载《比较文学杂志》(Revue de littérature comparée) 40. 4 (1966), 497 - 525。对于巴尔扎克为何会将夏多布里昂误记成卢梭(或者确实是有意将两人弄混),苏源熙(Haun Saussy)向我指出,新保皇主义者巴尔扎克对于卢梭那种理论化的"一般心智"(general will)深有怀疑,他最终可能已经意识到要利用典型化的皮安训的假设谋杀那种同样无法平息的随意性与暴力。

一个人的道德责任感是怎样通过这段空间距离影响到其他人的呢？是不是说，当陌生人在你家门口乞讨而你却无动于衷，比让一个人在世界之旅的半途中困顿无食更为可恶呢？从历史上来看，社会该怎样将家门口和世界上的事情联系起来，并告诉他们的公民，道德责任感已经不复存在，而开始出现了差异？最后，为何巴尔扎克关于满大人的这个误记的故事，会成为这些哲学问题的一个标志，在对人类生活的同情的转变中，是什么建立起了现代性普世对象之梦想？

我们可以将巴尔扎克的假设与斯密的中国地震的事例一起放到人道主义转变的过程之中来考察，而这一过程自从18和19世纪的同情心革命开始就对西方生活的社会、文化和政治等方方面面产生了深远影响。① 通过借鉴宗教和哲学教义，将可以更好地理解其历史祖先的行为举止，欧洲人和美国人在那一时期出人意料地将人类与政治地理空间大大往外拓展了，而其社会的一般成员则被假定在情感上是负责任的，不

---

① 例如，可参见托马斯·本德主编：《反对奴隶制的争论：资本主义与废奴主义》（Thomas Bender, ed., *The Antislavery Debate: Capitalism and Abolitionism*）（Berkeley, 1992）；雪莉·塞缪尔斯主编：《情感文化：十九世纪美国的种族、性别与感伤》（Shirley Samuels, ed., *The Culture of Sentiment: Race, Gender, and Sentimentality in Nineteenth-Century America*）（New York, 1992）；伊丽莎白·巴恩斯：《同情的状态：美国小说中的诱惑与民主》（Elizabeth Barnes, *States of Sympathy: Seduction and Democracy in the American Novel*）（New York, 1997）；伊恩·鲍考姆：《大西洋的隐患：金融资本、奴役与历史哲学》（Ian Baucom, *Specters of the Atlantic: Finance Captial, Slavery, and the Philosophy of History*）（Durham, N.C., 2005）；本杰明·达夫隆：《浪漫的一对：英国哥特文学中的性与同情，1790—1830》（Benjamin Daffron, *Romantic Doubles: Sex and Sympathy in Britisch Gothic Literature, 1790—1830*）（New York, 2002）；约瑟夫·菲希特尔贝格：《关键小说：情感与美国市场，1780—1870》（Joseph Fichtelberg, *Critical Fictions: Sentiment and the American Market, 1780—1870*）（Athens, 2003）；玛丽·勒纳：《说教的怜悯：狄更斯、加斯克尔与维多利亚文化中的感伤主义》（Mary Lenard, *Preaching Pity: Dickens, Gaskell, and Sentimentalism in Victorian Culture*）（New York, 1999）；达纳·D·尼尔森：《黑白的世界：解读美国文学中的"种族"，1638—1867》（Dana D. Nelson, *The World in Black and White: Reading "Race" In American Literature, 1638—1867*）（New York, 1993）；以及贡萨洛·桑切斯：《十九世纪末法国文化中的怜悯："自由、平等、怜悯"》（Gonzalo Sánchez, *Pity in Fin-de-sièle French Culture: "Liberté, Égalité, Pitié"*）（Westport, 2004）。

管是对个人还是国家来说,都值得直接加以关注。① 到了19世纪中期,同情以及道德责任参与到社会改革运动当中,至少是在其公开的、具有自我意识的叙述当中,与更广阔而多样化的生命建立起情感上和物质上的关系,这些生命包括了穷人、精神病人、犯人、奴仆、外国人甚至动物,而关于这些生命的问题只是在近一两个世纪才开始受到机构或个人的专门关注。② 人文主义改革的这种汹涌潮流,这场涉及到查尔斯·泰勒(Charles Taylor)③称之为对"日常生活的肯定"的"伟大的文化革命",是

---

① 关于先前模式与同情的教条之间的对立,参见 R. S. 克兰:《关于"感觉之人"的谱系学的看法》(R. S. Crane, "Suggestions towards a Genealogy of the 'Man of Feeling'")载《英国文学史杂志》(*ELH*) 1.3 (Dec. 1934), 206–07。
② 关于奴隶问题,参见托马斯·本德(Thomas Bender)以及鲍康(Baucom)的著作;关于精神病人问题,参见米歇尔·福柯:《临床医学的诞生:一种医学观念的考古学》(Michel Foucault, *The Birth of the Clinic: An Archaeology of Medical Perception*),A·M·谢里丹·史密斯(A. M. Sheridan Smith)译(New York, 1973)以及《疯癫与文明:理性时代的疯癫史》(*Madness and Civilization: A History of Insanity in the Age of Reason*),理查德·霍华德(Richard Howard)译(New York, 1965)(中译本:[法]米歇尔·福柯著,刘北成译:《临床医学的诞生》,译林出版社,2011年;[法]米歇尔·福柯著,刘北成、杨远婴译:《疯癫与文明:理性时代的疯癫史》,生活·读书·新知三联书店,2003年。——译者注);关于酷刑问题,参见爱德华·彼得斯:《酷刑》(Edward Peters, *Torture*)(London, 1985);关于监狱改革问题,可参见诺瓦尔·莫里斯、大卫·J·罗斯曼主编:《剑桥监狱史:西方社会的惩罚》(Norval Morris and David J. Rothman, eds., *The Oxford History of the Prison: The Practice of Punishment in Western Society*)(New York, 1995)以及约翰·B·本德:《监狱的图像:小说与十八世纪英格兰的建筑思想》(John B. Bender, *Imaging the Penitentiary: Fiction and the Architecture of Mind in Eighteenth-Century England*)(Chicago, 1997)。关于动物问题,可参见詹姆斯·特纳(James Turner)的著作,他写到,欧洲的"同情浪潮席卷了所有人,甚至已经超出了其最初的范围,并开始触及到对其他情感生物的苦难的怜悯。在科学发现人畜之间存在着更密切的血缘关系的时代尤其如此……动物开始从这种充溢着的同情之心中受益"(《对野兽的清算:维多利亚时代观念中的动物、痛苦和人性》(*Reckoning with the Beast: Animals, Pain, and Humanity in the Victorian Mind*)[Baltimore, 1980], 7)。
③ 美国西北大学法学暨哲学教授、麦吉尔大学(McGill University)政治学暨哲学荣誉教授,曾任牛津大学(Oxford University)社会与政治理论教授。他的重要著作包括《黑格尔》(*Hegel*)、《黑格尔与现代社会》(*Hegel and Modern Society*)、《自我的源头》(*Sources of the Self: The Making of the Modern Identity*),以及《现代性的隐忧》(*The Malaise of Modernity*)等。——译者注

从诸如弗兰西斯·哈奇森(Francis Hutcheson)①、大卫·休谟以及亚当·斯密这类思想家的哲学阐释中借用过来的,并且从自由派的英国圣公会那里借用了宗教原则,那些牧师鼓励教区的居民们去嘘寒问暖、救死扶伤,多行善举,"'使苦闷的人高兴起来,这能够温润整个心灵,并最终沉浸在自我愉悦之中',而这是对那些秉持自己良好天性的人们的世俗回报"②。在那些伟大的 18 世纪长篇小说中,对感情之事往往不吝文字,常常多有表达,赞扬"心怀仁慈之心",并常行善事,对那些新资产阶级的道德进步的鼓励常常受到呼吁加以同情心变革的人的影响,实际上就是那些绅士淑女之类受过教育的那代人以同情的眼光加以看待并对

---

① 哈奇森(Francis Hutcheson,1694—1746),爱尔兰哲学家、苏格兰启蒙运动的奠基者之一。他主张仁慈的感觉是人性中原始而不可化约的部分。就如同视觉和听觉,道德感也是人类的一种知觉。哈奇森对世界作出的主要贡献在于他的功利主义思想,他的结果主义准则是将最高的快乐带给最多的人。——译者注

② 查尔斯·泰勒:《对于人权的一种非强迫一致的条件》(Charles Taylor, "Conditions of an Unforced Consensus on Human Rights"),收录于《人权的东亚挑战》(*The East Asian Challenge for Human Rights*),乔安·R·鲍尔(Joanne R. Bauer)和贝淡宁(Daniel A. Bell)编(Cambridge, 1999)。第二段引文来自于克兰(Crane),他引用了苏格兰道德学家大卫·弗迪斯(David Fordyce)写于 1754 年的著作(第 227 页)。已经有大量的著作揭示出了由人类总体性的道德提升所带来的同情心增长的观念;关于这一问题尤其可以参看托马斯·哈斯克尔:《资本主义与人道主义情感的起源》(Haskell, "Capitalism and the Origins of Humanitarian Sensibility"),第 1 和第 2 部分,收录于《反对奴隶制的争论:资本主义与废奴主义》(*The Antislavery Debate: Capitalism and Abolitionism*),托马斯·本德(Thomas Bender)编(Berkeley, 1992)。关于哲学,参见大卫·休谟:《人性论》(David Hume, *Treatise of Human Nature*)(New York, 1978)(中译本:[英]休谟著,关文运译:《人性论》,商务印书馆,1980 年。——译者注)以及哈奇森:《论激情和感情的本性与表现,以及对道德感官的阐明》(Francis Hutcheson, *Essay on the Nature and Conduct of the Passions and Affections*)(Gainesville, 1969)(中译本:[英]哈奇森著,戴茂堂、李家莲、赵红梅译:《论激情和感情的本性与表现,以及对道德感官的阐明》,浙江大学出版社,2009 年。——译者注);参见亚历山大·布罗迪:《同情和公正的旁观者》(Alexander Broadie, "Sympathy and the Impartial Spectator"),收录于《剑桥亚当·斯密研究指南》(*The Cambridge Companion to Adam Smith*),努德·哈孔森(Knud Haakonssen)编(Cambridge, 2006),这是一篇论述哈奇森和休谟评论斯密同情理论的影响的文章。关于自由派的英国圣公会,参见杰拉尔德·克拉格:《从清教主义到理性时代:对 1600—1700 年间英格兰教会宗教观念转变的研究》(Gerald Cragg, *From Puritanism to the Age of Reason: A Study of Changes in Religious Thought within the Church of England, 1660 to 1700*)(Cambridge, 1966)。

这些人表露出适当的情感。① 到 1811 年,这种真诚的道德教育足以使简·奥斯汀(Jane Austen)②能对那些以一种更为务实"意识"的名义体现的时髦劲大加批评。而在简·奥斯汀去世 60 年之后,福楼拜(Gustave Flaubert)③就在《情感教育》(L'Éducation Sentimentale)④一书中用他惯有的敏锐、不留情面的笔调对弗雷德里克·莫罗(Frédéric Moreau)的浪漫幻想冷嘲热讽,他确信对影响各个时代自我观念的进步以及人文精神应该加以广泛的褒奖。

2. 中国黄道

在宏大的文化与叙事计划所提供的现象学框架当中,重塑起了欧美普通人的感情生活。在对这些感情生活的叙事性假设当中,人们抵御着谋害一位中国人的欲望,这就将其自身塑造成了思考怎样才能最好地变成或者成为近代的、具有同情心的人类这一具有普遍性的哲学要素。这

---

① 珍妮·托德:《情感:导论》(Janet Todd, Sensibility: An Introduction)(London, 1986), 8。托德(Todd)将从 1740 年到 1770 年这一时期看成是情感文学的全盛期,并通过将诸多形容词添加到"感情"(sensibility)之上而勾勒出了其衰落之势(参见第 7—8 页)。她指出,斯密的《道德情操论》(Theory of Moral Sentiments)是"英国道德哲学的终结",并承认"试图系统性地将道德与情感联系起来的情感目的"(第 27 页)。这种情感教育的长远影响,尽管不再用哲学术语加以明确表述,但还是随着人道主义在十九和二十世纪的传播而继续发挥着重要影响。关于情感文学,另可参见芭芭拉·本尼迪特:《框架的感觉:1745—1800 年间英语散文作品中的情感与风格》(Barbara Benedict, Framing Feeling: Sentiment and Style in English Prose Fiction, 1745—1800)(New York, 1994)。
② 简·奥斯汀(Jane Austen,1775—1817),英国著名女性小说家,她的作品主要关注乡绅家庭女性的婚姻和生活,以女性特有的细致入微的观察力和活泼风趣的文字真实地描绘了她周围世界的小天地。——译者注
③ 居斯塔夫·福楼拜(Gustave Flaubert,1821—1880),19 世纪中叶法国伟大的批判现实主义小说家,莫泊桑就曾拜他为师。著名作品有《包法利夫人》、《情感教育》和《布瓦尔和佩库歇》等。他对 19 世纪末及至 20 世纪文学,尤其是现代主义文学的发展有着极其深远的影响,被誉为"自然主义文学的鼻祖"、"西方现代小说的奠基者"。——译者注
④ 19 世纪法国伟大的批判现实主义小说家福楼拜的代表作之一,发表于 1869 年。小说发表之初影响不大,在当时只有少数知音,直到 20 世纪初才得到普遍褒扬(马塞尔·普鲁斯特、弗兰茨·卡夫卡非常崇拜这部小说),被认为是福楼拜最具先锋气质的伟大的实验小说。小说的副标题是"一个年轻人的故事"。——译者注

正是本书开放式的预设,即,在两个世纪的时间里,在对同情与人性之间关系的长期叙述当中,中国给人的印象变得与西方观念史不相一致,但究竟是什么地方不同,仍未有定论。在这种前提下,对于在同情标签之下的中国人或者在中国人标签下的同情而言,如果无法弄清楚这种参照的习惯的话,现代性的历史就无法完成了。其历史表现、机制与书后的众多解剖图一样,展现出了所造成的不同之处的诸多特殊外貌。

对中国在同情与其在病痛史中的地位的专门分析,将会通过倾向于在西方历史与观念中表现出的一种更为总体化的中国观念而加以形塑。在那里,"中国"大多被看成是一个有限的或者潜在地有限的事物,既不是他者,也不具有相似性,而毋宁是与他者及相似性都很遥远的事物,这是因为在西方现代性的时代当中处于成败关头的,恰恰就是文化普世化的梦想,这作为这个观念的内在视野,而将宇宙的有限性看成是一种先验的领域。简而言之,"中国"不仅仅只是从外而内勾画出界限的一个名称,也不仅仅只是总体性观念的一种类型,而毋宁是一种所有类型的总体性分类,一个与已经历的总体性的其他形式相对的形象。就这个意义而言,可以这么说,"中国"已经满足了异族必需的总体观念,尤其是被认为是东方的民族类型。① 但同样必须加以肯定的是,中国长期以来所占据的世界中心地位,使得中国的他者形象与时常受到西方庇护的一般意义上的东方他者形象有所不同。

中国在西方历史当中独一无二的神话是两大主要历史因素的产物:首先,欧洲在近代与中国的冲突,被认为是同时代的第一个文明开化的他者,

---

① 这些人的历史在萨义德(Edward Said)的《东方学》(Orientalism)(New York,1979)一书中首次变得清晰可见,而在这之后,其他的一些著作进一步扩展了这种分析。举个例子来说,"中国性"(Chineseness)似乎与他者的蛮夷之态(他们不曾被看成是"东方")是可以相互交替的,而对前臂皮肤的狠狠一拧,在英国称为"中国痛"(Chinese burn),而在美国则叫做"印度痛"(Indian burn)。在其他情况下,一种特别受到关注的微小虐待行为往往都会与"他者"联系起来,但却不会在意究竟有多严重;更确切地说,其他人的选择所依靠的是当地的历史因素,而不是某种类型的持久稳定性。(中译本:[美]萨义德著,王宇根译:《东方学》,生活·读书·新知三联书店,2007年。——译者注)

而不是被看成是缺乏文化、技术或者经济水准的"部落"或民族,而这一"部落"或民族缓解了对进步主义者欧洲中心观主导下的世界历史在观念上所造成的威胁。作为一个咄咄逼人的、富有竞争力的文明类型,中国的地位在与近代欧洲相遇时形成了激烈的对抗,而其他古代文明则并不这样,这些文明要么早已是陈年往事(如古埃及),要么已经被殖民(如印度次大陆),要么正处于衰落当中(如奥斯曼土耳其),要么已经被彻底摧毁(如阿兹特克帝国)。尽管这些文明当中的每一个都被作为一种历史与观念性的力量被吸收到欧洲对其自身形象的型塑当中,但这种型塑,在各个时代的表现都不尽相同,而假如将中国的事例一股脑装进一种如今习以为常的普遍化的后现代观念当中的话,就将是一大错误。其次,在大多数的时间里,尤其是在 17 和 18 世纪,近代欧洲对中国就已经有所了解,而当时的中国有着比欧洲更明显的经济与技术优势,尤其是在制造特殊工艺品,最主要是茶叶、丝绸与瓷器方面,而这类产品的贸易支配、促进了 18 和 19 世纪的海上商业贸易,并成为这种海上贸易活动的标志。在文学与文化研究领域当中,这种重要性还未得到足够的重视,部分原因至少在于,这些领域并没有在政治经济方面提出质疑。正因为如此,经济史学家彭慕兰(Kenneth Pomeranz)①指出:"正是中国,而不是其他任何地方,成为现代西方讲述的它自己的历史的'另一面',从斯密和马尔萨斯到马克思和韦伯都是如此",而对我来说,在我的本行——文学研究当中,这种研究工作对真实价值的关注较之事实本身对我的吸引力要小得多。②

---

① 加州大学欧文分校中国史教授,代表作为《大分流》(*The Great Divergence*)。——译者注
② 彭慕兰:《大分流:欧洲、中国及现代世界经济的发展》(Kenneth Pomeranz, *The Great Divergence: China, Europe, and the Making of the Modern World Economy*)(Princeton, N.J., 2000),25(对我观点的强调)(本段中译文引自[美]彭慕兰著,史建云译:《大分流:欧洲、中国及现代世界经济的发展》,江苏人民出版社,2003 年,第 22—23 页。——译者注)。中国在工业生产中的优势导致了我们只能用自己当前的观念来指称"工业间谍";通过对丹尼尔·笛福(Daniel Defoe)的著作的专门细致阅读,可以发现,他将欧洲的"工业欲望"看成是一种标志,参见刘禾:《鲁滨逊的砂锅》(Lydia Liu, "Robinson Crusoe's Earthware Pot"),载《批判性探讨》(*Critical Inquiry*) 25.4 (Summer 1999)。

使得中国成为对欧洲现代性观念形成如此这般挑战的特征,已经被19和20世纪对中国的历史与社会叙述抹杀得一干二净了。那些像斯密、黑格尔以及马克思那样的思想家,他们将帝国看成是一个在历史上没有流动性的、停滞的、欠发达且专制的观念,在近些年的经济史研究中已经受到重大挑战,而对于那些重要思想家的皇皇巨著中所论及的历史发展观念形成挑战的具体内涵,至今尚未得到详细充分的阐释。中国人的合法性的消解,以及对其曾在17和18世纪对欧洲经济与想象产生的巨大影响的遗忘,究其原因,至少部分地是欧洲经济力量戏剧性增长所造成的,大约在1815年左右,欧洲的经济增长超过了中国,在此之后,欧洲才开始引领全球并建立起近代世界体系①(然而,正如我们将要见到的,欧洲人对海量的中国人仍然深有忧虑,而且,也确实存在着一种目前正大行其道的趋势,这种趋势将中国看成是资本主义市场的内发领域之一,这种观点在19世纪一直大行其道,而且现在也看不到有什么变化的趋向)。

这些历史事实的混融就为中国以及关于中国的观念赋予了一种在欧洲历史叙述与经济思想中独一无二的(如果不是很典型的话)地位,就更不用说在欧洲主导下的帝国主义与经济全球化这顶大伞底下运作的文学与文化类型了。在这里,人们可能会注意到中国在后殖民研究领域中的**缺席**,这种感觉就跟目前学术研究中对西方及其他力量之间陌生关系所作的征兆式表现如出一辙。这种"缺席"部分地与这样一个事实有关,即,中国从未被完全殖民化,当然,也正是这种没有被殖民化的事实,而不单单是殖民主义历史当中的某一重要事件,就替代性地成为了将中国从后殖民领域排除出去的隐喻性的辩护。之所以无法将之归结为是一种并不身处其中

---

① 数据来自贡德·弗兰克:《白银资本:重视经济全球化中的东方》(Andre Gunder Frank, *ReOrient: Global Economy in the Asian Age*)(Berkeley, 1998), 283。(中译本:贡德·弗兰克著,刘北成译:《白银资本:重视经济全球化中的东方》,中央编译出版社,2000年。——译者注)

的模式,原因在于,它自身就是对模式逻辑的一种重要表达。正是由于自身处于后殖民边缘的这一优势,中国才能够为这一领域的历史和理论研究工作贡献力量。①

之后,我开始强调中国作为"文明体"(civilizational,即其文化、经济和技术)直接从其对欧洲所造成的挑战,以及从使双方得以相互交流(以及偶尔的彼此背离)的历史与物质关系范围中所获得的某种功能。

自然而然地,我将偶尔称呼这种功能为"黄道的"(ecliptical)或"黄道"(ecliptic),这是从天文学领域借用的一种术语,用来指称我到目前为止已经叙述过的具有更大关联性的结构和历史。**黄道**是指地球围绕太阳运行的轨道在天球上的投影。在人类历史的绝大部分时间里,它是用来衡量天文空间与世界时间的一种工具;在黄道中,正如乔叟(Geoffrey Chaucer)②在1391年所写到的:"是一条被神灵撕裂的经线,从白羊座之首一直延伸到双鱼座之末。"正是从那个时候起,从一个春分到来年的春分,太阳的光芒逐渐变得暗淡。③ 黄道原本用作为衡量宇宙的时刻表,它作为节律运动的一种框架,指导着占星术,这种占星术是一

---

① 在十五年前,周蕾(Rey Chow)对于同一个对象就认为,这一问题应该"尽管可能是由于(东亚)仍然保持着'领土上的独立性'这一事实,并更好地展示了帝国主义如何运作的图景,例如,除了身体上的强制和在事实上占据身体与土地之外,帝国主义是如何作为一种观念性的统治力量成功地取得优势地位的"(《写在家国之外:当代文化研究的干涉策略》(*Writing Diaspora: Tactical Interventions in Contemporary Cultural Studies*)[Bloomington, 1993], 7-8)。(中译本:周蕾著,米家路译:《写在家国之外:当代文化研究的干涉策略》,(香港)牛津大学出版社,1996年。——译者注)
② 杰弗雷·乔叟(Geoffrey Chaucer,约1343—1400),英国诗人,代表作有《坎特伯雷故事集》(*The Canterbury Tales*)等。他十几岁起就进入宫廷当差,1359年随爱德华三世的部队远征法国,被法军俘虏,不久赎回。乔叟与宫廷往来密切,当过廷臣、关税督察、肯特郡的治安法官、郡下议院议员。他曾因外交事务出使许多国家和地区,到过比利时、法国、意大利等国,有机会遇见薄伽丘与彼特拉克,这对他的文学创作产生了很大的影响。乔叟在庇护者失宠期间,被剥夺了官位和年金,经济拮据。他曾写过打油诗《致空囊》给刚登基的亨利四世,申诉自己的贫穷。1400年,乔叟逝世,被安葬在伦敦威斯敏斯特教堂的"诗人之角"。——译者注
③ "而他的纬度则在这一世界的凸多边形赤纬的南或北"乔叟在他的《论星盘》(*Treatise on the Astrolabe*)(约1391—1392年写成;Norman,2002)中进一步说到。

种将哥白尼（Copernicus）①、神话叙述以及农业生活的节律混融在一起的天文科学。后来的发现表明，从地球表面上所观察到的太阳运动轨迹实际上并不是太阳真正的轨迹，而是（a）一种将地球自身轨迹强加到太阳上的人造轨迹，而且（b）因此简单地从一个特定的角度观察得到的太阳运行轨迹，并没有固化黄道话语下的日常生活，在提到太阳时，我们仍然会说它或"高"或"低"地悬在空中。

黄道因此就在地方性与普遍性之间定义了一种特殊的关系：普遍性是一种从特殊角度所获得的想象，而那些地方性则被其所宣称的普遍性所命名和定义。就拿事实上的黄道来说，它的"普遍性"形象，名为太阳，是一种普遍性的形象，而这种形象可以从托勒密（Ptolemy）与哥白尼之间的分歧当中加以思考。太阳系是我们目前所知的独一无二的宇宙空间，而夜空中的星星则是上帝的居所。这种观念上的关联因此马上就变得普遍化（其视角完全就是整个星球的视角）和地方化（从其他星球或其他的太阳系来看，我们的太阳在天空中具有完全不同的轨迹）了。它是关于**事实上的**普遍性、**事实上的**地方性的一种形象，这种普遍性与其说是一种自我建构，不如说是在与中心化的失败意识的关联当中确立起来的。在本书看来，这种历史使黄道成为"中国"与"西方"之间关系的一种尤为有效的表现形象；这种形象与其说是两者之间的一个标志，不如说是两者之间的一种关系；我要再次指出的是，这是一种关于**关系**的形象，而不是与中西方主体相关的形象。这本书中的很大篇幅将会着力于对这种关系历史的蛛丝马迹加以考索，并进而揭示出，在西方视角主导下的对于中国的认识有助于确立起西方在历史书写方面的中心化，就算这是用他人之"手"来书写的对被称为"中国"的这一政治地理学上某块大陆的一种更为地方化的历史，也是如此。

---

① 尼古拉·哥白尼（Nicolaus Copernicus，1473—1543），波兰天文学家，是第一位提出太阳为中心——日心说的欧洲天文学家，一般认为他所著的《天体运行论》是现代天文学的起点。——译者注

我进而以两条主线来探讨黄道观念。首先,本书会解读中国人一直以来的形象,以此为例,与近代人类观念的总体发展相关联,尤其致力于对这样的一些问题进行研究,即,中国看似武断的选择是如何型塑出那潜藏在底下的想法的?中国与西方之间的黄道式关系是通过怎样的方式促使西方将自己看成是文明与近代的(就像地球上的人们曾经将地球的生命与意义想象成与一个独一无二、"旋转不停"的太阳的存在有关)?文化累赘是如何伴随着中国人的例子塑造或者人为制造出所从属的人类历史的?将中国当做一种**衡量工具**对它所要衡量的东西产生了怎样的影响?以及,这种黄道的、哲学的形象(这种形象从来没有脱离开中国在全球史中的地位、中国与贸易或移民、帝国主义以及全球化的关系而独立存在)修正了关于人类的一些想象化的以及完全不偏不倚的理论,而这些理论在中国人的事例上从来不是必需的,甚至从来不曾运用过?也就是说,近代那种富有同情心的人类观念是凭借怎样的意识被西方自身用某些早在很久以前就已经具有意义的"中国人"加以型构的?是什么赋予了它这样的意义?以上的这些问题,都会在该书中以对这些例证的历史和哲学价值直接加以讨论的方式而进行分析,而且,还会对这种例证及其图示法则、"例证"及其所秉持的原则之间关系等更大的问题加以更深入的探究;在《假想的"满大人"》一书中,虽然行文方式会有所变动,但还是会保证始终力图对补充性的与必要性的、短暂与迫切之间的张力加以思考,并对它们在行动与思想方面的活动加以考量。总之,很难用简单的几句话说清楚。

第二条路径则要返回到这种最初导向的框架上来,放弃考察中国在同情历史上的影响,进而专注后者对于西方对华关系的历史经验所产生的影响。[①] 因此,我就抛开了黄道的术语,但却仍然关注诸如其关系结构的问题;

[①] 不管最初的强烈反感所排斥的东西是什么,在这里细致分析这一纽结在一起的双方,从而承认他们是同一种规则的对象——坚信同情是一种词汇—观念(word-concept)。因此,(转下页)

导 论

它不再表明这种黄道关系是如何向西方展现自身的,而是与它教给西方的关于中国的内容息息相关。这就产生了下面的问题:关于"中国"与"同情"的双重问题的彼此纠缠是如何影响到中国在西方历史、社会学、医学史以及文学中的地位的?"中国"的实用性作为一种特定的表现方式是怎样回应并塑造其在世界中不可否认的存在的? 这种实用性及塑造对诸如国际外交、对华人移民的态度或者全球史(universal history)理论产生了怎样的影响? 作为对这些问题的回答,本书介入到对"中国"的全球史(global history)书写这一更为庞大的工程当中,而对这一问题,像毕墨惜(Timothy Billings)①、克里斯托弗·布什(Christopher Bush)②、周蕾(Rey Chow)③、刘禾(Lydia Liu)④、

(接上页)它对于这种再现的历史类型来说是非常主观的,因为"中国"是某种非常整体性的东西,我只能简单地说,在同情与中国之间的不同之处,在真实性这一轴线上则还没达到这一程度。"中国"有着多种面相,它既成为亚洲大陆上一个具有特定民族与文化历史的饱含争议的名称,同时也是一种与对这片大陆的文化旅行相关的修辞学—认识论的形象,而这两者(大陆或形象)当中的任何一个都无法离开另一个而独立存在,但是在对话当中,正像那些掌握牌技的人会完全"直截了当"地玩游戏一样,他会故意利用他的名声和实际状况之间的关系,而或多或少有所不同(在这种情况下,玩家对于叫牌的反抗是被允许的;对以前的叫牌情况看起来则令人沮丧,正如阿尔都塞(Louis Althusser)所指出的其理论化一样)。跟扑克玩家的情况一样,作为事实的"中国"与作为形象的"中国"之间的循环互动使得协商的主体之一具有了一种真实性的概念,这表现在将其彼此区分的过程之中,这是因为,一旦玩家在面对上一位玩家叫牌时的虚张声势,对于这位玩家"在心里"是不是真正虚张声势的任何怀疑都必须建立在一种对他个性的理论化形象与事实维度之间的关系的了解之上,并进而更为无意识地对事实与形象之间更为一般的关系加以理论化。除了扑克游戏,苏源熙(Haun Saussy)、斯蒂芬·姚(Steven G. Yao)和我在《汉字:书写中国》(*Sinographies: Writing China*)(Minneapolis, 2007)一书导言中都对此作了更深入的探讨。

① 美国明德学院英语和美国文学教授。——译者注
② 美国西北大学法语系副教授以及比较文学项目主管。主要致力于对文学现代性的比较与跨学科研究。——译者注
③ 出生于香港,在美国斯坦福大学先后获得硕士、博士学位,曾任教于美国明尼苏达大学,现为美国布朗大学Andrew Mellon人文学讲座教授,为华裔文化研究领域最重要的学者之一。研究领域为现代中国文学、当代女性主义理论、中国电影、后殖民理论、文化研究等,著有《妇女与中国现代性》、《写在家国之外》等。——译者注
④ 美国哈佛大学比较文学博士。曾多年执教于柏克利加州大学以及密西根大学,担任比较文学系和东亚系跨系教授。目前是美国哥伦比亚大学教授及终身人文讲席教授,主要研究方向是文学理论,跨文化交流史和新翻译理论。曾任美国威勒克(René Wellek)文学理论书奖及列文(Harry Levin)文学史书奖的评委,其英文著作已被译成多种文字,在世界各地产生广泛的影响。——译者注

凌津奇(Colleen Lye)[①]、刘大卫(David Palumbo-Liu)[②]、大卫·波特(David Porter)[③]、苏源熙(Haun Saussy)[④]、史书美(Shu-mei Shih)[⑤]以及斯蒂芬·姚(Steven G. Yao)[⑥],此外还有其他一些人,他们在近年来都取得了不俗的成就。

虽然《假想的"满大人"》一书本身所关注的是更广义上的关于中国的表现问题,但是,这种关注从未认为对潜藏在欧洲史中的欧洲中心观的拆解应该被一种重新将中国放到世界史中心这一更为正确位置的中国中心图景所取而代之,就像在一些民族主义或种族想象中所做的那样,将其"自身"地位看成是一种伟大文明。虽然已经不是第一次,但本书中的很大篇幅还将会用来探寻这样的一种传奇故事,在这样的一个传奇故事当中,曾经存在过一个纯而又纯的"西方",而这个"西方"就是美国和欧洲的一些思想家所一贯宣称的文明传统的源泉。但是,本书还是

[①] 加州大学伯克利分校英文系教授,著有《美国的亚洲》(*America's Asia*)等。——译者注

[②] 斯坦福大学比较文学系教授,著有《得宜的诗学:黄庭坚的文学理论和实践》(*The Poetics of Appropriation: the literary theory and practice of Huang Tingjian*(1045—1105))、《族裔经典:历史、制度和干涉》(*The Ethnic Canon: Histories, Institutions, Interventions*)、《文化资本的洪流:跨民族文化研究》(*Streams of Cultural Capital: Transnational Cultural Studies*)以及《亚裔/美国人:种族界限的历史跨越》(*Asian/American: Historical Crossings of a Racial Frontier*)等。——译者注

[③] 密歇根州立大学英语及比较文学的教授,著有《流行于18世纪英国的中国风》(*The Chinese Taste in Eighteenth-Century England*),该书探讨了中国装饰艺术在18世纪英国的重要意义,揭示了当时英国人把很多严肃的社会问题和政治辩论引入到中国瓷器话题中来这一鲜为人知的故事。——译者注

[④] 美国当代著名比较文学家,曾任耶鲁大学教授,目前是芝加哥大学比较文学教授。著有《中国美学问题》(*The problem of a Chinese aesthetic*)、《文化中国的话语长城》(*Great Walls of Discourse and Other Adventures in Cultural China*)等。——译者注

[⑤] 美国加州大学洛杉矶分校比较文学系、亚洲语言文化系及亚美研究系合聘教授。其著述除《现代的诱惑:书写半殖民地中国的现代主义(1917—1937)》(*The Lure of the Modern: Writing Modernism in Semicolonial China 1917—1937*)外,还有《视觉与认同:跨太平洋的华语呈现》(*Visuality and Identity: Sinophone Articulations across the Pacific*),以及散见于美国各主要学术刊物的论文另外还编有《弱势跨国主义》(*Minor Transnationalism*)、《中外文学》各专辑,以及《后殖民研究》(*Postcolonial Studies*)专辑等。——译者注

[⑥] 美国汉密尔顿学院英文系教授,著有《翻译与现代主义语言》(*Translation and the Languages of Modernism*)以及《外国口音:从排斥到后族群性的美国华裔诗篇》(*Foreign Accents: Chinese American Verse from Exclusion to Postethnicity*)等。——译者注

打算以迂回曲折的方式,来探讨这样一种对中国的潜在操控,在这一过程当中,由黄帝"子孙"所维系的文化独特性以及各个历史时期的传奇慰藉着美国新保守主义者的那些同道们。然而,我所做的这项工作,并不是要探究这种潜在的影响,而在于,我试图弄清楚,究竟是什么才是历史的真实。那种偶尔也会撼动爱国者自我扩张幻想的真实正是其所追求快乐的副产品。

3. 残忍的帝国

很久一段时间以来,中国就已经成为欧洲人和美国人在论及残忍问题时的一个例外对象。作为众多视角当中的一个,中国的这种角色,是它参与的关于同情与人道主义的长期论述当中的一大特征。在这过程中,这一话题只是在最近才被提起。如果我们考虑到诸如下面的一段话就能明白其中的缘由,这段话出现在 1989 年北京政治风波一年后的《新共和》(*The New Republic*)①中:"没有什么能够作为对尼采的洞见更好的明证了,在中国人过去四百年的时间里,较之所遭受的痛苦,残忍更是人们的一种节日狂欢"②。不管怎么说,这都是一件相当令人惊异的事情,赋予了历史性宣称所制造出的宽度与意义:黎安友(Andrew Nathan)③写道,再也没有比过去四百年中的中国人那样能够明白无误地表明人类对残忍的痴迷与喜好了。而这不仅仅在事实上没有更好的

---

① 《新共和》杂志(*The New Republic*,简称 TNR),美国杂志,自 1914 年开始发行至今,以政治与艺术为主题。最早是以周刊形式发行,现在则是双周刊,发行量约为 50000 份。现任总编辑为马丁·裴瑞之(Martin Peretz),编辑为理查·贾斯特(Richard Just)。总体而言,此杂志倾向支持自由社会,以及社会民主经济政策。——译者注
② 黎友安:《中国的转变》(Andrew Nathan, *China's Transition*)(New York, 1997),15。
③ 1943 年生于美国纽约,1971 年获哈佛大学博士学位,著名中国问题专家,1970 年任教于密歇根大学,1971 年起任教于哥伦比亚大学,1991 年至 1995 年曾任美国哥伦比亚大学东亚研究所所长,现为哥伦比亚大学政治系教授,其处女作为《1918 年至 1923 年的北京政治:派系纷争和宪政的失败》(*Peking Politics, 1918—1923: Factionalism and the Failure of Constitutionalism*. 1976),最著名的作品则是 1985 年在纽约出版的《中国民主》(*Chinese Democracy*)。——译者注

证明,而且在其他任何地方也没有更好的证明:没有比中国人的自残式折磨更好的证明可以加以**想象**的了。

中国人的另类品性看似早已被从属的过往岁月所"证明":拜先前的"没有"(no)所赐,"更好"(better)成为了一种惯用的夸夸其谈。但是,这种语法上的例外论既消解了自身,同时也打破了中国人的生命支柱:在黎友安那段话的最后,我们从中体会到尼采在评判所有"人类"时认为中国人残忍无度的关头所流露出来的夸张式愉悦。故而,正是由于例外的中国人回归到了人类大家庭之中,他们的酷刑便成为了一种更为普遍的关于人类法则的事例。从最具想象力的角度来看,对于所审判的中国人而言,这使他们自己受到了法则所述事例的影响:从人类社会的外缘角度来看,正是这些人确保了这种分类的可靠性。①

这不是个新故事:这一运动凭借着被排斥、驱除并边缘化的异常对象,通过其非同一般的边缘性,提供了对于结构的支持,而这种支持,又

---

① 黎安友所勾勒出的中国历史与残忍之间的内在关联表明了这样一种无礼态度,即:中国文化与暴力之间存在着特殊的关联。我们以郝瑞(Stevan Harrell,美国华盛顿大学人类学教授,长期致力于中国民族问题研究——译者注)在《中国的暴力》(*Violence in China*)一书序言的开场白后的附加说明为例:"为什么一种文化会谴责暴力行为,会贬低军功之荣耀,对文人而非武夫赋予最高的声誉,并试图将所有其他的价值观念融为一体,而在实际的表现方面,却对个人的暴力行为(亦即身体力量)运用得这般频繁与多样?(跟其他文化相比较,中国文化中的暴力是不是更多,这很难评判,但从可视的角度上看,其暴力不比一些文化要少。)"(《中国的暴力:文化与反主流文化论集》,乔纳森·N·李普曼与郝瑞主编(*Violence in China: Essays in Culture and Counterculture*, ed. Jonathan N. Lipman and Stevan Harrell)[Albany, 1990], 1.)括号内的这段话之所以令人深感奇怪,就在于,它成为从另一个角度关注中国文化中的暴力来源与结构的一部书,这是一个完美而合理的计划,假如它是那些在所有文化当中人们所学到的那些事情的话,而相对的边缘问题在第一句当中就有所暗示,但却并没有精确表达出来。这一计划与王德威(David Der-wei Wang)《历史与怪兽》(*The Monster that is History*)一书之间的不同在于,王德威是在一个更大的哲学与文化框架内来分析中国的暴力史的,这就使得中国人的例证并没有成为异类(《历史与怪兽:二十世纪中国的历史、暴力、叙事》(*The Monster That is History: History, Violence, and Fictional Writing in Twentieth-Century China*)[Berkeley, 2004])(该书中文本:王德威:《历史与怪兽:历史,暴力,叙事》,台北:麦田出版社,2004 年。本书触及历史与文学间复杂的对话关系,如国家神话的生成,文类秩序与象征体系的重组,"史学正义"与"诗学正义"的纠结,群体与个体之间的互动,最后还论证了现代性(modernity)和怪兽性(monstrosity)之间的辩证关系、历史和"再现历史"之间的两难处境。——译者注)。

转变了这些核心命题以及对从属于所谓"解构"传统的批判。以一种世界性的眼光,并将地理与真实结合起来,通过对普世类型的特例的保证,这一过程恰恰就是我想要用"黄道"这一名词加以命名的目的所在:中国人被看成是衡量物种的一把标尺。但是,黎安友上面的这段话同样重要,这是因为他为我们揭示了跟中国、同情以及现代性的普世主题共生的松散网络的其他主要特征,也就是说,他所要表达的观念是:中国人是不寻常的或者非常残忍的。历史学家史景迁(Jonathan Spence)①认为欧洲人在16世纪中叶开始提出这样的问题,他发现,一位葡萄牙旅行者的报告中提到中国人特别残忍的习性。② 各式各样的陈词滥调以多种类型与形象而在经年累月当中被不断强化,其中就包括对中国刑罚的图像说

---

① 著名汉学家,1936年生于英国,1965年获耶鲁大学博士学位。现为耶鲁大学教授、历史系和东亚研究中心主任、美国历史学会主席。他以独特的视角观察悠久的中国历史,并以不同一般的"讲故事"的方式写作,使他在成为蜚声国际的汉学家的同时,也成为学术畅销书高手。主要著作有《改变中国:在中国的西方人,1620—1960》《追寻现代中国》《康熙与曹寅》《王氏之死》《利玛窦的记忆宫殿》《胡若望的疑问》等。——译者注
② 史景迁在他的《大汗之国:西方眼中的中国》(*The Chan's Great Continent : China in Western Minds* (New York, 1988))(中译本:[美]史景迁著,阮叔梅译:《大汗之国:西方眼中的中国》,台湾商务印书馆,2000年。——译者注)一书中分析了葡萄牙商人盖略特·伯来拉(Galeote Pereira)和葡籍多米尼加多明我会传教士加斯帕尔·达·克鲁斯神父(Gaspar da Cruz)的叙述。盖略特·伯来拉是一位是士兵兼商人,他于1549年因为在福建沿海走私货物而被捕,在中国监狱中关了四年。从总体上来说,他对自己处境的叙述是相当客观公正的。但是,在加斯帕尔·达·克鲁斯1569年用相同材料所写的《详细记载中国及其特点的见闻录一附忽鲁模斯王国》(即一般所称的《中国志》)(*Treatise, in which the things of China are related at great length, with their particularities, as likewise of the kingdom of Ormuz*,本书所使用的材料,除根据作者个人1556年冬在广州的经历外,还参考了中国地方志及其它著作的译文,因此在对中国及其邻国的地理关系方面提供了较为正确的情报,并提到了中国的宗教、科举制度、科技、农业、语文等重要方面内容,其中资料多为《马可波罗游记》中所未记载,因而成为西方世界对中国相关报导之始。——译者注)中,对中国审判有专门章节加以论述,其内容几乎全部来自于盖略特·伯来拉及其随从的论述,以副标题命名:"这是一个重要章节"(*he capitulo notauel*)。鉴于在他的叙述中没有其他章节有这么一个副标题,因此这一章节确实"重要",就像众多副标题所起的作用一样,此处的这一副标题对盖略特·伯来拉报告的情绪化支持以及对中国人的批评远远超越了先前叙述的水准。然而,盖略特·伯来拉跟加斯帕尔·达·克鲁斯神父之间的不同之处可能并不在于对中国人跟受苦的关系的历史化破解或断裂的完全否定;而毋宁是对尚未完全勾连起来的文化不宽容态度的一个早期例证而已,就像我在本书中所要探明的一样,关于同情与人道的话语一直贯穿在18世纪晚期以来对中国的论述当中。

明、关于中国人处以极刑的照片、对"中国人特性"的社会学论述、哈利·胡迪尼(Harry Houdini)逃脱"中国水牢"(Chinese Water Torture)的绝世表演①、像酷明(Ming the Merciless)②或者臭名昭著的傅满洲博士(Dr. Fu Manchu)③这样的卡通式恶棍形象,以及对中国劳改监狱的揭露等等,而所有这些都只是片面之词。④ 为我们展现了在与同情与受苦的不同文化关系上的一般性看法,同时也是对处在一种危险平衡中的文明与野蛮统治下的暗无天日的再现。

在对这种陈词滥调数也数不清的重新塑造当中,根本就没怎么顾及

---

① 哈利·胡迪尼(Harry Houdini,1874—1926),本名艾瑞其·怀兹(Ehrich Weiss)(出生时名字的匈牙利土语拼法为怀什·埃里克(Weisz Erik))。被称为史上最伟大魔术师、脱逃术师及特技表演者。1913年他推出了堪称他最著名的戏法——"中国水牢"(Chinese Water Torture Cell)逃脱术,在表现这一脱逃术时,他会被倒吊在一座由玻璃和钢铁制成的密闭箱子里,而且箱子中的水不停地被灌满直到溢出为止。1953年一部由汤尼·寇帝斯(Tony Curtis)所主演的电影将胡迪尼生涯彻底地小说化。许多关于胡迪尼的误解大部分都是来自这部电影。譬如说,电影中描述胡迪尼是死于表演"中国水牢",而非平凡无奇的腹膜炎。——译者注
② 酷明(Ming the Merciless)是1934年美国漫画家阿列克谢·罗曼德(Alex Raymond)的经典漫画《飞侠哥顿》(Flash Gordon,后被拍成系列影片)系列中要征服世界的华人奸臣。——译者注
③ 傅满洲(Dr. Fu Manchu)是英国小说家萨克斯·罗默(Sax Rohmer)创作的傅满洲系列小说中的虚构人物。1875年在《福尔摩斯遭遇傅满洲博士》一书中首次出现,号称世上最邪恶的角色。傅满洲是一个瘦高秃头,倒竖两条长眉,面目阴险。按照罗默的描写,这其实是黄祸的拟人化形象。涉及傅满洲这一虚拟人物的西方作品极多。除傅满洲系列的十余部小说外,还有十余部电影以傅满洲为主角。傅满洲也以配角出现在许多电影中,可以说,"傅满洲"这一形象直至今天仍然是不少欧美人对于中国人的印象。——译者注
④ 在《千刀万剐》(Death by a Thousand Cuts)一书中,卜正民(Timothy Brook)、巩涛(Jerome Bourgon)和卜鲁(Gregory Blue)指出了西方视野下中国人的残忍由来已久,并认为,尤其是在1945年之后,关于中国人与酷刑的紧密联系的戏言使战后的那代人与所谓的战前一代区别开来了(Cambridge, Mass., 2008)。关于胡迪尼,可参见露丝·布兰登:《哈利·胡迪尼的生活及其死亡的几种说法》(Ruth Brandon, *The Life and Many Deaths of Harry Houdini*)(New York, 1993);关于劳改监狱,可关注吴弘达(Harry Wu)和乔治·维奇(George Vescey)所著《麻烦制造者:一个人跟残暴中国的不懈对抗》(*Troublemaker: One Man's Crusade Against Chinese Cruelty*)(New York, 1996)一书的副标题;关于傅满洲和其他典型,可参见马圣美:《死亡的拥抱:东方主义与亚裔美国人身份》(Sheng-Mei Ma, *The Deathly Embrace: Orientalism and Asian American Identity*)(Minneapolis, 2000)以及罗伯特·G·李:《东方人:大众文化中的亚裔美国人》(Robert G. Lee, *Orientals: Asian Americans in Popular Culture*)(Philadelphia, 1999)。其他的例证在接下来的章节中会详加论述。

其中的真实性,我们进而确证了西方对其自身独特性的必要生产,通过将对残忍"中国人"的地位的自然化,体现了中国人在19世纪末自身防御方面所想象出来的话语。因此,在1899年的一部法国小说中出现的中国施虐者就宣称"回归"到了欧洲对残忍行为所持的态度,这位施虐者对一位欧洲游客埋怨到,他那鲜血淋漓的工作间受到"那种侵犯我们的、伴随着坚船利炮以及长枪的巨大威力而来的不时的势利之心,一句话,这当中的每一样东西都让死亡变得更为集中化、行政化和官僚化"而带来的那种破坏。① 这样的抱怨,出现在无政府主义者奥克塔夫·米尔博(Octave Mirbeau)②的《秘密花园》(直译《酷刑花园》,英文名 *Torture Garden*,法文名 *Le Jardin des supplices*)③当中,这表达了一种反资本

---

① 奥克塔夫·米尔博:《秘密花园》(Octave Mirbeau, *Le Jardin des supplices*)(Paris, 1957),187(笔者自译)。酷刑施行者向他的客人继续美滋滋地描绘他挖空心思发明出来的一种让狂暴的老鼠去撕咬死囚犯的酷刑,随后又抱怨法庭否决了这种方式的使用:"我为他们带来了一些极其光荣的……这类当中的唯一事例,以及激发我们最伟大艺术家的想象……但他们却不想要……这是我们堕落的征兆……喔!我们是一帮被打败的人、一帮死人!日本人要来了……我们抵挡不了他们……别了,中国!"(193,笔者自译)。
② 奥克塔夫·米尔博(Octave Mirbeau,1848—1917),法国著名的人道主义者、无政府主义者、作家和艺术评论家,他一生大半时间从事文学创作,曾发表约1200篇具有影响力的短篇文章和小说,代表作有三部自传体小说 *Le Calvaire*、*L'Abbe Jules* 和 *Sebastien Roche*,以及后来的《女生日记》、《秘密花园》、《天空》。其中《秘密花园》(*Le Jardin des supplices*)是其定鼎之作,在19世纪西方文学界产生过巨大影响。——译者注
③ 本书表面上围绕酷刑这一主题,把它作为一种高雅的艺术形式,描绘了在一位奇特的女主人公的引领下,让读者目睹陷入腐败深渊的放荡的政府官僚形象。事实上,它是对西方价值观及其社会行为规范、捐客政治的一种黑色幽默的批评。小说由精英们对杀人的高谈阔论开始,历经"文明社会"的腐朽和虚伪,最后"发现"了遥远东方的秘密花园——酷刑、鲜花和杀人的本真状态。坐落于广州南部某地的秘密花园,是精致、残忍与美丽相混合的奇妙所在,在那里"酷刑与园艺、香水与繁华相交织",人类的想象力走到尽头。那里有数不尽的奇花异草;最令人不寒而栗的是,植物会呈现出种种人体器官的形态,因为它们的养分来自人体的残骸鲜血,实践着腐败与死亡是生命最高形式的谶语。这些只是表象,不绝于耳的凄厉哀号声,来自被各种难以想象的酷刑折磨的囚犯。他们被唤作人,只因这样出生,眼下却毫无为人的尊严、形象和任何其他最基本的要件。人性在酷刑消失殆尽,而兽性破茧而出,只剩下被豢养的求生欲望;这是酷刑的最高形态,远非工业文明社会的大工业杀人工具所能比拟。这部小说是奥克塔夫·米尔博(Octave Mirbeau)最重要的小说之一,改编的影片于1967年上映。该书中译本可参见:[法]奥克塔夫·米尔博著,竹苏敏译:《秘密花园》,重庆出版社,2005年。——译者注

主义的无政府主义用对手艺劳作的罗曼蒂克式的捍卫意识来反抗改革主义者,充满同情心的时代曾经将酷刑列为犯罪,重新设置了监狱与医院,用机枪取代了石弩,并且将公开处决的节日景象替换为全景敞视的主权图景,而所有这些,都是经由欧洲对所谓"中国"的想象实现的。①

为柔性帝国主义(soft imperialism)②与现代化所作的辩护,将残忍的矫正、其社会化以及控制、消除的历史塑造成为展现国家权力的一种合法化方式。就像米尔博小说中的施虐者所说的,暴力的官僚式现代化以及同情的日益重要性已经越过了欧洲的边界,就像欧洲殖民者在其他国家立政一样,被用来调整当地关于暴力与受苦的法则,或者只是简单地声称在国际外交领域内他们的同情各不相同这样的哲学事实。③ 塔拉尔·阿萨德(Talal Asad)将这种行为称为"世界的人道化"(humanizing the world),因此,在一种文明化的现代性伪装下,这种过程就是一种对同情与受苦的地方性特殊关系加以普世化的进程。阿萨德指出,"欧洲统治者关于残忍的传统"在殖民地当中消失,这正源于这样一种需求,

---

① 但是,不管是在米尔博的小说里,还是在更长的时段内,我们无法靠沉默而忽略这样的情况,即,酷刑的方式变成了色情的。克伦·哈图恩(Karen Haltunnen)在其《人道主义与英美文化中有关痛苦的色情文学》("Humanitarianism and the Pornography of Pain in Anglo-American Culture"),载《美国历史评论》(*The American Historical Review*) 100.2 (April 1995))一文当中,将欧洲人对调情般的色情文学形式的兴趣大增与在18世纪后期在人类情感的发展之间的关联作了明晰的论述。我在倒数第二句当中引述了福柯《规训与惩罚》(*Discipline and Punish*)的论述,在这本书中,福柯为我们揭示了将弑君者、士兵达米安公开示众并五马分尸的地方与数十年之后推翻封建而建立近代国家的秘密关押改革者的地方之间的不同之处(《规训与惩罚:监狱的诞生》,阿兰·谢里丹译(*Discipline and Punish: The Birth of the Prison*, trans. Alan Sheridan) [New York, 1979])。(中译本:[法]福柯著,刘北成、杨远婴译:《规训与惩罚》,生活·读书·新知三联书店,2007年。——译者注)
② 或译为"软性帝国主义",作者在跟译者的进一步沟通中认为,"柔性帝国主义"大体就等同于"文化帝国主义"(cultural imperialism),这是一种欧美用文化和政治观念或产品(比如说麦当劳、民主观等)取代直接军事行动而对世界加以整体控制的趋势。——译者注
③ 正如在欧洲和美国,随着同情的日渐提升的重要性,导致了对在廉价报刊中"感觉论"(sensationalist)式图像与叙述的不断生产,就像酷刑作为一种惩罚形态的消失直接导致了将酷刑视作非法观念的再现。Haltunnen重塑了一幅1848年的"迈克尔·麦克加维(Michael McGarvey)将他妻子鞭打至死"的木版画,其用意,与其说是同情式的愤慨,更多的是窥阴癖式的乐趣(313)。

即:"利用他们所设想的关于正义与人道的文明标准来对属民施加影响,也就是说,期望能够塑造出新的人类属民",后面的这种使命,在从野蛮人进化成世界公民的过程当中,正是帝国主义者冒险精神的主要副产品之一。(在某些情况下,据说,人道主义者所作的努力也是为了试图说服或者影响真正的人道主义者;这是真真切切的历史,不是一幅卡通画,而且,关于暴力的事实与观念之间的彼此纠缠也是纷繁复杂的)正如阿萨德所指出的,同情与人道的形式之所以被允许,并不是消除所有痛苦(不幸的是,文明开化经常是被枪炮所强加的)的内在要求,而毋宁是将所有那些正在遭受痛苦的野蛮人赶尽杀绝,一点弥补都没有,而且,保留"受苦对于认识某人的人道化历程来说是必需的,也就是说,痛苦对其终结来说是适当的,它不是毫无用处的痛苦"①。

这是因为,正如阿萨德所说的,"痛苦并不只是确立了关于经历的物质基础上无可辩驳的证据,[而且]也是建构关于身体的认识论地位的一种方式",在痛苦与受苦的转变中,什么受到了危险?在那样的一种转变中,又失去了什么?在米尔博的文章当中到处都弥漫着这种感觉,这是一种对身体的独特使用,将之作为一种认识论上的试探,换句话说,作为一种认识世界的方式和理解身体与世界之间关系的方式。② 无论那种认知方式所构建起来的悲剧的合法性丧失在这里是否会成为问题,更重要的毋宁是对受苦、对苦难的承认以及归类的理解,将其理解为是认识论的过程,**理解为是社会真实的塑造机制及其自身与世界关系的定位机制**,进而,这也就将身体的矛盾状态看成"既是认知的方式,也是认知的

---

① 塔拉尔·阿萨德:《世俗的形成:基督教、伊斯兰教、现代性》(Talal Asad, *Formations of the Secular: Christianity, Islam, Modernity*) (Stanford, 2003), 109, 111。关于在国际货币基金组织(International Monetary Fund)决议中所出现的"必要痛苦"(necessary pain)的逻辑关联,可参见约瑟夫·施蒂格利茨:《全球化及其不满》(Joseph Stiglitz, *Globalization and its Discontents*) (New York, 2003), 119-22。(中译本:[美]施蒂格利茨著,夏业良译:《全球化及其不满》,机械工业出版社,2004年。——译者注)
② 阿萨德(Asad), 92.

对象"①。随着对于同情及受苦有着特定关系的规范性假设像那些关于人道与人权的现代论述的假设那样全然控制着一种文化上的论述，这就很容易忽视那些关系的文化与历史生产，也就很容易将这些普世性的术语想象成为使我们得以最终达到人道的肉体生存的直接根基，从中，人们可能会推演出控制日常生活的法律与习惯。在对所用方式的追寻中，这种关于同情、受苦和交换的网络已经得以发展，并将其文化规划与认识论内涵重新复归到思想的前台。这不是简单地去批评这一规划的独特性，或者去抱怨帝国主义或全球资本，好像当今对同情或受苦的关系能够在文化特殊性框架或者帝国主义与全球化历史之外加以运行一样。问题的关键在于，要弄清楚这些是如何在帝国主义和全球化的**内部**运作的，并进而揭示出它们是如何通过众多的文化对象并在很多不同的文化时刻塑造起我们当下的思想类型的。如阿萨德所言，假如现代性从一开始就是一种"掌握权力的某些人所意图实现的计划或者说一系列内在关联的计划的话"，那么，在对计划已经被执行的名义下的人道方式利害关系的思考，可能就已经深深卷入我们能够为这一星球与物种所想象的集体及共同的未来当中了。②

再也没有比近年来关于人权的"亚洲价值观大讨论"（Asian values debate）更能清楚表达这些含义的了。这一大讨论展现了"对过去二十年当中大多数国家和人权活动者对于权威的国际标准所作的最突出的当代抨击"，这源自于20世纪90年代早期东亚三个创造经济奇迹的国家——马来西亚、新加坡和中国。③ 尽管从总体上看，这场大讨论的源动

---

① 苏珊·斯图尔特：《渴望：对微小、巨大、纪念品及收藏的叙述》（Susan Stewart, *On Longing: Narratives of the Miniature, the Gigantic, the Souvenir, the Collection*）（Durham, N.C., 1993), 131.
② 阿萨德（Asad), 13.
③ 杰克·丹尼尔：《人权与亚洲价值观：捍卫"西方"普世性》（Jack Donnelly, "Human Rights and Asian Values: A Defense of 'Western' Universalism,"）收录于《人权的东亚挑战》，乔安·R·鲍尔和贝淡宁主编（*The East Asian Challenge for Human Rights*, Joanne R. Bauer and Daniel A. Bell, eds.）（Cambridge, 1999), 64.

力在很大程度上来自试图使各国当局在政治对话和法律保障方面能够调整他们对国际标准的持续性的拒斥态度,而到了20世纪90年代后期,就像乔安·R·鲍尔(Joanne R. Bauer)和贝淡宁(Daniel A. Bell)①在他们为《人权的东亚挑战》(*The East Asian Challenge for Human Rights*)一书所写的序言中所称的,"东亚"对于人权的观念"使一种真正的对话开始介入关于'普世性'意义以及入情入理的[文化与政治]差异的区域性讨论的核心"。② 这场大讨论的参与者广布,其中不乏诸如联合国这样的国际组织、地方与跨国的非政府组织、哲学家、历史学家以及政治理论家这类专家名流,此外还就当代对公民权利与政治权利的限制是否能随着社会与经济权利的拓展而加以修正、对于建设一种跨国的罗尔斯主义(Rawlsian)舆论的可能性,以及关于儒家伦理可能会贡献一种新的而且更为普世性的关于人类的定义,尤其是对这种抛弃了西方体系中"个人主义"弱点的儒家伦理从各个方面进行了广泛的讨论。③ 这场大讨

---

① 又译为丹尼尔·贝尔,生于加拿大,1985年加拿大麦克吉尔大学本科毕业,获文学学士毕业;1988年牛津大学哲学硕士研究生毕业,获哲学硕士学位;1991年牛津大学哲学博士研究生毕业,获哲学博士学位。现为清华大学伦理学和政治哲学教授。他的主要研究领域为政治哲学、中西比较哲学、儒家哲学、文化和国家关系等,其成名作为《社群主义及其批评者》(*Communitarianism and Its Critics*)(于1993年由牛津大学出版社)。——译者注
② 鲍尔和贝淡宁(Bauer and Bell),4。孟德斯(Errol Mendes)还认为这一大讨论较之他对东西方(他以加拿大为西方的例子)之间共同基础的探究"表现得比真实情况更明显",但在事实上,他所参与的大讨论全都这么认为,即,尽管在国际政治策略方面并不真实,但是在政治哲学领域内却足够真实。(《亚洲价值观与人权:放虎归山》,收录于《亚太的对峙》,芬·汉普森、莫林·莫洛特、马丁·拉德纳主编("Asian Values and Human Rights: Letting the Tigers Free," in *Asia Pacific Face-Off*, eds. Fen Hampson, Maureen Molot, and Martin Rudner) [Ottawa, 1997], 176.)。
③ 关于罗尔斯,可参见大沼保昭:《关于人权的一种跨文明路径》(Onuma Yasuaki, "Toward an Intercivilizational Approach to Human Rights,")收录于鲍尔和贝淡宁主编一书(Bauer and Bell);关于儒家伦理价值,参见陈祖为:《当代中国权利的儒家视角》,收录于鲍尔和贝淡宁一书(Joseph Chan, "A Confucian Perspective on Rights for Contemporary China," in Bauer and Bell),以及杜维明:《东亚"儒家"崛起的影响》,载《代达罗斯》(Tu Weiming, "Implications of the Rise of 'Confucian' East Asia," *Daedalus*) 129.1 (Winter 2000)。杜维明特别摘录了新加坡前总理李光耀和马来西亚前总理马哈蒂尔对西方个人主义所带来的社会问题所提的批评意见,认为有必要在日益明显的"从家庭到民族各方面的社会解体的危险"中建立一种具有"归属感"(togetherness)的新理论(179)。

论的地缘政治学合法性,随着1993年关于人权的《曼谷宣言》①的公布而得到最强有力的国际宣示,这一宣言由亚洲地区各国政府所共同签署,这一宣言主张:"尽管人权具有普遍性,但应铭记各国和各区域的情况各有特点,并有不同的历史、文化和宗教背景,应根据国际准则不断重订的过程来看待人权",在这段话当中,最开始的"尽管"(while)一词对于它将要确认的所谓普世性进行了一番哲学上的抨击。② 这一宣言对于当今人权观念的影响非常巨大:它开启了对从明确的**国家**或**地区**角度所出现的人权观念的唯一重要的当代批判,而且还用一种普世性的、本土文化的以及现代性的后西方主题的角度加以明确表达。③

---

① 为筹备1993年世界人权会议,第四十六届联合国大会通过第46/116号决议,决定召开区域筹备会议。按照这项决议,亚洲各国的部长和代表于1993年3月29日至4月2日在曼谷举行会议。会议通过了本宣言。宣言共30条,它重申了亚洲国家坚决支持《联合国宪章》和《世界人权宣言》所载的各项原则和支持在全世界充分实现所有人权的承诺;强调必须创造有利条件以便在国家和国际各级切实享有人权。承认人权具有普遍性,同时确认各国和各地区有其特点和不同历史、文化与宗教背景,应当根据国际准则不断重订的过程来看待人权,必须避免在实施人权过程中采用双重标准,避免将人权政治化。总体上看,《曼谷宣言》是一项重要的区域性国际人权文书,它集中、全面地反映了亚洲国家关于人权和人权的国际合作问题的立场和观点,对在维也纳召开的第二届世界人权会议及其通过的《维也纳宣言和行动纲领》具有重大影响。——译者注
② 《曼谷宣言》是亚洲地区为筹备1993年6月在维也纳举行的第二届世界人权大会而在1993年3月通过。这一宣言收录于《协商文化与人权》,林德·S·贝尔、黎安友、宜兰·法勒主编(*Negotiating Culture and Human Rights*, eds. Lynda S. Bell, Andrew J. Nathan, and Ilan Peleg)(New York, 2001),我所引用的就出于该文本(394页)。对于这一宣言的解读,更多的是作为对人权的现存普遍观念的印证而不是其最初的形态来进行的,可参见本书中杜德尔(Michael Dowdle)的文章;对于"亚洲价值观大讨论"的总体性的进一步论述,亦可参见鲍尔和贝淡宁主编一书(Bauer and Bell);迈克尔·C·戴维斯主编:《人权与中国价值观:法律、哲学和政治观点》(Michael C. Davis, ed., *Human Rights and Chinese Values: Legal, Philosophical, and Political Perspectives*)(Hong Kong, 1995)中的文章;以及陈汉生:《人权能运用到中国吗?对文化差异的一种规范分析》,收录于《建构中国:文化与经济的互动》,李侃如、林顺夫、杨格主编(Chad Hansen, "Do Human Rights Apply to China? A Normative Analysis of Cultural Difference," in *Constructing China: The Interaction of Culture and Economics*, eds. Kenneth G. Lieberthal, Shuen-fu Lin, and Ernest P. Young)(Ann Arbor, 1997)。
③ 对普世性的人权观念的另一主要挑战来自女性主义;参见诸如Robin West的重要论著《法理与性别》("Jurisprudence and Gender"),在文中,她指出,法律中所假定的人类主体,基于其理论化特征,将之专门跟其他此类的主体加以身体性的分隔,因此是独占式的男性化(转下页)

我随后要阐明的是,这一点都不奇怪,除了想象之外,并不存在这样的主题。当时这种主题的想象可能性,那里所具有的人类或者人道观念将会使我们所有人最终能够和睦相处(如果人人都能不那么无耻的话),这就在策略和哲学层面上维持了一种当代政治生活的关键组成部分。①

这样的一种主题,它的发明(invention)与结合(articulation)将一种普世性的和"大写"(capital-H)的人道主义②保护伞之下的所有文化差异都聚拢在一起,最后成为欧洲启蒙运动的独有梦想,它的发明是过去几个世纪的一项主要成就,正视人类那难以计数、触目惊心的暴力与人为死亡,最终在1948年通过了近乎被一致接受的联合国《世界人

(接上页)的《《芝加哥大学法律评论》(*The University of Chicago Law Review*) 55.1 [Winter 1988])。女性主义者对人权的批评也体现在联合国的行政架构当中,比如1995年在北京举行的第四届世界妇女大会。林·亨特(Lynn Hunt)对人权史的研究在这一领域深有意义,但却完全忽略了《曼谷宣言》(而这确实是文化差异的问题)(《人权的发明:一部历史》(*Inventing Human Rights: A History*) [New York,2007])(中译本:[美]林·亨特著,沈占春译:《人权的发明:一部历史》,商务印书馆,2011年。——译者注)。关于"妇女"与"亚洲价值"之间的关系,可参见诺拉尼·奥曼:《关于非西方文化中基本人权的论述:一个现代伊斯兰国家中的伊斯兰教法与妇女公民权》,收录于鲍尔和贝淡宁主编一书(Norani Othman, "Grounding Human Rights Arguments in Non-Western Cultures: Shari'a and the Citizenship Rights of Women in a Modern Islamic State," in Bauer and Bell),以及安妮-玛丽·希尔斯顿主编:《人权与性别政治:亚太视角》(Anne-Marie Hilsdon, ed., *Human Rights and Gender Politics: Asia-Pacific Perspectives*)(London,2000)。

① 尽管批评所指向的是观念及其主张,但实际情况确实如此。我同意井上达夫(Inoue Tatsuo,日本东京大学法学院教授——译者注)的看法,即认为"主权需要人权不仅仅作为一种对其所作的暗中破坏的功能上的补偿,而且还应是一种在表现方面的积极调整",正因如此,在一个被国家主权所定义了的世界当中,不管是从修辞的角度来看,还是在试图以种种方式删减或者限制主权的人们的头脑中,人权语言仍然是极其重要的。(《自由民主与亚洲东方主义》,收录于鲍尔和贝淡宁主编一书("Liberal Democracy and Asian Orientalism," in Bauer and Bell),30.)。对于一旦我们所理解的主权消失之后会发生什么,可参见迈克尔·哈特和安东尼奥·奈格里:《大众》(Michael Hardt and Antonio Negri, *Multitude*)(New York,2004)。("Multitude"一词,大多数时候可译为群众、大众、群体,含有"杂多异质"的意思,这一政治术语最先由马基雅维利提出,后被斯宾诺莎重述,近年来又被重新提起,用来称呼一种新的反对全球化资本体制的模式。——译者注)

② 作者在跟译者的进一步沟通中,对这一概念作了进一步解释,认为他在文中所称的这种"大写的一人道主义"所强调的是欧洲思想家所构想出来的普世和唯一的人道观念。——译者注

权宣言》①。关于人类生存的一种理论的建构能够而且理应适用于它所指称的人类中的任何一员,正如林·亨特(Lynn Hunt)②最近所指出的,与一种新的人类主体相伴而生的发明是由对我们在亚当·斯密和巴尔扎克笔下所看到的类型化的他者的受苦场景的"想象性的移情"所决定的。从历史来看,在这个星球出现生命之后,人类主体从古至今只发生了微不足道的变化。然而,从进化了的类人猿到1776、1789或者1948年那些划破长空、闪耀光辉的宣言③,在这些被不曾停歇过的进步、动荡、伪善以及失望所决定的时刻,人类思想的宏图就是被这种移情所确定的,而也正是在这样一种思想的指引之下,才开始了更为艰难的对实现这一许诺的漫长规划历程。

这感觉上去就像是历史的偶然事件,即:在过去的20年中,对这些欧洲许诺的最重要的修正性挑战,恰恰就来自对人类观念的发展具有重要意义的地区,而这,正是《假想的"满大人"》一书所要完成的任务。但是,假如有人意识到"亚洲伦理价值观"在人权领域所获得的合法性上的修辞力量几乎全都

---

① 1948年12月10日,联合国大会通过第217A(III)号决议并颁布《世界人权宣言》,"作为所有人民和所有国家努力实现的共同标准,以期每一个人和社会机构经常铭念本宣言,努力通过教诲和教育促进对权利和自由的尊重,并通过国家的和国际的渐进措施,使这些权利和自由在各会员国本身人民及在其管辖下领土的人民中得到普遍和有效的承认和遵行"。这一具有历史意义的《宣言》颁布后,大会要求所有会员国广为宣传,并且"不分国家或领土的政治地位,主要在各级学校和其他教育机构加以传播、展示、阅读和阐述"。由于《世界人权宣言》是由联合国大会通过的,因此它并非一个强制性的国际公约;但是它为以后的两份具有强制性的联合国人权公约《公民权利和政治权利国际公约》和《经济、社会及文化权利国际公约》奠定了基础。——译者注
② 林·亨特(Lynn Hunt),美国斯坦福大学博士。曾追随查尔斯·梯利(Charles Tilly)从事历史社会学研究;并曾任教于加州大学伯克利分校,之后转费城宾州大学任教至今,是新文化史运动的主要倡导者和领导者之一。她本人不仅在法国大革命史研究领域积极实践新文化史的研究主张,更先后主编了两部重要的新文化史理论文集——《新文化史》(*The New Cultural History*)(1989年)及《超越文化转向》(*Beyond the Cultural Turn: New Directions in the Study of Society and Culture*)(1999年),从而确立起了新文化史最基本的研究范畴与规范。——译者注
③ 分别指1776年的美国《独立宣言》、1778年的法国《人权与公民权宣言》以及1948年的联合国《世界人权宣言》。——译者注

来自于亚洲国家在20世纪80年代后期至90年代早期的经济成就。当前大讨论的结构因此就再生产了那种在过去几个世纪中欧洲通过文化与军事帝国主义推广其文化的旧套路,而且在1948年的《世界人权宣言》中也没有顺带提到这种亚洲伦理的价值:每个人,作为社会的一员,有权享受社会保障,并有权享受他的个人尊严和人格的自由发展所必需的经济、社会和文化方面各种权利的实现,这是通过国家努力和国际合作并依照各国的组织和资源情况实现的。(这也就是为什么文化主义者会对20世纪60年代第三世界运动中或者其他三个近期的宣言(1990年的《开罗宣言》(Cairo Declaration)①、1991年的《突尼斯宣言》(Tunis Declaration)②以及1993年的《圣何塞宣言》(San José Declaration)③)所提出的公民权利与政治权利加以抨击,但并没有作出任何像《曼谷宣言》那样的哲学上的回应)。意识到这种合法性得益于国家的人权话语仰赖于其经济成功的程度,就使我们认识到关于普遍权利的整体性问题无法脱离开工业与后工业现代化过程而单独加以思考。④ 从更广义的角度来看,这种明显的文明划分割裂了东方

---

① 此即伊斯兰会议组织(OIC)于1990年通过的《伊斯兰人权开罗宣言》,这一宣言代表了世界上大多数穆斯林国家的观点。限制国际公认的人权的范围是伊斯兰人权公约的共同特征。这一限制是通过使国际公认的人权诉诸于伊斯兰法律来实现的,从而缩小了伊斯兰公约保障下的权利的范围。参见伊斯兰会议组织:《伊斯兰人权开罗宣言》,附件第49/19-P号。该宣言的文本可以在A/45/421号联合国大会文件中找到副本。——译者注
② 为筹备1993年世界人权会议,第四十六届联合国大会通过第46/116号决议,决定召开区域筹备会议。依照这项决议,41个非洲国家和180个非政府组织于1992年11月2日—6日在突尼斯举行会议,通过了本宣言。宣言共11条。它重申了非洲国家对于《世界人权宣言》、《经济、社会、文化权利国际公约》、《公民权利和政治权利国际公约》以及《非洲人权和民族权利宪章》所规定的原则的承诺,认为人权的普遍性是无可争议的,所有国家,不论其政治、经济或文化制度如何,均有保护和促进人权的义务。本文指称年代为1991年,似有误,应为1992年。——译者注
③ 1993年1月,拉美和加勒比33个国家在哥斯达黎加首都圣何塞通过的宣言。《圣何塞宣言》强调根据各国人民和国家自决和主权的原则,应对出于人权原因进行干涉的后果作出反思。——译者注
④ 这就解释了为何在1997年亚洲金融危机之后在地缘政治层面上的讨论会变得磕磕碰碰、步履维艰。关于国际贸易经济与人权史之间关系的更深入细致的讨论,可参见苏珊·柯西:《从冷战到贸易战:新殖民主义与人权》(Susan Koshy, "From Cold War to Trade War: Neocolonialism and Human Rights,")载《社会文本》(Social Text) 58 (Spring 1999)。

和西方这两大阵营,令其在 1993 年召开的维也纳世界人权大会上形成针锋相对的两派,进而融入一种由参与其间的"全球资本的力量对流"所导致的更深层的紧密关联当中,这就像谢永平(Pheng Cheah)①所称的,"**反抗**关于发展、女性主义或者生态—庶民主义者的其他替代者的可能性"。②

  谢永平注意到了人权观念与资本范围与力量的巨大历史性增长之间的同时发展,他进而着意于被称为人类不可替换的最根本价值的"人类"基本权利观念的话语问题。作为一种对资本循环从根本上(或者"不可剥夺的")将人类加以隔离的商品化的持续抵制,这种不可替换性(inexchangeability)正是康德(Immanuel Kant)在其 1785 年《道德形而上学基础》(*Groundwork of the Metaphysics of Morals*)③中"价值"(price)与"尊严"(dignity)之间差异的问题:"与普遍的人类爱好和需要相关的事物,具有一种市场价值",他认为,"但凡是构成某物能成为自在目的本身的唯一条件的事物,就不仅仅具有一种相对的价值,即价格,而是具有**内在的价值**[einen inner Wert],即**尊严**"。④ 对于谢永平来说,在

---

① 加州大学伯克利分校修辞学系教授。——译者注
② 谢永平:《非人条件:论世界主义与人权》(Pheng Cheah, *Inhuman Conditions: On Cosmopolitanism and Human Rights*)(Cambridge, 2007), 148 - 49;之后的引文在文中写成 IC。让我们来谈谈"亚洲价值观大讨论"的一个重要特征,即,它保持了在一种相互承认状态的伪装之下的东西方分野:它一直将亚洲的**价值观**与西方的**哲学观**相对立。这种结构就类似 20 世纪早期中国近代化论者所谓的"中学为体,西学为用",但在当时的情况下,这种表述与其说是一场闹剧,不如说是一场悲剧。
③ 成书于 1785 年,德文名为 *Grundlegung zur Metaphysik der Sitten*。该书是康德另一部伦理学著作《实践理性批判》的准备和纲要。全书分为 3 章,论述了善良意志、绝对命令、人是目的和意志自律等思想。在西方伦理思想史上,第一次系统地阐发了纯粹理性主义的自律伦理学说,对西方的伦理思想产生过极其深刻的影响。——译者注
④ 价值与尊严之间的这种差别让我们回想起亚当·斯密对中国地震的思考,其中伴随着人类生命与人类痛苦的潜在的可交换性。在夏多布里昂的时代,他可能是第一次在字里行间,将酷刑、中国人以及道德审判的情景之间的困境都体现了出来,而这都具有康德式规则的哲学力量。不管他怎么去想象中国人遭受病痛折磨,其目的只是为了更快杀死他,夏多布里昂写到,他"听到发自内心深处的呼喊是如此之强烈,它所针锋相对的已经不再是对这一推测的简单想法,我甚至不再对良心的真实性产生怀疑"(《基督教真谛》,基特斯引述(转下页)

现代性这一普遍主题的理论化的核心,这种市场话语的存在,正表明了人权的整个概念从一开始就从市场转向了曾经口口声声要反对的东西。人权的历史,在这段历史当中,作为对人类生活的更广义商品的对应物,人类不可避免地疏远了交换功能这一过程。正是在这样的一种观念之下,对于全球资本主义的拒斥并没有全然成为对其地方化支持者的拒斥:谢永平非常悲凉地将其称为资本主义的"生产—效应"(*IC*,166)。①

在资本主义的花言巧语与亚洲伦理价值之间的亲密行为,只有在当政治人物认为采纳西方所喜欢的公民与政治权利将会妨碍解决贫困所需的经济增长与发展问题,只有在得到现代国家(学校、医疗保障等等)所普遍认可的社会物质必需品的时候,真正意义上的公民与政治权利才变得清晰可见。② 新加坡前总理李光耀曾说过这样的话:"**仅仅有同情之心是不够的**……自由、人权、民主,在当你饥寒交迫的时候,在当你觉得发展机会渺茫的时候,在当你没有基本保障的时候,是没什么大用处的"(*IC*,233;黑体为笔者所加)。③ 正如阿马蒂亚·森

(接上页)(*Le Gènie du christianisme*, as cited in Keates), 505 [笔者自译]。在夏多布里昂的作品当中,在酷刑与中国人之间所提出的交易的这种谬误(wrongness)恰恰再生产了"市场价值"(德文:Marktpreis)与康德得以建立起人类对商品化加以本体论上的抵抗之基础的"内在的价值"(德文:inner Wert)之间的不同之处。(此处译文,参照康德著、杨云飞译、邓晓芒校:《道德形而上学基础》(1785年),并参考李秋零译:《康德著作全集》第4卷第393—472页《道德形而上学的奠基》,中国人民大学出版社,2005年。——译者注)

① 我不像谢永平那样悲观。如果将他的观点反过来看的话,我们就会发现,正如我们所理解的那样,"市场"的观念在社会想象当中作为对"人类"观念的一种辩证效果,从技术层面上将之排除在外了;因此可以说,恰恰是市场才是人道主义的"客体化—效果"(objectivity-effect),而人道则是市场的"商品—效果"(product-effect)。我们在这里所要处理的并不是一种基础(市场)和上层建筑(人类),而是一种由相互建构的辩证法型塑成的体系,在这种体系当中,经济基础与人文主义上层建筑之间的区别是一种无法型塑部分的体系的**特征**。

② 这是在《曼谷宣言》致力于认同"重申经济、社会、文化、公民和政治权利互相依存和不可分割,并必须对所有类别的人权给予同等重视"(贝淡宁等(Bell et al) 392)之后所作的思考;前三项致力于消除后两项内容在西方人权对话中的中心地位。美国仍然是少数几个拒绝签署1965年联合国《经济、社会、文化权利国际公约》的国家之一。

③ 正如柯西(Koshy)所指出的,这种情况为"独裁主义提供了一种借口",并没有改变它们仍然是"西方的假普世主义"的事实(24)。

(Amartya Sen)①指出的，尽管"没有什么能够对抗建立在据说对经济增长具有负面影响的集权之上的民主权利"，但是，建基于同情与经济增长之上的人权的普遍观念还是会跟美国方面的划分有所差异，而在克林顿政府的设想当中，随着足够多的民众拥有电视和喜好麦当劳食品，东亚的经济发展将会为这些国家开辟出一条从集权主义通向全面"开化"的民主的道路。② 正是这最后一点，被"就"亚洲伦理价值所作的哲学与政治论证所诟病，这些论争认为，脱离开西方所称的"自由"（更不用说麦当劳了）的经济发展是可能的，从而试图将经济从非经济的现代化当中分离出来，将启蒙时期的资本主义遗产从其哲学化的资本主义遗产中分割出来。这种新的亚洲现代性，从理论上而言，关于人类的权利及其理论源自于一种"非二分法的思考"，这就鼓励了"有机团结"（organic solidarity），并且强调了"作为社会基本单位的家庭"的角色。③ 这种发展的神话与在纽约和华盛顿发源的东西相互结合，这就正如德里克

---

① 著名经济学家。1933年出生于印度孟加拉邦桑蒂尼克坦，1959年在英国剑桥大学获得博士学位，其后先后在印度、英国和美国任教，并于1989年和1994年先后担任印度经济学会会长和美国经济学会会长。1998年离开哈佛大学到英国剑桥大学三一学院任院长。他曾为联合国开发计划署撰写过人类发展报告，并担任过联合国前秘书长加利的经济顾问。他于1998年被授予诺贝尔经济学奖，以表彰他"在福利经济学的基础研究课题上作出数项关键性的贡献，举凡公共选择的一般理论、福利与贫穷指标的定义，到对饥荒的实证研究皆属其贡献范围"。阿马蒂亚·森在中国知名，还在于他有着另一个传遍世界的称呼："穷人的经济学家"。他的主要作品有：《贫困与饥荒》、《以自由看待发展》、《印度：经济发展与社会机会》等等。——译者注
② 阿马蒂亚·森：《人权与经济成就》（Amartya Sen, "Human Rights and Economic Achievements,"）收录于鲍尔和贝淡宁主编一书（Bauer and Bell），93。"开化"（civilized）一词来自于杰克·唐纳利（Jack Donnelly），他以此强调普遍主义者和进步主义者的地位，文中写道："在20世纪后期，一个社会若其自身必须经常被归类的话，则不能被简单地看成是'开化'"（Bauer and Bell，78）。而麦当劳和电视则更新了这个世纪的美国中产阶级梦想：土食（locavore cuisine）与无线热点（wireless hotspots）。
③ 杜维明（Tu Wei-ming），205。在其他地方，杜维明提到中国人在21世纪对民族属性模式所作出的贡献："近代西方的二分式世界观（精神/物质、心灵/肉体、物理/心理、宗教/世俗、造物主/万物、上帝/人类、主观/客观）与中国人的整体思维模式截然不同"，很有意思的是，基于二分法（"截然不同"）的这种评判恰恰是西方式的（201）。

（Arif Dirlik）①在他论述可替代的或者多样化的现代性观念时所说的："通过赋予其全球化的有效性,将对现代化的可替代性的认真思考排斥在外,并在暗地里重新引入欧洲中心论的方式,为现代化的绝大多数基本假定披上了合法性的外衣",进而,文化多元主义者的借口就被它所提供的经济选择的匮乏所消耗殆尽。② 在后福特主义③的世界中,每个人都可以拥有他所喜好的现代性,只要他们所喜欢的东西是资本主义类型的一种现代性就可以。

虽然本书并不直接关注"亚洲价值观大讨论"问题,但这本历史著作还是会去修正一些关于大讨论的前提,就像其现在所表达的那样。最为重要的是,关于东亚直到最近才开启了人权话语的这种观念,正被这样的一种认识所诋毁,即,尽管直到20世纪90年代,东亚才作为一种**叙说主体**参与到大讨论中,但是东亚在很长一段时间以来就已经是这场大讨论的具有特权的指涉**对象**。尽管在语法方面存在着差异,但是这种对历

---

① 美国杜克大学荣休教授、美国俄勒冈大学耐特社会科学讲座教授（Knight Professor of Social Science）、清华大学国学院梁启超讲座访问教授。他长期致力于中国近代史尤其是中国革命史的研究。《革命与历史——中国马克思主义历史学的起源,1919—1937》、《中国共产主义的起源》、《中国革命中的无政府主义》等著作奠定了他在西方学界的中国研究权威学者的地位。进入20世纪90年代后,他更将理论撰著的领域扩展至后殖民批评与文化研究,《革命之后:警惕全球资本主义》、《后殖民氛围》等著作令其跻身于当代美国社会科学界重量级学者的行列。——译者注
② 阿里夫·德里克:《全球现代性:全球资本主义时代的现代性》（Arif Dirlik, *Global Modernity: Modernity in the Age of Global Capitalism*）（Boulder, 2007）, 14。（中译本:[美]阿里夫·德里克著,胡大平、付清松译:《全球现代性:全球资本主义时代的现代性》,南京大学出版社,2012年。——译者注）关于"多元现代性"的颇具价值的介绍,可参见斯蒂芬·R·格劳巴德:《"多重现代性"专辑序言》（Stephen R. Graubard, "Preface to the Issue 'Multiple Modernities,'"）《代达罗斯》（*Daedalus*）129:1（Winter 2000）,以及本专辑中的其他文章。
③ 这是一种以精益生产、柔性专业化等非大规模生产方式为核心的新的资本主义积累方式及其社会经济结构。其主要特征是灵活的劳动过程、网络化的生产组织、多技能的劳动力及新的劳资关系、个性化消费等。作者在与译者的进一步阐释中,认为后福特主义实际上是这样一个世界,在这个世界中,工业资本主义（以福特在汽车制造工厂所发展出的生产体系为典型）已经被围绕金融与跨国贸易组织起来的更为强劲的资本主义形式所取代。作者认为这大致等同于詹明信（Fredric Jameson）的"晚期资本主义"观念。体现詹明信"晚期资本主义"核心观点文献的中译本可见:[美]詹明信著,张旭东编,陈清侨等译:《晚期资本主义的文化逻辑》,生活·读书·新知三联书店以及(伦敦)牛津大学出版社,1997年。——译者注

史记载的误读还是会想象亚洲只有在当其实现了经济权利的时候,才能"实现"哲学现代性的图景。不管是满大人的出现,还是"亚洲价值观大讨论",在这种历史进程的最后关头(而且也确实持续贯穿其间),所表明的毋宁是要想方设法认真考虑中国与人权之间的关系问题,而这必须在中国一进入关于人类的启蒙话语的当口就加以施行,并且要认识到亚洲对人权的"挑战"在至少两个世纪以来的一种更大的话语**内部**就一直在进行着,而且,正是这种话语所施加的一些主要影响,使得亚洲价值观的争论被清晰地表达出来并被人们所接受。至少在想象的历史当中,生命史正寄居在观念世界的王国当中。那么,我们在这里所关注的是怎样的一种历史呢?

4. 例证—效果(The Example-Effect)

尽管所有的书都会以这样那样的方式来为将各种文化理论扭和到一起寻找证据或者历史根源,而这对于下面的一种情况而言似乎是尤为必须的,即,从一开始,本书中的主要历史性要素——同情、人类以及中国——之间的关系就被将中国与前两者(同情、人类)维系到一起的潜在的偶然性、巧合性关系所遮蔽了。这将会徒然弱化这样的断言,即:一方面,在现代人类的创造能力与中国民众的能力上不存在差异,而在另一方面,在几乎是本体论的主要的历史事件重要性跟与之相伴而生的修辞学上或文化上的物质之间也不存在差别。但恰恰相反,至关关键的是认识到了彼此纠缠着的这两者也只是做到了这一步:意识到并利用了他们之间"类属"(generic)的不同之处;也就是说,意识到了仰赖建立在**观念**("创造出富有同情心的人")和**事例**所**指涉**的对象("中国")所扮演的具有内在差异的文化与认识论角色基础上的这种关系的语法规则。而在本书中,如果要对不同之处加以清楚认识,就有必要对究竟什么才算是一种想象中的和看似任意的关系加以解释,哪怕这种关系究竟是持续性地出现在那些假设的中国受害者朝不保夕的生活当中,还是出现在对人权前景及全球化的政治可能性的当代论述当中。①

可以说,本书想要指出的是,中国要么跟亚当·斯密的道德哲学或者巴尔扎克的拉斯蒂涅(Rastignac)②式性格主流毫不相关或者仅仅是微不足道的补充而已,要么就像大多数人所做的那样,只是忽略了中国在这些语境中的展现,这就使我们有很多工作可以做。在这里,我们所面对的是这样的事实,即,尽管事例的可借鉴性在任何一部依赖它们的作品当中都是一个问题,但是对于恰恰就是关于一种特殊例证和特定可借鉴性(即没有"感到"是可资借鉴的)的历史的这本书而言,例证的问题就变成了一种特殊而又紧迫的问题。这种不见黎明到来的漫漫暗夜只是孤零零地表现为是对普遍问题的一种次阶的、元题式论述,或者表现为从理论上对文化联系与社会想象的重要性与真实性加以论述的某种意图,哪怕这一点已经很清楚,即,这部分议题必须处理好跟武断的、过分重叠的文化计划的认识论地位及其与历史的关系。这是因为问题的

---

① 例如,亨特 2007 年所著的关于人权史的作品中,就将亚当·斯密所提到的地震看成是对面向那强有力的、乌托邦式话语的未来挑战所作的想象(210)。同样,克·安东尼·阿皮亚(K. Anthony Appiah)2006 年所出的《世界主义》(*Cosmopolitanism*)一书,其目的也是为了明确地表达一种对这个时期的知识与政治"态度",这种"态度"一直不断地将自身体现为一种全球性的状态,并使得巴尔扎克的满大人成为其最后一章"善待陌生人"(Kindness to Strangers)中的一种特征,虽然其中并没有提到他的中国性(Chineseness)(《世界主义:一个陌生世界中的伦理学》(*Cosmopolitanism: Ethics in a World of Strangers*)[New York, 2006],尤可见 155-58;关于书中哲学例证地位的讨论,可参见布鲁斯·罗宾斯:《世界主义:新与新人》(Bruce Robbins, "Cosmpolitanism: New and Newer,")《边界》(*boundary*) 2 34:3 [2007], 59)。在朗道(Iddo Landau)的《杀死一个满大人》("To Kill a Mandarin")(《哲学与文学》(*Philosophy and Literature*) 29 (2005))一文中涉及的近期另一场关于满大人(mandarin)的哲学化讨论就没有提及他的"中国性"(Chineseness)。只有基特斯在 1966 年才似乎对满大人的族源(national origin)感兴趣,并写道,对于 19 世纪的欧洲人来说,"中华帝国的富户仍然是一个不同且遥远社会的居民;确实,在文艺复兴时期所发现的世界的多元性仍然被融汇进一个新的单一世界当中。这种独一无二的单一性就是道德,**而正是在这种意义上**,我们的这些中国人(Chinaman-mandarin)是从属于整个人类的[黑体为笔者添加],而施加在他身上的罪责或孽债,就像犯罪意图(mens rea)一样,往往被当成是我们对隔壁邻居所施加的痛苦"(504)。

② 拉斯蒂涅(Rastignac)是巴尔扎克《人间喜剧》中的一个主角。他在巴黎大都市的诱惑下一步步走向利令智昏。——译者注

核心源自于事物"首阶"与"次阶"、"真实"历史与"纯粹"巧合之间的不同之处,以及对这种内质性的历史或哲学回应所能或者所应加以讨论的程度,而不管这种讨论是否能够将人类同情天性所要表达的核心或必要特征从作为其化身(avatar)的一位中国满大人(a Chinese mandarin)的表面上的武断选择当中分离开来,而在这之后,不管是怎样的讨论,都只不过仿佛明确表达了在理论争论方面出现的变化,其中就包括了对所揭示出的问题的重塑,并以此告终。如果你们把着眼点放在某种观念性事物的感染力上的话,比如说,在例证的选取上,就跟观念性事物的哲学内涵有所不同,要么就是,一系列相关行动与历史突发事件或许并没有发生过,但是却多多少少对这种行动与历史的塑造产生了影响,接下来的情况就可能会使人们非常短视地宣称已经从那些将之情境化并使之变得可理解的例证中全然区分了出来。要么就是,让事情变得更为痛苦:你得先承认,你所选择用来解释的**范例**对**概念**的建构来说是很重要的这个想法所用的**例子**,的确对你所要说明的这个**想法**相当重要,才能够证明范例对概念的建构来说是很重要的。①(中国作为一种特殊类型的事例这一事实更为这一计划增添了另一层复杂性。②)

接下来,我会将中国人的可借鉴性这种动力称之为其"例证—效果"(example-effect)。这一术语借用了罗兰·巴特(Roland Barthes)③关于

---

① 作者在与译者的进一步阐释中,认为这也可以从另一种方式去理解:如果你说 Y = f(X of Y),则(Y=F(X))=f(X of (Y=f(x)))。——译者注
② 正如美国语境当中所体现出来的试图将对反亚裔的种族主义的讨论引向这样一个事实,即,一旦你回望20世纪60年代的话,你就会发现众多关于亚洲人的论调颇为正面;要将亚裔美国人的历史作为美国种族关系的例子加以思考的话,就需要去思考亚裔美国人与将其自身塑造成为被期望的历史形象之间的特殊联系是怎样形成的。方法之一就是设法将**主题**(thematically)当成是"模范少数族裔"的观念;对这一问题的检视,可参见罗伯特·李:《东方人:大众文化中的亚裔美国人》(Robert Lee, Orientals: *Asian Americans in Popular Culture*)(Philadelphia, 1999), 145 – 203。
③ 罗兰·巴特(Roland Barthes, 1915—1980),法国文学批评家、文学家、社会学家、哲学家和符号学家。其许多著作对于后现代主义思想发展有很大影响,其影响包括结构主义、符号学、存在主义、马克思主义与后结构主义。——译者注

小说的"现实效果"(reality-effect)①这一广为人知的概念,这种"现实效果"所说明的是对那些看似无用的细节的非叙述功能,在现代写实主义发展中意义非凡,而随着它们证明了一个在"彼处"之外所展现的世界,这就超越了对一个给定故事加以叙述的必要性,而所有这些,都是对小说化世界而言的。② 同样,"中国"所造就的例证效果就将所表现出的哲学层面的**可能性**塑造成为一种看似不经意的历史或政治上的细节,其价值就在于明确地表明跟它所展现出来的哲学物质"没有"一丁点儿关联。那么,我们为什么会关注中国发生地震这样的事情呢,而真实情况则是亚当·斯密发明了那种将会改变欧洲的道德传统,那么,人们怎么会知道他正在写关于里斯本地震的文章呢?而那个满大人(mandarin),他或许也可以换成日本人、阿兹台克人或者立陶宛人,事实上,在巴尔扎克早期的一篇儿童小说中,就出现了类似的假设人物,这人被来自纽霍兰德(New Holland)的人谋杀了!③ 让我们来看看这个真实情况,并抛开所有这种文化无意识……

确实有点。但是,假如被杀者的国籍无关紧要的话,为什么巴尔扎克会不安地要加以改变呢?此外,我们又是如何解释这个星球上所发生的真实历史的,在这一过程中,关于满大人的假设就成为了一种足以被

---

① 罗兰·巴特在其《历史的话语》一文(李幼蒸译)中曾指出:在"客观性的"历史中,现实,始终是藏身于表面上万能的所指物背后的、未加表述的意义。这种情况说明了我们可以称作"现实效果"(reality effect)的东西。从"客观性的"话语中删除意义,只不过又产生一种新的意义;我们再次断言:系统中一个成分的不存在正与它的存在同样是有意义的。这一新的意义适用于整个话语,而且归根结蒂构成了使历史话语区别于一切其他话语的东西;它是偷偷地变成了羞答答意义的现实:历史话语并不顺依现实,它只是赋予现实以意义;它随时断言:"该事发生了",但所传达的意义只不过是:某人作了这一断言而已。"某事发生了"的这种断言的无上权威具有真正历史上的重要性。我们整个文明都被现实效果引导着,如现实主义小说、日记体、纪实体、消遣小说等各种文学形式的发展,历史博物馆、古物陈列,以及特别是摄影艺术的大规模发展所证实的。——译者注
② 罗兰·巴特:《现实效果》,收录于《语言的沙沙声》,理查德·霍华德译(Roland Barthes, "The Reality Effect," in *The Rustle of Language*, trans. Richard Howard) (Berkeley, 1989).
③ 参见 Ronai 的著述,然而,他认为,只有在当涉及"mandarin"这个词的时候,"尽管这词与异国宝藏(exotic treasures)相联系",但指代人物时用的是惯用法(521;笔者翻译)。

收入词典的词语了？就像斯密笔下的地震一样：如果他正在关注的是里斯本的事情的话，那为什么他不这么说？而且，他在《国富论》(1776)一书中所提及的一场印度地震为什么就没有使当代的哲学家们在他们力图思考道德距离时去翻来覆去地引用呢？① 而且，不知是出于何种原因，它如此轻易地展现出跟东亚所形成的所有类型的历史冲突一模一样的轻蔑举动，其中就包括诸如对亚裔美国人在美国历史中的重要性的看法（这只是在最近才开始被承认②），以及在近代航海、战争以及媒体文化方面的一系列技术创新，亚洲在近代资本主义所带来的经济转型中所扮演的角色等等诸如此类的情况？不管是在这一例子中，还是在其他情况下，要抗拒仅仅简单地拆解中国性(Chineseness)③的诱惑，这种拆解只

---

① 印度具有一种"非常单一的政府，在其中，每个行政人员都想出国，并因此不得不尽快跟政府打交道，而对于他们所感兴趣的东西，往往会在第二天就带着自己的全部家当追随而去，极为无动于衷，哪怕整个国家刚刚经历过一张大地震"，亚当·斯密这样写道。(New York, 2000), 692。

② 例如可参见李漪莲：《在美国的大门口：1882—1943年排外时期的中国移民》(Erika Lee, *At America's Gates: Chinese Immigration during the Exclusion Era, 1882—1943*) (Chapel Hill, N.C., 2003)，以及艾明如：《不可能的主题：非法移民与现代美国的形成》(Mae Ngai, *Impossible Subjects: Illegal Aliens and the Making of Modern America*) (Princeton, N.J., 2005)。

③ 关于这一词汇，学界多有讨论，但由于论者本人所处语境的差异，对"中国性"的讨论在某种程度上仍然处在一种"各自表述"的状态之中，整体上的讨论"公约数"还未形成。正如朱崇科在其《"去中国性"：警醒、迷思及其他——以王润华和黄锦树的相关论述为中心》一文中所述："众说纷纭的中国性似乎让'仁者见仁、智者见智'，这句俗套之语将它的可能性发挥到了极致，因为中国性实在是凝结了太多层面(次)的意义纠缠而且与时俱变。无论如何，不管是现实的中国，还是作为'想象的共同体'(Imagined Communities)的集体记忆，无论是旁观者/外来人的日新月异、沧海桑田式的对这一概念的主观理析与意义创构，还是亲历者对其指向抽象（暧昧？）相对客观的逼切感受，中国性自然都表现出它或多或少、或急或缓的发展性。然而，不同地区和时空下，它也表现出了相当的差异性"。又如陈奕麟(Allen Chun)所言："在我看来，'中国性'概念受其内在'缺席'(intrinsic absence)（就犹如被东方学权威否定）的折磨少于太多话语（内在/外在）在场(presence)的损伤。首先，指出中国性论述的历时性变化是可能的，它反映在从中国中心内核到民族国家的演变中，这些论述，作为地理位移(geographical removal)（如香港、海外）或者社会政治意义上的配置(sociopolitical disposition)（阶级、社会性别）的一种功能与他们在不同华人社群中的构建方式截然不同。在种族特点(ethnicity)作为文化的话语层次上，有理由相信，恰是由于这些社群扎根于在地的具体的意义和权力的语境中，他们因而代表了不同的论域(discursive universe)"，参见陈奕麟：《解构中国性：论族群意识作为文化作为认同之暧昧不明》(Allen Chun, "Fuck Chineseness: on the Ambiguities of Ethnicity as Culture as Identity"), 131。——译者注

有在对真实历史中的"事件"加以确证的基础之上才能进行,但我并不想这么做,本书所探寻的是一种特殊的社会与知识形态的历史:例证或者事例通常被认为是与其表现和说明的观念没有关联的。① 要对这种形态加以深入细致的探究,就需要将其**作为一种例证**从其他事物当中区分出米:意识到它在文化中是如何作为与所图示出来的普遍性没多大关联的事物而发挥作用的,此外,还要意识到究竟是什么被庞大的主流读者群当做是对与某些东西相关的任意发挥而加以消费或曲解。

在本书的第一章中,我用了很大部分篇幅来详细阐述例证效果的重要性,其中就包括对近期就中国人受苦经历所作讨论的持续关注。就像该章所要揭示的,我所要归纳指出的是,对于那种向我们逼近的可以被当成一种从其例证中分离出来的作为文本的经验,并没有形成伦理上的争论,因此,任何例证性的争论都至少部分地从属于它所举的例子——**甚至或者可能特别是在当那些例证肆无忌惮地表现自身的时候**。这种取径对于例证本身的角色来说产生了某些奇怪的影响,而这种影响只是通过对其专门语言、历史语境及媒介传播形式相伴而来的持续批评,才能获取他们所需的动力,从而在例证"之外"去对它们自身加以理论化,而全然没有那种曾经逃离它们引力的举动。本书中的例证因此就成为一种特殊性与普遍性的奇怪混融。正是通过对各处所有例证的这种混融性的获取,这些例证就具有了例证性的功能,正是在这种情况下,我曾经在从特殊向普遍、从实例(instance)向实例化(instantiation)的正常与正常化转变上犹豫不决,这就使例证变成了"图示或者形成了一种普遍原则、法规与事物状态上的某一特殊事例"②。接下来的章节就停止了对

---

① 这种例证性跟我所提到的"黄道"(ecliptic)有着紧密关联。它刚好在宇宙或视野的分界线上,因此非常容易通过特例来说明一般的情况,比如说,在谈及太阳(毕竟这是一个特殊的星球)的时候,往往就会基于这样的事实而称其为塑造了人类经验的普遍形象与绝对视野的"**那个**"太阳。想必那些环绕着三大星球组成的阿尔法人马座(Alpha Centauri)轨道生活的人们在他们提到"太阳"(the sun)时所指称的内涵是完全不同的。
②《牛津英语词典》(*Oxford English Dictionary*),example, n., 1. a.

明确时刻的认定,在这一时刻,个人轶事、引征、审讯或者中间穿插着的威胁都汇聚到普遍原则当中,在那里,被事物的法则与状态所取代,这就有效地消解了轶事或者引征自身的重要**资格**,也就是说,它的存在已经不仅仅是某种观念的例证。这些例证因此倾向于**举例说明**(exemplify)我在这一序言当中所要讲的东西,而排除了成为所有**可资典范的东西**(exemplary),也没有就书中所写的文化网络或习惯建构起整体性的理解。反倒是,他们表明了这样的一些观点,即,网络可以被看成是已经"碰到了"特殊力量,虽然依然保存着在某些方面对其范例(exemplification)没有什么触动的某种残余,但是如果有人希望避免抛开那种偶发的并进而跟普遍计划毫不相干的残余的话,就必须重视这些表现。而假如那种不完全性能够在书中作为一个整体加以复原的话,那么,其原因正在于它象征着(尽管并不完整)欧洲历史中所引征的中国人的整体性方面的磕磕碰碰、步履蹒跚,对此,本书就力图以例证—效应的术语加以思考。①

---

① 由于它们的历史范围广阔(最早的例证上溯至1606年,而最晚的例证则到2006年),地理与语言范围庞大(大多数的材料是英文,但是有些是法文、德文或中文),再加之其类型的多样(游记、医案研究、照片、小说),接下去各章节中的例证确实利用了所能获取到的关于中国性(Chineseness)、受苦以及人类的相关话语的众多类型的资料。然而,这些资料并没有将散漫的可能性的整体范围加以明确定义。在诸多之中,我并没有讨论缠足史以及近几十年来国际范围内收养中国儿童的戏剧性的增长情况,而这两大主要方面确实对中国与人类的话语加以展现并进行生动、具体的生产。关于缠足,可参高彦颐(Dorothy Ko)的杰作《缠足:"金莲崇拜"盛极而衰的演变》(*Cinderella's Sisters: A Revisionist History of Footbinding*)(Berkeley, 2005)(中译本:[美]高彦颐著,苗延威译:《缠足:"金莲崇拜"盛极而衰的演变》,江苏人民出版社,2009年。高彦颐(Dorothy Ko),美国斯坦福大学国际关系学学士、东亚历史系博士,专攻明清社会史及比较妇女史。曾任教加州大学圣地亚哥分校及新泽西州立罗格斯大学历史及妇女研究系,现为纽约哥伦比亚大学巴纳德分校历史系教授。近作有《步步生莲:绣鞋与缠足文物》(*Every Step a Lotus: Shoes for Bound Feet*)及《闺塾师:明末清初江南的才女文化》(*Teachers the Inner Chambers: Women and Culture in Seventeenth-Century China*)等书。——译者注),以及王屏(Wang Ping)的《为美而痛:中国缠足文化》(*Aching for Beauty: Footbinding in China*)(Minneapolis, 2000)。关于收养问题,参见郑海泉:《不真实:对于文化与身份的焦虑》(Vincent Cheng, *Inauthentic: The Anxiety over Culture and Identity*)(New Brunswick, 2004),尤其是第4章;伍德尧:《跨国收养与古怪侨民》(David L. Eng, "Transnational Adoption and Queer Diasporas,")载《社会文本》(*Social Text*) 21.3 (Fall 2003);以及福克曼主编:《跨国收养的文化》(Toby Alice Volkman, ed., *Cultures of Transnational Adoption*)(Durham, N.C., 2005)。

5. 概述

在下面的章节中。我首先通过一个特别的例子，力图勾勒出组织起该书方法论的原则。对斯蒂芬·格林布莱特(Stephen Greenblatt)1606年就爪哇的一名中国金匠所施酷刑的描述的解读，同时也伴随着对新历史主义"轶事"所处地位的讨论。轶事跟语言与历史的千丝万缕的关联使其成为当代众多文学批评理论优先会采用的认识论方式。以本书的某种表现方式概而言之的话，关于轶事理论的章节认为轶事性(anecdotality)阐明了之后章节所述的方法论中的一些原则，同时又是从这些原则中得来：维持任何一般性或者理论性结论的证明材料（不管这是轶事还是描述、是小说还是诗歌、照片、医案研究、工会小册子），这些证明材料对于其所要维持的理论而言，必须既要施加正式压力，又要施加主题上的压力。这种判断对于例证效果的一般领域的适用性勾勒出了本书的主要方法论任务，这就是，在文学和文化批评的总体领域当中去思考例证与历史的内在关系。

与第1章的专题研究不同，第2章到第7章并没有那么多方法上的例证。取而代之的是，书中大多数的历史争论以这些添加的例证来展开，它们所积累起来的分量最终足以为这样一桩简单的事实作出断言，即，在同情与残忍的空间当中，中国一直就被看成是近代人类的黄道。正因如此，第2章通过对乔治·亨利·梅森(George Henry Mason)《中国的刑罚》(*The Punishment of China*)(1801年)一书的解读，探究了梅森文学生产的内在逻辑：其类型与例证的外形、读者的类型、计划的理由、文字与图像的安排等，而这些，都与这一导言中的同情(sympathy)与交换(exchange)的双重主题相对立。第3章则主要讨论了第一批在华西方传教士创设医院(1838—1852年)时期的医案史和油画画像，并在这些图画与报告中找寻到了一种对中国人饱受苦难的有意识的中立关系，而这种关系所扮演的角色正是为了抵抗对于民族寓言的压制可能性以及对于疼痛话语的个人抵制。阿萨德认为,受苦作为一种认识论过程,尽管不怎么明了,但还是高调地重新回归了,这正体现在第4章中,一个中国人的未来随着工业化的扩张而被加以定义的特殊的美国式神话变成了妄想狂的绝佳素材,而且,就像这一章所要指出的,成为了一部早期美国科幻小说(1890年)最基本的乌托邦图景。概而言之,这三章组成了本书的第一部分,特别关注的是交换问题。这几章向我们表明了西方视野下的中国人受难与同情史是如何作为从中国这样一个市场中体现出来的可被感知的威胁所控制的(尤其是在第2和第4章中),而且他们举例说明了各种方法,运用这些方法,尽管全都会打上最为传统的标记,但这种控制还是能够对再现与实验可能性的所有领域作出决断(第3章)。

本书的第二部分,即第5、6、7章,涉及的是表现(representation)与表现性(representability)的问题。第5章着力于对伯特兰·罗素(Bertrand Russell)①1922年中国之旅进行解读,探讨了罗素的可感物(sensibilia)理论以及更为广义上的现代主义者对客观的零碎经验的探究。为了凸显出像轶事那样的微风俗画中所略去的"生命"与"文学"之间一般意义上的不同之处,这一章像小说那般叙述了罗素的经历,并利用这种叙述来反映出巧合、意义、文学以及历史之间的关系。然而,从更广的意义上来说,这一章也是对现代主义领域的研究,力图去思考中国"问题"在1922年罗素的认同中是如何或者为何继续在现代主义的表现哲学计划中看似毫无关联的,而且,也指出了如何去解读那些事情,即,

---

① 伯特兰·罗素(Bertrand Russell,1872—1970),20世纪英国哲学家、数学家、逻辑学家、历史学家,无神论或者不可知论者,也是上世纪西方最著名、影响最大的学者和和平主义社会活动家之一,1950年诺贝尔文学奖得主。1920年罗素访问俄国和中国,并在北京讲学一年,与美国人文哲学家杜威同时间在中国讲学,在长沙时期,青年毛泽东曾经担任记录员。回到欧洲后著有《中国问题》一书,孙中山因此书而称其为"唯一真正理解中国的西方人"。——译者注

导 论

中国与再现是如何通过认识论的光圈(aperture)——罗素的可感物①理论而结合到一起的。②

那种光圈在接下来的章节中被加以字面上的解释(literalized)、具体表述(embodied)和违犯(violated)。第6章对20世纪70年代中国的外科手术图像作了解读,并由此激发了对疼痛与审美、受苦与麻醉之间关系的长期研究,而审美与麻醉在对图片的本雅明式批评中被当成一种媒介,并进而通过对一位被处极刑的中国犯人凌迟之躯的照片所作的长篇讨论而赋予了一种具体表述的力量。那幅照片摄于20世纪初,因其在乔治·巴塔耶(Georges Bataille)③1961年的《情欲的泪水》(Larmes d'Eros)④中出现而为人所熟知,这一章就花了相当大的精力来解析那本书中出现的图像以及巴塔耶自己拥有的照片之间的不同之处。所有这些最终都使这一章形成了对照片对象材料的再理论化,这种再理论化要求以一种最终的内在转向来再现中国人一开始的那种外科手术。

在巴塔耶书中所出现的手术室让人回想起并折射出了在第3章中所着力分析的外科手术室的相关材料。确实,在第6章中,这已经变得很清楚,即,在关于同情的整个问题上,我们开始将同情本身转变为在受苦与再

---

① 这是罗素用来说明某种事物的术语,它们完全和感觉材料一样,但人们尚未对其有亲知。一旦可感物进入亲知关系,它们就成了感觉材料。罗素用可感物这概念来代替物质或物理对象的概念,把它们解释为可感物的逻辑结构,虽然可感物本身的存在只是一种形而上学的假设。关于这一问题的后续经典性论述可参见奥斯汀:《感觉和可感物》(J. L. Austin, *Sense and Sensibilia.*) Oxford University Press, 1962(中译本可见:[英]约翰·奥斯汀著,陈嘉映译:《感觉和可感物》,华夏出版社,2010年)。——译者注
② 在作者与译者的进一步沟通中,作者指出,他在本书中将罗素的可感物理论看成是一种"通道"(opening)或"透镜"(lens),以此来理解早期的那些材料。——译者注
③ 乔治·巴塔耶(1897—1962),法国评论家、思想家、小说家。他博学多识,思想庞杂,作品涉及哲学、伦理学、神学、文学等诸多领域禁区,颇具反叛精神,不经意间常带给读者一个独特的视角,被誉为"后现代的思想策源地之一"。代表作有《爱华妲夫人》、《内心体验》、《可恶的部分》、《文学与恶》、《色情》、《情欲的泪水》等。——译者注
④ 该书以哲学性的观点诠释凌迟酷刑,凌迟的影像因而被西方知识分子所广泛认知,乔治·巴塔耶在该书中所提出的"狂喜"和"极限体验"观点,也成为西方在讨论凌迟时最常被引用的看法。——译者注

43

现、审美与麻醉之间关系中的一种利益关系,而这些术语在本书所重新塑造和解读的中国人身体的图像与描述中持续体现着作用。第7章是总结性的章节,阐明了这种转变。随后则是对本书第一部分的简要评论,所关注的是同情与经济交换之间的关系,对本书的第二部分,则有一段更长篇幅的讨论,所关注的则是受苦与再现式交换之间的关系。通过这些论述,本书就展现了这四大关键术语:同情(sympathy)、受苦(suffering)、经济交换(economic)以及再现式交换(representational exchange)是如何建立起构筑中国、同情以及现代性历史话语的符号学网络的(而停止也是短暂的,可能只是为了为绝大多数读者带来安慰,来填补他们所创造出来的整个格雷马斯符号方阵(Greimasian semiotic square)①)。这里要提到三个主要例子:彼得·汉德克(Peter Handke)②的《痛苦的中国人》(*Der Chinese des Schmerzes*,1983年)③,鲁迅的《〈呐喊〉自序》(1922年),以及更大众化的当代博物馆的塑化尸体展览,这些关于"人类"的令人惊讶的例证放在一起,带给我们这种研究以一种最终的、夹杂着不同声音的拟人化的单一主

---

① 格雷马斯(Algirdas Julien Greimas 1917—1993),法国结构主义符号学家,符号学巴黎学派的核心人物。他以意义问题为研究的出发点,试图由语符义关系的形式化内在地推演出文本的意义系统,以结构语义学为叙事文建立起一套叙事语法。他认为叙事文是由外显的叙述层面(表层结构)与内隐的结构主干(深层结构)所组成的,深层结构可看作是从叙事文表层结构"约简"而来,但它在逻辑上是先于文本的,它是叙事的原初表达形式,在组合化过程中生成表层结构,进而表现为各式各样的文本。叙事深层结构类似于句法结构,其中叙事结构的"行动元"对应于句法的主语,叙事结构中的"行为"对应于句法的谓语,按照"二元对立"的思想及其组织关系,格雷马斯分别建立起"行动元模式"与"语义方阵",作为一套有效的阐释方式,它们被广泛运用于人类学、文化研究等相关领域。——译者注
② 彼得·汉德克(Peter Handke,1942—),奥地利知名的剧作家、诗人、小说家,生于克恩滕州的格里芬市一个银行职员的家庭里。1961—1965年在格拉茨大学学习法律,1965—1979年曾移居联邦德国。他于1967年获豪普特曼奖,1973年获毕希纳奖,1972年获席勒奖,2019年获诺贝尔文学奖。——译者注
③ 作者曾指出,这部作品是"一个主观造成的客观所引起的主观的谋杀故事"(Eine Mordgeschichte aus der Innensicht der Außensicht der Innensicht,意思就是他的主观能动性影响了客观态度,这个客观态度又反作用于他,使他主观(动)去实行了这个谋杀案)。关于该作品的介绍,具体可参见: http://de.wikipedia.org/wiki/Der_Chinese_des_Schmerzes (2012年2月23日访问),以及彼得·汉德克:《痛苦的中国人》(Peter Handke, *Der Chinese des Schmerzes*). Suhrkamp Verlag, Frankfurt/Main 1983。——译者注

题。本书的最后部分所面对的则是推测性地对"同情审美"（sympaesthetics）的想象领域加以论述。其中最后一句就试图以推测性的精神来让本书本已封闭的结尾能继续将讨论引向深入。

6. 满大人（归来）

从外表来看，塑化尸体建立了一种关于我们假设的满大人的拟人化对象，并反对西方支撑其不安疑惑的空幻意识所指引的想象生活。因此，就有必要对它的特殊性稍加关注。我们注意到，除了是中国人外，他还是一位满大人（mandarin）①，而不是农民或裁缝，或者一位康德式的追求**内在价值**（innerer Wert）的学者，我们可能会想，部分应归结于他获得的知识与社会地位的商品**市场价值**（Marktpreis）。正如巴尔扎克所知，满大人正是通过那很大程度上集中在哲学与文学方面的竞争残酷的科举考试而一步步被选为国家官员的；而在欧洲人的印象中，这些人所起的作用则是对一种统治类型的展现，他们的权力来自于对中国典籍的死记硬背与刻意模仿，而且，他们也将国家看成跟对自身社会与政府组织方式的绵延不绝的再生产息息相关。到 19 世纪中叶，像斯密或黑格尔那些人对亚洲的不可变性/凝固性（immutability）在历史和哲学层面进行了广泛的批评，这就使得满大人从广义上来看成为一种停滞不前的形象：历史上的停滞（从而没有进步），经济上的停滞（从而没有阶级的流动性）以及资本的停滞，而后者则导致"一个残暴的国家机器消耗了大部分的剩余产品，它所扮演的不只是对统治阶级加以约束的核心机构，而且也是其经济发展的首要机制"②。将一位中国满大人转变为一种欧洲式

---

① 此处有"官员"的含义。——译者注
② 佩里·安德森（Perry Anderson）对卡尔·马克思的亚细亚生产方式的归纳，参见《绝对主义国家的系谱》（*Lineages of the Absolutist State*）（London，1974），第 483 页。（该书中译本可参见：[英]佩里·安德森著，刘北成、龚晓庄译：《绝对主义国家的系谱》，上海人民出版社，2001 年。——译者注）

财富的过程，实质上就是将停滞转变为运动，或者，如果以一种更明确的经济术语加以表述的话，就是将无法计算的资本转变为可以衡量的兄弟姐妹。从这个角度来看，在西方，巴尔扎克对中国社会所作的假设要比斯密清楚得多，这是因为在前者所期许的转变中，作为对市场定价（像中国历史那样，满大人的财富无法流传下去）的**抵抗**，一种生命形式的塑造正是通过那种使自身无法成为一种移动性的继承者的方式实现的，而这种继承所发生的市场取决于它已经被改变的事实，这对于生命来说，已经发生过了。①

其他的形象也许早已就转变的问题对观察者作出了一个不同的回答：你会坦然接受一两个奴隶的死亡，以之来换取食糖和便宜的棉布么？② 如今，你会承认矿工在一场工业事故当中偶尔致残是对电脑主机板降价的不幸补偿么？生活在过去两个世纪中的绝大多数人，在面对诸如此类的问题时，就是被这么告知的，因为只有生活在一种致力于生产剩余价值的经济体系中，这样的消极事实才能形成。这些以其他面目出

---

① 关于满大人（mandarin）的角色作为一种对特定模式的资本循环的标志，人们可以从语言的维度加以进一步的举证。《牛津英语词典》（通常简称为 OED，是一部公认的权威历史性英语语文词典——译者注）对"Mandarin"一词给出的定义是"任何反启蒙主义者、神秘的，或者一种独一无二的语言多样性"(any obscurantist, esoteric, or exclusive variety of a language)，这一定义从满大人的经济与行政类型当中借用了没有运动的活动（mobility without movement）的观念，或者说，没有改变的运动（activity without change）的观念（参见 mandarin 词条，n.，2. b）。
② 要记得，杜桑·卢维杜尔（Toussaint Louverture）1803 年死在一所法国监狱里。（杜桑·卢维杜尔原名法兰索瓦·多米尼克，1743 年 5 月 20 日出生于海地勃莱达种植场的一个黑人奴隶家庭。他粗通法语，读过法国启蒙主义哲学著作和欧洲古代军事家著作，但平常用克里奥尔（Creole）土语和非洲部族语言。他赢得种植园主的喜爱，成为牲畜管理人、兽医和马车夫，最后担任管家。1777 年成为合法的自由民。1791 年 8 月北部省突然发生奴隶暴动，他犹豫了一些时候，后来带领 1000 余名奴隶加入起义队伍，展开游击活动。1794 年他与法军联合将西班牙殖民军逐出海地北部，宣布废除奴隶制度，1798 年海地西部的英国殖民军也被他逐出，迫使英军投降。起义军于 1801 年统一整个海地岛，建立革命政权，颁布海地第一部宪法，他被推举为终身总统。1802 年拿破仑派出由妹夫夏尔·勒克莱尔（Charles Leclerc）率领的远征军入侵海地，迫使杜桑·卢维杜尔于 5 月求和。6 月 7 日杜桑在戈纳伊夫与法军会谈时被勒克莱尔拘捕，7 月 2 日被解往法国，8 月 25 日关押在阿尔卑斯山区杜河的茹城堡（Fort-de-Joux），被反复审问。1803 年 4 月 7 日病死狱中。——译者注）

现的假设于是就通过一种特定的统计学暴力成功地揭露了所有消费者令人尴尬的共谋地位。

这就使我们更为清楚地知晓了为何满大人(the mandarin)是一位官员(a mandarin),也弄清楚了为何他是中国人(Chinese)。通过使接受者无法意识到他(她)的生命早已而且长久以来就受惠于满大人与酷刑之间交易所型塑的生命与资本的交易当中,他的修辞功能就将问题从政治领域转到了哲学领域。人们可能会说,满大人在欧洲世界对他的想象中所起的真正作用可以被忽略不计,但是,将问题的模式要旨从"你应该(should)干什么?"转到"你想(would)干什么?"在其所暗示的条件从句(这种"假如"句子)的表象背后,后者隐藏了这样的事实,即,决定已经作出并且已经发生。①

这样的一种隐藏,在绝大多数基本观念当中,是思想性的,是与帝国主义神话以及更为一般意义上的资本生产紧密联系在一起的,而作为一种理想,其目的是从生活当中将过于可预期的后果区分出来。② 这就是说,我们也应该意识到,将这种决定从想象领域移开的做法,开启了一种具有抵抗或者革命可能性的潜在空间。在哲学空间当中,生命并没有被商品化,而接受者也并没有参与到那种将之商品化的体系当中。假设的

---

① 从这种意义上来说,关于被谋害的满大人的假设可以跟其他 19 世纪的重大假设问题相比较,"耶稣会怎么做?"(What would Jesus do?)(比如说,假如你是耶稣的话,你会怎么做?),这种正式行为与文化史在格雷戈里·S·杰克逊:《耶稣会怎么做? 实践中的基督教、社会福音现实主义以及说教小说》(Gregory S. Jackson, "'What Would Jesus Do?': Practical Christianity, Social Gospel Realism, and the Homiletic Novel,")载《美国现代语言学会会刊》(*PMLA*) 121.3 (May 2006).一文中已经有过详细论述。另一个计划则是作为一种在科学假说(hypothesis)兴起的虚构作品当中的叙述形式而与假设相联系起来,约翰·本德(John Bender)认为这是借用小说作品中基于"事件"的知识生产的一种亲密关系,也就是说,"起因与叙述顺序"借用着"塑造世界与塑造意识的基本技术"(具体参见《启蒙小说和科学假说》("Enlightenment Fiction and the Scientific Hypothesis,")载《表象》(*Representations*) 61 [Winter 1998], 15).
② 近代战争所导致的平民伤亡很多都如出一辙,就像对那些已经受到一丁点儿关注的人而言一样是预料当中的事情,这在近代战争的理念中虽然被认为是外加的,并因此在某些观念中被认为是情有可原的,但即使是这种所谓的理念也从未存在过,甚至将来也不会存在。

哲学化空间允许接受者可以将自身从认知的不一致当中摆脱出来,而这种认知的不一致建立在这样的事实之上,即,它们在某种意义上已经决定了这一问题,并因此使它们能够根据当前的政治与经济形势所必须抵制的道德基础来发现并确认自身。关于满大人的假设问题因此就经由对必须从"彼此间没有特殊关联的第三者的眼光和方位"来思考生命的哲学化空间的遗忘而铸就,这就像亚当·斯密在1790年所作的道德评判那样(MS,135)。在此,我们再次看到了"中国"(作为人种、作为民族、作为文化)的例证效果是如何再生产了缠绕在中国与近代人类所发明的历史关联的例证与观念的问题:它表明满大人是中国人(Chinese),因为他作为中国人就意味着他的中国人特征无关紧要。吊诡的是,中国性的功能反而促使具有这种情况的黄道转变成一种普世性的**以化石形式长久保持的事例**。这通过缺失而得以展现;通过展现而变得无影无踪。在其所有形态的复杂性当中,抓住这种幽灵般的、不断变化的形象,正是本书下文想要完成的任务。

一、 轶事理论

埃德蒙德·司各特:《确切话语》(1966);斯蒂芬·格林布莱特:《学习诅咒》(1990)

> 形式,以其有机体式的形状,既不在外表上与内容融为一体,也不是文本的内在真实。它既非偶像,也非确定的或永恒不变的结构;从最基本的观念来看,它并不是"既定的"。
>
> ——艾伦·鲁尼(Ellen Rooney),《形式与满足》"Form and Contentment,"《现代语言季刊》(*MLQ*)61.1(March 2000),37

> 不知怎地,为何没有一种可以解释万物的新科学呢?
>
> ——罗兰·巴特(Roland Barthes),《明室:摄影纵横谈》(*Camera Lucida: Reflections on Photography*)

在《学习诅咒》(Learning to Curse)一书导言的最后,斯蒂芬·格林布莱特引用了埃德蒙德·司各特(Edmund Scott)1606年所写的《东印度人狡诈、时尚、策略、宗教及仪式的真实素材》(*Exact Discourse of the Subtilties, Fashions, Policies, Religions, and Ceremonies of the East Indians*)中的一长段句子。这一段所讲述的是司各特在爪哇岛对一名华人金匠所施的酷刑,司各特认定他参与了对英国库房的偷盗和纵火活动。但是,面对这样的质疑,这位金匠却"死不开口":

> 由于他沉默不语,因此,我就准备让他吃点苦头,我们现在实在

是气极了。刚开始,我用锋利而滚烫的烙铁炙烤他的手指和脚趾,指甲被撕脱开来。但他依然神情自若,我们就打算让他的腿脚尝尝厉害;我们随后烫他的胳膊、肩膀和脖子,但同样徒劳无功。我们于是就用火去炙烤他,烙去他的血肉。之后,我用滚烫的烙铁敲打他的骨节,随后又用冰冷的铁钉扎进他胳膊的骨头当中,并突然拔出来。这番过后,他手指和脚趾的所有骨头都被用钳子夹碎。但他还不畏惧,既没有侧过头去,也没有移动过手脚,但当我们问问题的时候,他就紧咬舌头,并用下巴撞击膝盖,试图挣脱。我们用尽一切办法,仍然徒劳无功,我马上又用上了烙铁,嗜血的食人蚁涌向他的伤口,而这比我们的拷打更令人毛骨悚然,这从他的神情当中可以看出来。爪哇国王的官员们希望我把他拉出去毙了,我告诉他们,对于这个恶棍来说,这种死法太便宜他了……而他们也确实将这种做法当做是最残忍、最卑鄙的死法。于是,这些人就一直纠缠着我,晚上,我把这个人带到野地里,让他痛快上路。第一枪打碎了他的臂骨,接下来的几枪都在靠近肩膀的地方穿胸而过,他的头颅随后就垂下去了。第三次射击是我们的人从三个不同地点击发的,从三个角度击中了他的胸膛,他瞬间就毙命了。而那帮荷兰人在离去之前,将这个人打成了碎片。①

这些记述给格林布莱特造成了解释上的困境。"我们应该怎样对待这段文章?"他问道。"历史是怎样造成这种局面的?对于司各特和他的牺牲品,我们想要谈论怎样的历史,或者索性就不去谈论这些?"(*LC*,12)。我们可能会像其他人所做的那样,将这样的一个故事放到资本主义、帝国主义或者酷刑的更宏大的历史当中,从这种特殊性当中使我们接受一种可以将之纳入其中的理论。但是,格林布莱特认为,从具体的

---

① 《东印度人狡诈、时尚、策略、宗教及仪式的真实素材》(*Learning to Curse: Essays in Early Modern Culture*)(New York.,1990),11-12。该书在文中之后的引用简写为 LC。

事例到抽象,这种阅读的节奏过快。而且,他还写道,在这种匆忙过程当中,我们错失了这一故事的真正内涵。尽管"资本主义与帝国主义之间的关联确实在司各特的描写与行为当中表现了出来……我们应该质疑的是,这种关联是否能够有效地解释这些描述或行为,同样可以质疑的是,这种历史是否就是当我们看过这些令人恐惧不已的字句后,最适合让我们来讲述的历史呢?"(*LC*,13)尽管格林布莱特在几页之后就用一种面对解释性挑战时充满自信而言之凿凿的意识观念为导言划上了句号,在这一结束语当中,"质疑"(doubt)这一词语清晰地表达出了他看待历史路径的有限性的观念:从司各特叙述的字里行间,似乎有一些东西打破了总体性历史的脆弱平衡。在历史之眼明察秋毫的这种质疑当中,那些句子所体现的恐怖景象形成了讲述另一版本的故事的需要:这个故事"最值得对我们"讲述。

那个故事依赖的是与司各特散文文学地位的一种特殊联系,并伴随着阅读"在传统上只重视跟文学文本有关的诉说过去的所有文本痕迹"(*LC*,12)的意愿。不管我们所讲的是怎样的故事,都不能简单地看成是一种惯常的学科化的"历史"(histoire),这是因为,正如格林布莱特所指出的,"在司各特存世文章的**文本中**什么才是无法忍受的,而不仅仅是在他自己所作所为的志得意满的接受当中。**关于他们自己的一些句子**才是令人惊骇的"(*LC*,14;黑体为笔者所加)。"文本中"的一些东西可以被从司各特的行为及其对这些行为的接受的历史性(historicity)中移开;文本中的一些东西则脱离了历史解释的惯常模式。要将关注点集中到令他们到来的媒介的相应事实当中,在文本或者说文本的文本性(textuality)中的一些东西仍然是使之变成无法忍受的事物的一个重要组成部分。

在格林布莱特那句"在司各特存世文章的**文本中**什么才是无法忍受的"中,人们发现,在这一行动当中,这种一直坚持不懈的文本性的重要性从"**文章**"(passage)转到了"**文本**"(text),而这里的区别,尽管微小,却表明了在介入到历史或意义中的某些东西与文字自身的触觉物质之间的不同,而这种不同又将我们阻止并截留到最终会开启历史之光的文章当中。正是在司各特特殊语言的"恐怖性"(horribleness)背景之下,"受害者的沉默——施虐者无法将痛苦转变成一种他自己权力的宣示,因此就转而用他能加以记录的尖叫声,进行逼供——这取决于它所包含的意义"(LC,14)。酷刑的竞争将司各特和金匠捆绑在了一起,同时意识到并将一场对意义与缺失、语言与沉默的战斗寓言化了。只有在文章自身语言的文本当中,在总体语言的文本当中,批评才能估量这种意义。忽视故事叙述所用的语言,从事件转到历史,排除了故事所**涉及**的那件事情。

格林布莱特选用了司各特的文章作为标题:"虚构与现实"。其主要观点认为,后结构主义者对虚构与非虚构作品之间边界的消解证明了对解释诸如司各特作品使命的"不足"(inadequate)(LC,15)。记住虚构与非虚构之间的不同之处"转变了我们阅读……文本的模式并改变了我们对其抱有的伦理态度",格林布莱特写到。"我们语言引用能力的观念是我们跟这个世界交流的一部分;这种交流可能会因故推迟或者破灭,但是不存在没有结果的废止(abrogation),在有的情况下,废止是不可接受的。一个真实世界、真实身体、真实痛苦的存在或消失,就造成了差别"(LC,15)虚构与非虚构之间的不同之处,而这是"任何历史和任何值得进行的文本阐释"所依赖的东西,进而紧紧抓住真实身体与真实疼痛的事实,并坚持那种无法被简单归纳为语言的身体与疼痛的真实性。在疼痛中的身体状态中,格林布莱特发现了在对"运用历史和文本阐释的传统范式"加以破解时的理论局限性(15)。对这种局限性的接合——对后现代主义语言理论的构思引用——正是格林布莱特导言的主要目标所在。

我在这章中的目的是要反对格林布莱特的断言,而仍然密切关注导致这一问题所进行的争论。与其去实践并捍卫他所暗指的后结构主义的淳朴一面,或者在另一个时段对格林布莱特借此出名的新历史主义方法和像J·希尔斯·米勒(J. Hillis Miller)这类人所进行的解构式批评之间"争论"的一种预演,我在这里更想做的是,紧紧把握住格林布莱特所思所想的范围,并试图开辟一种比格林布莱特所允许预演的更为一般化理论的空间,而不去声称我已经证明了语言较之真实的参照或最终的文化适应所具有的优越性。通过对司各特的一段文字以及格林布莱特对这段文字的引用的解读,以此来稍微进一步地超越这种理论结构,而《学习诅咒》中最先出现的导言就在这一理论结构当中。那种进展的有限性将会建立起后续章节的一种方法论框架,就像这章之前的导言部分为全书确定了主题和历史性的假定和成见一样。

1. 叙述语法

熟悉新历史主义的读者们会将关于金匠的那些句子看成是对新历史主义解读的最具特权的认识论特征的表现,他们称之为"轶事"(anecdote)。确实,在《学习诅咒》一书导言的前面部分中,格林布莱特最终探讨了乔·法恩曼(Joe Fineman)关于"对轶事的新历史主义特征运用的理论含义"的论文(LC,5)。[①] 作为"对一个孤立事件的叙述",法恩曼曾写道,轶事是"真实所独有的文学方式或类型"(HA,56)。格林布莱特详细阐述道:"轶事曾经一度是文学以及超越文学的一些事情,是一种叙述方式,也是一种在那种形式之上或之下的所指路径"。法恩曼认为,文学和所指的这种结合在历史书写中所起的作用并不是为开端、中间和结

---

① 法恩曼的文章收录于H·亚兰·维瑟(H. Aram Veeser)所编的两册新历史主义文集中的第一册《轶事的历史:虚构与小说》,收录于《新历史主义》,亚兰·维瑟编("The History of the Anecdote: Fiction and Fiction," in *The New Historicism*, ed. H. Aram Veeser.)[New York & London, 1989];文中之后对本文的引用简称HA。斯蒂芬·格林布莱特在与凯瑟琳·加拉格尔Catherine Gallagher 合写的《新历史主义实践》(*Practicing New Historicism*)一书关于轶事(anecdotes)与轶事性(anecdotality)的两章当中的一章中重申了法恩曼的看法(49—52页)。加拉格尔与格林布莱特在他们的那两章当中将轶事(anecdote)看成是与新历史主义"相关"的事物,而与之相反,四章则是新历史主义的事例,认为轶事对于新历史主义著作的理论化具有相当持久的重要意义。

尾的一种庞大的、一体化叙述服务,而是'开启'一种目的论的叙述"(LC,5)。

通过对引述(reference)和文学(literature)之间一种中心位置的掌控,轶事抗拒着对传统历史的叙述,而这些叙述所支持的正是法恩曼宣称通过它的"叙述方式"特征以及在这"上下"的所指性进入并"超越"文学的一种"开始"。换句话说,作为一种专门针对真实情况的"叙述方式"(narrative form),轶事将故事结合到了历史当中。此外,在这种结合当中,轶事——格林布莱特在此再次引述了法恩曼的话——"制造出了真实的效果",但"只有在这种叙述当中,才既包含了它所报道的这种叙述,又折射了这种叙述",这就是说,在某种程度上,只有在对所讲述的故事的报道以及对它报道这一故事的叙述范围内,才完全展现了它的所指内容以及它的叙述结构(HA,61)。人们可能会说,轶事是一种通向内部的文句,是一种既通向历史,同时又通向展现其形式的内部地理的语言通道。

本章其余部分将会对司各特的语句转变成格林布莱特的轶事的过程加以探究。我认为,格林布莱特文本当中轶事的出现——这些句子"正在变成轶事"——并没有自发或者不证自明地发生,而是随着与引证活动、种族分类以及叙述方式相关的一系列过程而发生。转而在历史网络中发生的这些事情告诉我们如何去思考疼痛、语言和中国性之间的关系。对这些过程和这些关系加以关注的目的,是为了破坏格林布莱特对这些轶事加以理论化的基础,以及通过这些轶事所确立的历史真实性与语言之间的关系。这种情况,感觉就像是进步。

在司各特的《东印度人狡诈、时尚、策略、宗教及仪式的真实素材》一书中,对金匠施加的酷刑是一个更长篇幅的故事中的一部分,在这个故事当中,盗贼在司各特和他同事建造的货栈下面挖了一条地道。在将英国人的货物从地底下转移到旁边一栋房子的过程中,一名盗贼不小心点着了火。紧随而来的大火引起了英国人的注意,他们冲进货栈抢出他们的货物,并且发现了地道。他们沿地道到达旁边的那栋房子,并拘捕了所能找到的全部人员。其中的一个在他们的严刑拷问下"招供",并认定金匠是同谋犯。

格林布莱特在威廉·福斯特(William Foster)主编并于1943年由哈克路特学会(the Hakluyt Society)①出版的版本中引用了司各特的叙述。该版在某些重要细节方面跟司各特最初的那本书有所不同,该书从1973年起有复印本可资利用。② 在这些不同当中,格林布莱特最后所引用的一段内容,在哈克路特学会版本中是结尾,而在司各特的原始叙述中则还有十行内容:

> ……他们在离去之前,将这个人打成了碎片[这是格林布莱特引文的结尾,也是哈克路特学会版本那段的结尾]:这时候,商船队队长每天晚上给我们派来一队警卫,以防中国人再次起来反抗我们,但我们不怕:因为我们已经抓住了四个人作证,(如果他们再次闹事的话)我们的所作所为只是自卫而已:在我将乔坦(Jortan)[一

---

① 哈克路特学会(the Hakluyt Society)成立于1846年,总部设在英国伦敦,是一个以专门研究和出版地理发现类图书为己任的图书出版机构,至今已出版丛书近300种,别册约50种。关于该学会的详细介绍,可参见 R·C·布里奇斯与 P·E·H·哈尔编:《环绕广袤地球:哈克路特学会史研究》(R. C. Bridges & P. E. H. Hair (eds), *Compassing the Vaste Globe of the Earth*, *Studies in the History of the Hakluyt Society*, London), 1996;多萝西·米德尔顿:《1847—1923年路克哈特学会早期史》(Dorothy Middleton, 'The Early History of the Hakluyt Society 1847—1923'),《地理学报》(*The Geographical Journal*), 152, 1986, pp. 217-224;以及萝西·米德尔顿:《1846—1923年的路克哈特学会》(Dorothy Middleton, 'The Hakluyt Society 1846—1923'),《路克哈特学会1984年年度报告》(*Annual Report for 1984*, Hakluyt Society), pp. 12-23。——译者注
② 威廉·福斯特爵士编:《1604—1606年亨利·米德尔顿爵士的摩鹿加群岛航海之旅》(Sir William Foster, ed. *The Voyage of Sir Henry Middleton to the Moluccas, 1604—1606*) (London, 1943);埃德蒙德·司各特:《东印度人以及那些在当地长期居住的作为爪哇人的华人的狡诈、时尚、策略、宗教及仪式的真实素材》(Edmund Scott, *An Exact Discourse of the Subtilties, Fashions, Policies, Religion, and Ceremonies of the East Indians, as well Chinese as Javans, there abiding and dwelling*) (London, 1606);牛津鲍德林图书馆(Bodleian Library)的复制本名为《东印度群岛人……的狡诈》(*The Subtilties... of the East Indians*)(Amsterdam, 1973);文中之后的引用略写为 *ED*。

个地名;这个人已经被司各特抓获,并以盗窃罪被拷问]的这个家伙关了九、十天之后,对他再也没辙了,我给了他一些东西[衣服]让他感觉舒服点儿,之后就放了他。在他走出我们大门的时候,每个碰见他的人都挽着他的手,并非常高兴地说,如今他们会把英国人看成是公正无私的人。(ED,F3;拼写已经按照现代方式作了调整)①

尽管司各特并没有明确地将反欧洲的暴力行为和他对英国司法的公共表现联系起来,但是,他们的叙述还是近似地表明了贯穿 17 和 18 世纪欧洲贸易文化所达到的程度,这种文化所依靠的是对抗潜在的野心勃勃的外国竞争者身体力量的发展,同时也试图建立起一种能够消除这种未来造成威胁的文化结构。司各特为了英国人的自卫而将几位"证人"集合起来以反抗潜在的暴力活动,这就将组织起对着火货栈的关于犯罪、质问和惩罚的司法图景拓展为对爪哇岛上的英国人周围的复杂社会场景的更为一般化的背景上来。他这本《东印度人狡诈、时尚、策略、

---

① 司各特一度将"乔坦(Jortan)的这个家伙"称为一个"出生在中国家庭,现在却已经变成爪哇人",并声称,他是这个群体的一位广受爱戴的成员(ED, F)。他还写道,爪哇人群体对他处死这位中国金匠很满意。"由中国人变成的爪哇人"(Chinese turned Javan)这个词组表明,乔坦的那个家伙是一个**土著华人**(peranakan),是在十世纪开始的流落他乡(diaspora)的华人中的一员。洪美恩(Ien Ang)写道:"在 16 至 19 世纪期间,华商贸易季节在曼谷、马来亚以及巴达维亚这样的城市当中所占份额越来越大,并固定下来,受到当地欧洲殖民统治力量的支持"(《不说中文:生活在亚洲与西方之间》(*On Not Speaking Chinese: Living Between Asia and the West*) [New York, 2001], 47)。司各特当时所处的种族和文化政治环境,因此就可以被看成至少包括四个群体:"英国人、土著爪哇人群体、土著华人群体以及那些在特征上并没有'变成爪哇人'的不久前过来的华人。"关于当代土著华人文化政治的更为详尽的论述,可参见洪美恩所著《不说中文:生活在亚洲与西方之间》(*On Not Speaking Chinese: Living between Asia and the West*),第 1—3 章。(洪美恩(Ien Ang,1954—),著名文化研究学者,主要研究媒介和文化消费、身份政治、种族、移民和全球化等问题。她出生于印度尼西亚爪哇岛华人家庭,在荷兰接受教育,1977 年在阿姆斯特丹大学获心理学学士学位,1982 年获大众传播哲学硕士学位,1990 年获社会与文化科学博士学位,1991 年前往澳大利亚,现为澳大利亚西悉尼大学文化研究中心教授。她的主要作品有:《收看〈达拉斯〉:肥皂剧与传奇》(*Watching Dallas: Soap Opera and the Melodramatic Imagination*),1985;《拼命寻找观众》(*Desperately Seeking the Audience*),1991;《不说中文:生活在西洲与方之间》(*On Not Speaking Chinese: Living between Asia and the West*),2001。——译者注)

宗教及仪式的真实素材》是想要让东印度公司的领导人能够确保对他们财富的老练掌控,并证明他试图在爪哇岛确立起关于英国性(Englishness)(一种他假设相信的东西)的文化神话学,这种文化神话学有助于将东印度公司和英国人跟与他们相竞争的其他欧洲商人区分开来。

尽管司各特对他在身体暴力和帝国主义力量所作的自我辩护折射出一种更为一般的饱含文化蔑视这种潜在弱点的观念,并且因此跟他对金匠的暴力折磨联系了起来,尽管它们缓解了对格林布莱特引证的毁灭性的叙述回路,最终还是把金匠打成了碎片——这种概括并没有离开它的自我反射性叙述影响。它的这种截断将轶事有效地组织成一个有着确定开始("他不会向我们吐露一个字")、中间和结尾的故事,将之塑造成为《牛津英语词典》对轶事的定义中所称的,是一种"对独立事件或者孤立事件的叙述,所表达的是它自身的有趣或惊奇"。① 它确实是事件的单一性(singularity),是格林布莱特引证材料中的自我封闭特征,这种特征提示了他所问的一系列解释性问题,并且决定着跟引述相关的文章段落的强度。

那种指示的强度——换句话说,文章段落的轶事地位——也依赖格林布莱特所作的其他两种引证决定。他在哈克路特学会版本的拼写方面未被注意到的现代化,消除了妨碍快速和完整理解的一种潜在的疏离,文本当中真实的身体和真实的疼痛如今表现在我们英国人当中,而不是在司各特的小说中。② 而且,作为文本的一种单独区块,他所引证的文章段落使它的可见形式能够反映出它叙述的单一轶事性。人们只需想象下这些相同句子分别对少数几页的内容所造成的影响,就能够知晓作为一种"单一事件"的这些句子的经历是如何依靠这种方式实现的,格

---

① 《牛津英语词典》(*Oxford English Dictionary*),anecdote("轶事"词条),n. 2. a.
② 哈克路特学会版本中的拼写已经将原始书写拼写加以近代化改写了,但格林布莱特进一步使之向当代的拼写方式靠拢。

林布莱特正是依靠这种方式引证这些段落,并使之在解读中成为一种惊人而又强有力的事物的。因此,我自己对格林布莱特引文的引证就必须被理解为是一种再生产,这种再生产不仅仅是对他取自司各特的段落的语言而言,而且还是对他自己文本中语言的身体和可视性安排的一种引证。故而,我所作的回应,就不仅包括了司各特的句子,而且还包括格林布莱特在《学习诅咒》中对这些句子的运用。

因此,对格林布莱特将司各特文本的引证将段落塑造为轶事加以认可,就是对段落同时在两种不同语境中指示性地发挥作用加以理解。从司各特的角度来看,这段情节可以说并没有真正的轶事地位——这就是说,它可能被理解为还没有从一种更为广义的叙述语境中分离出来,而正是在这种叙述语境中,司各特试图给那些派他到爪哇去的东印度公司领导人留下深刻印象——在《学习诅咒》中的引证将它从那种语境中分离了出来,并赋予了它一种自身的本体论地位。作为一件孤立事件,这些句子变得清晰可视,并通过格林布莱特的引证将其汇拢成一个单独的故事。而且,正是通过那种引证,轶事获得了一种叙述结构,这种叙述结构变得跟本书内容相似,在这当中,第三方观察者会悄悄地站在叙述框架一方——一种分类标准——它成为故事所表现的指示性事件的一种道德评价的源泉。① 格林布莱特所处地位和司各特的地位之间的鸿沟(前者对金匠所受疼痛的认同同时也伴随着对后者无动于衷态度的批评)形成了这种三角形的叙述结构。

这至少在部分上是一种历史性断言。尽管这些句子可能已经震撼着一些司各特同时代人的心灵,并且和往常一样令我们中的一些人震惊,但司各特和格林布莱特地位之间的不同,更精确地说,将对司各特地

---

① 当然,在对司各特语句的叙述者和主角之间存在着一种距离,这是由对一个主角的过去历史加以叙述的一个"我"(I)和作为主角自身的"我"(I)之间的时间缺口所造成的,当时,这种时间上的错位并没有产生任何道德或经验上的距离(从叙述层面来看:叙述者、具有针对性的代理者,以及主体代理者是相同的)。

位的进一步批评,作为对"残忍的恐怖"的贯彻,正如格林布莱特所说的,发生在一种矩阵(matrix)的某个地方,而这个矩阵包括了发生在18和19世纪的对人类、同情以及受苦的意义和价值的文化理解上的主要转变。① 因此,这种叙述三角及其对残忍的道德态度的表现就标志着一个有着特殊复杂病因的跨历史矩阵的某一节点。

在中国人的事例中,这些东西包含了忍耐和安静的主题:"但他还不畏惧,既没有侧过头去,也没有移动过手脚"②。尽管酷刑中忍耐力的神秘性表达了一种关于身体、暴力和疼痛的总体经济,在这当中,身体同时也成了它所在的个人的工具,以及武器,而利用这种武器,个人可以离开他/她的身体,这位与众不同的金匠的忍耐力并没有出现在他所体现的人类学历史之外。我们可以以下文出现的伯特兰·罗素1922年《中国问题》(*The Problem of China*)的句子为例:"如果把中国人与盎格鲁-撒克逊人、法国人、德国人相比又称不上勇敢,只不过他们的被动的忍耐力极强。**如果要隐瞒什么**,哪怕酷刑甚至死亡也无所畏惧,更加好斗的民族可能对此不屑。虽然中国人缺乏主动的勇敢,但从他们轻易地就会自

---

① 对于司各特时代就酷刑的适当性以及合法性所作争论的探讨,可参见伊丽莎白·汉森《英格兰文艺复兴时期的酷刑与真相》(Elizabeth Hanson, "Torture and Truth in Renaissance England,") 载《表象》(*Representations*) 34 (Spring 1991)。关于酷刑的历史,参见爱德华·彼得斯:《酷刑》(Edward Peters, *Torture*) (London, 1985),作者认为,酷刑与"非人"(inhuman)(以及人的尊严与权利的观念)之间的关联引起了一场反对酷刑的人类学争论。正如我在书中指出的,欧洲人关于中国人受苦的观念恰恰发生在对作为人的尊严的身体和一系列人类学争论之间的交叉点上,它的历史语境对于近代西方自我意识的发展具有重要影响。

② 在阅读司各特的语句过程中,很难想象一个人能忍受金匠所经历的疼痛,尽管任何人看过这一酷刑的话都会发现,在那些环境中,身体持续的时间比轶事的读者所预期的要长得多,也就是说,在它陌生而可怕的忍耐力中,身体自身成了对抗囚犯的共谋,成了施虐者的一种武器,而不是受害者的一种保护。马克·苏斯曼(Mark Sussman)在给我的一份电子邮件当中,对这种看法作了回应:"饱受酷刑的身体和施虐者之间的这种共谋或许意味着酷刑客体的消失——在这种格局当中,身体是一种武器,它的有效性在于它使自身变成一种更具威力的武器的能力,并再次返回到它自身。因此,那里只有施虐者,正是通过它们对自身事物的无能为力,饱受酷刑者就进入了那种非人状态;酷刑是最深刻的无家可归(torture is the most profound homelessness)。"

杀这一点来看似乎比我们更不怕死。"①在第5章中，我会进一步探讨罗素的问题，在这里，我只想简单地表明在他的声明和司各特的叙述之间的家族相似性，以便展现出忍耐力的"真面目"，而这种"真面目"在一开始可能会被我们想象成轶事的一种指示性特征，从这种叙事学史的视角来看，它也变成了忍耐力的一种"象征"或"比喻"。

这对于金匠的沉默而言也同样如此，格林布莱特发现这种沉默非常神秘、几乎无法想象、或许都是英雄般的。它也是积极主动的：金匠并不只是没法哭出来；他试图咬断自己的舌头。他至死都未吐露一个字；他唯一表达是一种"姿势"(gesture)，以表达他伤口上的食人蚁"比我们的拷打更令人毛骨悚然"。正如格林布莱特所说的，这个人的沉默象征着他所忍受的酷刑的血淋淋现实。拷问者对受害者身体的控制依赖于任意使受害者哭喊的能力，依赖于对说话和沉默的把控。"将疼痛转变为权力，最终就是从身体向声音的转化"，伊琳·斯凯瑞(Elaine Scarry)在她《痛苦中的身体》(*The Body in Pain*)一书中写道。② 酷刑作为一种不人道的行为，以声音的方式唤起了受害者的人道一面。在这个故事当中，金匠的沉默表达了一种残暴的强大，而他声音的缺失"证明了"司各特行为的日渐非人道性。金匠最终只是在对由虫子所造成的疼痛的反应中才出现的仅有交流，或许表明了他在人类边界之外所维持的沉默的程度。

当时这种沉默在一种人类学体系中发挥了过度的作用。在19世纪，默默地忍受痛苦成了西方人眼中中国人最令人惊奇和印象深刻的特征之一。正如我在第3章将会详细论述的美国传教士医生伯驾在1845年所写的，他的一些病人对无麻醉的手术所作的反应："病人很坚强，第

---

① 伯特兰·罗素：《中国问题》(Bertrand Russell, *The Problem of China*) (New York, 1922), 221(黑体为笔者所加)。(中译本：[英]罗素著，秦悦译：《中国问题》，学林出版社，1996年。译文引自该中译本第166页。——译者注)
② 伊琳·斯凯瑞：《痛苦中的身体：创造和改变世界》(Elaine Scarry, *The Body in Pain: The Making and Unmaking of the World*) (Oxford and New York, 1985), 42; 下文简写作 *BP*。

一刀切开时,他沉静地说:'有点疼,医生。'";"病人以英雄般的坚韧之心忍受着手术的痛苦,没有去注视伤口";"在手术过程中,这位病人非常镇静,没有发出呻吟声"①。例子可以多种多样,但不管怎么样,显而易见的是,跟他的忍耐力一样,这个金匠的沉默既是一种指示性的事实,同时也是一种叙述比喻,一种混融的轶事形象,格林布莱特正是在那个时候将其解读成是一种大大超越了17世纪的单个中国金匠的特殊性的历史。与其认为一个胜过另一个(坚持认为金匠确实安静地忍受着,或者说,在另一方面,坚持认为这种事实只是一种虚构),不如将真实看成是虚构的敌人。这似乎很重要地表明,在这个事例当中,虚构的事实维系着指示性的事实,而真实性的两种类型共同发挥作用,在文章段落中形成了使某些人为之孜孜以求的东西。

  人们可以将这些工作看成是由叙述事实所做的——它们自身跟作为对疼痛、禁欲主义等等反应迟钝的中国人广义上的文化类型相互关联,对所有这些问题的探讨将会贯穿全书——对格林布莱特自己而言,就是对他引证的行为加以重新检视。下面是格林布莱特所引证的整个段落,但只要看一下司各特和哈克路特学会版本的话,就可以发现格林布莱特所引证的句子取自于一个更长段落的中间位置。这些句子是在轶事之前的:

> 第二天,商船队队长给我带来了他们中的另一个人,这个人知道他身边曾经有过一个人:并因此自我了结了,没有向我们供认任何东西:他被发现的时候藏在厕所里,他正是在这里放火烧了我们的房子,他曾经是一个金匠,并向商船队队长招供了,他已经修剪了一些瑞尔斯币(Ryals)[当时使用的荷兰硬币;修剪包括将贵金属从硬币边缘处削下来],而且还铸造了一些仿制品:他供认的一些事情

---

① 这些评论来自1845年10月份的《中华医学传道会报告》("Report of the Medical Missionary Society in China"),以及伯驾准备的医案报告。引文分别见第4、10和12页。

跟我们的事有关,但并不多,在这之前供认的其他东西,但他不会向我们吐露一个字,[格林布莱特开始引用]由于他情绪消沉,因此,我就准备让他吃点苦,我们现在实在是气极了。(ED,F2;拼写方式已经按照现代标准作了改动)

对金匠沉默不语的叙述价值一定跟他对商船队队长就犯罪所作的多种招供跟盗窃和纵火没有什么关系,而跟司各特所推测的关系有关。这服务于这样一种目的,在名义上说,金匠知道只有一个其他人——他已经在一天前被处决了——能够使他被牵扯到案件当中。① 他面对司各特所施酷刑时的沉默不语,就像他向商船队队长所作的供认一样,至少在司各特叙述的术语角度上,就能被解读为在公开审判的一种经济性内部起作用的某种策略姿态。鉴于司各特已经一度向市民代表团声称他不会"因为奢求世界上的所有物品"而错让一个无辜者流血,金匠可以依据英国人的司法原则处理,司各特后来试图通过将这人从乔坦释放以免被处死以表明这种态度(ED,E4)。

对19和20世纪关于中国人的司各特故事中最令人震惊的或夸张的要素的表现(appearance),或者我所说的再现(re-appearance),跟这些句子中所出现的对更广义语境的思考一起,通过认为叙述当它在格林布莱特笔下表现出来时至少部分依靠的是一种处于优先地位的文学史的方式,改变了轶事的指示力量。它也造就了一种更为激进的可能性,即,司各特自己对他折磨金匠的经历,并没有通过"轶事性"段落而毫无改动地从现象学经验转向对真实情况的精神体验:也就是说,他的所见所闻随着被历史力量加工成"经历"(experience)和"语言"(language)而被改

---

① 格林布莱特所使用的哈克路特学会版本在这段引文的最后一句省略了"他正是在这里放火烧了我们的房子";通过从"烧毁"(burn)到"放火"(fired)再到"加热"(heat)的活动,使修辞效果逐渐弱化,在这中间,字面上的"烧毁"和比喻性的"加热"使"放火"的功能文学化和比喻化(也就是说,一笔双叙)了,促成了对它前面的"我们"的提喻。在这一变短的版本中,司各特的酷刑比起司各特的最初文本表现得更血腥、更放纵;这种情况反过来增强了文本的真实性效果,而这歪曲了格林布莱特对这些语句的解读,我在下文将会进一步论述。

变,这些历史力量不仅包括种族的历史,还包括讲故事(storytelling)的历史,而这成为司各特向世界开放(openness)的基础。司各特的那些句子表明了从属于一种叙述或经验传统——恰恰就是本书所要着力阐明的这种传统——并不意味着这个特殊的中国金匠并没有英雄般地沉默不语;也并没有减弱他感到疼痛这样的事实。但是,它认为司各特语言的指示重要性可能从它所参与的一种叙述传统中借用了某些东西。

将这种意识放入一种网络当中,这是这种事件—文本(event-texts)的总体累积的一部分,目的是为了发掘轶事的指示重要性,同时认识到,这种重要性的经验本身早已经在叙述的计划当中被超越了。这既不是去廉价抛售时间的真实性,也不是认为事件本身只不过是另一种虚构,而是去认可这样的方式,即,叙述的期待所塑造的不仅是"可怕的句子",还是解读这些句子的经验,甚至是书写这些句子的经验。或者说,稍微加以区分的话:金匠跟他所受痛苦的关系可能已经成为金匠的一个事件(event);但是对司各特来说,它是一种文化上的叙述。他所写下的用于讲故事的句子,在这一事件过去了四个世纪之后,作为一个"段落"和一件"轶事"出现,这就印证了在虚构所表现的虚构性之上的真实性,尽管司各特与酷刑的关系以及格林布莱特与酷刑的关系之间存在着巨大的道德差异,这些叙述比喻的历史力量形成了文化上的作品。这种挑战就是如何去解读并加以认识。

在一开始,人们所说的可能是司各特段落中两种残忍而又彼此相关的事实,这两种事实似乎诉说了帝国主义以及对帝国主义的反抗之间最具有暴力可能的交集,被叫做酷刑(torture)和一种相应的沉默/忍耐,这些都已经成为西方所表现的中国人的主要特征。正如罗素就中国人的"被动忍耐"所说的,这些事实已然成为一种刻板印象,并且成了一种粗糙的社会学,在这当中,一系列的个人经历形成了关于种族的一种一般理论。在后面,我并不需要花时间去讨论这种认识论过程的有限性问题。但是,值得注意的是,它将相同的认识论模式粗略地转变成为一种格林布莱特在他导言中所提的建议：也就是说，它依靠的是轶事。在关于中国的文本之后的文本当中，一种关于种族或民族总体状况的声明通过一种图示事例而得以维持，再次引用法恩曼的论述来说的话，这种选择恰恰是因为轶事是"关于真实的独一无二的文学形式或类型"。刘禾在论述明恩溥（Arthur Smith）那本著名的《中国人的气质》（*Chinese Characteristics*）时，将明恩溥使用轶事来支持他关于"中国人"的一般理论的习惯看成是一种"真实的强大语法"的一部分。① 在这个事例中，相同的语法所起的作用恰恰相反：明恩溥用轶事来维系他的一般理论，而在这里，一般理论使轶事的指示性得以合法化：当然，金匠终归要沉默不语，因为中国人正是因为他们在饱受酷刑时的沉默不语而名声在外。

这就是说，中国金匠的忍耐力和他的沉默不语这些时刻变动的指示性事实，其本身就已经是一种跟轶事性关系的产物，不管这是在对刻板印象的进一步发展当中，还是在更相似的角度上，在跟它们的某些合作当中，都是如此。这些事实的轶事结构——在每一个事例当中，都来自于轶事，并成为关于中国人的"理论"——因此就在包含它们的段落**内部**发挥作用。无论从这些可怕的句子和这种可怕事件的结合当中所出现的轶事是什么，都不能被理解成是它所表现出来的指示性场景的来源。反过来讲，对那种场景（以及或许尤其不是司各特的）任何经历都无法被简单理解成是假装用文件加以证明的那些句子的来源，或者是那些使之成为一种轶事的来源。②

---

① 刘禾：《跨语际实践：文学，民族文化与被译介的现代性（中国：1900—1937）》（Lydia Liu, *Translingual Practice: Literature, National Culture, and Translated Modernity in China, 1900—1937*）(Stanford, 1995), 56。（中译本：刘禾著，宋伟杰等译：《跨语际实践：文学，民族文化与被译介的现代性（中国：1900—1937）》，生活·读书·新知三联书店，2008年。——译者注）
② 这在跟中国中国人分类的关系上并非事实。段落叙述更令人震惊的时刻之一发生自金匠眼睁睁地看着他身体所受的伤害："随后，他低下头，看着身上的伤口"。一方面是作为**事件**（event）的这种含义——被当成是一种经验性时刻——是毁灭性的；人们也许会说，受害者自认为他看到了自己身体的大范围毁灭的时刻，尽管是从外部看到的。在另一方面，（转下页）

一、轶事理论

然而,与其去争论轶事性的这种内部叠盖(imbrication)对格林布莱特形式上的理论化所作的去合法化(delegitimize),我想指出的是,这种特殊轶事的复杂性使格林布莱特在《学习诅咒》中发展出来的理论,在对其来源的详细阐释方面,要明了得多。鉴于格林布莱特可能会被认为要在相当程度上强调轶事能够接近一种其他文学形式所无法接触到的真实性——它们"既是某种文学性的东西,也是某种超越文学性的东西,是一种在那种形式之外的叙述方式和突出的、指示性的通路"——我对这种"从段落变成轶事"(passage-become-anecdote)所作的解读表明,不管什么东西在文学形式"之上或之下"——也就是说,世界本身——能被转而说成是拥有"某种指示性和某种超越指示性的东西,一种多事件的形式以及在那种形式之上或之下的一种突出的、文学化的通路"。就像轶事为我们指明了超越文学的指示性一样,它也用同样的方式为我们指明了超越指示性的文学;它也表明了那些在语言游戏(language game)无法被接受的"超越"有限过往的东西实际上是它自己所建构出来的,反过来说,同时通过"超越"的可能性,才使它自身获得

(接上页)想想对1757年处决弑君者达米安的描述,福柯在《规训与惩罚》(*Discipline and Punish*)第一页就加以引用,并被当成是新历史主义轶事的一种模式或先驱:"被铁钳撕扯时,达米安虽然没有咒骂,但却声嘶力竭地嚎叫。**他不断地抬起头来,然后看看自己的身体**。那个刽子手用一个钢勺从一个锅里舀出滚沸的液体,胡乱地浇注每一个伤口。……每受一下刑,他都嚎叫:'宽恕我吧,上帝! 宽恕我吧,老天爷!'声音仿佛出自地狱。尽管疼痛无比,**他仍不时地昂起头,勇敢地看着自己的身体**。几个人紧紧地拉住捆拉他的绳子,使他痛苦万分。……4匹马分别由4名刑吏牵引着,向4个方向拖拽四肢。一刻钟后,又重新开始拖拽。最后,经过几次尝试,不得不对马拉的方向做些改变,拉手臂的马向头的方向拉,拉腿的马向手臂的方向拉,这才扯断了臂关节。这样拉了几次,仍未成功。**犯人抬起头来,看着自己的身体**"(《规训与惩罚:监狱的诞生》,艾伦·谢里登译《*Discipline and Punish: The Birth of the Prison*, trans. Alan Sheridan》[New York, 1979], 4 [黑体为笔者所加])。我非常感谢克里斯汀·鲍姆加特胡伯让我注意到这些句子。不管达米安有没有看他自己的身体,在一页当中三次描述他的这一行为的事实(这是由一位观看的官员记录下来的)表明了这种姿势的轶事化重要性,正因为其意义非常重要,所以值得反复三次加以复述。但是,这又能说明什么呢? 我们想知道的是,达米安的行为在多大的程度上是出自他的本意?(中译本:[法]米歇尔·福柯著,刘北成、杨远婴译:《规训与惩罚:监狱的诞生》,生活·读书·新知三联书店,2003年。上述引文引自该中译本。——译者注)

了文学性。而且,这也并不是因为所涉及的(虽然也是)语言的无能为力的某种总体理论,而是因为在这种情况下,轶事能够被清晰地表现为借用真实的表现模式——并且甚至是它的感知——而这借用了存在于"超越"作为事件的金匠所受酷刑之外的文学形象。从这种意义上说,轶事在真实性和文学性方面独一无二的混杂性(在文学形式之外)所遵循的就是它在文学方面唯一的混杂性,就像是在真实之上或之下一样,而整个世界就是如此。我想,之所以这么说,并不是要遵从后结构主义关于虚构与非虚构的看法。它毋宁是要表明,恰恰是**因为**轶事"混淆"了虚构和非虚构、故事和引述,它需要这样一种强有力的认识论力量,为格林布莱特提供一种修辞学策略,通过这种修辞学策略,不仅能组织他的导言和一种理论化模式,而且还为《学习诅咒》中的文章辩护。我在这里要指出的是,这种模式和力量也许超越了格林布莱特自己在书中找到的东西。

2. 代理者的疼痛语言

司各特所述事件的纤毫毕现——对段落的解读感觉就像凝望着太阳——在很大程度上要归功于对酷刑和受害者无法缓解的受苦经历的描述。至少从自圆其说的角度上讲,酷刑是设法让受害者说话的一种行为。面对金匠的沉默不语,格林布莱特问到:"难道终究这次只有历史学家才能让他开口讲话?"(13)。这个提问指明了格林布莱特的解释欲望和司各特对金匠所施酷刑之间的关联;它表明,历史学家的任务跟司各特一样,是用另外一种方法,来挖掘沉默背后的声音,从不可解当中找寻出意义。① 尽管这种具有潜在毁灭性的伦理比较并没有准确地获取格林

---

① 我不敢说在任何情况下,语句都能被阐释以使受害者发声。格林布莱特混淆了——我认为,他认为轶事没什么用,并且对引用的不正当性也抱有偏见——文学文本和事实上的受害者。人们可以描述并解释轶事,而格林布莱特跟我一样,正在做这些事情;从某种意义(转下页)

布莱特孜孜以求的东西,但它还是表明了他对自己所举的轶事和文学批判过程之间的潜在关联所抱持的观点。从这种意义上说,轶事向我们表达了一种关于阐释行为的内心寓言。① 格林布莱特对阐释和酷刑之间的隐喻性关联的认可,再次表明了轶事的内容跟对其形式的感知有关,不管这里所发生的轶事理论的内容是什么,它还表现为一种关于阐释行为的理论,这种理论使我们能将段落看成一种轶事,说起来的话,可以对其加以整体性解读。无论什么样的轶事理论,都是从对司各特段落和格林布莱特印证的再解读中逐渐浮现出来的,因此就不能认为轶事理论是一种叙述**形式**方面的独一无二的理论。它也是阐释**活动**的一种事物。

通过将这一段落看成是对酷刑的一种专门描述,我们可以进一步加以深入。人们可能在一开始就注意到,它并没有描述金匠的疼痛。这些疼痛在表现出来的时候,通过酷刑的物质代理者的描述而最为清晰地体

(接上页)上说,仅仅对文本加以引用使其在一个新的时间、并以新的语言表出来。人们也可以质问(interrogate)——这个动词并没有成为徒然无用的批评术语——这一段落得以写成的那些术语,正如格林布莱特在他导言中所做的那样。但是金匠呢?他可能不得不说或者不得不表达的是什么呢?你想让他说些什么呢?篇章——毕竟是写出来的——和受害者之间的滑移(slippage),关于后者能够通过对前者的解读而言说的观点,并没有向我表明了一种对真实的受害者受苦的一种尊敬,而毋宁是对这种受苦经历的抹除。(在一个很大的范围内,滑移所依靠的是言语以及关于"生机勃勃"(animation)的更一般意义上的新历史主义语言的隐喻,这是一种对死亡的关键性觉醒)[参见加拉格尔和格林布莱特(Gallagher and Greenblatt) 69,对格林布莱特"什么是文学史?"(What is the History of Literature?)一文的总结(《批判性探讨》(*Critical Inquiry*) 23.3 [1997]),或者说,确实,对格林布莱特的《莎翁体谈判》(*Shakespearean Negotiations*)的著名开头:"我开始渴望跟死亡对话"(I began with the desire to speak with the dead)(《莎翁体谈判:英格兰文艺复兴时期的社会能量循环》(*Shakespearean Negotiations: The Circulation of Social Energy in Renaissance England*) [Berkeley, 1989].)]。雅克·德里达(Jacques Derrida)早已对作为呼吸和生机勃勃象征的声音的隐喻内涵作了充分的论述——尤其可以参见《论文字学》(*Of Grammatology*)的第一部分——这可以用来对那些我并不想在这里不得不写的东西加以反思。(中译本:[法]雅克·德里达著,汪堂家译:《论文字学》,上海译文出版社,2005年。——译者注)

① 但结果却令人沮丧:在《确切话语》(*Exact Discourse*)中最终被证实的金匠离奇的沉默,对于司各特在公司事务上的辛勤努力而言,可以说在《学习诅咒》(*Learning to Curse*)中表达了就算最顽固的沉默也会表现的东西,而这是在正确的阐释者笔下表现出来的,是以一种适应后者需求的方式表现出来的。

现了出来,而这些代理者正是制造疼痛的船员、子弹和烙铁。格林布莱特一针见血地指出了这种疼痛的真实性,但是对其语言表现的关注则表明,不管这种疼痛的真实性是什么,都源自于无法真正描述疼痛的描绘。

作为读者感受到的金匠的疼痛和这种疼痛本身之间的鸿沟,在某种程度上,司各特的句子再生产出了那些缺乏表现的疼痛,这可以被理解为一种斯凯瑞用来指称疼痛的"代理者语言"(language of agency)的功能。① 斯凯瑞写道,那些希望诉说疼痛的人经常依赖隐喻,来详细说明"一种疼痛的外部代理者,一种被用来制造疼痛的武器",或者描述"跟疼痛相伴而生的身体损伤"。因此,一个人可能会说:'我感到有一把锤子在敲打我的脊椎',即使那里根本没有锤子(BP,15)。对于身体或想象的代理者而言:

> 将疼痛的某些感觉体验传达给身处疼痛者之外的某些人,他们全都基于同一个原因做这些事情:没有哪种情况是将同一性纳入对疼痛的感知体验当中;然而,因为它有它的形状、长短和颜色,因为它要么存在(在第一种情况下),要么能够描述成在身体的外部边界存在(在第二种情况下),它开始将最初是一种内在的和无法共享的体验加以外部化、客体化,并使其变得能够共享。(BP,15-16)

疼痛正是通过隐喻进入语言当中。(想象的或者真实的)疼痛的工具,通过塑造一种导致疼痛原因的具体场景,将疼痛的"无法共享"的、非语言的体验表达了出来,并将之客体化,而这种具体场景反过来转喻式地表现出读者心想会**在他们身上**创造出来的无法言说的影响。代理者的语言因此就形成了一种三重过程,即,首先通过隐喻(metaphor)(它被以致病病原的术语描述下来),进而是转喻(metonym)(从它的起因那里推断出代理者的作用),最后则是认同(identification)(我遇到的是哪种疼痛?)。因此,一个人在这种过程最后所"感觉"到的就完全不是他人的

---

① 格林布莱特在他的导言中简要引用了斯凯瑞的话(LC,14);我扩大了引用的范围。

疼痛,而是那种疼痛的建构式**虚构**。这种移情作用所要求的宽宏大量的复杂活动因此也是一种**文学**活动,而这种活动是通过在描述同时又无法描述的真实世界关系中的语言运动而实现的。①

因为这种描述活动发生在语言当中,所以它无法摆脱自身的缺陷,而这种缺陷所仰赖的恰恰是在制造疼痛中的能指(signifier)和所指(signified)之间的相互混淆。斯凯瑞写道:"在一个口述句子中,仅仅出现的一种武器的标记,一段书写下来的段落,或者一个可视的图像……这并不意味着试图表达什么疼痛,与之相反,经常意味着疼痛的本质刚刚被推到更深的晦涩之中"(BP, 18)。当一个人清楚地发现这种晦涩几乎在司各特段落内部随处发挥着作用,而它的残酷无情则集中在疼痛的身体代理者之上,集中在对这种操作的反讽之上——那种疼痛常常在那些恰恰没有的地方看起来最为明显可见——而且还阐明了金匠"诉说"的唯一时刻的重要性:"嗜血的食人蚁(成群成群地)涌向他的伤口,而这比我们的拷打更令人毛骨悚然,这从他的神情当中可以看出来。"在这个时刻(至少对我来说),同情性疼痛要比叙述的其他部分要少得多,这种情况表明了读者对于金匠疼痛的体验在实际上对其沟通能力所起的作用是如此地微不足道。与之相反,正是那些表现得最为剧烈的疼痛,变得最为真实和客观,而它是在酷刑的手段

---

① 让·阿梅利(Jean Améry, 1912—1978,奥地利出生的著名散文家、哲学家,他的主要作品都是在纳粹时期写成的。他有一句名言:"任何受过折磨的人,就永远受折磨"。——译者注)对他自己所受的纳粹酷刑也有过类似的论述:

> 我完全没有想到要在这里试着描述我所经历的痛苦。它是不是"像一块烧红的烙铁放到我的肩上",而另一种则"像一根沉木重重地砸到我的后脑勺上"? 一种比方只能代表另一种东西,而最终,我们都会被那些比喻言语的毫无希望的回复更迭所愚弄。疼痛是什么,它就是什么。除此之外,没有什么可说的了。感觉的特性是无与伦比的,因为它们实在难以形容。它们标志着语言沟通能力的局限性。如果有人想要传达他身体上的痛苦,他就不得不将这些痛苦强加给别人,进而使自己成为一个施虐者。

("酷刑",《灰烬中的艺术:大屠杀文选》,劳伦斯·L·朗格编(*Art from the Ashes: A Holocaust Anthology*, ed. Lawrence L. Langer) [New York, 1995] 130)

下被隐喻化的(我们不要忘记了,它们本身就是施虐者所制造出来的隐喻)。扭动和炙烤,这些金匠无法描述自己加剧他的疼痛的东西,他无法用姿势表现出来。因此,对读者来说表现得最为剧烈的疼痛,并不是施加在身体表面上的,而体现在最栩栩如生展现出来的武器当中,它的本质——换句话说,它作为一种无法言说的、无法共享的指示性事实,只能在**其他方面**表现出来——从一开始就被那些创造它的客体所掩盖了。

对疼痛所作的绝大多数描述依靠的是代理者的语言,关于疼痛表现的任何证据都**有必要**看成是轶事。谈论疼痛就是去谈论语言和引用之间的不同;关于疼痛发生(哪怕是对自己)是为了维护它自身的真实的任何断言,都只是试图构建起关于在语言中对疼痛加以客体化的疼痛的形成和感觉的一种引人注目的形象或叙述而已。进而,当疼痛自身,在格林布莱特对其加以理论化时,跟轶事完全不相同,关于疼痛的任何既有句子可以说都是用同样的双眼去看待使轶事具有特性的语言和真实性的。关于疼痛的语言跟轶事分担着进退两难的处境:它绕过了导致关于真实的一种强大意识的真实性。人们也许会说,任何跟疼痛相关的句子是"某种指示性和某种超越指示性的东西,一种多事件的形式以及在那种形式之外的一种突出的、文学化的通路"(LC,5)。当它所表现的文学性最引人注目的时候,代理者的疼痛语言型塑了最成功的指示性进入路径。而那些特征只有在当它们的隐喻最成功地混淆了语言和它所指的疼痛之间的鸿沟之时,才最能吸引人的眼球。

使感觉到的疼痛有限度地超越某些墨守原文者的阅读模式所不允许的趋势,如今被理解为是对事实的一种误判,即,疼痛恰恰就是那些语言从来无法像那样深入的东西。与其说将疼痛看成是语言的一种局限,看成是最终证明的与真实性相关的语言重要性,不如将疼痛看成是真实的一种局限,看成是某种体验或位置,真实自身逐步成长为语言,在表面上则成为一具尸体。①

3. 轶事理论

司各特的句子并没有成为某种轶事。让我停下来对它们的诸多含义加以盘点。

正如我试图表明的，轶事要求对格林布莱特和这章中轶事的重要性按照四大主要原则（两种多多少少是形式上的，两种大致是主题上的）加以充分衡量。

• 形式原则1：段落要求它在格林布莱特的导言中以轶事的形式表现出来。它被引证为文本的一种单独的连续体，那种连续体与一种经典叙述线（narrative arc）相关联，而格林布莱特则作为一个外部叙事者，一起使其成为塑造出轶事类型的"有意思"的单个事件。

• 形式原则2：段落从它的关键特征中借用了两样东西：沉默和忍耐，从中国人刻板印象的历史中加以借用，而他们自身则是从斯多噶派文献以及早期基督教殉道者的类似传奇所表达的更古老文化的历史趋势中得来的。② 这种借用，尽管在主题层面上表现得最明晰可见，但却必须被理解为是在种族主义的基础认识论结构内部的轶事中出现的一种叙述或历史形式——以及因此参与到对作为

---

① 最终的反转所说的实际上多多少少是同一件事情；如果我的版本看似"新颖"，这是因为它试图解开一种长期以来将弱势语言与强势的真实性对立起来的陈词滥调。对疼痛"无法"跟自身沟通（或者被语言所沟通）的这种局面的惋惜，就像对着一块无法解读的石头那样一筹莫展。在再生产（就像我在这里有意跟"虚弱"和"出身"一起提出来）的语言中表达这种"失败"的趋势，只不过是用它自己的方式再造出一种跟关于可能性的人格化观念相关的"不失败"（nonfailure）的幻想（fantasy）。

② 对于由基督教殉道者的默默受苦、他们对疼痛的忍耐力以及他们跟这种忍耐力维系在一起的神圣性所表达出的"颠覆性代理者"（subversive agenda），可参见朱迪斯·帕金斯：《痛苦的自我：早期基督教时代的疼痛与叙事》（Judith Perkins, *The Suffering Self: Pain and Narrative Representation in the Early Christian Era*）（London, 1995），104。

微观类型的轶事生产上的两者的结合。①

- 主题原则1：轶事对一种酷刑情节的叙述表明了对格林布莱特关于历史学家或文学批判使命所持观点的隐喻式介入。这就使他形成了一种阐释，这种阐释使轶事"所言说的东西"跟后结构主义截然相对，而支持现实的真实性。这种阐释能被解读为司各特对金匠所用酷刑的一种寓言，将批判和施虐者放到了相同的地方，而不是相对立的地方。

- 主题原则2：轶事对疼痛的召唤，更确切地说，它使用斯凯瑞的"代理者寓言"去唤起疼痛（以及通过形式对主题的塑造），表现出对最初似乎已经解决的形式轶事的语言和引用问题的一种意义深远的关联。也就是说，尽管金匠的那个轶事在格林布莱特的导言中用来确保使历史性的文学批评主义存在一种具体范围，但是对它的疼痛语言的分析威胁要将那种范围揭露为是对一种难以接近的真实的客体化的语言残余。

当这些原则中的第一条可以说在总体上适用于任何意识理论的时候——它必须在语言和经历的一种无差别或者较少差别的民众之外产生，以便获得将之认定为是一种轶事的性质——其他三条则来自对这种特殊轶事的内容的解读。在这种分析下，不管剩下什么样的方法论理论，它都会成为一种关于"金匠轶事"的特殊理论，而不是一种总体上的轶事理论，一种并没有以普适性的方式作出多少允诺的形式、语境和内容上的一种缠绕。鉴于被普遍接受正是那些理论的目标之一，这就很难说一种理论能留下些什么。

如果仅仅观察人们如何将这种剩余物转变为对本书其余部分有用

---

① 有必要指出的是，"轶事"以两种相互分隔而又彼此相连的维度发挥着作用。在种族主义的事例中，轶事起到了转喻作用，成为正在讲述的例子所展示的一般理论的明证；而在另一方面，作为文学批判主义所指涉的一种形象，轶事起到了一种隐喻作用，这是批判形式上的一种寓言。我非常感谢瑞贝卡·沃克维兹（Rebecca Walkowitz）让我注意这种区别。

的东西的话,它似乎值得强加上去。一种关于轶事的总体理论以及一种关于金匠轶事的特殊理论,它们共享着一种基础性的前提,也就是说,轶事是文学性与真实性之间关系的一种特殊状态,它的特殊叙述和历史要求对那些解读它的批评者施加了一种解释性的压力。然而,在法恩曼的描述中,这种理论在格林布莱特的导言中似乎是从轶事的形式性质那里专门出现的,但是,我对同一轶事的解读表明,轶事并不是自然生成的,而是制造出来的,而这种制造变得越来越依赖对轶事形式的操控,也依赖于它内容上的特殊品质、所指以及主题。与其说对格林布莱特材料中轶事特性的关注逐渐破坏了他设想中的理论,但它却似乎最能将总体理论修正为特殊理论,从简·盖洛普(Jane Gallop)那里借用术语来说的话:一种"轶事理论"(anecdotal theory),[①]在这当中,特性跟这种轶事(表现为总体的轶事性的一个**例子**)相结合,进而介入到从中得来的理论的性质当中,因此,从解读之外得出的理论,发现自身受到了那些使之有可能将自己想象成为理论引用的特殊行为的限制,"例证性"轶事和理论发挥了一种互相吸引的推动力,而这又使其中的每一个,一方面避免深陷于那些绝对历史特殊性的陷阱,或者在另一方面又深陷于普适性的牢笼。关于金匠轶事的理论所维系的轶事,依靠并得自于司各特的《确切话语》、格林布莱特《学习诅咒》以及本书这一章中出现的特殊环境。正是在这种意义上说,它宏谋远略,但却没什么用武之地。但是,它的功效至少部分是以一种自我引用的形式出现的:轶事理论的塑造本身就已经允许用这些篇幅去组织作为本书主要问题的一些轶事和理论,也就是

[①] 参见《轶事理论》(*Anecdotal Theory*)的导言,简·盖洛普(Jane Gallop)在其中写道:"'轶事'和'理论'在内涵上彼此对立:一个轻松幽默,另一个晦涩古板;一个简短,另一个宏大;一个琐碎细小,另一个包罗万象;一个特殊,另一个一般。轶事理论能够穿越这种对立,从而形成一种更具有幽默意识的理论,进而对所敬重的关于鲜活经历的神秘细节加以理论化"([Durham, N.C, 2002], 2)。这种情况,尤其是对琐碎、幽默的强调,跟格林布莱特在《学习诅咒》中所用的轶事区分了开来,当然,这种不同是建立在每位作者所选取的轶事的主题内容基础之上的。

说,引用、同情和疼痛表现之间的关系,以及对那些关系的任何体验的程度(在1606、1990或2009年),都介入到欧洲跟中国产品和中国性历史遭遇之中,而同时也被欧洲跟中国产品和中国性的历史遭遇所介入。

最终,格林布莱特所表达的轶事的一般理论和我在这里创立的轶事的轶事理论之间的主要差异在于,后者恢复了文字和所指之间的平衡,而这,在格林布莱特的导言中已经被大为歪曲。尽管如此,对于后者来说,这种主张所寻求的是轶事在文学性和真实性之间的唯一地位。格林布莱特写道,"一种真实世界、真实身体、真实疼痛的存在或消亡……造成了一种差异",这种差异是对"值得一做的事情"的任何历史或文本解释都会说到的(15)。但语言也是一种真实。对值得一做的事情的任何历史或文本阐释,都会通过其特殊的存在模式,而被记忆下来并发挥作用,其中包括它的类型学(对、错)、它的类别(虚构、非虚构、轶事)、它的叙述—历史修辞(中国人的沉默和忍耐)。格林布莱特对向中国金匠大下毒手的犯罪行为的广泛关注,使他对金匠的真实身体和真实疼痛描写得细致入微,但却忽视了其自身的文学解释理论要借自并仰赖于在司各特句子中使那种身体和疼痛"表现出来"的语言学特征。或者说,要使它变得更为夸张过分:格林布莱特轶事中真实的体现——它证明了他对无法认同的司各特的行径和后结构主义批评的愤慨——它的这种手段来自在场的表现内部发挥作用的语言学特征(对中国人疼痛的叙述比喻、对轶事的经验权威、表达疼痛的不可能性),而这,与其说使现在的状况呈现出来,不如说仅仅表明了屈从于语言学功用的表现生产的程度,当它们在那种生产之中遮掩了自身角色的时候,才显得最为成功。

因此,正是那种关于疼痛的文学体验,在一方面,恰恰存在于一种对另一个人身体和疼痛的真实性的强有力的、感知经历的连接点上,而在另一方面,正是语言的形式和主题功用,使那种疼痛从内心深处表达出来。前者强有力地形成了一种坚持,即,无法成为某些特定类型的解读(其中就包括后现代主义者的解读)主体的疼痛或酷刑的场景是对当代想象下的疼痛（而非你已经看到的司各特的描述）的一种特殊处理方式。但是，就像我所指出的，这种坚持是在一种遗忘中形成的———种被像文学或所指客体的句子所鼓舞的东西——在文本的句子内部和周围发生作用的历史和叙述方式加以解读，进而对它们所涉及的经历的内部或周围的历史和叙述方式进行解读。关于中国金匠的那些句子，通过在司各特文本和格林布莱特文本中出现的所指性空间中的主要机制和形象，将这种过程轶事化，这就提醒我们，在现代性的时代，关于中国人受苦的故事尤其维系着欧洲人和美国人的想象，提出一系列问题并允许通过经历的明证地位而实现的另一种必要性。

后面的这一词语涉及琼·W·斯科特（Joan W. Scott）关于"经验证据"（The Evidence of Experience）的那篇如今已成经典的文章。在论及作为一种认识论类型的经验和反基础主义历史学家著作之间关系的时候，斯科特写道："'经验'的证据，在当它恢复了一种基础地位的时候，似乎为所谓的反帝国主义者解决了解释上的问题"[①]。我认为，轶事的指示性特征使格林布莱特为出现在金匠酷刑故事中的"真实身体"和"真实疼痛"的文学—历史批判主义恢复了基础地位，而正是这种对基础的恢复应当产生更多的哲学质疑，而不是更少，在那个时候，它允许读者去感受历史特定处的某些好的地方，也就是说，更多地看重金匠身体的方面，而不是司各特的语言方面。

格林布莱特将司各特句子中指示与文学特性转化为另一种形式结构，换句话说，轶事的结构，开启了关于文学和历史尝试的问题，这些问题恰恰就是司各特试图通过他在《确切话语》中的叙述，来坚持语言与真实性之间天衣无缝的关联所在。格林布莱特于是就塑造了一种可能的元分析（meta-analysis），这种元分析用以探究每一文本是如何从它自身内部的叙述感知和它的指示性声明之间关系那里形成的，这种方法认

[①]《批判性探讨》（*Critical Inquiry*）17（Summer 1991），781。

为,叙述形式是一种情态,在这种情态中,感知就算不是实时变化的,也至少是彼此互通的。① 将那种观点应用到格林布莱特自己对司各特句子的感知、引述以及再叙述中来,并且将其跟对正谈论的句子内容的解读相搭配,我试图对格林布莱特的思考加以拓展,以便将这种分析模式加以理论化,而这,将会意识到它的解释目标同时也成为解释来源的程度究竟如何。假如金匠轶事的最终理论——它既是一种阐释理论,也是一种贯穿了同情(包括格林布莱特的同情)、中国以及表现的表现性问题的图像——在它自己的直接适应性范围之外生存下来,它在那些他自身产物的范围之外有效地发挥着作用。

它是否会仰赖你的意愿去解读金匠的轶事,它不仅是一种特殊解读模式的例子,而且还是一种加以总体解读的可能理论。这种理论,假如它的源头真的是轶事的话,那么,就不能进而认为,任何既有的理论,在对其例子施加足够的压力的话,就能被看成是轶事性的。这种彻底断言可能是理论上的,但它却不是**轶事性**的——也就是说,对于那些从这种特殊轶事中产生的轶事化的作品来说,它并不是正确的,这种作品只是使对这种特殊轶事的解读变得可能而已。更确切地说,对真实与真实性之间关系的这种特殊的理论化——对依赖其结构和强度的轶事性观念的一种关系的理论化——不同于对同一种关系的其他理论化,最终必须回归到其轶事根源上来,以便在文学和引用之间的碰撞中认识到自身的源头。如果这样一种理论化随着其进展在本书中发挥作用的话,那么,它所起的作用就是,那些维持着任何总体或理论性概括的证据性材料

---

① 我演绎了斯图亚特·霍尔(Stuart Hall,当代文化研究之父、英国社会学教授、文化理论家。他在20世纪50年代始参与创办两份重要左派刊物《大学和左派评论》及《新左派评论》;1964—1979年应霍加特邀请任英国伯明翰大学"当代文化研究中心"(Center for Contemporary Cultural Studies,简称CCCS)代理主任及主任。——译者注)关于"种族是阶级活着的情态"(race is the modality in which class is lived)的话。尤其在文本与公众的跨国运动背景下对霍尔观点的论述,可参见保罗·吉尔罗伊:《黑色大西洋:现代性与双重意识》(Paul Gilroy, *The Black Atlantic: Modernity and Double Consciousness*)(Cambridge, 1993), 85。

(不管是轶事还是描述,小说还是诗歌、照片、医案研究或者工会小册子)一定对它所支撑的理论施加了形式和主题上的压力,因此,关于轶事的观念就会要么强烈、要么温和地表现出来,那些轶事中的一些来源于它们的形式,关于报纸文章的观念在某种程度上应该归因于这样的事实,即,它们关涉的是大批量生产的特殊形式,并认为图像或照片将会为那些历史媒介负责,并且为那些图像的更长久的历史负责。而正如我们所见,关于酷刑的故事将会激起一种解释上的具有比喻性的酷刑意识。这就转而表明,任何后续解读都需要对风俗加以专门关注,在这中间,就出现了作为主题和形式的原始明证。也就是说,正是通过这种方式,在一种通过无法避免的校正、删减和添加将其转变(transform)或转译(translate)的通用框架中,引述将自身表达(或者被表达)成某种能够沟通的东西。最终,它指出,被看成是它所追寻的方法论的一种表达的书籍本身,会适时地对那种方法论产生某种影响,而且就算是这样一种方法论,也会对本书自身所表现出的"书籍"(或学术作品)的理论造成某种压力。虽然我最终不太可能去对那些特殊影响、这种简要回复加以解读,该书自身理论化方法论的事实已经通过一种对那些将其组织为某种单一计划的材料的解读而显现了出来。那种通过对轶事的一种形式解读和对中国人所施酷刑的犯罪行为的一种主题解读所形成的事实,带给我一种巨大的、令人惊讶的恐怖感觉。

二、 怜悯之交换：刑罚、服饰、同情，1800—1801

没有哪种解释（interpretation）会装成是对一种作品的描述（description），正像人们可以描述某种对象甚至意识那样，所做的事情是对理解的一种谜一般的追求。解释或许可以被称作是对一种理解的描述，但是"描述"这一术语，正是由于其直觉与感官色彩，不得不加以小心翼翼使用，而"叙事"（narration）这一术语将变得更为可取。

——保罗·德·曼（Paul de Man）:《失明和洞察力：当代散文的修辞批评》(*Blindness and Insight: Essays in the Rhetoric of Contemporary Criticism*)

文本的字面与内涵之间的时间差异是……诠释行动的特定领域。

——史书美（Shu-mei Shih）:《全球文学与识别技术》("Global Literature and the Technologies of Recognition"),《美国现代语言学会会刊》(*PMLA*) 119.1(2004),21

二、怜悯之交换：刑罚、服饰、同情，1800—1801

1. 装束与习俗

在接下来的部分当中，本书并不准备去搜罗更多关于金匠之类的奇闻异事来进行前面章节中所作的分析，因为这些毫无例外都有大团圆结局。而现在，我们在对一系列对象（图像或者文本）方面加以有意忽视或者违心阅读的意图变得至关重要，尽管这些对象继续体现着将同情与中国统合起来的真正魅力。但是，这种展现在历史、文学及媒介形式方面显露得很不相同。因此，我将会以引导我们回到19世纪转折期的斯蒂芬·格林布莱特的介绍为例，来探究中国与在更为晚近且完全不同的模式下的同情交换之间的关系问题。

在19世纪初，伦敦的一位出版商威廉·米勒（William Miller）出版了一系列关于各国传统"服饰"的书籍，其中包括了俄国、奥地利、土耳其以及18世纪大英帝国驳杂版图内部的奇装异服。出版商为《大不列颠服饰》(*The Costume of Great Britain*)所写的序言总结了这一系列书籍的总体认识论和雄心壮志：

> 展现在眼前的是一系列精挑细选出来的图像，栩栩如生地描绘出每个人的样子，颜色逼真，并辅以简要说明，除非亲自去观察，与那些其他的方式相比，[这些书]为我们提供了关于外部特征、穿着形式以及居住特质的更有趣也更可靠的看法。①

---

① 这一系列书籍的完整目录收录在威廉·派恩（William Pyne）的《大不列颠服饰：土耳其服饰、土耳其军队服饰、俄国服饰、奥地利服饰、西班牙与葡萄牙服饰、意大利服饰、里约热内卢服饰以及周邻服饰》(*The Costume of Great Britain: The Costume of Turkey, The Military Costume of Turkey, The Costume of Russia, The Costume of Austria, The Costume of Spain and Portugal, The Costume of Italy, The Costume of Rio Janeiro, and Its Neighborhood*) 以及《大不列颠古代服饰》(*The Ancient Costume of Great Britain*) 当中，此外还有我在下文将要讨论的关于中国的两卷（iii，上面的句子引自 ii 部分）。我所引用的派恩一书的版本是1989年重印本，名为《不列颠服饰：十八世纪早期英伦诸岛衣着服饰的图像调查》(*British Costumes: An Illustrated Survey of Early Eighteenth-Century Dress*（转下页）

79

抱持着仅次于亲自观察的这种观念价值，这些书力图通过向那些端坐于扶手椅当中的、喜欢神游四方的旅行者们提供文化方面的可视化材料及其解释，并通过关于外部特征、穿着以及居住习惯的这些彩色图像来反映整个文化再现的方式，来取悦并指引这些旅行者。

这种文化项目，偏向于"栩栩如生地描绘出每个人的样子"，对丛书中乔治·亨利·梅森(George Henry Mason)这两部书的正式结构和表现方式产生了深远的影响。作为驻扎在印度南部的女王陛下第36团的一位中尉，梅森虽然早在1789年底至1790年初就已经在广州疗养过几个月，但在他的每一本书中，几乎都没有提到过他自己在当地的经历。"混杂"成为一般中国人实践活动的实例或图解，举个例子来说，在梅森1800年出版的《中国服饰》(The Costume of China)一书当中，对一个正拨弄手鼓的人是这样加以说明的："中国人有很多种鼓类乐器；但却没有哪种会像手鼓这样手舞足蹈，在欧洲，完全没有类似的乐器。"[1]在一些

（接上页）in the British Isles)(Hertfordshire, 1989)。这套书的所有卷册最早由威廉·米勒在伦敦出版。这套书试图从事实上最能反映其自身的众多群体的图像与习俗中塑造出一种独一无二的民族(national)特征，进而让读者认同"这种服饰"(the Costume)，而不是"这些服饰"(costumes)。

[1] 《中国服饰》(The Costume of China)(London, 1980)。我所引用的是重印本，并加入了威廉·亚历山大(William Alexander)1805年的《中国服饰》(The Costume of China)，收录于《十八世纪中国观念》(Views of 18th Century China)(London, 1988), 58；文中此后的注释略称为CC。有一本名为《中国服饰—独创的水彩画—1800年》(Costumes of China—Original Watercolours—1800)的书，其中包含了出现在出版书籍当中的水彩画，最近被牛津大学阿什莫尔博物馆所收藏。这中间有一篇公开发表的提议及报纸文章说明了该书最初的花费（总共估计花费了733英镑，每个部分花费六基尼，这在当时算是很高的花费了），同时还罗列了250份初版复制品的订户，其中包括"皇帝陛下的图书馆，以及约克郡、诺福克市、罗克斯巴勒郡以及诺森伯兰郡和公爵夫人的德文郡"(His Majesty's Library and the Dukes of York, Norfolk, Roxburgh and Northumberland and the Duchess of Devonshire)，以及两个机构：牛津基督教会学院(Christ Church College, Oxford)以及曼彻斯特图书馆。（马熙乐：《中国服饰》(Shelagh Vainker, "Costumes of China,") 载《东方》(Orientations) 34.9 [Nov. 2003], 54)。《中国服饰》1806年、1811年以及1821年的重版收藏于加利福尼亚圣马力诺的亨廷顿图书馆。1984年，柯律格(Craig Clunas)确认由维多利亚及阿尔伯特博物馆1898收藏的是梅森的原著，而按照马熙乐(Vainker)书中的观点，认为应重新加以认定。（《中国出口水彩画》(Chinese Export Watercolours) [London, 1984], 33-42；文中之后的引用径作CEW)。

二、怜悯之交换：刑罚、服饰、同情，1800—1801

论述当中，则将手鼓视为一种廉价的鼓类乐器。相应的图片也同样向读者表达了一种空洞无物的场景：一位孤独者独自在一片纯白的背景下敲打着扛在右肩上的手鼓，从他的右脚闪现出一片真正意义上孤单而又具有穿透力的阴影，这是在他身体之外的光芒与太阳。这是中国人拨弄手鼓的姿势，而到目前为止，世界上还没有直观的方式来说明如何拨弄手鼓，在梅森的描述当中，也没有什么社会空间或者特别的语境可以让他看到一位中国人演奏手鼓。就像出版者的序言所宣称的那样，这种景象并不是一种肖像画，如果是肖像画的话，就应该会记录某些特殊的中国人（或者奥地利人，或者俄国人）。这要求指示性的方式所依靠的是将这种形象及标题合起来加以展现，而不是去"图绘"所指的人物，将他（她）放到一种文本的珍奇柜①当中，将中国的文化、习惯以及生计复制为一种民族志手册。在这种民族志手册当中的形象以及更一般的丛书，都典型地体现出英国人"分门别类"加以汇聚的兴趣，就像书中的"伦敦街头的叫卖声"或者"泰洛的服饰"那样，"是这一时期英国印刷商与出版商所关注的主题"，并且"不仅告诉了我们乔治后期人们对于世界的好奇之心，而且还提到了对于分门别类的内在驱动力"(CEW, 45)。

这种特殊的选择造就了这种表象性，而这，也许可以从一个相反的事例那里最为清楚地看出来：威廉·亚历山大（William Alexander）②

---

① 珍奇柜（The curiosity Cabinet）、奇珍异宝收藏间（德文：Wunderkammer）、神奇小木屋（Wonder Rooms）等称谓最早起源于文艺复兴之前的欧洲，其灵感最早来自一个精美的小盒子，后来演变成巨大的藏衣间，最后演变成富人的奇珍异宝陈列室，用来炫耀自己的富有，满足自己的虚荣心。在这儿，可以找到人物肖像、野生动物、珍稀植物、矿物珍宝、天然和人造的珍贵宝石等等，甚至还可以找到来自视觉和灵感错觉的珍宝物品。在启蒙时代，随着人类探究精神的深化，开始用近代科学的方法将真实的奇珍异宝从假的或虚幻中分离出来，并逐步变成了当代的公众博物馆。——译者注
② 威廉·亚历山大（William Alexander, 1767—1816），曾任马嘎尔尼使团随团画家。在马嘎尔尼使团出使中国的过程中，他作为使团的制图员随行出发。使团在从澳门到北京（转下页）

1805年出版的《中国服饰》(*The Costume of China*)。① 跟梅森一样,亚历山大曾经到过中国,他在1793年马嘎尔尼勋爵率领的英国来华使团当中担任官方的绘图员。亚历山大的书籍因此就既是历史文献,也是民族志材料。② 例如,他的"停靠在港口的三艘船"图画的标题,就以关于中

(接上页)的往返旅程中,穿越了今天的浙江、山东、河北、江苏、江西、广东六省。虽然只是沿海诸省,但南北跨度巨大,民风差异颇多,所见事象丰富,为亚历山大的速写提供了极其宝贵的第一手素材。年轻的亚历山大非常勤奋,画了大量的速写,回到英国后,他在速写画稿的基础上再创作成水彩画或铜版画,他的绘画细腻传神,特别注意细节描写的准确,具有强烈的视觉效果。这些充满了浓郁东方情调的画作在当时英国和欧洲风靡一时,内容涉及中国政治、经济、社会生活诸方面,它们不但成为18世纪西方了解中国的最早的形象资料,还成为此后西方人关于东方景象的一个重要创作源。如1843年伦敦出版了以亚历山大绘画为原型的铜版画集《中国:那个古代帝国的风景、建筑和社会习俗》(*China, The Scenery, Architecture, and Social Habits of That Ancient Empire*)。这足以体现亚历山大图画在西方人心目中的价值。而亚历山大在中国所绘的一些中国行业图,更是成为19世纪后在西方多次出现的"中国行业画"之滥觞。马嘎尔尼使团副使斯当东所著的《英使谒见乾隆纪实》书中就选用了亚历山大的图画作为插图,他称赞亚历山大说:"当使团迅速经过时,他用他的笔灵巧如实地抓住了最触目的景象及当地风俗。本书主要因此而增添了光彩,其中每幅画都是对自然的真实描摹。"——译者注

① 在1825年,亚历山大还出版了一册名叫《中国人服饰与礼仪图鉴》(*Picturesque Representations of the Dress and Manners of the Chinese*)(中译本:[英]威廉·亚历山大著,沈弘译:《1793:英国使团画家笔下的乾隆盛世:中国人的服饰和习俗图鉴》,浙江古籍出版社,2006年。——译者注)的书,其中也包含了一些跟他的《中国服饰》(*Costume of China*)一样的图像。亨廷顿图书馆所藏的《俄国服饰》(*The Costume of the Russian Empire*)以及《土耳其服饰》(*The Costumes of Turkey*)的注释指出,亚历山大在选取图像并为各册撰写说明的过程中扮演了编辑的角色。

② 关于1793年使团的亲历记可参见约翰·斯当东爵士(Sir George Staunton)的《大英国王派遣至中国皇帝之大使的真实报告》(*An Authentic Account of an Embassy from the King of Great Britain to the Emperor of China*)(Philadelphia,1799)(中译本:[英]斯当东著,叶笃义译:《英使谒见乾隆纪实》,上海书店出版社,2005年。——译者注),该书由约翰·比奥伦(John Bioren)为罗伯特·坎贝尔(Robert Campbell)所印。另可参见马嘎尔尼自己所写的《乾隆朝英使马嘎尔尼伯爵使华日记》(*An Embassy to China; being the journal kept by lord Macartney during his embassy to the Emperor Ch'ien-lung, 1793—1794*)(London,1962),该书由克莱默-宾(J. L. Cranmer-Byng)所编,并附有他所写的导言及注释。对于1793年使团在当前理论语境中的解读,以及马嘎尔尼备受指责的拒绝向清帝磕头的关系,参见何伟亚(James Hevia):《怀柔远人:马嘎尔尼使华的中英礼仪冲突》(*Cherishing Men From Afar: Qing Guest Ritual and the Macartney Embassy of 1793*)(Durham, N. C.,1995)(中译本:[美]何伟亚著,邓常春译:《怀柔远人:马嘎尔尼使华的中英礼仪冲突》,社会科学文献出版社,2002年。——译者注),以及刘禾(Lydia Liu)的《帝国的碰撞:现代世界形成过程中的中国重塑》(*The Clash of Empires: The Invention of China in Modern World Making*)(转下页)

国船舶结构的段落开始的,但随后的第二段却是一般的民族志信息,告诉读者"这些小船被雇来为使团服务,或者用来转运行李"(48)。尽管对这几条信息的相对排序跟梅森书中的"服饰"系列的总体趋势相符,在这里,民族志作品会去关注中国特定的人物、地点或者事件,但这些都与亚历山大自身作为在华旅行者的经历有关。像一些特定人物的画像,如某位"王大臣(Van-Ta-Zhin)①",亚历山大向我们展示了这样的一个形象,即,他在关于使团无功而返的出版物中的出现,表明他不会被错当成是某个中国人,即使他的服饰会让读者有一个"中国军官(或贵族)"一般服饰的印象。(8)② 然而,跟梅森书

(接上页)(Cambridge, 2005)(中译本:刘禾著,杨立华译:《帝国的话语政治:从近代中西冲突看现代世界秩序的形成》,生活·读书·新知三联书店,2009年。——译者注)的第2和3章。由于斯当东本人以翻译《大清律例》为人所知,而1793年的出使活动在英格兰的主要作用之一就是摧毁了17世纪耶稣会传教士所散布的对中国诸多追捧的形象:

> 马嘎尔尼使团在华短暂停留期间……详尽地对其他国家的优势进行了探究,在知识与美德方面,中国人长期习惯于在这方面装腔作势,而对此,一些欧洲的历史学家做出了过高的评价,这在很大程度上是靠不住的;在知识方面,中国人的领先优势正日渐丧失,而在我们欧洲,最近却获得了最大的进步。

(《大清律例(译注)》(*Ta Tsing Leu Lee; Being the Fundamental Laws, and a Selection from the Supplementary Statues, of the Penal Code of China*)伦敦,1810年;重印,台北,1966年,viii-ix页,由伦敦的T. Cadell及W. Davies出版,并由位于台北的成文出版公司重印。)

这就是说,斯当东进一步认为1793年使团的成员们在中国花了更多的时间,他们可能已经发现中国和欧洲关于对方的很多想法"要么满富偏见,要么提供了错误的信息;而总的来看,不管在哪方面,都并不容许凭借任何道德或身体优势进行暴力犯罪"(ix-x页)。

① 未能查见原名,此处为音译,既可能指王姓大臣,也可能指某位亲王大臣。在马嘎尔尼使团访华期间,这位官员曾向马嘎尔尼提供情报。威廉·亚历山大绘制的"王大臣"肖像画现收藏于荷兰Teylers博物馆的图书馆当中。——译者注

② 亚历山大的《服饰》(*Costume*)一书所展现的一般意义上的民族志信息可能会被理解为是对该书所属类型造成的一种影响;在斯当东1797年对1793年出使活动的记述当中,亚历山大书中的图像,至少跟该书所关注的问题一样遥远,这完全是一份具有历史意义的文献。亚历山大《中国服饰》(*The Costume of China*)中的一些图像,像"士兵像"或"航行中的一艘海船"非常普遍地秉承了梅森《服饰》(*Costume*)一书中的画像风格,但即便如此,在实际上,亚历山大亲自绘制的图像足以表明他在中国的特殊经历。然而,值得注意的是,亚历山大关于中国的一些画作所依靠的是他对普通物品和人物的运用或再运用。比如说,亚历山大的画作重塑了苏珊·列古斯(Susan Legouix)的《中国形象》(*Image of China*)第28—30页的内容,那些相同的蜷缩者的所有特征在场景和姿势方面稍稍有所不同(《中国形象:威廉·亚历山大》(*Image of China: William Alexander*)[伦敦,1980年])。

中的作为排他性的"种类"形象不同的是，亚历山大所收藏的图画既在历史性方面，同时也在类型学方面成为表象性的百科全书和旅行故事；这是在纪念品与收藏之间的不同，也是在转喻（"我曾到过那里"）与隐喻之间的不同之处。①

尽管亚历山大的书跟梅森的书重名，出版商也一样，但是，只有梅森的书才出现在"多国服饰"这一系列当中，这表明了两部书在出版之际在表象性方面的不同之处，哪怕这两本在四年内陆续推出的以《中国服饰》为名的书都体现了这一时期英国人对中国文化所抱持的强烈好奇心，这种好奇心伴随着中国茶叶与瓷器的贸易、建筑与家居中的"中国风"（chinoiserie）②以及对中国科学、历史和书法的哲学和商业争论而一直维系下来。③

---

① 苏珊·斯图尔特(Susan Stewart)：

  跟纪念品相反，收藏与其说是样本，不如说是例子；与其说是转喻，不如说是隐喻。收藏并不会将关注点转向过去；而毋宁是，过去在为收藏所服务，照这么说来，纪念品将真实性借给了过去，而过去则将真实性借给了收藏。

（《渴望：对微小、巨大、纪念品及收藏的叙述》(*On Longing: Narratives of the Miniature, the Gigantic, the Souvenir, the Collection*)[达勒姆，1993年]，151页）。

② 在法语中，Chinoiserie(中国风)这词可以追溯到18世纪，它被用于形容法国人怀揣猎奇情趣，以西方的意境来品味中国装饰。这个词汇在18世纪中期被吸纳到英语中来，指代当时非常流行的一种艺术风格。这种风格就是当地英国设计师和工匠大量地采用中国题材，比如中国服饰、龙、宝塔等，进而结合艺术家的想象来创造出新形象；特别有意思的是，这种风格常常与当时洛可可艺术等中世纪复古风格相结合。这种风格出现的背景就是当时大量中国和日本的瓷器、丝绸输入到英国和欧洲大陆。但是这种风格的鼎盛时期大概维持了从1750年到1765年的15年时间。Chionserie并没有随着欧洲对中国的兴趣高潮的过去，而完全消失。相反，随着殖民时代的到来，越来越多的西方人来到中国，同时少数中国人也来到西方，在双方的彼此互动中，Chionsierie效应一直在延续着。可以说，Chinoiserie风格反映了是18、19世纪欧洲对遥远中国的想象。——译者注

③ 大卫·波特(David Porter)写到，随着耶稣会传教士利玛窦在华期间的详细游记于1615年至1625年陆续出版，"开创了欧洲两个世纪的时间里在语言学、神学、艺术以及经济观念大发展的时期，而这种大发展一直是对世界另一端的一种旗鼓相当的文明的过度反应"（《表意：近代早期欧洲的中国密码》*Ideographia: The Chinese Cipher in Early Modern Europe*）[斯坦福，2001年]，242页）。在这种观念下，中国被看成是19世纪北欧（尤其是英国、法国和荷兰）的对手，而这种情况必须被理解为是对于中国服饰总体兴趣的关键性的文化潜台词（后面的这种兴趣也贯穿着对欧洲一种要将整个世界加以分类并表现的认识论动力）。正如波特所指出的，19世纪是欧洲航海家对中国态度大为转变的时期；梅森的书在某种情况下正处于这种转变的最高点上。

让我们回到梅森书籍的类型学讨论中,人们可能会想,他们对说明与表述之间关系的处理在一些方面既不同于"确切话语"(让人想起埃德蒙德·司各特论述时所用的题目),也不同于"轶事"。梅森的图像和标题与其说是专门加以说明,不如说是为了加以总括,以表明尽管这些特别的鼓手、乞丐或者裁缝可能并不是真的,但这些人的图像还是表现了中国乐手、乞丐或者裁缝的总体形象,这些人都或多或少地跟这些例子相类似。因此,梅森的书之所以有意思,不仅仅在于这是关于独特图像的实例化,而且还成了一部文献汇编,可以为其读者形成对于中国的总体类型学想象,梅森在《中国服饰》的序言中将之作为"原始而偏远国度内部的、机械性的习惯"(CC,7)。

尽管这些书从没有表现专门的中国人物或者事件,但这些书中所表现的东西,使他们能够从形象的指示性外观中推断出能够解释某种一般类型形象的范例标题出来。一旦将《中国服饰》一书中的类型化工程看成是一个整体的话,单独的形象就会被当成是像奇闻轶事那样,在这样的程度上,它们能够从专门化(particularity)中塑造出一般化(generality)。从这种"轶事"的观念来看,这些书的类型化工作,奠定了对一系列文化事实加以大规模塑造的基础,通过将形象—标题成双成对地结合到一起,从而使形象在某种可能的专门性那里成为一种人造的"轶事",而标题则推动了特殊性进入一般性当中,允许形象成为某种一般性实践的图像。梅森书籍的认识论结构之所以跟轶事的结构相类似,这是因为,尽管在书籍的形式惯例(博学和类型化)和轶事(细小而单独的)本身之间具有诸多主要的不同之处,书籍的全部工程所依靠的是其对各个说明与形象的编排,而这种编排既是轶事,同时也是图像。就算是在形象轶事性地表达了其再现的内容正成为一项事件——在某些时刻一些真实的中国人的真正行为的照片——也同样要求表现出由标题所带来的一般原则,因为某一特定的动作真正的指涉性事实并不会造成什么后果。

在"作为可能发生的轶事的形象"(image-as-possible-anecdote)与"作为图像的形象"(image-as-illustration)之间的行动可以被归结为是一种将形象的认识论关系与标题维系起来的载体,而形象的轶事视角则比标题所体现的一般意义要重要(标题是从"作为单个事件的形象"(image-as-single-event)的一般实践中得出的),而形象的图像视角则紧随其后,同样宣称要举例说明标题所体现出来的权威性的一般原则。从轶事或者图像的角度,对这些单独形象逐个加以检视,这表明梅森的书之所以会产生出认识论上的力量,至少部分原因在于类型化与实例化、博学与(潜在的)事例之间持续性的形式上的摇摆,在这一过程当中,所推演出的某一法则的可视化(中国鼓手就貌似如此)就得以维持自身形象,而这是通过对与某一事例同时的归纳性表达实现的(这里是一位典型的中国鼓手)。

2. 特殊刑罚

到目前为止,我还只是稍微谈及了这两本书,而没有谈到这一系列丛书当中的任何其他书籍;更确切地说,我正试图确立起在梅森书当中曾实现的表现与认识论传统。但是关于这些传统的任何理论都与这一系列中十本书的事实相抵牾,只有一本书的标题当中没有"服饰"一词,这就是梅森 1801 年出版的《中国的刑罚》(The Punishments of China)。[①] 如果将这一系列书的类型结构当成一个整体的话,那么,这一单独的名字就表明了中国的刑罚这一事实在 19 世纪早期对服饰与习俗的一般兴趣下是可以被归类的(这告诉了我们一些关于此处"服饰"的意义:"某一时期的习俗与时尚,其中包括了场景或描绘;举止、衣服、家具,

---

[①]《中国的刑罚,二十二幅版画所展示的图像:辅以英文和法文的说明》(The Punishments of China, Illustrated by Twenty-Two Engravings: With Explanations in English and French)(伦敦,1801 年)。我引用的是位于加利福尼亚圣马力诺的亨廷顿图书馆无页码的 1804 年版。

二、怜悯之交换：刑罚、服饰、同情，1800—1801

以及场景所在时间与地点的其他特征"①）。这本书也是系列丛书当中唯一一本在这种"服饰"的广义定义下所写的作品。但是，引起我们关注的是在18和19世纪欧洲与中国刑律之间的历史分歧，很大部分是关于司法惩处与酷刑的。欧洲人日益关注处决的"人道"方式问题（法国于1792年使用断头台就是一个例子），英国人反对持续性的酷刑要追溯到16世纪，而最彻底的改变则是米歇尔·福柯（Michel Foucault）在《规训与惩罚》（*Discipline and Punish*）中所提到的公开处决以及囚禁的方式，这些都是在人类及人道理论方面所出现的更大的同情心转变的表现，这种转变使得19世纪国家的行为不再可能像在几十年前那样在整个欧洲习以为常。② 通过将刑罚活动作为一种民族志知识，梅森的书表现出了这种转变的总体性意识。但是，这一系列书中的民族志关注点仅仅集中在中国上的事实，正是本书所要探究的黄道文化逻辑的一个重要的早期表现。

在《中国的刑罚》当中所提供的如何对一种既有的主题结构在表面上加以违背的例子，这就表明了在某些表面上简单组织起来的原则（关

---

① 《牛津英语词典》（*Oxford English Dictionary*），"服饰"词条（costume），注释1.a。
② 对这种改变的某些措施可以从维克多·雨果（Victor Hugo）在1874年那危险重重的冒险声明《应废止酷刑》（torture has ceased to exist）中找到。爱德华·彼得斯（Edward Peters）提供了一个对这种转变的有用的概要：

在1750年后的几次修正中，欧洲刑法典的酷刑专门条款被作了限定，直到1800年为止，这些酷刑几乎都看不到。伴随着司法的改革，从法律与道德的角度对酷刑加以谴责的文献越来越多。最好的例子就是贝卡里亚（Cesare Beccaria）1764年出版的影响深远的论著《论犯罪与刑罚》（*On Crimes and Punishments*）[译者注：本书已有中译本，[意]贝卡里亚著，黄风译：《论犯罪与刑罚》，北京：中国大百科全书出版社，1993年]……酷刑首当其冲，在一些情况下成为备受瞩目的焦点，成为《旧制度》（*ancient régime*）所着力批判的中心，而且也确实成为对早期欧洲世界的法律与道德野蛮状态和古老陋习的批判之处。（《酷刑》（*Torture*）（伦敦，1985年），74页）

然而，颇具讽刺性的是，欧洲人要求废除酷刑的呼声几乎只影响到了欧洲，而在国外，欧洲人将酷刑组织化为一种殖民控制的机制。卜正民（Timothy Brook）、巩涛（Jérôme Bourgon）以及布鲁（Gregory Blue）都曾撰文指出，英国人所仰赖的就是这样的看法，举例来说，中国内地的人只知道采用强力去推行在英国殖民地香港已被英国人废止的刑罚。（《凌迟处死》（*Death by a Thousand Cuts*）[麻省剑桥，2008年]。256页注释50。）

于国民"服饰"的一系列书籍)的背后或者下面的更为复杂的逻辑。在中国人的事例当中,"服饰"作为一种殖民时期"民族不同之处的关键性标志与焦点",甚至成为比这一系列丛书当中所绘塑的众多其他国民"服饰"更为复杂和更具包容性的一种类型。① 但是,如果将《中国的刑罚》看成是英国民族志的异常表现的话,那么在这种阅读过程中,就会将这一丛书的"意识"结构当成是其所重现的民族志要求的回归,而不是将该书看成是一种规则的例外(不管在什么情况下,这都将会在丛书表达的更为宽广的理论化当中不动声色地加以忽视),或者被当做这一丛书逻辑的单个征兆(这会将其归到丛书的"无意识"当中去),我力图将其看成是表象逻辑的字面部分,而作为某一阶级的成员,它有助于塑造并从而通过其内涵而部分地被塑造出来。

《中国的刑罚》一书开篇是一幅名为"县官前的罪犯"的图画,本书中的复制品见图 2.1,在这幅图当中,一个男子跪在一张桌案跟前,桌后坐着主审官,他的左右是师爷(犯人被铐着,跟主审官类似的两个人是衙役)。

第二幅图表现了被押往大牢的一名男子,第三幅图"受审的犯人"以及第四幅图"正遭受棍棒之刑的罪犯"(正被竹棍敲打)。书中的这一点所表现出的只是刑罚,而这种刑罚的范围,从拧耳朵(图 V)到最后一幅图表现的"斩刑"(并说明这"被视为最大的耻辱",因此"只有被中国政府视为对社会危害最大的罪责才会施用")(图 XXII),五花八门,不一而足。尽管众多图像中的罪犯看起来从不像是同一个人,但是这本书还是可以

---

① 尼古拉斯·迪克斯(Nicholas B. Dirks):《心灵的种族:殖民主义与近代印度的塑造》(*Castes of Mind: Colonialism and the Making of Modern India*)(普林斯顿,2001 年),92 页。迪克斯将科林·麦肯齐(Colin McKenzie)在 19 世纪早期于印度所搜集到的民族志图绘看成是"对不同集团、类型、种族及部落的'类型化'重现的图片",但是在心态上,他的叙述适合于跟帝国主义紧密相连的一种更为一般性的认识论工程。值得注意的是,梅森曾听从医生的盼咐,在 1789 年去广州养病,他是"位于(印度半岛东南部)科罗曼德尔海岸的帝国军队的旅长",因此就跟英国殖民计划密切相关(参见《十八世纪中国的观念》(*Views of 18th Century China*),页 6 注释 1。)。

二、怜悯之交换：刑罚、服饰、同情，1800—1801

图 2.1　乔治·亨利·梅森与蒲呱绘制：《中国的刑罚》
"县官前的罪犯"，亨廷顿图书馆提供

被看成是部分地依照叙述结构，从审讯、囚禁再到刑罚一步步来的，而这就给人以惯常会遵循的"开始、中点和结尾"的意识。一旦将这种叙述加以分解的话，就会发现，在刑罚开始之后彼此衔接，不再有故事的意识，图像与说明之间顺序的转换反映了刑罚的垂直层次，这种但丁式的婉转回环使读者乐于去探知下一步会发生什么，这比起直截了当地叙述要更壮观些。《中国服饰》一书中的图像在承续性方面没有清晰可辨的逻辑（泥瓦工、木匠、穿夏服的清朝官员），而《中国的刑罚》一书则将其融入到了故事与进步的经济的语境当中，这一点要远胜《中国服饰》一书。

这种例外论（exceptionalism）一定可以通过在与本书自身所宣称的类型化选择的主轴的联系当中解读出来。在《中国服饰》的序言中，梅森承认，他写的一些说明所依靠的信息是他从在华的其他作家那里得到的，其中就包括乔治·斯当东爵士（《中国服饰》，7）。一年后，在《中国的刑罚》一书中，他还提到了他与那些作家的关系。但他随后说：

> 除了那些公开的刑罚之外，很多作家曾提到过其他的刑罚，很多是施用于重罪的，中国人所无法容忍的大罪包括弑君、谋害父母、叛逆、叛国或叛乱；而将这些罪行描画甚至叙述为成一种违背纲常

89

的暴力行为,并且引导我们去保持温和心态和明智心灵,这在中国的行政机构当中是广为认可的。(《中国的刑罚》序言)

《中国的刑罚》一书因此就以其自身的不完整性状态为开端,这就承认了叙述与类型化结构将会得到拓展,超出"斩刑"的范围,而去探究那些见不得人的"众多重罪"。尽管这本书既没有描绘刑罚,也没有对刑罚加以叙述,但是,对叙述可能性的革新——我们还记得,它对于这些不存在的画面曾毫无反应——似乎要对包容性(难道一本名为《中国的刑罚》的书在理论上会包括了所有的刑罚而不仅仅是有限的几种刑罚么?)加以回应和尊崇,就像在英国的语境当中有必要去运用和体现自己的礼仪观念一样,在英国的语境当中,这些图片可能感觉起来会是暴力,而在中国的宽容环境当中,这是被"广为认可的"。

这种情况对于这本书的叙述结构的影响是多方面的。毕竟,这种刑罚之所以无法展示,不仅仅在于有限文本无法展示出来。尽管在关于服饰的书籍当中,并不是中国所有的东西都被展示出来(而且怎么可能呢?),再现就要求力图去揭示出一整套可能性或者有限性,而从这些可能性或有限性当中,人们可能会进而推断出没有显现出来的其他部分:假如一个中国面点师傅这般模样,而一位屠夫那般模样,这样一来的话,烛台匠人的样子就是两者中间的那模样。这在帆船和马车中间也一样。但是,由于《中国的刑罚》明确地将无法加以再现的材料放到了一个"超越"或者"自外"于所展现的刑罚的地方,这就使得读者去想象一种书籍自身划定的类型圈之外的非再现性,哪怕这个故事没有结尾,哪怕刑罚的主轴远远超出了该书的范围,从而开始逼近某种柏拉图式的刑罚副线(subline)。

一旦这一时刻的例外没有破坏计划的总体性的话,这就必须被看成是一种在那里所做的分类工作的持续;想象着梅森已经写出了一部百科全书,而这百科全书中的最后章节只有一页。在这页上说,最后的章节消失不见了,或者造出这么样的一个单子,就像博尔赫斯(Borges)那样,将之想象为中国百科全书的入口,使其成为"那些无法被加以概括的"最后成分。① 也就是说,分类问题必须放在全书的宏大框架中来考虑,在这种宏大框架当中,分类问题表现为是遭受与隐藏的更大经济中所形成的一种姿态,确切地说,现在的这种分类是对跨国或跨文化的慷慨与理解所表达的一种致敬。

这种姿态的可笑之处根源于这样的事实,即,在表达了他对中国人克己复礼的看法,并进而对中国刑罚的全景深表愤怒后,梅森认为中国人很可能一点也不温和谦让。你说你不想裁决任何人,这就表明当时正有诸多事情需要裁决。梅森将对最严厉刑罚的图像或叙述看成是对中国政府的"禁欲与智慧的审讯"。"审讯"(arraign)的法文翻译(该书是英法双语版本)是 *faire le procès*,带去审问,这就让人想起这一单词的字面配价(valence):对中国没有审讯的宣称也就宣称了中国存在审讯。此书叙述了一次审讯,而这也正是审讯,内容与形式由于"判决"这一词汇的形象限制而彼此相互接近。读者可以从该书的说明文字和图像中得出结论,梅森进一步指出,这种结论对与他们的"新奇与信息"关系不大,而更多地与"他们的安全感是建立胸中有丘壑之上的。在那里,他们与漫长的痛苦折磨无缘,一个人的无辜并无法用他对无尽痛苦的心理或肉体承受力来衡量的",等等(《中国的刑罚》,序言)。《中国的刑罚》对于中国审判制度(已经被含糊地误标为是一系列的"刑罚",尽管此书确实是以此来写的)的类型化研究至少在序言中并没有仅仅成为对文化他者的新奇性的图像,而是成为了对其中所包含的材料的一种讽喻加以叙述的

---

① 豪尔赫·路易斯·博尔赫斯(Jorge Luis Borges)的中国百科全书在福柯(Michel Foucault)的一部主要论著《词与物》(*The Order of Things*)中曾提到过,之后则成为形塑欧洲与中国的特定关系以及分类模式的代名词。对于战后法国对华研究成果中百科全书所扮演角色的长期争论,可以参见张隆溪:《强力的对峙:从两分法到差异性的中国比较研究》(*Mighty Opposites: From Dichotomies to Differences in the Comparative Study of China*)(斯坦福,1998年)。(中译本:[法]米歇尔·福柯著,莫伟民译:《词与物:人文科学考古学》,上海三联书店,2001年。——译者注)

跨文化判断。在这种审讯当中,最受谴责的证据恰恰就是谴责本身,这是因为文章已经将这种谴责排除在外了。

单单这一点,就足够文学批评来应付一番的了。但是,这也表明了梅森书籍当中的安排实际上还是令人感到奇怪,而这正是通过这种令人意想不到的事实体现出来的:在对梅森《中国的刑罚》一书前一年出版的《中国服饰》中一幅图像的文字说明中,人们会清楚地发现梅森所记述的那些刑罚并没有在后来的书中出现!下面就是对图表 2.2"傀儡戏"的文字说明:

图 2.2 乔治·亨利·梅森与蒲呱绘制:
《中国服饰》"傀儡戏",亨廷顿图书馆提供

一个人爬上了一张小凳子,并尽量将踝关节隐藏在蓝布套子

二、怜悯之交换:刑罚、服饰、同情,1800—1801

下,让一些很小的木偶来表演节目,头上的箱子成了舞台。这些小木偶的举动文雅,这就表明了中国人的傀儡戏通常并不是消极无聊的,也不大可能会危害孩童的幼稚心灵。

年幼的中国人接受了关于美德与孝道的最初印象,这些观念使他们不会受到帝国刑律当中的反对诸如"阴险毒蛇"(参见莎士比亚:《李尔王》(Lear),158)的处罚,这种"阴险毒蛇"敢于对与他们所依附的上帝和自然相关的事物采取暴力举动。中国人的儿孙若对其父母或祖父母不孝的话,就会罚打一百大板;而假如他对双亲出言不逊,则会处绞刑;如若殴打双亲,则会被处斩;假如他伤及或者令双亲致残的话,则会被热铁烙骨、凌迟至死。由此可以推测出中国人性格中的稳定性与一致性——这种性格四千年来一直未曾改变——它[原文如此]独独受到了从家庭到朝廷的日益尊奉。

从"假如他伤及双亲或者令双亲致残的话"所知晓的材料,这表明了刑法不仅仅被广泛地当成是(或者想象成是)"凌迟处死",这在一年之后就肯定成为没有代表性的东西,并且成为梅森所声称的"众多作家"所关注的主题。这种不具有代表性的刑罚在汉语中称为"凌迟处死"。卜正民(Timothy Brook)[①]、巩涛(Jérôme Bourgon)[②]以及布鲁(Gregory Blue)[③]都将其看成是一种"折磨至死"的方式,认为这与将已决犯的部分肢体有条理地切割下来有关。正如这些形象所表明

[①] 卜正民(Timothy Brook),1951年生,1973年获得加拿大多伦多大学学士学位,1977年获得美国哈佛大学硕士学位,1984年获得美国哈佛大学博士学位。现任英国牛津大学邵氏汉学教授、加拿大不列颠哥伦比亚大学圣约翰学院院长。有著作十余种,其中已译为中文出版的有《纵乐的困惑:明代的商业与文化》、《为权力祈祷:佛教与晚明中国士绅社会的形成》、《中国与历史资本主义:汉学知识的系谱学》、《民族的构建:亚洲精英与民族身份认同》等。——译者注
[②] 巩涛(Jérôme Bourgon)现为法国国家科学研究中心研究员、法国里昂东亚学院高级研究员。——译者注
[③] 布鲁(Gregory Blue),加拿大汉学家。——译者注

的,凌迟之所以变得声名狼藉,不仅仅是因为它是中国刑罚当中的极刑,而且还在于凌迟的表现,尤其是其图像式的再现,是与一种将"中国转变为欧洲已经进一步发展了的所有东西的博物馆,一个残存景象的潘多拉盒子"的国际政治语境同时发生的,这就使得"西方的殖民者有理由宣称他们的所作所为,中国早就干过。"①在20世纪早期,最后一些凌迟的照片在中国与欧洲之间广泛流传,而正如卜正民等所著一书所指出的,所有这些照片都是在出现便携照相技术与清政府1905年废止凌迟之间的短暂时段内拍摄到的。梅森在《中国服饰》中对刑罚的说明可以被看成是西方关于刑罚的最终兴趣的一种早期标志,同时也是19世纪初大多数欧洲人在看待中国时所持的相对而言更为积极的文化观念的一种反映。

这很可能是在对"傀儡戏"说明中第一段的末尾的"幼稚心灵"的保护,这种保护使梅森自然而然地在第二段中讨论"年幼的中国人",就算按照通常的逻辑会认为这一行动是难以进行语法分析的。在设计成是蒙学式的表演中,文字说明展现出了这种关于中国刑罚的信息。《李尔王》(*King Lear*)的注释使得梅森能够将这种傀儡戏的教学法内容在英语语境当中展现出来,在英语语境当中,在李尔王跟高纳里尔(Goneril)的对话中,"阴险毒蛇"的段落,使他的背叛在两代人之间清楚地展现了

---

① 卜正民(Brook)等人所著书,第28页。参见书中第三章对中国凌迟发展史的记述;参见第171—174页对梅森《中国的刑罚》一书的简要论述。我在第6章中讨论了巴塔耶(Georges Bataille)收藏和复制的著名的凌迟照片;卜正民一书在第8章中也有这样的探讨。对中国酷刑的更为笼统的论述,参见巩涛(Jérôme Bourgon)的《中国酷刑》(*Supplices chinois*)(布鲁塞尔,2007年)以及安东尼·多明戈(Antonio Domingguez)与米里埃尔·德特里(Muriel Détrie):《东方文艺作品中的酷刑》(*Le Supplice Oriental dans la littérature et les arts*)(Neuilly-les-Dijon,2005年)。

出来。①《李尔王》主要的故事情节是围绕着继承的法律结构以及孩子无可避免地成为"阴险毒蛇"而展开的,甚至可以说,国王(或者父亲的生育能力)所体现的法制力量的失败导致了这些事情的发生。这些文字因此就使得梅森高度评价中国傀儡戏的教育方式,这种傀儡戏保护了无辜的头脑免受危险观念的侵蚀,也间接地表明了中国刑罚的执行机构对不孝行为所采取的措施阻止了未来更多的高纳里尔以及里根(Regan)的出现。②

因此,中国的傀儡戏既是一种关于儿童公共行为的特殊含蓄的表现方式,同时也是一种公共刑罚与之相应的壮观表现形式。在梅森的文字说明当中,两者都有助于儿童的培养,更重要的是,可以将儿童放到人际交流与教育谦逊的层级体系当中("幼稚心灵"必须尽可能保持纯粹)。正如梅森所认为的,中国儿童的发展与一种更为一般的谨遵孝道的发展直接相关,这种情况形成了所有中国人的社会关系以及中国历史的基本原则,使得傀儡戏的唯一观赏者都会是成年人。至少按照梅森的说明,尽管这个人不会是那些演给孩子们看的傀儡戏的合适观众,但是,他的出现还是表明了当他或她是孩子(相对于父母、祖父

---

① 李尔王的注解表明"阴险毒蛇"(degenerate viper)一说没有实例,它可能是梅森从泰特(Nahum Tate)修改的戏剧中援引的,比起原作,这部戏在18世纪更受人欢迎。莎士比亚的原句是"没有良心的贱人!我不要麻烦你"("Degenerate bastard! I'll not trouble thee"(I, iv)),泰特把它改写为"你这阴险毒蛇,我不会跟你在一起的"("Degenerate viper, I'll not stay with Thee")。《李尔王》(The History of King Lear),收录于《莎士比亚选集:〈暴风雨〉、〈麦克白〉与〈李尔王〉》(Shakespeare Adaptations: The Tempest, The Mock Tempest, and King Lear))。(李尔这样对高纳里尔说:"枭獍不如的东西!你说谎!我的卫士都是最有品行的人,他们懂得一切的礼仪,他们的一举一动,都不愧骑士之名。啊!考狄利娅不过犯了一点小小的错误,怎么在我的眼睛里却会变得这样丑恶!它像一座酷虐的刑具,扭曲了我的天性,抽干了我心里的慈爱,把苦味的怨恨灌了进去。"——译者注)
② 让我们回想下那个疯狂的李尔在第三幕的农舍场景中,事实上对他的两个女儿进行了审判。他一时失去理智,要求以反叛罪名将里根剖开:"叫他们剖开里根的身体来,看看她心里有些什么东西。究竟为了什么天然的原因,她们的心才会变得这样硬?"("Then let them anatomize Regan; see what breeds/about her heart. Is there any cause in nature that/makes these hard hearts?"(III, vi))。但是这一审判,就像解剖(本身就是一种千刀万剐)一样,是想象的产物,就像梅森要说的那样,恰恰跟中国事实上的刑罚相反。

母、祖先或者皇帝而言)时,把孩子进行教育的重要性放到无以复加的程度仍然是成年中国人的特征之一。在梅森所热捧的儒家观念语境当中,成年中国人以及由之而体现出的中国自身,跟任何孩子一样,都是这种专门表现形式的历史性对象。

与其说去认为对这些刑罚的描述,跟在刑法典当中的适当位置相比,有些奇怪地被措置了,或者说梅森一定已经改变了他对1800年至1801年间的这些描述的稳重性的看法。我想要进一步指出的是,对"更严重"的刑罚的描述在这里被错置了,用弗洛伊德的术语来说①,就是这些刑罚在这里的出现并不是一种错误,而是针对书中所出现的逻辑或结构。没有能够"超越"一年前的《中国的刑罚》一书而未能对傀儡戏加以记载的事实,一定被理解为是两书逻辑的**一部分而不是例外**。②

对这些书与中国司法刑罚相关的分类工作加以广义理解的所有观念,都超越了对礼俗的一般观察。因此,文本就与刑罚、表现、成人与孩子的地位以及中国人的永恒迷思相互纠缠在一起。然而,在图像与文字说明更为紧密的结合至少会形成一种暂时性的结论。

在《中国服饰》一书的最后,读者会注意到一位男子坐在地上的图片,这位男子把腿伸到身前,斜视着左方,膝盖上曲,泪水沾满衣襟。图版上标注着"一个瘸腿乞丐",该图在本文中则复制为图像2.3。

虽然图像当中的男人看不出来是个瘸子,但是文字说明直接提到了他的残疾:

---

① 在弗洛伊德的著作中,"凝缩作用"(condensation)、"转移作用"(displacement)以及"象征作用"(symbolization)是梦的三种主要形态,"转移作用"经常被用来与隐喻(metaphor)相比较,因为两者都有将某种意义从一处转到另一处的意思。但是,跟将意义从一个领域垂直转移到另一个领域的隐喻(例如说,我的爱就像一朵玫瑰)不同的是,"转移作用"使我能够水平地进行意义的转移,在这中间,文本的自我理解,与其说是一种姿态,不如说是一种完全不相容的(因而可能也是无意识的)意义标记。
② 从"傀儡戏"("被操控来表现很多礼仪行为的小玩偶")文字说明中的关键性同源词"礼仪"(decorum)到梅森在1801年版序言中所说礼仪(其中包括对他读者"将肯定会感受到一种无礼的暴力"的极端描述)的运动过程当中,这样的一种解读方式从中得到了满足感。

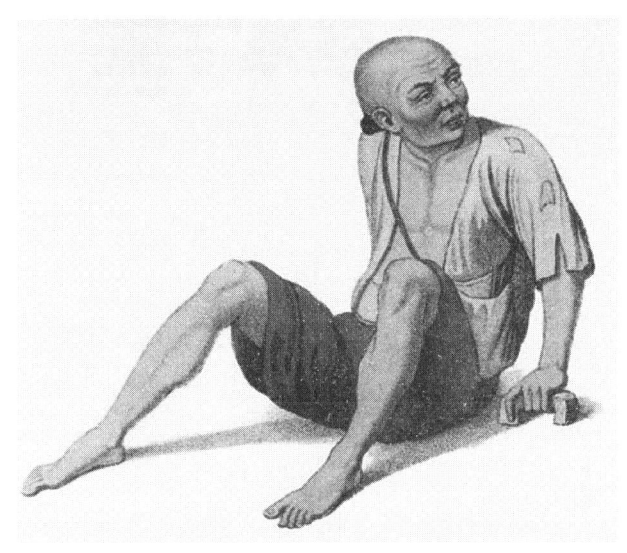

图 2.3　乔治·亨利·梅森与蒲呱绘制：
《中国服饰》"瘸腿乞丐"，亨廷顿图书馆提供

也许并不生来就这样，也不是在他成年后因上天惩罚而蒙遭此番痛楚；这种情况是他自己的父母造成的，他们故意将他弄成残疾，这样一来，他就能博得更多的同情；这种举动据称（也许是对这位天生残疾者的诽谤）在最底层的中国人当中并不少见。

这种乞丐可能在一开始就激起的这种令人不快的感觉将会由于这样的想法而在实质上被一扫而尽，即，所有自然因素所造成的残疾，不管是在肢体上还是在面容上，在东方世界的人口大国当中是非常之少的，因此，一旦他们暴露在光天化日之下的话，就会引来周遭所有的惊讶。

值得注意的是，这一图画中四位乞丐的表情尤为典型。

在那位与狗为伴的乞丐脸上，流露出痛苦与木讷的神情；舞蛇的那个人那里则显露出不情愿与嫌恶之情；耍猴的那个乞丐面露恳求之心；而在这个瘸子的脸上，痛苦与不幸刻画得入木三分。（220 页）

对我来说,与所唤起的跟一位中国人的图像相关的某种值得同情的痛苦相比,更让我吃惊的是这一文字说明所形成的类型化的强度。《中国服饰》中四个乞丐的图像"尤为典型",说是这么说,但是,这种特殊性跟中国乞丐的类型并没有太多的关联,与乞讨的总体分类的关系也不大,在这里,依据众多表现上普世性的观点,将其分为四种图像。这个时候,在梅森两部书当中,人们到处都可以感觉到一种百科全书式的驱促力,将想像看成是图像"自身",也就是说,图像在对塑造(和重塑)族类之外组织起了这种想像。在这种语境之下,"**尤为**典型"一词当中的冗余要素表明了类型化的典型性在文本中比以往承认的作用要大。①

考虑到在文章一开始对"一个瘸腿乞丐"的分类工作出人意料地表现出了在《中国服饰》中傀儡戏(而不是《中国的刑罚》这本书本身,人们或许会认为是这本书)的"极端"刑罚,人们可能会开始说,梅森著作的分类结构似乎与其所体现的刑讯与读者同情心存在着不同寻常的关联,如今最终在两大方面鲜明地展现了出来。首先,在《中国的刑罚》(1801年)中的类型化鸿沟或失误,在该书的序言当中说得很清楚,似乎在《中国服饰》(一年前出版)中已经进一步得以解决,在这本书中,通过文字说明的形式,明确地将对第二本书中过于不得体的刑罚与对中国人孝道的儒家传统联系起来,并强调了用以强化这种刑罚的公共行为的重要性。其次,两本书中的总体性分类工程,在这一刻都实现了最"具特色"的再现。在这一过程中,读者的注意力被转移,并随之推向一种与表面上深思熟

---

① 在《服饰》一书最后两页中出现的对于这种明确的类型学框架的突然而又有点迟来的表现,是各书中唯一一次面对这类问题。它用一幅关于"诸民族服饰"总项目的地图来向其读者展现,这在名义上是对那些"希望被告知要尊重各国的个人习俗、外观以及一般特征"的某一民族的百科全书式的特征化,就像出版者在《英国服饰》(*British Costumes*)一书序言中所说的那样(Pyne,ii)。(这正是从"个人习俗"到"外观"再到"一般特征"的运动)。在"瘸腿乞丐"的标题之下,通过对原先是四张图片的三张乞丐图片加以重新编排(原来四张图片的那组,就标题来说,一点都不明显,读者会发现在"耍蛇人"和"瘸腿乞丐"之间丝毫没有关联),并建议该系列中每个成员部分都有四分之一用来展现乞丐形象,以体现整个服饰图书项目的表现性与认识论原型。

二、怜悯之交换：刑罚、服饰、同情，1800—1801

虑的身体暴力活动相关的同情化认同，正是在这一时刻，读者才能在每本书中注意到单个人所遭受的痛苦，而这些痛苦是父母给他们的孩子造成的。文字说明极为勉强地指出，这个人已经被他的父母弄瘸了，你在标题"也许并不生来如此"中可以看出来，诽谤或者谣传，以及对这种判断的间接肯定（具体说来，就是"在最底层的中国人当中并不少见"），这些都表明了某种修辞上的强度，它通过这些文字说明进而强调了这两本书的总体工作的重要性。

我将其中的一些线索加以融会贯通。对这位瘸腿乞丐的暴力尽管部分是由于他所在家庭的贫困，但是，他被父母"故意弄残"的明显事实使得梅森从傀儡戏当中解读出了威胁到父母与孩子之间某种约定的司法根源，梅森将这种根源看成是所有中国人的历史与行为（他可能没有，梅森说，"判决必因天灾而起"）的法律基础。这就是说，父母弄残孩子以获取经济收益的逻辑所依靠的是这样的一种判断，即，他们有权弄残孩子的身体，而基于个人身体的所有权已经被置于一种身体所从属的更大的忠孝结构当中，甚至从它最为密切的功能来看，对某些人来说，也已经将在名义上统治着身体的"自我"移置了出来。① 乞丐的身体因此就可以作证，这完全要感谢对此加以描述的文字说明，梅森发现，相同的孝道随着中国刑罚的公共展示而被强化了。《中国的刑罚》一书将"极端"刑罚

---

① 这并不是说欧洲和美国在身体的自我管理上就没有限制，因为不管是奴役还是对女性的持续剥削都需要依赖这种体系（在经济和法律方面都起着作用）。对于统治与身体（包括身体政治）之间关系的更深层论述，可参见斯蒂芬·布朗姆：《革命中的审美与麻醉》（Steven Bruhm, "Aesthetics and Anesthetics at the Revolution,"）《浪漫主义研究》（*Studies in Romanticism*）32.3（Fall 1993）。我好奇的是梅森在这个标题中所明确表明的东西——即使明显地跟这个传闻有关系，但他还是承认，这总的来说是不准确的，就算是从这个乞丐的事例来看，也是不对的——就是说暴力是永久性的，而且超出了父母对待子女的界限。如果考虑到18世纪晚期和19世纪早期欧洲对于儿童观念的关系转变，以及在地理、种族、性别、阶级和个人方面上的那些关系的分布不均衡性的话，那么当然就不得而知了。这本书正是要在这些方面加以书写，而通过这些书写，欧洲人对于儿童的日渐增加的关注，作为对理应受到保护和照顾的人类个体生命重要性的日益增强的观念的回应，跟欧洲帝国主义的进一步发展以及西方以对其他文明在那些文化的儿童名义以及总体的人权方面的持续介入形成了内在互动。本书所探究的就是具有历史复杂性的后者的一个方面。

排除在外,这种做法忽视了那些不孝大罪的专门刑罚;在一年前,在《中国服饰》一书中,孝道(以及更为广义的文化层面的童蒙教育)已经将自身组织为两种类型的教育方式:对刑罚的动态描述最为生动地展现在成人观看"傀儡戏"的图景之中,而单个的、在分类上对于一个人身体过于"痛苦与不幸……刻画得入木三分"的例子,这个人的痛苦与不幸在文中是推测出来的、是犹豫不决的,是一种对"天生残疾者"的认可,以及对他父母那种深思熟虑将他弄残的不齿。

如果不是这样子的话,那么,人们就会问,乞丐的公开乞讨,在这种乞讨过程中,他"博得更多的同情"。这种表现方式不仅仅是他自己的"残缺的"躯体,而是他所屈从的一系列社会等级制度才是导致他瘸瘸拐拐的最终根源?如果不是这样的话,那么,同样可以说,他的残疾是由一种关于忠孝的等级制度所辩护和造成的一种中国的刑罚。在这种等级制度当中,难道绝大部分的公共职能是由梅森没能完全揭示出来的司法暴力体系来实现的?

3. 英式书写,"中式"图片

跟亚历山大1805年的《中国服饰》的图像不同,在梅森两本书中的图像并不是编辑绘制的。图片下方的文字说明写到"蒲呱(Pu Qua)①,广州,德林"。在《中国服饰》一书的序言中,梅森写到,他"弄到了各行各业中国人的图片;其中包括无业游民和手工艺人,尤其是本书下面所展示的复制品。本来不打算公开发表,但是在一些博学而精明的朋友的坚持之下,在保密了十年之后还是从他的文件夹中找到了这些图片"(第7页)。尽管图像的真实性可由某位中国人的文化水准所保证,而在梅森的坚持下,它们甚至被设计成是单独的,这些图片丧失了在亚历山大《中国服饰》一书中肖像画与风景画的某些索引性(标指性)的能力,在梅森

---

① 未能查见原名,此处为粤语音译。在18世纪末到19世纪初,他曾与Spoilum(有可能是关作霖)等同时在广州从事油画肖像和风景、风俗画的制作。——译者注

书中所表现出来的,超越了其内容的专门性,作者的过往经历体现在这些肖像画当中。亚历山大一书与梅森两本书之间的差别在于,亚历山大书中的肖像画,甚至是《大不列颠服饰》的图画,全都严格遵从欧洲绘画传统,而梅森两本关于中国的书中的图像的背景色彩更弱,这就意味着梅森书中的图片与其寥寥无几的指示性内容相比,具有更多的意义:它们也例示了"中式绘画"的一些类型。

然而,这些图画并不全都是中式的。在欧洲对华贸易初期,中国生产的专供外销的产品,使得瓷器和茶叶的风格开始按照欧洲人的要求和东印度公司专业品茶师的口味而定。① 由于买者经常是特定的,所以这些产品无法体现中国美学原则,而是代之以一种妥协立场,在这种妥协立场当中,众多的美学原则通过商贩与市场代理商之间的彼此交流而交织在一起,并通过中国美学与商贸活动,在欧洲的商贸交流中展现出来。② 中国远销欧洲的货物于是就成为全球经济的形象化产品的一个早期例子,在这过程中,商贸产品从功能上来说,就成了其表层根源上的文

---

① 关于18世纪对中国商贸物品尤其是瓷器的担忧,可以参见刘禾(Lydia Liu)的《鲁滨逊的砂锅》("Robinson Crusoe's Earthenware Pot")一文以及波所写《表意》(*Ideographia*)一书的第三章;对于中国艺术品贸易的概述,可参见卡尔·L·克劳斯曼:《中国贸易:外销画、家具、白银和其他物品》(Carl L. Crossman, *The China Trade: Export Paintings, Furniture, Silver and other Objects*) (Princeton, N. J., 1972)。关于茶叶,杰克·比彻姆(Jack Beeching)写道,到1785年,英国东印度公司"每年买卖一千五百万磅中国茶叶",到1830年,这一数字上升到三千万磅;他写道,"茶叶税曾一度占到英国政府全部收入的十分之一"(《中国的鸦片战争》(*The Chinese Opium Wars*) [London, 1975], 19, 29.)。
② 在这种贸易背后的经济算计与仁慈的种族主义的某种混融现象被玛格丽特·茹尔丹(Margaret Jourdain)和R·索米斯·简宁斯(R. Soame Jenyns)敏锐地捕捉到了,他们在20世纪50年代写道:"中国人从舶来品那里加以细致模仿,并使'为欧洲人制作的东西符合他们的口味,而那些中国制作的图画,由于原料、材质非常便宜,所以从中国进口常常变得有利可图'"(《十八世纪的中国外销艺术》(*Chinese Export Art in the Eighteenth Century*) [London, 1950], 13.)。他们所引材料来自于古伯察(Evariste Régis Huc)1854年出版的《中华帝国纪行》(*L'Empire Chinois*)一书。关于中国人善于模仿,但却没有创造力的看法在如今就是一种反华的种族主义(anti-Chinese racism)(有些是在中国自我批判的模式下形成的)。(中译本:[法]古伯察著,张子清、王雪飞、冯冬译:《中华帝国纪行》,南京出版社,2006年。——译者注)

化表现,这种表现不仅体现在货物自身的物质层面(中国是茶叶与香料之国),而且还是绘塑中国村庄、民众与风景的一系列外部再现。在纸张之后,瓷器也许是18世纪最常见的表现媒介,人们雄心勃勃,不仅立志将边缘与中国实际的表象连接起来,但是还为那些坐着扶手椅惬意神游的旅行者们提供了一整套关于中国自身令人印象深刻的间接且商业化的图像。① 这些图像从很早以来就被型塑出来用于满足欧美出口商的表现需求,这意味着他们所要表现的从来不是传言当中的真实中国。正如柯律格(Craig Clunas)②所写的,"不管顾客怎样想,他不会去买一份新闻

---

① 不止是那些"神游旅行者"(Armchair travelers),就算那些真正的旅行者,在这种情况下也都认可约翰·贝尔(John Bell,苏格兰人,曾获大学学位,后获医生执业资格。为了满足像许多苏格兰年轻人看世界那样的强烈愿望,他于1714年来到俄国,1715年被聘为俄国出使波斯使团的医师。三年后他回到圣彼得堡,听说俄国彼得大帝将派遣赴华使团,便决定申请前往。这次使团在中国待了近六个月(1720年9月22日至1721年3月12日),其中在北京逗留了3个月。离本次使团40余年后,贝尔才出版了其《从俄国的圣彼得堡到亚洲各地的旅行记》(1763)一书,初版为4开本两卷,后经多次再版重印,并有包括法、俄文在内的多个译本。本书其实是由五个旅行记组成,中国旅行记位居其二,篇幅在全书的三分之一左右,但此部分被公认为"最精彩的部分",后来有些编者就干脆将中国旅行记单独成书,名为《公元1719年跟随彼得大帝一道中国康熙皇帝使团,从俄国圣彼得堡到北京的旅行记》(*A Journey from St Petersburg in Russia, to Pekin, with an Embassy from His Imperial Majesty Peter the First, to Kamhi Emperor of China, Anno MDCCXIX*).——译者注)在《从俄国圣彼得堡到亚洲各地的旅行记》(*A Journey From St. Petersburg to Pekin, 1719-22*)(1763年出版)一书中的这段论述:"在那些悬崖山上,你可以看到四散的屋舍,周围是星星点点的农田,这番景象很像那些画在中国瓷器上和其他手工制品上的浪漫风景。在大多数欧洲人看来,这番景象很奇特,但在中国,却是习以为常的。"(117页)这一句子表明,即使到了18世纪初,在欧洲还是会有一些关于中国商品在表现真实的可能性方面的共同话语。但是贝尔声称他看到的景象是"很自然的",这也在某种程度上表明了关于中国的任何特定经验在中国都能找到某种类型的远景,都能发现它们是"自然"的,因而也就是真实的。
② 著名中国美术史专家,1954年出生于英国苏格兰亚伯丁(Aberdeen)。1974年曾前往北京学习中文,后分别于剑桥大学东方研究院及伦敦大学亚非学院取得学士(1977)与博士学位(1983)。早年在英国伦敦维多利亚和阿尔伯特博物馆(Victoria & Albert Museum)负责管理中国文物,后曾任伦敦大学亚非学院教授,现任教于牛津大学艺术史系。他著述丰富,自1991年起相继出版《长物:早期现代中国的物质文化与社会地位》(*Superfluous Things: Material Culture and Social Status in Early Modern China*,1991)、《明代中国的园林文化》(*Fruitful Sites: Garden Culture in Ming Dynasty China*,1996)、《早期现代中国的图画视觉性》(*Pictures and Visuality in Early Modern China*,1997)、《中国艺术》(*Art in China*,(转下页)

报纸,中国人内部的真实图片他无法看到。他也没有购买一件体现中国人想象力的产品。他更愿意接受自己的成见……他背后所反映出的是一心想要取悦别人的艺术家的观点"(*CEW*,第 25 页)。瓷器方面所进行的表现工作(这种产品经常用来饮用另一种伟大的中国产品——茶,是一种很棒的嵌套式结构(*mise-en-abyme*)①确立起了一种理解中国出口画的意义与价值的框架。尽管水粉画作为商品并不十分值钱,②这在很大程度上是因为中国人在制造业方面没有技术优势,他们的生产与贸易活动所采取的方式跟瓷器业类似,在一位主管匠师的指导下,一大帮艺人按照欧洲标准绘制图画。"中国手工业生产中通常会有高度的劳动力分工,景德镇的瓷器制造业就是最突出的例子……这不值得惊讶,但是却很少受到重视",这在很大程度上是因为它使我们将欧洲的天才观念与像蒲呱这样的画师所开创的商贸与调和内容区分开来看待(*CEW*,第 73 页)。甚至连匠师的名字也表现出了跨国的内涵,在器物中所印制的名称"蒲呱"并不是真正的中国名字,而是由居住在广州和附近的欧洲人约定俗成的名字,这些欧洲人通常会在中国商人和画师的名字后面加上

(接上页)1997)、及《雅债:文徵明的社交艺术》(*Elegant Debts: the Social Art of Wen Zhengming,1470-1559*,2004)、《大明帝国:明代中国的视觉和物质文化,1368—1644》(*Empire of Great Brightness: Visual and Material Cultures of Ming China,1368-1644*,2007)等书,其中《长物志》更是有关明代晚期文化消费的经典著作,影响深远。——译者注

① 在亚历山大·蒲柏(Alexander Pope)的《夺发记》(*Rape of the Lock*,或译为《劫发记》)中有一段极为精炼的说法:"美酒从银嘴中汩汩而出,瓷杯顿时芳香四溢"("From silver Spouts the grateful Liquors glide,/And China's earth receives the smoking Tyde"(3.109-110))。

② 茹尔丹(Jourdain)和简宁斯(Jenyns,1904—1976,英国著名的艺术史专家,尤其在东亚陶瓷艺术方面有卓越的研究。他于1931年加入大英博物馆,成为东方艺术部的助理部长,直至1967年。在此期间,他根据馆藏品发表了多部著名的著作,对中国书画、陶瓷、玉器等研究做出了重要的贡献。——译者注)曾就诸如丝绸刺绣、漆木家具以及瓷器等商品的相对价值做过论述:"在玻璃和纸面上绘画的工艺品中,它们的绚丽色彩和奇幻构思,曾一度令这些物品供不应求,但是中国艺术是由欧洲标准加以衡量的。对花鸟的写实在 17 世纪最后几年中逐渐被认可……但是,对人物形象的表现却被看成是'一出滑稽戏'和'稀奇古怪'的"(15 页)。

"呱"(官)(Qua)的后缀。① 照此说来,"蒲呱"按照词汇表顺序位于《中国服饰》及《中国的刑罚》两书图像的最后,这是图画所出现的经济背景的另一种标志,而且也具有了吸引力,可能会被英国读者看成是个人标记而非商标名称。②

柯律格已经在伦敦维多利亚与阿尔伯特博物馆(Victoria & Albert Museum)发现了上百幅零散图画,他认为这是梅森为《中国服饰》所绘图像的原始图像。通过对纸张上水印的识别,他将这批收藏品的时间限定到1780年至1790年之间,这批图像很可能就是梅森从广州带回来的那批。③ 依我看来,不管这些图像是不是梅森从中国带回来的,都无损于这些画像被成批售出的事实。柯律格对出口水粉画的研究表明,这些水粉画几乎总是以众多画像合在一起(在某些情况下,甚至是不同地方绘制的画像)被成批出售,这就意味着,梅森"得到的"画像可能是在从事水粉画外贸生意的众多画坊中的一家购买得到的,他将这些画像当成他1800年出版的《中国服饰》一书中非常具有表现力的部分。也就是说,使这种类型的书

---

① 在这些加上后缀"呱(官)"的人中间,最有名的可能要数"浩官"(Howqua)——伍秉鉴,他是广州华商社团的头领。柯律格(Craig Clunas)对于在一些图画中出现的"没有什么意义,只表达声音的读作'呱(官)'的两个字之一"的这种后缀出现的原因,并没有加以充分的解释。他总结道:"像'呱(官)'这样的名字,不管它们的起源是什么(它们在18世纪早期的文献中已经出现),都只不过是欧洲人用来指称中国商人和画师的一种名称,并且只是在跟欧洲人的交往当中才使用"(83页)。(关于这类中国画师的详细介绍,可参见[美]范发迪著,袁剑译:《清代在华的英国博物学家:科学、帝国与文化遭遇》,中国人民大学出版社,2011年版,第二章:"艺术、商贸和博物学"。——译者注)
② 蒲呱作为艺术家的地位,正是依靠着他作品上出现的双重"签名"——"蒲呱,广州,描绘"以及"达德利:伦敦,造型"而名声日彰的,这反映了一种传统,在这种传统当中,一位艺术家具体描绘(勾画出来),而另一位艺术家则设计造型(刻划)。这就是说,茹尔丹和简宁斯所论述的出口水粉画一般来说"从来没有被当成是那些中国画师们的作品"(31页)。
③ 虽然这一问题如今可能会有所争议,参见(原书)脚注3中对Vainker作品的讨论。这些图画是绘制在英国纸上的。绘制在"宣纸"(并不是用稻米造的,而是用称作"通草"的物质制成的——参见柯律格一书77—80页中的论述)上的图画也被作为外贸品出口海外。茹尔丹和简宁斯推测,这些画作之所以具有吸引力,部分原因在于其"天鹅绒般光滑的表面",而这"正可搭配那些广州的珐琅和瓷器"(31页)。但是,这种表面上的吸引力可能也在欧洲发挥了作用,这或许成为一种中国性的现象学的一部分,其主要在于同时具有光滑、不透明和反射性好的特征。

在乔治晚期的英格兰如此受欢迎的相同的欧洲认识论结构，正是在蒲呱画坊的工作以及这类画像的制作背后的促发性力量，它将欧洲看成是跟蒲呱自己的画坊一样的画作来源。正如卜正民等人所编的书中所指出的，"中国的水粉画画匠很快就学会了怎样去销售并乐于按照欧洲美学与道德品味来决定'中国'看起来应该是怎样的——确实，要决定中国人生活方方面面的内容就需要从视觉方面加以确实合理的判断。"①从这种观念出发，梅森声称图像"对于公众而言，并不是有意的，最初的"，只能依据他购买这些画像时的心理状态而定。

对于图像的美学价值，对于其中介性（intermediacy）的快速回应，是通过将这些图像与亚历山大《中国服饰》中的图画或者同一时期的其他中国人物画相比较而获得的。尤其是，中国人习惯将东西放到画框的上部以表现距离的遥远，如果回过头去观察《中国的刑罚》中图像（上述的图2.1）的话，就会发现中国的这种惯例已经跟欧洲的一些原则发生了混融，从而出现了转变，而在背景上留白的习惯维持了某些中式美学元素。这种混融策略，跟大量中国出口商品一样，"占据了既非全然中式也非全然欧式的那部分空间"（CEW，第11页）。假如这些妥协的本质能够"告诉我们在摄影时代之前一种文化如何看待另一种文化"（CEW，第11页）的话，这是因为在一整套表现要求与实际操作之间的交点已经表明，虽然它们自身体现出绝对重要性，但这种商业力量已经受到了18、19世纪欧洲对华贸易的影响，同时也受到了围绕着梅森书中出现的对象而言的表现性竞争优势的影响，而跨越美学与认识论的"转译"的某些问题是每一种跨文化关系都会具有的特征。②

---

① 卜正民等所著书，25。
② 确实，马熙乐注意到出版商威廉·米勒提交的一张开支清单，其中就包括了请托马斯·斯托德哈特（Thomas Stodhart）"收集五幅图画"的报酬。那些公开出版的图画"在一些情况下所表达的更多的是遮蔽和模仿，而不是起源"，这就使马熙乐认为，这些印制出来的图画已经"经过了两个层次的西方化过程"（undergone two stages of Westerisation），首先是在蒲呱的作坊制作出这些图画的过程中，其次是在这些图画被斯托德哈特修改的过程中（53页）。

以上的所有论述都表明,跟梅森两书相应的图像只是部分地依靠他对这些图像的再现性的掌控。这很不简单,因为他自己并没有绘制这些图像,而且他看似也不大可能去引导(或者记得)图像所要再现的全部内容,①但在很大程度上,这在于再现的方式与当时欧洲人物画的习惯不相吻合。蒲呱所绘制的类型化图像,至少会部分地取决于这些图像的类型而定,尤其是在前后文背景完全缺失的情况下;在亚历山大的书或者派恩的《不列颠服饰》(British Costumes)当中,近景中的人物有他们的指涉作用,这至少表明了事情发生的环境,最重要的是当那些背景在展示其他事物时起到重要作用之时,那些更小的人像将近景中的主体放到了一种社会与人类学的语境当中。梅森书中以及丛书中其他书籍中的图像的不同之处,就表明了在《中国的刑罚》与《中国服饰》中,在文字说明与图像之间的认识论上的犹豫不决,都已经在其他书中有所体现,这可以被理解为是一种后果。这种后果不仅仅是由书籍的形式(它将图片与说明相配)造成的,而且也是其生产的模式所导致的。而梅森力图用加进自己对图像的说明的方式,来展现一种超出图像自身的不同的美学与文化环境,而他有时候还会用"一个瘸腿乞丐"的例子还表现这种冲突。与此同时,蒲呱的每一幅画作所展现出来的,不管是图画如何去抵抗文字说明,还是这种图画力图摆脱欧洲美学的商业要求,这些画作都是中国艺术的一个例子。在这种环境下,从形式层面来见,某些对于文化"服饰"或习俗的关注就很少去考虑这些东西特别展现出来的是什么。②

---

① 梅森在对《中国的刑罚》一书图 XVIII 的评论中指出,"这种图版表现了图版 XV 描述的囚笼中的一部分",这在某种程度上暗示着他的标题经常是解释性的。
② 这样的一种"习俗"可能被绝大多数的梅森一书读者当成是"原始的",在约翰·巴罗(John Barrow)1804 年的《中国旅行记》(Travels in China)一书中把它当成是对中国画的概括,文中写道:"在绘画方面,[中国人]除了那些写意外,不会考虑什么光线问题,他们没法用铅笔为一些物体勾勒出准确的轮廓,也无法绘出恰如其分的光影效果,也无法确定颜色的深浅,不能展现类似的自然色调"(Clunas, CEW, 96)。巴罗在抱怨"无法绘出恰如其分的光影效果"的时候所说的"不会考虑什么光线问题"是另一种精致的"mise-en-abyme"(嵌套式结构)(在法文中,"mise en abyme"指的是一种纹章,在这个纹章上是一个大盾牌,里面又有一个相同的小盾牌。这样的装置普遍衍生为 play-within-a-play,又称为戏中戏——译者注),在这当中,他用来描述他的中国写照的代表性人物同时也是他所说的他们无法掌握的文字上的代表性实践。

对梅森两本书中文字说明及图像之间关系的解读因此就可以说明这些书的混杂来源,说明这些对其两种彼此纠缠的资源之间的不同之处加以言说的再现性素材的程度,并且指出了广州制画模式与伦敦印书模式之间的不同,在他将作为中国语境下的客户或游客与某种程度上在欧洲语境下书籍使他成为一位资助者之间的区别有意略去之后,梅森很好地抓住了这种不同之处。这些不同之处似乎很多都隐藏在对图像的文字说明背后,然而这些资源很多都来自梅森所在的欧洲,尽管有时候只是勉强被他的解释所取代(或者更糟糕的是,被"错误"的解释所取代)。

将对英式书写与中式图片之间的这种互动解读为是一种 18 世纪对字母及表意文字的某种特定等级制度所进行的抗争,这将会很有意思。在这种解读中,中式的书写最初被看成是(例如莱布尼茨)提供了一种在成为关于中国人停滞不前的一大明证之前的无以伦比的美妙书写文字的模本。① 但是,这种解读使这些书过于排斥某种二进制的文化战场,过于重复了那些老帝国主义者的焦虑,并且过快地进入对从文本中一下子得来的不同图像的长期理论诱惑之中,而在事实上,"不存在'纯粹的'图像或口头艺术"②。因此,也就难以认识到蒲呱的图画并没有出现在欧洲商业主义世界之外的某种真实可靠的中国空间当中,而在事实上却表明

---

① 关于这种抗争的特殊事例,论著甚多,其中可参见苏源熙(Haun Saussy)的《文化中国的话语长城》(*Great Walls of Discourse and Other Adventures in Cultural China*)(Cambridge, 2002),张隆溪(Zhang Longxi)的《道与逻各斯:东西方文学阐释学》(*The Tao and the Logos: Literary Hermeneutics, East and West*)(Durham, N.C., 1992),以及刘禾的《帝国的政治话语》(*The Clash of Empires*)。(相关中译本:张隆溪著,冯川译:《道与逻各斯:东西方文学阐释学》,江苏教育出版社,2006 年;刘禾著,杨立华译:《帝国的政治话语:从近代中西冲突看现代世界秩序的形成》,生活·读书·新知三联书店,2009 年。——译者注)对于西方关于表意文字观念的近期最杰出的理论化论述可见克里斯托弗·布什(Christopher Bush)的《表意的现代主义》(*Ideographic Modernism*)一书,将出。(本书现已出版,具体信息为:Christopher Bush, *Ideographic Modernism: China, Writing, Media.* Oxford University Press. 2010。中译本近期也将面世。——译者注)
② W. J. T. 米切尔:《图像理论》(W. J. T. Mitchell, *Picture Theory*)(Chicago, 1994), 5.

了（正如梅森是印度英军中的士兵）互相作用的方式，而在蒲呱所属的历史语境中相互作用，在这种历史语境当中，他要制作能够畅销给西方游客的图像的欲望表明，他也许早就富得流油了，而且他所具有的意识已经比梅森自己"想"从他的图画中得到的更甚一层了。① 而且，他也未能意识到，在梅森的书籍中，是什么使得这些图画产生了与文本及准文本（paratext）②相伴而生的一系列复杂互动（而在这种互动过程当中，那些文本本身"'包含着'图像化实践"③）呢？然而，蒲呱对这两本书中分析及注释的复杂介入，并没有像重新弄混他们已经很庞大的结合那样，去弄混一种平滑而且已经建立起来的轨道，使我们能够阅读文本的表面，而不是去发掘那些已经遇到的形式的、历史的以及解释性的问题。从这个意义上说，"蒲呱"既是一个（a）用以表达像物质对象那样的自己制造品的文本制造的不同之处的名称，同时也是一个（the）特定历史人物的名称。他在塑绘《中国的刑罚》一书中的各种事实性参与，可以被解读为即使这种与他自己的图像相关的复杂写作的内在原因，而且也是一种在第一部分有必要塑造这种状况的全球历史所发挥的作用。

---

① 在1810年的文章中，斯当东就指出水粉画在体现历史方面是不准确的，他认为梅森书籍当中出现的插图"绘制者在某些情况下想当然地表现出了残酷和野蛮执法的情况，他们非常错误地认为这些在日常司法当中占有重要地位，尽管具有这种特征的一些东西无疑已经在一些暴君手下实行过了；而且在当时，在某些特定和特殊情况下，也会出现这些问题。"（《大清律例译注》xxvi - xxvii）。总而言之，斯当东在序言当中有将中国刑律看成是与中国现实相关的理性抉择；在中国这样的环境下，"不管是从哪个角度来看，法律的实施，要么跟荣誉有关，要么跟宗教相关"，它之所以产生效力，是因为这些刑罚当中广泛包含有各种可能的惩罚措施，其中就包括一些重刑（xxvii）。斯当东对中国刑律的相对温和态度（但对文化上的特殊性尤为关注），正是因为非常明确地意识到它体现在中国残酷性的日渐发展的文化类型关系中，而梅森书籍中的插图只是一个例子而已；从广泛而又持续存在的这些类型的现实中可以推断出来的是，斯当东那一派在这场论争中将"没有胜算"。
② 亦可译为"衍生文本"或"类文本"，指指一部作品的序、跋、插图、及护封上的文字等。——译者注
③ 米切尔（Mitchell），4.

4. 怜悯之交换

之后,仍然要解释叙述—逻辑轨迹的独特多事状况,它从《中国的刑罚》的序言转到了《中国服饰》中"一个瘸腿乞丐"以及"傀儡戏"的图像。而如今,这被看成是一种处于知识生产、中介表现以及商业交易的更广阔框架当中的一种行为,这种行为包含了文字说明与图片、梅森与蒲呱、英国与中国之间的关系。① 通过将轨迹称之为"多事的",我试图指出在何种程度上其背离或者似乎要背离将这些书融为一体的习俗。② 而在

---

① 跟"捕获"(capture)同时借用一个拉丁语词根的"标题"(caption)这一词汇的历史,值得探究:《牛津英语词典》(OED)给出了17、18和19世纪的惯用法例子,在这当中,"caption"被当成是一个意指"按司法程序拘捕或逮捕"的一个法律术语(capture, n., 1. b.)。这就表明,这些词汇对其图像的判定已经处在这些书插图所表现的司法程序的可能意义的范畴层面之上,它们所展现的内容也是如此。

② 我复述并引用斯皮瓦克(Gayatri Spivak)的话来说就是:"这一事件就是逃离表演约定的东西"(the event if what escapes the performative convention)(《"我奋斗的细节处":斯皮瓦克访谈录》("'The Slightness of My Endeavor': An Interview with Gayatri Chakravorty Spivak."》《比较文学》(*Comparative Literature*) 57:3 [Summer 2005], 264)。吉奥乔·阿甘本(Giorgio Agamben,生于1942年,现为意大利维尔洛纳(Verona)大学、玛瑟拉塔(Macerata)大学哲学和美学教授,在巴黎兼任德里达开创的国际哲学学院教授,同时还在美国多所大学作访问教授。阿甘本从上个世纪70年代末到80年代初发表政治哲学方面的著作,就阿多诺、本雅明、施米特、福柯、德鲁兹、阿伦特等当代思想家所阐发的主题进行写作,将20世纪历史的苦难与悲剧现实纳入到政治伦理的视野之中展开深度思索,并将这种政治伦理视野置放在古典哲学的背景下和西方人文主义历史的语境中。从20世纪90年代初开始,随着当代深刻复杂的文化转型,吉奥乔·阿甘本的著作受到了越来越多的关注,他的文字也开始译成英语,在英美学术界产生了相当大的冲击。1995年,阿甘本出版了他的代表作《牺牲者:主权和赤裸生命》(*Homo Sacer: Sovereign Power and the Bare Life*, 1998)。该书集中研究"生命政治化"主题,从而奠定了他在当代政治伦理领域的原创理论家的地位。——译者注)认为在"逃离"(escape)和"例外"(exception)之间存在一种词源学上的关联,而在这种解读过程中,正是这种关联,部分地通过它可视的例外性的特征,"逃离"了梅森文本中的约定(convention)(唯一一本标题中有"刑罚"的书,唯一一个具有元类型(metatypological)强度的时刻,唯一一个公开同情的事例)。正如阿甘本所写的:"例外是一种与事例相对称的情况,它与事例本身形成了一个系统。例外与事例构成了两种模式,通过这两种模式,整组内容建立并维持了自身的连贯性"("the exception is situated in a symmetrical position with respect to the example, with which it forms a system. Exception and example constitute the two modes by which a set tries to found and maintain its own coherence")(《牺牲者:主权和赤裸生命》,丹尼尔·海勒-罗森译(*Homo Sacer: Sovereign Power and Bare Life*, trans. (转下页)

"事件"方面,我转而认为,就算在习俗内部依然保持的东西似乎要背离而去,但还是将其看成是一种在习俗自身指标之外的"令人惊奇"的形式,同时也具有一种可能性,这种产物是在其本体框架的习俗自身的视觉构成部分。① 这一事件突破了习俗的表面,令其与自身相区别,甚至继续从基本习俗中获得重要性。

接下来,我们就从1801年版关于"傀儡戏"的序言转到了"一个瘸腿乞丐"那里,我希望,很清楚的是,这以一些重要的方式从这两本书以及它们如今所属的系列丛书中所建立的形式与主题化的习俗中脱离了出来。而这种脱离,在相当大程度上是书籍自身体认(就像在1801年版序言中所体现的)的一种专有特征,这种脱离,一旦被文本所隐藏,就无法直接标示出来,而且也被那些文本放到了公开空间当中,就像爱伦·坡(Poe)著名的信件那样,这对我来说也是确定无疑的。这种隐藏与显现使得接下来发生的情况成为一起事件。

接下来发生的情况,随着对"一位瘸腿乞丐"的文字说明的强调,令我意识到了读者对图像的同情关系的可能性。正是在这一时刻,在梅森的每一本书中,一项文字说明明确地揭示出了读者对事物本身所描绘的"痛苦与可怜"的潜在关系。"这个东西一开始就会激起不愉快的情绪",梅森写到,"将会被某种思考在物质上加以消除,也就是说,所有天生畸形的事例,不管是在肢体上还是在容貌上,在东方世界的人口大国中是非常少见的,因此,无论何时,他们都会引起来自方方面面的诧异之心"

(接上页)Daniel Heller-Roazen)[Stanford,1998],21)。但是在当"事例被从原先所从属于的整组中排除出去时,例外就由于其原先并不属于整组,因此通常就恰好成为其中的一部分"(22)——这就是说,例外必须被作为对非从属性(nonbelonging)的一种指标而被囊括到系统当中,当然,作为非从属性的标志,它也从属于整组。

① 阿兰·巴迪乌(Alain Badiou)这样写道:"每一普遍性起源于一个事件(event),事件不涉及于情境的特殊性,而总是跟一种单一的多样性相关,跟其状态相关,跟与之相连的语言相关。事实上,如果我们要避免陷入'无中生有'的蒙昧主义者的理论之中的话,我们就必须接受这种情况,即,事实只是某种既定情况的一部分,只是存在的一个碎片"(《理论书写》(*Theoretical Writings*)[New York,2004],97)。

二、怜悯之交换:刑罚、服饰、同情,1800—1801

(《中国服饰》,220)。你们英国人的"不愉快情绪"就是中国人"方方面面的诧异之心"①,这种同情的方式,只有在一个我们已经全然忘却了在中国工人欧洲消费所制造的类型化当中,体现这种情况的世界里才会具有意义。在情绪与诧异之间的不同之处,标示出了在将瘸腿乞丐作为身体痛苦的内在思考与将之简单看成是对所出现的远方某些东西的社会文化解读之间的差异。以一种民族志专门知识的名义,文字说明以两种不同的方向抵抗着同情的反作用:首先就是,尽管有点犹豫不决,但还是认为这个人是被刻意弄残废的;其次,有人认为,尽管天生的残疾在东方非常少见,但是读者也许不会对这种特殊事例加以过分关注。因此,《中国服饰》一书最具分类性的原型叙述直接来自于这样的时刻,即,在其感觉到被迫抵抗读者对其图像的反应的那一刻,尽管它们既坚持那个人有意被弄残的可能性,也坚持认为在中国并没有这么多残疾人的社会文化"事实",正基于此,它们才被直接展现了出来。在这些事实当中,没有一个能被细致入微地描绘到图画中。通过将图像退回到它的类型化地位与整套系列丛书的联系当中,文字说明于是就纠正了对诸如特殊人物图像的理解。②

文字说明试图弱化读者的同情心,这种做法,如今回到了一年前出版的《中国的刑罚》一书的序言当中。在序言的末尾,梅森引导读者去思考同等意义上的"英国的刑罚",他认为这种刑罚是在"一种最为瞬间和最不乐观的风俗中被怜悯的民众所接受的;而他们天生的大胆也随着对

---

① 我将"不愉快情绪"解读为是取决于某种事实的一种潜在的共鸣式疼痛的指标,这种事实出现在标题的末尾,称"在这个瘸子的脸上,痛苦与不幸刻画得入木三分"(《中国服饰》,220)。"耍猴乞丐"(Beggar with a Monkey)这一相同的标题也表达了"一种委婉地恳求怜悯之心",这是要求获取(恳求)一种特定的同情性关注的图像的文本意识的另一标记。顺便说一下,"耍猴乞丐"的真正标题没有提到任何关于同情或怜悯的内容(《中国服饰》,166)。
② 如果柯律格所认为的维多利亚与阿尔伯特博物馆的图像就是梅森《服饰》一书中的图像的看法正确的话,那么,分类上的真正丑闻在此:在这部书的百幅图像中,只有四十幅图像不是从别的地方复制来的,而在这四十幅图像中,令人大吃一惊的是,有乞丐的另一张图像——其中的第五张(这幅图像复制在柯律格所著书中第39页中)。

111

人类苦难的折磨的这种关注而进一步地展现出来了"(序言)。① 最后的句子可以被解读为英国人对于英国罪犯所受酷刑的关注,并通过相对而言更为怜悯而不怎么流血的绞刑得以展现出来。但是,"对人类苦难的折磨"同样也是该书自身的情感模式,书中对中国刑罚的关注本身并没有展现出对中国"罪犯"和"异端"所给予的虚假怜悯的关注,并对中国司法审判制度及其文明予以相应的批评。②

在这之后,仍然需要思考的是使这种类型及同情得以出现的某种犹豫安排所处的社会环境,以及,经由对关于中国自身的人类学知识的巧妙运用,是什么阻止了从一方向另一方的转变:中国政府众所周知的自我约束以及"先天畸形"数量极少,这些都有助于阻止了从分类向同情的转变,也阻止了从知识向身份认同的转变。在各种情况之下,关于中国的知识恰恰出现在书籍中的时刻预示着变成任何英国人非常熟知的时期相类似的同情文学。因此,这种后果的多事性(eventfulness)就指向了一种社会的以及确实是认识论上的情况,在这种情况下,对知识和同情的双重驾驭取决于彼此之间的平衡。

现在,我们必须对英国 19 世纪早期对中国事务态度突变的直接历史背景加以回顾,在这当中,1793 年马嘎尔尼使团是一种决定性的催化剂。在这一时期,欧洲与中国尚未建立外交关系,尤其是在中国商品疯狂涌向英国的过程中,经由新的文化与行为空间及礼仪组织起来的已经将公认的中国素材纳入到日常生活当中(例如茶歇,或者中式花园),这些都发生在对国际贸易表示担忧的框架之外。在整个 18 世纪,中国人渴求白银,清朝经济产品的很大一部分被再货币化,因此就控制了与世界其他地方的贸易活动。这种情况所造成的结果,就使得白银源源不断

---

① 佩里克莱斯·刘易斯(Pericles Lewis)曾提醒我,这些情况并不是某种类型的同情:想想那些情感小说、乐施会的广告,在这些类型中,它们更多的是一种媒介,而不是构成同情要点的个人。
② 这一时刻的框架所隐含着的基督教情怀并不让人惊奇。"受苦的人性"(Suffering humanity)是一个短语,既用来描述耶稣基督的贡献(他在十字架上展现出他自己那"受苦的人性"),也用来表现具有更广义基督起源的人性。

地流向中国。据弗兰克(Andre Gunder Frank)估计,在17世纪至19世纪之间,中国拥有世界白银总产量的一半以上,而这些白银大多数是欧洲人从他们所发现的新世界的矿藏当中开采得到的,在这种情况下,形成了一大批纵横欧洲的重商主义者(你会回想起国家通过提供大量金银而直接展示其国际实力的场景)。这种渴求表现在立法上,就使得英国东印度公司自造的商品至少占到了其贸易额的百分之十,这种需求很大程度上贯穿在筹划出版这些书的18世纪。① 扭转贸易赤字成为1793年马嘎尔尼使团著名的挫折之旅的一项主要目标。马嘎尔尼带去了英国最新技术产品的样品,他希望以此说服中国人进行贸易,但是,在乾隆皇帝给马嘎尔尼的信中,却轻蔑地称:"天朝物产丰盈,无所不有,原不借外夷货物以通有无"(We have never valued ingenious articles, nor do we have the slightest need of your country's manufactures)。②

---

① 安德烈·贡德·弗兰克(Andre Gunder Frank):《白银资本:重视经济全球化中的东方》(ReOrient: Global Economy in the Asian Age)(Berkeley, 1998)。在1660年至1720年间,中国和欧洲经济之间的差距可以这样来衡量:"之前的金属需求平均有87%来自荷兰东印度公司从亚洲的进口";而对于英国东印度公司来说,"不得不靠高报货价或低报出口的方式"来满足(至少在纸面上)出口英国商品的要求(弗兰克一书,74页)。对于18世纪后期和19世纪早期的总体经济状况的论述,可参见亨特·贾南:《十九世纪的中印鸦片贸易》(Hunt Janin, The India-China Opium Trade in the Nineteenth Century)(Jefferson, N. C., 1999)以及杰克·比彻姆:《中国的鸦片战争》(Jack Beeching, The Chinese Opium Wars)(London, 1975)的开头几章。关于弗兰克所谓中国中心观的世界体系的分析,参见彭慕兰(Kenneth Pomeranz):《大分流:欧洲、中国及现代世界经济的发展》(The Great Divergence: China, Europe, and the Making of the Modern World Economy)(Princeton, N. J, 2000)。亚当·斯密在《国富论》(The Wealth of Nations (New York, 2000))(尤其是237—238页)中谈到了中国的贸易,尤其是白银贸易。(上述作品的相关中译本有:贡德·弗兰克著,刘北成译:《白银资本:重视经济全球化中的东方》,中央编译出版社,2000年;[美]彭慕兰著,史建云译:《大分流:欧洲、中国与现代世界经济的发展》,江苏人民出版社,2004年。——译者注)
② 卫周安(Joanna Waley-Cohen):《北京的六分仪:中国历史中的世界潮流》(The Sextants of Beijing: Global Currents in Chinese History)(New York, 2000)第92页引用。正如卫周安所指出的,这种姿态被英国人看成是一种文化自大的古怪宣示,或许会被理解为是对18世纪后期在菲律宾、巴达维亚和台湾的欧洲人对中国移民大屠杀的一种别样的警示(93);弗兰克对乾隆信件的翻译稍有不同:"I set no value on objects strange or ingenious, and we have no use for your country's manufactures"(273)。

考虑到这种背景性关系,我们还不应忘记,梅森所说的以及亚历山大在1805年的《中国服饰》一书中所称的斯当东(Staunton)1793年出使活动记述一书出版的直接背景,梅森所称誉的对"人类苦难的折磨的关注",在其英国读者那里,可能会被看成是一种内在于同情的国际经济中的姿态。这种同情一开始只出现在欧洲,随后则在人类学与地理学上延伸至全世界。英国人与中国人对司法刑罚的同情方面的不同之处已经成为某些文化论述所要论证的主题,当然,在服饰系列丛书中,通过这本书的明确表现以及蒲呱的有意之举,中国刑罚的诸多画像出售给了欧洲买家(与此同时,在中国书籍中哪里会有意对受苦的英国人表现出同情呢?)。① 但是在这里,我还要提出一种可能性,即,同情观念自身作为一种对这类书籍出版的自我意识的辩护,理应被视作是一种与国际贸易政治相关的情感与文化剩余物。尽管同情本身作为一种货物,在英国本岛上已经泛滥开来,因此就能够随着英国白银一起,涌向远东。周蕾对20世纪的人权大讨论有过类似的评论,她指出,在20世纪80年代和90年代早期对释放中国政治犯的纷纭议论几乎与美国公司对华经济投资的贸易谈判同时出现。② 对此,我在后文将会再作发挥,而在这里,在这种语境下,我将其看成是英国贸易与在捍卫人类本质及其社会关系的同情重要性上的日渐强烈的观念之间的交点:亚当·斯密《道德情操论》第一章的开篇句子是这样说的:

---

① 伴随着1810年斯当东对《大清律例》的翻译出版,在这一时期,出现了对两种法律体系的一种更长且更为灵活的比较。在译者序当中,斯当东写道,尽管那里"对这些法律的某些看法是全然站不住脚的。比如,我们会徒然发现,对于英国法的那些完美原则来说,每个人在他被证明有罪前都是被推定为无辜的;而且也没有人会要求自证其罪……但是就观察所及,在[中国]律例的其他部分当中,很少会有这样的规定,在相当大的程度上,会对这些规定或类似缺陷加以补充,以彼此不同的复杂形式糅合到一起,并且或许还是值得加以模仿的"(xxiv)。
② 参见《新教民族与资本主义精神》(*The Protestant Ethnic & the Spirit of Capitalism*)(New York, 2002)一书序言。

二、怜悯之交换：刑罚、服饰、同情，1800—1801

无论人们会认为某人怎样自私，这个人的天赋中总是明显地存在着这样一些本性，这些本性使他关心别人的命运，把别人的幸福看成是自己的事情，虽然他除了看到别人幸福而感到高兴以外，一无所成。这种本性就是怜悯或同情，就是当我们看到或逼真地想象到他人的不幸遭遇时所产生的感情。我们常为他人的悲哀而感伤，这是显而易见的事实，不需要用什么实例来证明。这种情感同人性中所有其它的原始感情一样，决不只是品行高尚的人才具备，虽然他们在这方面的感受可能最敏锐。最大的恶棍，极其严重地违犯社会法律的人，也不会全然丧失同情心。（第9页）

斯密在1776年出版的《国富论》(*The Wealth of Nations*)中对英国重商主义提出了严厉的批评，而这两本书之间的关联让我们发现，作为人性和更为广义上的道德的源泉，同情的理论化如何紧密地加以融合，而且在斯密的书当中也是如此，书中有围绕着劳动与交换而组织起来的人类行为理论。[1] 这种一致性使我认为，梅森为《中国的刑罚》一书所写

---

[1] 从《道德情操论》中的"同情"(sympathy)到《国富论》中"自利"(self-interest)的转变通常被看成是亚当·斯密哲学一个重大转变的产物，形成了一种被称为"亚当·斯密问题"(Adam Smith problem)的明显悖论。（亚当·斯密问题，指19世纪末期在德国提出的以下问题，即亚当·斯密在《道德情操论》中提出的同情(sympathy)原理与在《国富论》中提出的利己心原理相互矛盾，因此认为斯密是受了法国唯物论的影响导致了从前者到后者的思想上的转变。"亚当·斯密问题"（德文：das "Adam Smith-Problem"）这个称呼，是熊彼特用德语首先给出的。但是，问题的提出者忽视了《道德情操论》在《国富论》出版后还在改订的事实，并且将同感与利他心的概念混淆等同，这样的误解导致了该问题的提出。虽然如此，该问题的提出以及随后《法学讲义》的发现，成为了进一步研究亚当·斯密的思想体系中伦理学和经济学、以及法学之间关系的契机。——译者注）在为《道德情操论》所写的序言中，拉斐尔(D. D. Raphael)和麦克菲(A. L. Macfie)就驳斥了关于两部著作间相互冲突的观点，他俩征引了《道德情操论》第六版(1790年出版)中对《国富论》(20—25)的观点加以充实说明的材料，并指出，这两部书的初稿大体是在亚当·斯密于18世纪50年代初期在格拉斯哥大学担任"道德哲学"讲座教授时期完成的。亚历山大·布罗迪(Alexander Broadie)（格拉斯哥大学逻辑与修辞学教授、爱丁堡皇家学会成员，有大量著作出版——译者注）在"同情与公正的旁观者"(Sympathy and the Impartial Spectator)一文（收入《剑桥亚当·斯密研究指南》，努德·哈孔森编(*The Cambridge Companion to Adam Smith*, ed. Knud Haakonssen) (Cambridge, 2006)）中将斯密在《道德情操论》中的相互同情的形成比作是他在《国富论》中"互通有无、物物交换和互相交易"(truck, barter, and exchange)的过程。

115

序言中所贯穿的同情也体现在众多欧洲哲学著作当中,在这些著作当中,同情的观念作为人类的一种基本面向,是与这类全球(及全球化)的"西方文明"或"政治经济"观念彼此交织在一起的。这两种类型,其实践性的工作花了很大的精力去研究中国的贸易问题。因为被看成是主体间的交换,因此,同情的作用更像是礼物,它就算没有受到那些感觉应该怜悯的人的赞同也可以给予。而在1801年,只有那些商贸社团中的英国人才会迫使中国接受他们的这种看法。

跟《中国服饰》中对瘸腿乞丐的了无同情相比,[①]《中国的刑罚》一书序言中所贯穿的怜悯经济(the economics of compassion)确实让人觉得奇怪而又自相矛盾。但是,梅森书中所略去未谈的东西将谦逊礼貌跟重罪联系起来,将暴力罪责跟孩童的傀儡戏联系起来,将反同情的分类跟对痛苦的怜悯联系起来,没有提及图像与文字说明的关系,而这两者从形式上表达出了梅森与蒲呱之间的历史—商业关系,这些一定被看成是跟单个节点纠缠在一起的被忽略的以及按顺序发生的单个的线索。

伴随着其表面上的矛盾状态,这种序列就将自身放到一种文字解读当中,在两种彼此互不相容的兴趣类型的波动范围内的解读形成了对立:首先,是对整个服饰系列的类型学—民族学要求,以及知晓并组织使世界具有意识的知识的渴求;其次,则是试图对形成同情疼痛以及对英国性(Englishness)礼物表达感激之情的某种文化风俗加以特殊化的渴求,也就是说,对与自身文化力量具有强烈性与陌生性的另一种文化的

---

① 在《道德情操论》第2页中,斯密在讨论同情意识的普遍性时,成功地将之与判决及乞讨联系起来。"当观众凝视松弛的绳索上的舞蹈者时,随着舞蹈者扭动身体来平衡自己,他们也会不自觉地扭动自己的身体,因为他们感到自己处在对方的境况下也必须这样做。性格脆弱和体质孱弱的人抱怨说,当他们看到街上的乞丐暴露在外的疮肿时,自己身上的相应部位也会产生一种瘙痒或不适之感"(第9页)。对梅森两部书中事例的主要叙述也具有类似的论述,就算没有别的的话,在对同情加以思考的语境中,这样的一种主题段落会**自然而然**(naturally)呈现出来,也就是说,不需要某种专门或特殊的关联。

察觉的关联中所形成的渴求。① 这两种类型之间的不相容始自于这样的事实,即,对于书中计划的认识论渴求仰赖的是一种跟他者性(otherness)相关的相对中立的文化地位,但是却希望形成一种导致对中国的节制与智慧等问题作出负面评判的需求的同情,并且,在19世纪后期,还有效地唆使历史停滞论的迷思,进而调整(在大多数情况下是紧随在事实之后的)刑罚的走向,从而通过贸易、近代化和战争来警醒中国。在前言中就已经如此公开地表达了这样的期望,即,将同一评判之语当中的节制看成是对中国的这种缺失所作的含蓄"指责",而这如今可以被看成是这种时刻的逻辑辩证的、单个的以及最开放节点,及其叙述开端——我们在此首先发现并开始解读文本中的问题——以及它的逻辑"结局"马上作出的结结巴巴的表达。

只有将梅森书籍中的内在逻辑看成是一种具有连贯性的形式,看成一种对其观念与文学地位的整体性表现,我们才能将它们在文本之间、在同情及其否定之间,在残酷及其克制之间形成的某种运动放到它们同样从属的物质交换的更为一般性的框架当中。"整体性"的梅森,或者说,作为一个"整体性"事件的梅森书籍可能会从属于它所有的维度——对于文学性的形式(the modalities of literariness)来说,使它们本身进入到细致解读当中;对于"读画诗"的形式(the modalities of ekphrasis)②来说,凸显出了图片与文字之间的关系;对于形态的形式来说,安排了它的

---

① 对于18世纪晚期在华的外国人来说,他们在跟中国政府打交道过程中对中国事务的深研在让外国人对中国了解更多这一点上显然没有什么兴趣。在1800年服饰书籍的序言当中,梅森强调指出:"在广州的外国人大受外部环境的限制",并诉说了这样一个故事:他们有一次试图向城市进发,结果他同伴中的一个人被羁押,而他们这群人只好回到外贸商人居留的那块区域(第6页)。
② Ekphrasis字面上的意思是"说出来"或是"完全讲出来",而对于文学批评家而言,这个词汇内在的运作功能则在于其"赋予沉默艺术品声音及语言的特质",有学者将其译为"读画诗",并认为读画诗最迷人的特质,就是其以文字再现并改写视觉图像的策略中,所揭露的文字艺术与视觉艺术间互文关系的辩证性,以及其中主体/客体的相对位置,本中译采用这一翻译。关于这一词汇的详细介绍可参见:http://english.fju.edu.tw/lctd/list/ConceptIntro.asp?C_ID=53,2012年9月19日访问。——译者注

类型；对于国际交换体系来说，使梅森能买到蒲呱的画作，并使蒲呱能画出这些作品；而对于世界发展而言，这又将同情文化的发展与英国对华贸易关系的这一特殊时刻联系了起来。只有在这种整体性当中，才能对它们所从属的体系加以反驳性的表达与阐释，而它们所表达的则是一种超越和反抗任何特殊动机的**整体性**。不管是有意还是无意，梅森可能已经写下了他想写的东西，而威廉·米勒则出版了他想要出版的东西。只有在这一范围内，也只有在这种特殊的解读框架中，他们也才能就他们时代的社会状况发出声音。他们所表达的东西很简单，那就是，同情所出现的方式，以及在经济与同情性之间的**一种补偿性**关系的程度，而这在其意识被理解之前能够作为国际政治关系的一种工具很好地体现出来，以及其他一些方式。在这些方式中间，像类型化书籍的知识的深度现代化结构本身就是那种关系的接合。

  人们可能会认为梅森文本当中"文学的"、不真实的（文学上荒谬可笑的）逻辑将这种情况表现为一种正式的姿态，这种姿态将轶事的结构转变成为法恩曼（Joel Fineman）①所定义的内容。假如在轶事迈向历史的理论化过程当中，法恩曼不得不对那些以轶事形式出现的主要文学表现类型加以解读和前景式的参考。在这里，人们可能会说，我已经将这些文本的文学层面放到了最引人注意的位置，目的是为了压倒那些他们要求去参照、并对类型上的真实性进行修辞学上和形式上的衡量。然而，鉴于格林布莱特对金匠"真实身体"与"真实痛苦"的关注可能被说成是对帝国主义暴力加以抵抗的模式下出现的，而在梅森的文本中也出现了"反抗"文本原意的同情姿态（而与此同时也很"支持"文本原意），这些都必须被看成是一种迅速成长的表现暴力中的一部分。在这当中，各民族同情方式的贡献，尤其是作为与司法惩罚方式相关的贡献，能够成为欧洲和美国人对那些无法表现出一种对人类同情心的相应的对抗—叙述

---

① 曾任美国加州大学伯克利分校英语系教授，1989年去世。——译者注

(counter-narrative)(或者无法支持他们自己的民族故事,不管这种故事使用军事还是文化力量进行公开反抗)加以干涉的文化辩解的一部分,不管这种干涉是通过贸易、外交、对外援助的形式进行,还是以战争的方式展开。① 正如我在导言中所称的,20世纪人权的历史跟同情的病原学密切相连、情同手足,而两者在这两本书中,在隐藏和表达的过程中,自始至终,其形式都是扭曲的。如今,在同类所闪现出的阴影中,成就了一个总体性的全球趋同的迷梦。

---

① 要明白:没有哪种表现是可以脱离开特定的暴力而实现的;这种争论是历史性的,而非道德性的。

三、疼痛中的中国身体：1838—1852 年美国传教士的医疗救助活动

> 它们像诗歌，但它们却只是在牙牙学语的句子。
> ——詹姆斯·琼西（James Joyce）：《青年艺术家的肖像》（*Portrait of the Artist as a Young Man*）

> 美学生来就是对身体的一种论述。
> ——特里·伊格尔顿（Terry Eagleton）：《美学的意识形态》（*The Ideology of the Aesthetic*）

在前一章的最后，我指出，在梅森书籍的读者和书中所再现的人物之间的内在互动所形成的同情上的交换，必须放在英国和中国之间更广阔的货物交易当中加以思考，进而被构想成为一种具有进取心的情感反应，这种情感反应是从雷蒙·威廉斯（Raymond William）①那里借用来的术语，指称一种感觉结构（structure of feeling）②。正是在这种反应当中，英国人在物质财富上的弱势也被中国人在情感上的薄弱所缓

---

① 雷蒙·威廉斯（Raymond William，1921—1988），英国著名的文化批评家，一生著作宏富，影响深远。——译者注
② "感觉结构"是雷蒙·威廉斯在《文化分析》一文中提出的概念。他用"感觉结构"表示一种对某一独特生活方式（"生活方式"也是雷蒙·威廉斯的专有术语，是他对"文化"的一种最广泛的定义）的感知。雷蒙斯认为，感觉的结构是一个时期的文化：它是一般组织中所（转下页）

三、疼痛中的中国身体:1838—1852 年美国传教士的医疗救助活动

解了。

同情和经济交易之间的内在转变,被巴尔扎克笔下的那位满大人淋漓尽致地表现了出来,而这必定会被拓展开来,以便涵盖将乔治·亨利·梅森的两部关于中国的书籍跟之前马嘎尔尼使团的外交失败联系起来的形象与历史范围。但是,在如何看待一种将欧洲的同情冲动及其跟中国经济的关系结合在一起的放大了的形象的问题上,想象力却很有限。也正是在这种情况下,在东西方 19 世纪的关系方面造成了很多问题。在梅森《中国的刑罚》一书出版后仅仅过了 40 年,在贸易及外交承认方面的紧张局面,伴随着清朝皇帝所面临的国内压力,直接导致了中英之间的两次鸦片战争(1839—1842 年以及 1856—1860 年;在第二次鸦片战争中,法军跟英军协同作战)。导致这些战争的主要原因在于中国法律与经济主权与西方商贸利益之间的冲突。中国政府拒绝接受白银之外的任何货物支付方式,在乾隆皇帝给马嘎尔尼的回话当中就明确表明了这种态度,这就激怒了西方贸易商,像马嘎尔尼自己所做的一样,他们也想方设法引进那些中国人心甘情愿花白银购买的东西。从 18 世纪末开始,英国东印度公司通过印度的罂粟种植,开始向中国商人售卖鸦片,以换回银元和金锭,这成为扭转之前两百年中国对外贸易逆差的关键一步。在 1773 年(东印度公司在当年获得了 50 年之久的鸦片贸易垄断权),一年的鸦片贸易约 75 吨,到 19 世纪 30 年代末,每年的鸦片贸易量增加到 1400 吨,逐渐成为"当时世界各地最大宗的单一商品"①。战争本身就是清政府试图终止鸦片贸易和英国人坚持继续进行鸦片贸易之

(接上页)有因素产生的特殊的现存结果。有评论者指出,雷蒙斯的这种"感觉结构"与布迪厄的"惯习"概念存在某种程度上的互通。——**译者注**

① 杰克·比彻姆:《中国的鸦片战争》(Jack Beeching, *The Chinese Opium Wars*)(London, 1975), 39. 爱德华·吉利克(Edward Gulick)作了财政方面的估量,他认为中国在 19 世纪 30 年代每年的鸦片贸易价值高达 1500 万美元(《伯驾与中国的开放》(*Peter Parker and the Opening of China*) [Cambridge, 1973], 81.)。(中译本:[美]爱德华·V.吉利克著,董少新译:《伯驾与中国的开放》,广西师范大学出版社,2008 年。——**译者注**)

间相互冲突的结果。① 此外,在这些战争结束后,战胜的西方势力与中国政府之间签订的"不平等条约"迫使中国准许外国人进行游历、贸易和传教活动;导致的后果之一就是,英国人获得了后来成为香港的那块土地,众多中国城市成为官方的"通商口岸"(直到1842年,中西方之间唯一的合法贸易地就是广州的外国商肆),基督徒也获得了完整的公民权,其中包括传道和拥有财产的权利。这些条约的议定以一种特别真实的方式,将同情与资本交易(及其在军事力量上的相互纠缠)之间的关系融汇到了一起;确确实实,一种基督教的同情心如何拓展到中国内部的问题,正是这些讨价还价的商讨过程的一部分,英国和法国正是借此迫使中国向西方货物开放市场和通商口岸。②

1. 市场渗透

在一种历史语境下,总是存在文化分析的空间,这是因为,首先,任

---

① 导致这两场战争的除了那些实际发生的事变之外,还有双方的文化误解(cultural misunderstanding)。但它们只是提供了一种靠武力能够达成的东西;1860年签订的《北京条约》的结果之一,就是使鸦片贸易合法化。要对当时的战争史有基本的了解,可参见Beeching的作品;关于贸易活动,可参见亨特·贾南:《十九世纪的中英鸦片贸易》(Hunt Janin, *The India-China Opium Trade in the Nineteenth Century*)(Jefferson, N.C., 1999);对于危机事件的学界解读,可参见何伟亚:《英国的课业:19世纪中国的帝国主义教程》(James Hevia, *English Lessons: The Pedagogy of Imperialism in Nineteenth-Century China*)(Durham, N.C, 2003)一书的第一部分(中译本:[美]何伟亚著,刘天路、邓红风译:《英国的课业:19世纪中国的帝国主义教程》,社会科学文献出版社,2007年。——译者注);关于何伟亚(Hevia),可参见苏源熙:《中国与世界:一个传统主题的故事》(Haun Saussy, "China and the World: The Tale of a Topos,")《现代语言季刊》(*Modern Language Quarterly*)68:2(June 2007)。

② 对中国在文化想象中所扮演的真正世界角色的这种强调,不应该用来弱化形象和语言的重要性,哪怕是在诸如战争这样真实的事件中也是如此。鸦片战争谈订约的重要部分就是关于特殊中文词汇的使用和翻译方面的正义(它们在某种程度上也为"导致"战争的原因之一)。参见刘禾(Lydia Liu)所著的《帝国的政治话语:从近代中西冲突看现代国际秩序的形成》(*The Clash of Empires: The Invention of China in Modern World Making*)(Cambridge, 2005)(中译本:刘禾著,杨立华等译:《帝国的政治话语:从近代中西冲突看现代世界秩序的形成》,生活·读书·新知三联书店,2009年。——译者注)中对中文"夷"的英译问题争议所作的更为深入和富有启发性的分析;另可参见何伟亚所著的《英国的课业》(*English Lessons*)。

三、疼痛中的中国身体:1838—1852年美国传教士的医疗救助活动

何特定时刻的特殊性都会为我们勾画出一个总体上的和真实的可能形态,其次,那些形态揭示出了那些明显的例外情况、统计学上的框架、对历史有意无意的抵制,而这些是在可能将历史那生动有趣,同时又具有千变万化的复杂性的框架之内加以理解的。为了捕捉这些复杂性,同时也为了对其中的剩余部分或者例外情况加以探究,本章的余下部分将会对中国内部在同情与经济交流之间内在互动的某种特别仁慈的表现加以关注:西方传教医疗事业的开创者伯驾①的生平与工作。在他于广州创办眼科医院到1855年辞职的20年时间里,伯驾和他的同事救治了将近五千例患有各种伤痛、疾患的病人,病症从白内障、麻风病、疝气,到各类枪伤,他们藉此赢得了广泛声誉,众多患者不远万里,从中国内地赶过来看病。② 伯驾还收了一些中国学徒学习西医,并远赴美国和欧洲

---

① 伯驾(Peter Park,1804—1888),美国来华传教医生,外交官。1804年出生于美国马萨诸塞州,1831年毕业于耶鲁大学,随后又在该校兼修医学和神学课程。1834年受美国海外传教部派遣到中国传教,途中曾在新加坡居留一年,学习华语,并进行医疗及传教活动。清道光十五年(1835)到达广州,得当时广州巨商伍怡和的帮助,在新荳栏丰泰行开设眼科医局,于当年11月4日开始接诊病者。不久,为扩大业务范围,遂把眼科医局改名为仁济医院(1865年改名为博济医院,即今中山大学孙逸仙纪念医院的前身),并设立病床,收容病人住院治疗。道光十六年,为更好地开展传教活动,他与英国东印度公司传教医生郭雷枢(T. R. Colledge)及公理会传教士裨治文(E. C. Bridgman)联名发起组织"广州医学传道会"(Canton Medcial Missionary Society),任副会长。1855年升任美国驻华公使,并辞去仁济医院院长职务。1857年回国。从1879年起,出任"中国医学传道会美国分会"会长。他的主要作品有:《阿默斯特自传及日记》(Amherst Memoir-Journal)(写作于1826年3月20日至1827年9月30日,现藏于耶鲁大学医学图书馆)、《哈佛大学藏伯驾日记》(Harvard Journals)(现藏于哈佛大学美部会档案馆)、《从新加坡途经琉球前往日本旅行记》(Journal of an Expedition from Sincapore to Japan, with a Visit to Loo-choo; Descriptive of These Islands and Their Inhabitants; in an Attempt with the Aid of Natives Educated in England, to Create an Opening for Missionary Labours in Japan, 1838)、《在华行医记》(Notes of Surgical Practice among Chinese)(载《医学月刊》(Monthly Journal of Medical Science)66:393-398(1846年))、《致中国医学传道会的报告》(Report to the Medical Missionary Society containing an abstract of its history and prospects; and the Report of the Hospital at Macau, for 1841-1842; together with Dr. Parker's statement of his proceedings in England and the United States)等等。——译者注
② 关于伯驾的诸多生平材料,我利用的是爱德华·V·吉利克(Edward V. Gulick)的《伯驾与中国的开放》(Peter Parker and the Opening of China)(Cambridge, 1973)(中译本:[美]爱德华·V·吉利克著,董少新译:《伯驾与中国的开放》,广西师范大学出版社,2008年。(转下页)

123

为他的医疗传教团队募集资金,从1852年到1857年,他还代表美国政府进行了一系列外交活动。虽然在伯驾的医案和病人证词不能完全一一映证,使他难以在所医治的病人和他所身处的社团那里建立起广泛的影响。但实事求是地说,在他的一生当中,他代表了在华西医当中最光明的一面,不管是对他救治的中国人来说,还是对那些听说过他、敬仰他并对他的事业倾力相助的欧美人来说,都是如此。①

伯驾留给当代的遗产是一大批数量巨大的具有代表性的物品和文本,其中包括信件、日记、诗歌、讲道、医案研究、医疗病症的线图,以及最引人瞩目的关于他的病人的油画像,这些文件的大部分如今都能在耶鲁大学医学院哈维·库欣②/约翰·惠特尼③(Harvey Cushing/John Hay Whitney)医学图书馆的伯驾文献集中查到。作为一整部文献集,这些文献构成了经由资本主义市场的迅速扩张所形成的新的、富有同情心的"认知风格"(cognitive style)的一种显著的历史性影响。而正如托马

(接上页)——译者注);下文引用时简写作 PP。伯驾所创办医院的名称至少部分反映了由当时中西医学之间的差异所带来的一系列医学上的雄心壮志;眼部疾病,尤其是白内障,由于中医对此束手无策,因此在中国大地广泛流行。医院的中文名字"博济医院"出现在医院入口的招牌上,反映了伯驾这样的观念,即,他的医院在说中文和英文的读者看来,所作的是不同的工作。拉赫曼(Stephen Rachman)认为,允许依靠圣经的指引,用眼科学成就来使盲人重见光明,这是以在中国读者眼里视而不见的医院英文名称的方式所作的一种指示。(《死亡的象征:林呱的图画,伯驾的病人》("Memento Morbi: Lam Qua's Paintings, Peter Parker's Patients.")《文学与医学》(Literature and Medicine) 23. 1 [Spring 2004], 142.)下文中对拉赫曼一文的引用简写作 MM。

① Gulick 认为,伯驾通常不会记录他失败的医案;鉴于绝大多数病人在治疗之后不久就回家了,跟伯驾没有进一步的接触,因此无法估计他所作治疗的长期效果。
② 哈维·库欣(Harvey William Cushing,1869—1939),美国著名神经外科学家、生理和内分泌学家。他于1891年获耶鲁大学文学士学位;1895年获哈佛大学医学博士学位,1912—1932年任哈佛大学外科教授和医学院院长,1933—1937年任耶鲁大学神经学教授,并研究医学史。他设计了一些脑和脊髓外科的基本技术,研究了垂体及其肿瘤以及对颅内肿瘤和神经系统肿瘤的诊断、病理、定位及手术方法。他的主要论著有《垂体及其疾患》、《颅内肿瘤》、《关于垂体、下丘脑和副交感神经系统论文集》等。——译者注
③ 约翰·惠特尼(John Hay Whitney,1904—1982),曾毕业于美国耶鲁大学,被誉为风险投资之父,俗称"Jock" Whitney,曾任美国驻英国大使,《纽约先驱论坛报》出版人。——译者注

三、疼痛中的中国身体:1838—1852年美国传教士的医疗救助活动

斯·哈斯克尔(Thomas L. Haskell)①所说的,这种风格是由道德距离的一种彻底放大意识以及欧美人认为可以介入的地理范畴的一种相伴而来的扩展所促成的。②伯驾在1841年写给一位苏格兰崇拜者的筹款信中写到,虽然英国人可能会觉得那些正饱受痛苦的中国人"远在天边",但是,假如那些"虽然意见不一,但却非常仁慈的人想要将自己的范畴与境况推广到整个世界",他们可能"像人们所希望的那样拓展他们的同情心,并用他们福佑世界的能力与机会去做这些事情"③。整部伯驾文献集基本上都是对这种同情的全球视角所作的证明。它所描述的对象是资本新的流动性的直接产物,正如伯驾所写的:"金钱在世界各个地方都很容易花出去",这就使伯驾和他合作共事的其他医疗传教士将这种新拓展的同情心放到积极的实践活动当中来。④

---

① 托马斯·哈斯克尔(Thomas L. Haskell),现任美国莱斯大学历史系教授,主要研究思想史,代表作有《客观性并不是中立:历史中的解释方案》(*Objectivity is Not Neutrality: Explanatory Schemes in History*)(1997)等。——译者注
② 哈斯克尔在关于"资本主义和人类情感的起源"(Capitalism and the Origins of Humanitarian Sensibility)的两篇文章中最早作了这些论述,随着大卫·布莱恩·戴维斯(David Brion Davis)和约翰·雅狮威(John Ashworth)在托马斯·本德主编:《反对奴隶制的争论:资本主义与废奴主义》(*The Antislavery Debate: Capitalism and Abolitionism*, ed. Thomas Bender)(Berkeley, 1992)一书中对他文章的回应,这两篇文章也被再次印刷出版。我发现哈斯克尔对同情起源的论述之所以具有说服力并发挥作用,是因为它们避免将同情和资本之间的关系想象成为一种意识形态共谋的活动,以及身处劳动阶级之上的资产阶级所采取的一种策略。很明显,同情的拓展,在很多方面有助于维持资本主义的探索精神,并跟欧洲人在国内外对抗他者的众多暴力行动同时并存(正如戴维斯就废奴主义一事所指出的:"在英国工业化初期反对奴隶制力量的日益增强,至少在废奴观念与一个逐渐浮现的资产阶级利润之间部分地发挥了调适的作用"[Bender, 308])。和全书的很多其他部分一样,本章是站在对这种历史事件的真实性加以探究的角度上加以组织的,并没有对同情的拓展问题仅仅以任何道德上"错误"的方式或者仅仅作为欧洲和美国精英人士的一种观念工具的简单方式来加以论述。在我的分析中,更倾向于哈斯克尔的类型化解释——他被看成是韦伯主义者,而我是在一种更为福柯式的框架下加以解读的——之所以这么做,是为了追寻一种定义一个时代的思想可能性范围的历史轨迹(福柯),并认为,相对而言彼此不相干的行为和信仰体系,可能通过建立一整套一般原则的方式,使两者都能被合法化,并维持下来(韦伯)。
③《就中国的医疗问题写给约翰·阿伯克龙比的信》(*Statements Respecting Hospitals in China Preceded by a Letter to John Abercrombie, M.D., V.P.R.S.E.*)(Glasgow, 1842), 7.
④ 在这种争论的修辞当中,我们可以发现旅行和资本流动技术方面的变化是如何得到所需的道德同情距离感的进一步支持的;大门口的陌生人和从世界另一侧过来的人之间的差别,随着像伯驾那样远道而来帮助别人的人的出现,而大为消解。

在伯驾的所有成就当中,尤其值得关注是在他于1836年跟郭雷枢(T. R. Colledge)①和裨治文(E. C. Bridgman)②合作创建的中国医学传道会(the Medical Missionary Society in China)③,这些年轻人经过尝试与努力,在医学实践活动中取得了一系列显著成就,全都是为了展现这些广泛的同情心。中国将"发烧当成燃烧、将疯狂当成是呓语,将麻风病当成是一种污染,将目盲当成是好事,将癌症与结石当成是疼痛,而将痛风当成是无法忍受的绝症",伯驾在他的筹款信中对读者写道,"就像这些情况一样,只有默西河

---

① 郭雷枢(Thomas Richardson Colledge, MD, FRCP, FRCS, 1796-1879),英国人,在格比公学毕业后,他继续在莱斯特医院(Leicester Infirmary)和圣多马(St. Thomas)医院学医。1819年,他先是受聘担任英国东印度公司船医,1826年任英国东印度公司驻华办事处的外科助理医生。1827年,他在澳门开设了一所眼科医院,1832年,郭雷枢移居广州,另设广州诊所,以治疗眼疾、脚病及其他疾病闻名。后来,他又任职于海员医院。1836年提出《任用医生在华传教商榷书》(Suggestions with Regard to Employing Medical Practitioners as Missionaries to China),主张宣教医师是宣教事业不可缺少的力量。1838年在广州成立中国医学传道会(Medical Missionary Society of China),郭雷枢担任会长。——译者注
② 裨治文(E. C. Bridgman,1801—1861),美国公理会在华传教士。美国马萨诸塞州人。1826年毕业于阿默斯特学院。1829年获得安多弗神学院学位。1830年来广州,师从马礼逊学习汉语。1834年与郭士立共同组织益智会,任中文秘书。1836年参与创办马礼逊教育会,并任该会通讯秘书。1838年开设博济医院。1839年任林则徐的译员,曾去虎门参观焚毁鸦片。1841年获纽约大学神学博士学位。1844年任美国公使顾盛的译员和秘书,参加订立《望厦条约》。1847年出席在上海召开的《新约》翻译代表委员会会议。1850年译完《新约》后,继而进行《旧约》翻译,次年2月译就。1854年任美国公使麦莲的译员。1857—1859年担任亚洲文会首任会长。他曾创办并主编《澳门月报》,刊载有关中国的政治、经济、地理和文化等资料。他主张用武力强迫清政府订立不平等条约以打开中国门户;认为传教士应不受中国法律约束而深入内地活动。晚年主要从事《新旧约全书》新译工作,1861年在上海去世。——译者注
③ 中国医学传道会(Medical Missionary Society of China),又译作"中国医药传道会",1838年在中国广州成立,郭雷枢任会长,伯驾、裨治文(Elijah Coleman Bridgman,1801—1861)、威廉·渣甸(William Jardine,外科医生、怡和洋行股东,1784—1843)和李太郭(George Tradescant Lay,博物学家、传教士、外交官,1800—1845)任副会长。中国医学传道会首要的任务是结合医疗与传道以彰显基督教信仰的实际价值,同时协助在中国发展西方医学,促进中国的医疗现代化。1845年,中国医学传道会分裂为二,部分会员在香港成立香港医学传道会。中国医学传道会后来改名为广州医学传道会(Canton Medical Missionary Society),一直存在到1925年。此外,在1886年,中国医学传道会的专业重要性被在上海成立的中华医学传教会(China Medical Missionary Association)所取代,该传教会由广州博济医院嘉约翰院长担任会长,上海同仁医院院长文恒理(Henry Williams Boone,1839—1952)为副会长,早期会员均为外籍或华侨医师。1925年中华医学传教会改名为中国博医会(China Medical Association)。1932年,中国博医会被合组为中华医学会(Chinese Medical Association),此机构一直延续至今。——译者注

和英吉利海峡才能将缓解他们痛苦的技术和善心隔离开来"①。对于相同痛苦的这种说法,使伯驾能够直接声称需要有一种具有内在普世性的同情态度。在对各类人等进行手术治疗的过程中,伯驾呼吁人们将中国患者的痛苦看成是跟他的捐助者所认可的作为人类个体的痛苦一样来加以看待。因此,这种认可的合法性所仰赖的就是这样的方式,即,一具普遍脆弱的人体能克服国际交往中的地理或文化障碍,不管这种障碍是字面上的,还是象征性的。

但是,这与其说是一种简单的肉体上的普遍性,更多的还是一种医疗传教活动。这其实正是人体的普遍特质,使伯驾和他同事能避开那些阻碍他们向中国人传教的文化和政治障碍。毕竟,中国政府对西方贸易与游历活动的抗拒,使其无法轻易进入中国人身体的内部。"中国的排外性贯穿在它体制的方方面面",伯驾和他的朋友写到,"中国的政府既不能消除疾病,也无法救其国民于水火"。就像梅森所描述的中国囚犯,在这种描述中,一种直接针对中国政府残酷性所表达的愤慨之情被转变为英国人所独有的对于一种普遍的"受苦的人性"的认知。伯驾、郭雷枢和裨治文对他们的中国病人共有人性(和脆弱性)的强调,使他们能够避开那可能令他们孤立于西方影响之外的政府行事。尽管我们或许不应该太看重筹款信中的那些吹捧之词,但这也足以明确表明,对中国医学传道会而言,身体在面对痛苦时的不堪一击使这一组织能够有效发挥作用,而本质上来看,则成为福音派和社会学上的一匹特洛伊木马,内藏重重杀机——或者说,像伯驾、郭雷枢和裨治文在一方面所指出的那样,是中国"唯一打开的大门"。②

我们习惯于将这种类型的普遍性看成是野心勃勃的西方帝国主义的一种计划性的哲学信念。然而,在这种历史背景当中,关于英语和中文中"发烧"等价性所作的争论就成为一种相当具有进步意义的事情。19世纪

---

① 伯驾:《中国的医疗问题》(Peter Parker, *Statements Respecting Hospitals in China*), 7.
② 郭雷枢、伯驾、裨治文:《为全体基督信众,尤其是英国和美国的基督徒之意,关于建立医学传教会的倡议》(T. R. Colledge, Peter Parker, and E. C. Bridgman, *Suggestions for the Formation of a Medical Missionary Society offered to the consideration of all Christian Nations, more especially to the kindred nations of England and the United States of America*) (Canton, 1836), 9.

美国人在对疼痛的身体感觉上的分层化就涉及到种族、阶级和性别方面的问题,而在具体经历方面则或多或少指向人们所期待的内容:19 世纪美国著名的神经科学家 S·威尔·米切尔(S. Weir Mitchell)①曾经写道:"在我们文明化的过程中,我怀疑,我们赢得了感知痛苦的强大能力。野蛮人并不像我们这样感觉到痛苦"。② 伯驾在缓解中国人痛苦方面的信念,再加上他对受苦的等义性的主张,使他反对米切尔和其他那些不怎么明智的种族主义者的观点,这是从他们对疼痛"对人类实际治疗的重要意义"的普遍等义性的争论中推断出来的,其中就包括了普遍人权的理论,对于这类问题,我们可以发现伯驾在筹款信中显得形单影只、无能为力。③

然而,即便它产生了一种关于同情式救济的文化宣示的潜在等义性意识,伯驾就医学及共有疼痛所作的论述还是相当明确地表明了一种跟某种认识论计划连系到一起的文化转变的话语,这种话语有助于西方更

---

① S·威尔·米切尔(Silar weir Mitchell,1829—1914),美国著名的神经学家。——译者注
② 引自戴维·莫里斯:《疼痛文化》(David Morris, *The Culture of Pain*)(Berkeley, 1991), 39。S·威尔·米切尔还顺便疗治了夏洛特·帕金斯·吉尔曼(Charlotte Perkins Gilman),她的代表作《黄色墙纸》(*The Yellow Wallpaper*)就是对米切尔所用方法的专门批判。(夏洛特·帕金斯·吉尔曼(1860—1935)是第一波女权主义运动浪潮中的重要作家、理论家和社会学家,是 19 世纪末 20 世纪初最有影响力的女权主义者之一。吉尔曼年幼时父母离异,少女时代的她曾立志不婚,但在 24 岁时改变初衷,和查尔斯·华特·史德森(Charles Walter Stetson)结婚。史德森是世纪交替之际典型的美国男人,只要妻子守在身边崇拜他,对吉尔曼的文学理想不以为然。生下女儿之后,吉尔曼的身体精神状况每况愈下,于是只得求助于 S·威尔·米切尔。他的治疗法是强迫病人完全休息,提议吉尔曼不提笔写作或画画。根据这个医疗经验,吉尔曼写成了著名的《黄色墙纸》。《黄色墙纸》是吉尔曼最有名的短篇小说,是美国早期女性主义代表作之一。小说使用第一人称叙述,由数篇日记连缀而成。叙事者"我"的丈夫是一名医生,他认为"我"患有临时性神经衰弱症,因此将"我"关在二楼卧室,要求"我"安心静养,不准从事任何工作,尤其是写作。房间里四壁空空,然而"我"却对房间里那张黄色墙纸的颜色和图案着了迷。"我"整天写日记来描写那张墙纸,似乎嗅出了它的颜色的味道,最后,"我"发现在墙纸图案的背后,有一个女人在爬动,似乎想从墙纸中爬出来。为了解放那个女人,"我"把自己锁在房间,试图将墙纸撕下来。当"我"丈夫冲进房间时,他发现"我"正在房间四处爬行。丈夫顿时晕厥过去,而"我"则从他身上爬过。《黄色墙纸》自 1892 年发表以来,一直是女性主义批评的理想文本。有人认为,《黄色墙纸》谴责了 19 世纪医疗行业中普遍存在的男性霸权。——译者注)
③ 马丁·波尼克:《痛苦的微分:十九世纪美国的疼痛、专业性与麻醉》(Martin Pernick, *A Calculus of Suffering: Pain, Professionalism, and Anesthesia in Nineteenth-Century America*). (New York, 1985), 166.

三、疼痛中的中国身体：1838—1852年美国传教士的医疗救助活动

好地理解中国，跟中国进行贸易活动，并在中国传播福音。在医学传道会早期的一份演讲词中，就有着疗治中国人的记录，"将在适当的时候成为有意义和具有指导性的文件，而且这类文件将会帮助我们探析中国家庭和社会生活的内里，对于这些东西，我们目前只能通过阅读获取，或者是从这个国家非常边缘的地方走马观花而已"①。

而一旦离开那些经典的雄健进取精神，就将使西方人从中国的"外围"（outskirts）进入到"内里"（penetralia），我希望转而关注后面这个术语，它明确的医学内涵再次将传教士医院这一特殊的有形计划跟发生在当中的更为巨大的政治与经济背景联系到了一起。由于这个时代中西医学之间存在的巨大差别在于中国医生无法进行外科手术（而且通常也会避免在身体上动刀子）。因此，想要探究中国"内里"，就将传教士的认识论兴趣与西方人跟中国人医疗实践活动的决定性差异结合了起来。想要打开身体，进而通过外科手术操控身体各部分和神秘物质的意愿，就成为伯驾有能力治愈那些中国医生束手无策的病症的关键所在。对于伯驾和他同事来说，去想象他们的医疗活动将使他们进入中国的内里，进而将医疗活动跟民族志联系到一起，前者并不仅仅是后者的寓意（就像人们可能会兴高采烈地期望从这种文学批判主义得到的那样），但是在字面上却使其变得可能。中国人身体的开启不仅是中国人的文化生命向西方开放的**类比**，而且还是对这种开放的**创新**。②

---

① 郭雷枢、伯驾、裨治文：《中国医学传道会章程》，由郭雷枢、伯驾、裨治文签署，并附有备忘录与议程（T. R. Colledge, Peter Parker, and E. C. Bridgman. "Medical Missionary Society in China address" *Signed by T. R. Colledge, Peter Parker, and E. C. Bridgman, with minutes and proceedings*）(Canton, 1838), 15.
② 第二个例子：通过医疗传教活动，医生们写道："关于[中国]国内历史、思维方式、社会感觉，甚至他们内心和住处内部的所有事情，都是通过默想（contemplation）而得到的"（《中国医学传道会第一与第二份报告，以及议程备忘录、医疗报告等》（*The first and second reports of the Medical Missionary Society in China, with minutes of proceedings, hospital reports, &c.*) [Macao, 1841], 8.）。这里再一次表明，将中国人"内心"（hearts）跟中国人"内里"（penetralia）靠近，这表明了隐喻是如何紧密地将伯驾在1841年筹款信中恳求资金的总体计划相互联系在一起的。

129

在伯驾1841年写的筹款信中利用道德距离感问题的时候,他自己的在华经历已经使他能够想象这样的情况,即,医疗传教将会以两种不同的方式解决这个问题。首先,通过利用疼痛这一普遍事实以及缓解疼痛的渴望,在西方人与中国人之间架起沟通的桥梁,产生或者促成一种内在互动,这种内在互动将能够克服跨文化交流中的任何不情愿态度。其次,建立在手术台基础上的这种中立性会面中所出现的行为,通过给中国人提供关于这些仁慈西方人的良好印象,以拉近彼此之间的距离,并使西方人转而去理解中国人生活的方方面面。而这后者,正如伯驾、郭雷枢、裨治文向他们的潜在捐助者建言的,具有医学领域之外的巨大利益。随着这些传教士切开、缝合或者修复他们受伤病人的身体,随着他们夜以继日陪伴在说着其他语言的患者病榻旁边,随着他们期望这些病人去赞美上帝,因为是上帝将他们带来了光明与解脱,而医生只不过是在他们肉体上做了些小手术而已,通过这些行动,他们试图将这些中国的陌生人融合到一个道德和文化的世界当中。而这,将会深刻改变他们与他们自己身体、痛苦以及对这个星球的想象地理学的关系。

确实,这样一种关于星球上生存的有机体表面各部分日渐增长的、递归意识的观念,对于伊曼努尔·康德在1795年写就的关于想象一种"世界法"(cosmopolitan law)①的可能性的哲学著作而言至关重要。康德的这篇文章指出了作为一种拓展观念的意识特殊性:"国家之间可以相互联姻,迄今为止已经把欧洲——因为世界的其他部分还从不曾意识

---

① "世界法"(cosmopolitan law,德文为 das Recht der Weltburger)是德国思想家康德最先提出的概念,他意识到西方政治哲学往往以最小政治实体的权利为基础,这样所导致的后果就是政治哲学只能解释如何维护个人权利与国家利益的问题,而无法对整个世界的社会政治状况作出合理的解释,进而就会忽略整个人类和世界的权利与价值问题,基于这种考虑,康德指出,应该将国际法(international law)发展成为世界法(cosmopolitan law),这样的话,每个个人不仅具有各自国家的公民权,同时还因为具有"世界联邦"(cosmopolitan commonwealth)的公民权而成为"世界公民"。——译者注

到这种东西呢——带到何等危险的地步,**已经是尽人皆知的了**"①。正是这样的一种将西方优越性编织为一种普遍而又无私的合理性的状态,大概就成为其之所以具有吸引力的一个方面,但在康德笔下,它也被转变为一种试图保护非欧洲人免受欧洲帝国主义侵害的尝试。② 同样,对于伯驾来说,他将本国人、外国人身体一视同仁的态度,正是一种转回到同情本身的姿态,因为中国人在身体上是跟我们一样的,也可以像我们那样在精神层面上去说服他们。但伯驾生活与事业中的这种传教与文化活动跟他所从事的那些专门医疗工作有着千丝万缕的联系,这不仅是因为"内里"隐喻上的重要性,而且也正如他、郭雷枢和裨治文所写的那样,是因为跟其他生活领域相比,医疗救助能"更明显地表现出动机上的纯洁与无私"③。而医学传道会的意图很难说是大公无私的,从他们传播福音的雄心就可以知道,这里就无需再费口舌了。相反,我要提请大家注意的是他们所采取的医疗救助的方式,因为这种方式对于这些人来说是一种具有普遍性的、满怀仁慈的中立态度的公开而又历历在目的东西,哪怕它那种体现着渗透及转变的做法仍然是一种典型的软性帝国主义(soft imperialism)与硬性帝国主义(hard imperialism)都全力维系支持的更为庞大的计划。

2. 脸庞、肿瘤、风格

身体上的痛感就像是跟世界那不可化约的本体的一场遭遇。没人

---

① 此段中文译文引自[德]伊曼努尔·康德著,何兆武译:《永久和平论》,上海世纪出版集团,2005年,第7页。——译者注
② 康德:《永久和平论》,M·坎贝尔·史密斯译(Kant, *Perpetual Peace: A Philosophic Essay*, trans. M. Campbell Smith)(London, 1917), 142。在之前的段落中,康德探讨了在非洲和美洲的欧洲帝国主义者在探访异国和异族过程中所表现出的非正义性,并对中国和日本"明智地"拒绝这些欧洲人进入它们国土而深表赞赏。(中译本:[德]伊曼努尔·康德著,何兆武译:《永久和平论》,上海世纪出版集团,2005年。——译者注)
③《中国医学传道会章程》("Medical Missionary Society in China address,") 13.

会告诉你那些当时不存在的东西会伤害你,也没人告诉你当有东西能伤害你的时候又不伤害到你。关于其他人可以判定某人痛苦的意义的这种观念,往往会形成一种真正意义上的愤怒之情,就像对那些我们看成是少数者和不相干的他人所受痛苦所发的感慨一样,看起来像是最为奢侈的哀悯。也许有人会说,肉体上的痛苦就像是文化的最后边疆一样,是现实与真实的最后庇护所。而且,这也是为什么将痛苦想象成为能够打动大多数人的文化的产物,反过来说,成为一种危险的姿态:它威胁要将个人的主体权益从决定并形塑他/她的最私密经历的公共意义那里清除得一干二净,而在这一过程中,就鼓励了一种要求为自身获取真理的主体权益的颓废的文化漠视态度。这就是为什么斯蒂芬·格林布莱特会坚持认为任何批判主义都无法容忍金匠痛苦的真实性,或者只是将这想象成为一种虚构的影响,忽略了对真实性素材所采取的一种几乎完全不负责任的态度,要么就是将后者与一些语言游戏相混淆。

  在过去 30 年中,我们见证了在对疼痛的历史与社会学治疗方面的巨大进步,其范围从个案研究一直拓展到地方史与全球史,从在疼痛的文化体验价值中对突出事件的叙述(比如说化学麻醉剂的发明),到对疼痛的数千年之久的医疗史的研究中,开始将思考的重心转到其规范性、跟身体、国家的理论关联以及跟神经的关系方面来。这些治疗在一开始,就几乎不可避免地会用一种关于疼痛的强烈现实性的讨论来进行文化与历史分析,因为这从某种重要的观念来说,首先是关于疼痛的人类学事实:在涉及文化与真实的一种神秘的双重关系上,它跟石头及其他坚硬之物是一样的。① "虽然疼痛在这个时刻会表现为一种直接而来的、

---

① 在诸众多其他著作中,可参见戴维·莫里斯(David Morris)与马丁·波尼克(Martin Pernick)的作品;凯博文:《苦痛和疾病的社会根源:现代中国的抑郁、神经衰弱和疼痛》(Arthur Kleinman, *Social Origins of Distress and Disease: Depression, Neurasthenia, and Pain in Modern China*)(New Haven, 1986)以及《疾痛的故事:苦难、治愈与人的境况》(*The Illness Narratives: Suffering, Healing, and the Human Condition*)(New York, 1988);(转下页)

明显的事实,但在下一个时刻似乎却是被生物学与社会过程中的一种辩证互动所塑造出来的",近期的一部关于慢性疼痛的编者如是说。这句话完美地捕捉到了疼痛所体现的两难矩阵,它时时刻刻都会出现,有时候会在一小段时间里发作,成为各类根本不同的诱因的产物,并引导我们将疼痛的本质看成恰恰是它所保留的东西,甚至在当它在文化领域内表现得如此明显的时候——并且也确实要求形成一种文化领域,在这中间,它可能会获取公众认可和关照——也是对它之前的一种本质上的某种无法改变的把控。①

为了避免将疼痛的文化复杂性的观念理解成一种无法被我们的愚昧先人所理解的纯粹意义上的现代知识,我们就必须认识到,19世纪帝国主义者对这一问题的理解和我们是一样的——即使他们并没有兴趣将其理论化。正如塔拉尔·阿萨德(Talal Asad)②所指出的,西方对殖民地的频繁干涉,其目的是为了管理当地跟身体疼痛的关系,维持(并发现价值)各类疼痛对于当地向现代性(文化的破坏、原住民家庭结构的破坏等等)转变的必要性,而试图通过对那些就现代化伟业而言被认为是

(接上页)(中译本):[美]凯博文著,郭金华译:《苦痛和疾病的社会根源:现代中国的抑郁、神经衰弱和疼痛》,上海三联书店,2008年;[美]阿瑟·克莱曼著,方筱丽译:《疾病的故事:苦难、治愈与人的境况》,上海译文出版社,2012年。——译者注)关于疼痛的叙述,参见阿瑟·弗兰克:《受伤的讲故事者:身体、疾病和道德规范》(Arthur Frank, *The Wounded Storyteller: Body, Illness, and Ethics*)(Chicago, 1997),谢里尔·马丁利:《治疗戏剧和临床情节:叙事结构的经验》(Cheryl Mattingly, *Healing Dramas and Clinical Plots: The Narrative Structure of Experience*)(Cambridge, 1998),以及罗塞林·雪伊:《疼痛的历史》(Roseleyne Rey, *The History of Pain*),路易丝·艾略特·华莱士、J·A·卡登与S·W·卡登(Louise Elliott Wallace, J. A. Cadden, and S. W. Cadden)译(Cambridge, 1998)。(中译本:罗塞林·雪伊著,孙畅译:《疼痛的历史》,中信出版社,2005年。——译者注)

① 凯博文、保罗·布罗温、拜伦·丁·古德与玛丽-乔·德尔维奇奥·古德:《导言》,载《作为人类体验的疼痛:一种人类学的视角》(Arthur Kleinman, Paul Brodwin, Byron J. Good, and Mary-Jo DelVecchio Good, "Introduction," in *Pain as Human Experience: An Anthropological Perspective*)(Berkeley, 1992), 8.
② 塔拉尔·阿萨德(Talal Asad)是纽约市立大学(The City University of New York)的人类学家,在后殖民主义、基督教、伊斯兰教以及礼仪研究方面作出了相当重要的理论贡献。——译者注

野蛮的、不负责任或无偿的疼痛类型的暴力或教育上的补救措施而加以根除。正如阿萨德所写的,这是因为痛苦"是……构成身体的认识论地位的一种方式",这些试图通过使身体疼痛的性质转到对众多文化习俗的深深介入当中的行为(在这中间,有多种类型的身体转变或"毁损"、宗教仪式,或者诸如殉死或吃人的行为),本身就展现了大规模的社会关系,强化了文化规范,并在一个社会世界当中确立了身体的地位。①

由于伯驾文献集收集并记录着伯驾在工作中所接触的那些人的疼痛与受苦体验,因此,这一文献集就将跟一种近乎海绵状的认识论上的他者性(otherness)在身体疼痛上的具有不同体验的冲突正式确认了下来。构成伯驾文献集的那些画作、文件箱以及医案记录似乎正是在它们对这种他者性的记载过程中,保存了对过去的超自然现实性的某种估量。我认为,由耶鲁大学医学院图书馆所藏伯驾文献集中的画作、医案记录和其他物品所确立起的记载表明了跟中国人受苦关系的历史可能性,这种可能性脱离或者背弃了我们在乔治·亨利·梅森作品当中所见到的那种民族—经济语言的迫切可能性,或者是格林布莱特对中国金匠饱受酷刑折磨的解读中所详细阐明的疼痛的强烈现实本体论。通过将伯驾手术中的平凡经历强加到他们所出现的历史与形式背景当中,本章将出现在伯驾文献中的中国疼痛的发展历程看成是建立起(不管是似乎还是真正建立)文化与真实之间关系的一种再现式的整个体系的表现。

3. 林呱所绘的肖像画

在广州珠江沿岸的外国人聚居区中办了 6 年医院之后,由于第一次鸦片战争爆发,伯驾不得不离开中国,他辗转欧美各地,为他的传教工作

---

① 塔拉尔·阿萨德:《世俗的形成:基督教、伊斯兰教、现代性》(Talal Asad, *Formations of the Secular: Christianity, Islam, Modernity*) (Stanford, 2003), 92.

募集资金。在伦敦逗留期间,一次偶然的机会,伯驾拜访了盖伊医院(Guy's Hospital),在那里,他见到了一些医生,并参观了这一机构的医学展览。作为医院的一位访客,他在那里发现了正展出的几张长有巨型肿瘤的中国病人的油画作品。在他的日记中,伯驾这样写道:

> "我发现博物馆中收藏了一些我治疗过的病人的画像的复制品。但是毫无疑问,这些病人是接受过手术的。作为一个访客,我问是谁做的手术。'这些病人没有做过手术。'他们回答道。我告诉他们:'你不是的,他们都做过手术了,而且都很成功。'在得知这段历史后,他们都表现出很大的兴趣。"①

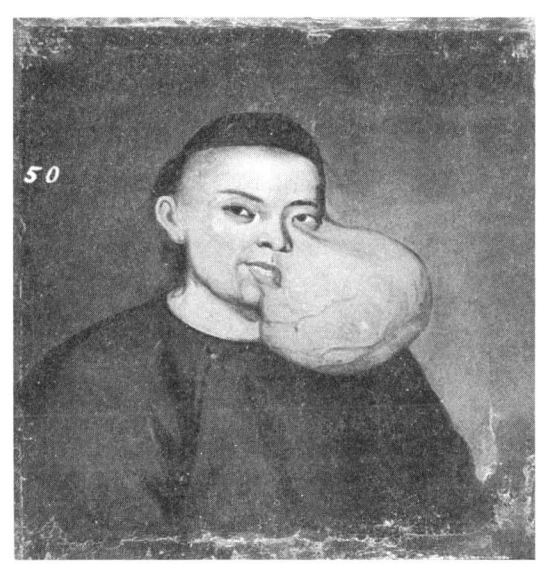

图3.1 伯驾文献集,50号。
耶鲁大学哈维·库欣/约翰·惠特尼医学图书馆提供。

当时他一定很洋洋得意。在1835年建立医院后的几年时间里,应伯驾之邀,广州画师林呱绘制了这些图画。这批画在盖伊医院作为古董医学

---

① 吉利克(Gulick),105.

图例加以展出,图画中的那些人长着巨大的瘤子,对这种病症,西方当时闻所未闻。通过透露这些是他病人的画像,而更进一步的是,通过宣称他已经切除了这些瘤子,伯驾的外科手术技术和医学知识令他的英国同行刮目相看(正如他所写道的:"在得知这段历史后,他们都表现出很大的兴趣"),并将图像的主体由那些不幸者转换到病人,这种角色上的转变为伯驾关于英国人将致力于缓解中国人的痛苦的看法提供了有力的支持。①

伯驾在盖伊医院见到的那些图画只是至少 114 幅图画的资料集中的一部分,其中有近 80 张是林呱(关乔昌)在 1836 年至 1852 年间所绘制的关于伯驾病人的图画②。③ 我们已经知道林呱的真名,这就表明了他在广州的显赫地位,已经跟在梅森《中国的刑罚》一书中水粉画家蒲呱的

---

① 但这段插曲很令人奇怪。伯驾怎样才能不知道这些他于 1836 年至 1840 年间在广州制作的图画的复制品放在盖伊医院呢? 或者说,这些图画是如何不经过伯驾之手而到达盖伊医院的? 在对这些年作为医学传教士进行活动的回忆录中,伯驾的同事雒魏林(William Lockhart)声称,伯驾"向盖伊医院博物馆赠送了一批[画像]"(《在华的医疗传教事业:二十年之经历》(*The Medical Missionary in China: A Narrative of Twenty Years' Experience*)[London, 1861], 171.)。但是,假如伯驾亲自赠送这些画像的话,那他在 1841 年的旅途中只会声称他在那里"找到"(found)了那些画像,而在实际情况中,他是无意间发现(discovery)这些画像的。这就是说,如果他没有从广州随身带着那些图画的话,那这些画是怎样到达盖伊医院的呢? 按吉尔曼的说法,这些画像"被伯驾在他的英国和美国之旅中使用,来向诸如波士顿医学会(Boston Medical Society)这类机构团体展现他的医案研究,以便为他的传教工作筹集资金"(《林呱与中国西医肖像画的发展》("Lam Qua and the Development of a Westernized Medical Iconography in China,")载《医学史》(*Medical History*) 30 [1986], 62.)。此外,这种与盖伊医院图像的偶遇,也让伯驾的故事显得更有意思。因此,不管这些图画如何在伯驾没有意识到的情况下辗转到达盖伊医院(这就跟雒魏林的证言和吉尔曼的文章产生矛盾),还是伯驾在他旅途中所写下的故事,都会造成误导。

② 这些油画作品大多收藏在英国伦敦盖伊医院戈登博物馆(Gordon's Museum of Guy's Hospital)、美国耶鲁大学医学图书馆(Yale University Medical Library)和哈佛大学康威图书馆(Harvard University Countway Library),以及马塞诸塞州塞伦市的琵琶迪·埃塞克斯博物馆(Peabody Essex Museum)等处。——译者注

③ 如今这些画像中的 86 幅收藏在耶鲁大学医学院哈维·库欣/约翰·惠特尼(Harvey Cushing/John Hay Whitney)医学图书馆。23 幅仍然保存在盖伊医院的戈登博物馆(Gordon Museum)中。吉利克曾说只有其他一幅收藏在波士顿的康威图书馆(Countway Library),但在最近的一篇文章中,拉赫曼认为其他四幅图画(吉利克对此似乎一无所知)属于康奈尔大学,另一幅则收藏在位于马萨诸塞州塞勒姆的琵琶迪·埃塞克斯博物馆(Peabody Essex Museum)(156 页注释 2;吉尔曼曾认为五幅图画藏在康奈尔大学[61 页注释 9])。我所涉及的是属于耶鲁大学系统内的个别画像。

画作有了很大的不同。到了19世纪30年代中期,就像林呱那样,中国画师已经有可能采用西洋样式来作画,以获取国际声望,并力求使他的画室能成为到首次来广州的观光客必到之地。① 在一座靠近西洋商馆区的三层楼房里,林呱带着他的众多学徒以托马斯·劳伦斯爵士(Sir Thomas Lawrence)②或威廉·比奇爵士(Sir William Beechey)③的英式庄重风格为富商绘制个人肖像画,他们还借助速描广州的纪念画来招揽生意,这些纪念画"将工厂生产模式跟自由个体画师的浪漫观念结合到了一起",在这之前的30年时间里,活跃着众多像蒲呱那样的画师(*MM*,140)。④

---

① 克罗斯曼在《中国贸易——外销画、家具、银器及其它》书中这样记述:"林呱的画室位于同文街16号,街道两旁均是由中国人所开设的各类商铺,它座落在十三行的丹麦馆和西班牙馆之间。林呱有十多个助手,在技法上紧随钱纳利的风格,甚至采用削价的方式和他争夺顾客","林呱画室一共三层,楼下作为美术用品商店,销售水彩画原料,这些货品放置在一个个外罩玻璃的柜中,同时也存放一些寄望欧洲及由欧洲寄来的绘画用品,如毛笔、盒和南京运来的以稻秆为原料制成的纸张。楼上有八到十位画师拉高衫袖,将辫子盘卷于颈上努力地工作,他们采用流水作业,所以产量很高"。——译者注
② 托马斯·劳伦斯爵士(Sir Thomas Lawrence,1769 - 1830),英国摄政时期最出名的肖像画家,曾任英国皇家艺术学院院长。他的作品气质优雅,是他所处时代最流行的肖像画家,代表作品有《G·F·斯托顿夫人在绘画》、《斯登夫人》、《乔治·汉密尔顿·戈登》等。——译者注
③ 威廉·比奇爵士(Sir William Beechey,1753 - 1839),英国著名的肖像画家,代表作有1797年的《乔治三世像》等等。——译者注
④ 林呱最著名的被画者中"包括签订[结束第一次鸦片战争的]《南京条约》的耆英,'开启鸦片战争的'林则徐,此外还有伯驾、璞鼎查爵士(Sir Henry Pottinger),以及众多其他西方和中国显贵"(韩依薇《婢女福音:林呱的医学肖像画》,载《交易的符号:全球环流中的翻译问题》,刘禾编(Larissa Heinrich, "Handmaids to the Gospel: Lam Qua's Medical Portraiture," in *Tokens of Exchange: The Problem of Translation in Global Circulations*, ed. Lydia Liu) [Durham, N.C., 1999], 243);他的作品曾于1835年在位于伦敦的英国皇家学会展出,并出现在19世纪四五十年代的美国和法国展览当中。关于林呱的更多历史背景,可参见卡尔·克劳斯曼《中国贸易:外销画、家具、白银和其他物品》(Carl Crossman, *The China Trade: Export Paintings, Furniture, Silver and other Objects*) (Princeton, N.J., 1972), 25 - 39,以及Heinrich, 242 - 44;另可参见韩依薇(Heinrich)的《图像的来世:中西方之间身体病理的转译》(*The Afterlife of Images: Translating the Pathological Body between China and the West*) (Durham, N.C., 2008)一书,该书第二章是就是我这里所引用的一篇文章。柯律格(Craig Clunas)在其《中国外销水粉画》(*Chinese Export Watercolors*) (London, 1984)一书中也简要谈及了林呱。历史记载中的林呱和将水粉画卖给乔治·亨利·梅森的蒲呱之间的不同,既表明了广州和西方之间内在互动和交流方面的巨大转变,也表明了每个画师在绘制西式高级艺术品方面的相对差别。到了19世纪中叶,在中国,(转下页)

林呱所赢得的声望并不说明殖民教育的成功,也不意味着中国人的文明开化或者在广州所形成的中国化的西方人和西方化的中国人那样的殖民气息。他的画作品质在赢得尊敬的同时,也激起众多的焦虑,正如他可能曾师从过的老师乔治·钱纳利(George Chinnery)①所说的那样。② 回想一下西方在更广层面上对中国视觉艺术的蔑视,尤其是在人物表现上"被看成是'一场大滑稽戏','要么丑陋,要么可笑'",我们就会发现,林呱在肖像画上的技艺对无法消解的文化差异的观念造成了威胁,而这种关于文化差异的观念在19世纪中期已经成为欧洲优越性的一种基本观念。③ 有一次,英国画家托马斯·萨利(Thomas Sully)④就林呱一幅画作中的问题发表评论,他认为那些坚称林呱在他的肖像画中"无法完全消除他的中国风格"的评论者们所维护的正是那些看似已

　　(接上页)除了商人和水手之外,各类男人(也只限男人)都能从事这项职业,这一事实被1825年至1852年在澳门和广州定居的英国艺术家乔治·钱纳利所证实,他所绘制的华南和当地贸易与外交精英人士的画像和风景画,成为这一时期在广州活动的西方侨民活动的一种至关重要的视觉记录。至少据某些报道而言,林呱最初是从钱纳利学习绘画(一开始当他的油刷清洁工)这件事情表明,在广州中西社团之间的"商贸活动"中包括了那些并不专指出口贸易的行为领域,而到了19世纪三十年代,位于华南的外国人"社团"中的一些成员积极主动地将他们自己的文化转变为他们为之服务或与他们共事的中国人的文化上来。

① 乔治·钱纳利(George Chinnery,1774-1852),英国著名印象派画家,在早年到中国的画家当中享负盛名,被视为19世纪东方最有影响力的西方画家,其作品深受印度、香港以及澳门人喜爱。钱纳利描画的各地风貌亦为后世历史研究留下不少的资料,他绘制的《火灾前的大三巴教堂》《广州十三行》《章官的屋顶》和《香港皇后大道中街景》等,是研究澳门、广州和香港近代史的重要参考文献。——译者注
② 这种关系的细节是很粗略的。克罗斯曼似乎很肯定地认为林呱曾跟钱纳利学习过,拉赫曼和韩依薇并不这么肯定。克罗斯曼引述法国旅行家——外号"老尼克"(Old Nick)的保罗·埃米尔·道兰德·福果斯(Paul Émile Daurand Forgues)所提到的两人之间的冲突,钱纳利曾说林呱是一个"糟糕透顶的画家,他的唯一功劳就是从他那里偷了一些模型和方法",而事实上,林呱能设法压低钱纳利画像的出价,因此就使他的商业成本大为降低(26)。在这两种抱怨中——中国企业家是一个依靠从西方偷来的"秘密"发家致富的模仿者,而劳力开销则使他能够跟西方竞争者进行价格战——人们可以发现这种经典的争论方式一直持续到今天。
③ 玛格丽特·茹尔丹和R·索米斯·简宁斯:《十八世纪的中国外销艺术》(Margaret Jourdain and R. Soame Jenyns, *Chinese Export Art in the Eighteenth Century*) (London, 1950), 15.
④ 托马斯·萨利(Thomas Sully,1783-1872),著名画家,早年生于英国,后长期在美国生活,擅于描绘肖像和历史场景。——译者注

经顺畅交流的文化鸿沟在真正沟通方面的不可能性。①

林呱为伯驾病人所绘制的画作是他作品当中最重要的部分。经常很奇怪,甚至令人深感惊异和超凡脱俗的是,关于人类身体及其巨大的、各式各样瘤子的画像有力地撼动了将主体从客体、将鲜活组织从坏死组织、将人类从非人性当中区分出来的界限的可见性。这就使得这些画作跟它们的位置和事件存在着不寻常的关系,这种关系不仅仅跟那些瘤子有关,然而也不单单跟画像中的人非贫即病的事实有关,毕竟蒲呱的水粉画所涉及的人物也有那些罪犯、乞丐以及各种体力劳动者。而毋宁是说,这些出身贫苦、相对来说碌碌无名的人被以一种特殊的体系与媒介描绘出来,所反映的是整个人类中一个不同的阶级模样。因此,林呱所绘的肖像画所体现出的,就不仅是视觉艺术的对华贸易方面的传统领域,这种传统领域所看重的是蒲呱为那些富商大贾、达官贵人绘制的肖像画,以及广州水边的那些风景或者中式收藏品的图画,而且还关注在19世纪中叶出现的图像表现上的规则。他们的这些文化与表现作品正是在他们这种十分异常的经济与审美背景当中出现的。

在将关注点放到对这些肖像画所集中表现的中国疼痛的方式之前,我要花些时间对它们的拟态与历史表现的特征加以检视。通过对林呱在全球优质艺术品市场中所处地位的概括,我们已经知道了肖像画所展现出的专业知识是如何将其当成是蒲呱水粉画所未曾有过的一种表现的合法性的(并直抵"真实"),这种不同之处是由这样一种事实来衡量的,即,林呱的肖像画并不需要长段的说明文字来加以解释。从罗兰·

---

① 韩依薇(Heinrich),244。克罗斯曼在关于林呱的章节中认为,收藏在美中贸易博物馆(Museum of American China Trade)的伍秉鉴(浩官)画像据信最初是由一个英国人绘制的;韩依薇向我提供了关于萨利轶事的来源。"英式风格"和"中式风格"之间的文化差异并不仅仅是西方偏见的产物,而真真切切地渗透在林呱画室的商业模式当中。吉尔曼引用威廉·法内·德·萨利斯(William Fane de Salis)的话,认为在1848年,一幅"'英式风格'的图画值10英镑,而且'画法精湛、视角准确',而一幅'中式图画'只值8英镑,因为'比例和视角都不准'"(61)。

巴特的角度来看,林呱的绘画专业知识可能被称为他的"真实—效应",这在一定程度上得名于他的肖像画正是通过它们完全正规的品质使它们的这种拟态景象很容易跟真实景象联系到一起。①

在对并没有以一种有效的形式介入的图画的解读当中,也正是这种"真实—效应"多多少少会造成一些错误。正像伯驾在盖伊医院的经历所展现的,那些图像本身都会产生两种非常不同的解释:它们可能既被理解成医学传教活动的产物,在这一过程中,它们所起的作用是成为由西方介入所造成的一种后果"之前"的图像,而在另一方面,它们也会被看成是在医学畸形发展的中国"自生自灭"的一大明证,在这当中,它们所编码的东西并不是跟中国人生命本质相关的一种确定了的暂时事实。尽管后面的这种解读跟林呱应伯驾请求而绘制这些肖像画的真实情况在事实上有所出入,但却"正确地"表现了这样的一种观念,即,这是对肖像画所表达的是什么以及为何这样展现的一种合法性解读,这是一种对"真实—效应"的正确理解,也就是说,肖像画正是通过对英式风格的娴熟掌握而兴旺发展起来。在对肖像画如何产生作用的问题加以考量之后,则是对它们在更为共时性语境的阵痛之中所表现出的意义加以历史性的准确解读——对于这一点,伯驾早有准备——而在这种语境当中,它们在伯驾加以纠正之前就已经在盖伊医院表现出来了。这两种解读,揭开了图画与**时间**(time)及**现实主义**(realism)的拟态性关联,并分别表现出这样的语境,在这种语境当中,它们对痛苦体验的再现最终将被解读和理解。

由于图画所优先表现的是病人而不是肿瘤的摘除,因此,在肖像画中展现的人所体现的是他们生命中一个非常特殊的时刻,在此时此刻,他们的躯体将不再像肖像画中那样被观看。出现在大多数肖像画中的分离因

---

① 罗兰·巴特:《真实—效应》,载《语言的沙沙声》,理查德·霍华德译(Roland Barthes, "The Reality Effect," in *The Rustle of Language*, trans. Richard Howard) (Berkeley, 1989).

图 3.2　伯驾文献集,67 号。这个病人没法动手术,不久之后就去世了。耶鲁大学哈维·库欣/约翰·惠特尼医学图书馆提供。

此也出现在所表现的"人物"与他们的肿瘤之间;在这些肖像画绘制之后不久,正是这些人肖像最为显著的再现事实已经从他们的身体中移除出去了。在手术之后,身体的"恢复如初"成为(become)或者重新成为(re-become)一种没有了曾给予观众以巨大想象力冲击的瘤子之后的自我,而这就在绘画之前就一定已经存在的一种长着瘤子时候的特殊生活和在绘画之后没有瘤子的生活之间形成了一种摇摆不定的意识。这些肖像画,它们不断重复绘制,展现了人类历史中绝无仅有的一个以这种方式被绘制下来的那群人的阶层,因此,就在生存与死亡之间找到了一条平衡的界线。它们中的每一个都表现了一个人,这个人的身体再也不值得用油画来表现了,并在其自身的文化与媒介表现的消失点(the vanishing point)①上显现出来。

---

① 消失点(Vanishing Point):指绘画中的某一特定的点,在此点所画的平行线,从透视角度看来,都汇聚在一点。——译者注

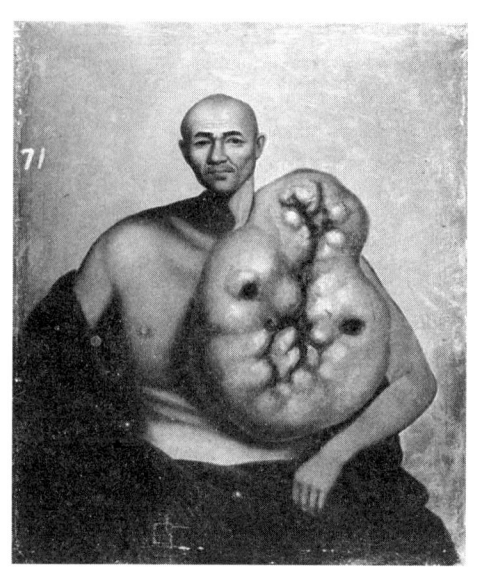

图 3.2　伯驾文献集,71 号。吴进兴(Woo Kinshing)①,49 岁。耶鲁大学哈维·库欣/约翰·惠特尼医学图书馆提供。

肿瘤的神秘性,作为一种表现媒介,成为每幅图画的表演者(raison d'être),并展现出对肖像画效果的视界重组。在文化精英的肖像画中,经由油彩和画布,个人将其自身转化为一种公共客体,这种公共客体能够维系单独个人与他/她所从属的社群之间的关系,肖像画的主要功能因此就成为单独个体的公共维系。那些在公共空间中曾大放异彩的人物,如今成为被画者,在画笔下被永久地记录下来。但是,在林呱的画作中,那些被画者很难说有过他们的"私人"生活,至少是跟伯驾、林呱以及其他广州精英人士所生活的世界没什么关联,这在很大程度上是因为任何这类隐私只有在他们从来没有机会进入的某种公共生活的关联中才能确立起来。因此,这些病人的组合表现可能就被看成是一种对肖像画通常力图抓住的某种非常关系的不可能性的一种再现。更确切地说,那些肖像画为被画者所确立起来的"公共"生活只是从肖像画本身的事实

---

① 原名未能查到,此为音译名。——译者注

中才显现出来，它们转而将其存在归功于那些肿瘤的出现，而这些肖像画中所记录下的肿瘤，后来在手术后就消失得无影无踪了。这就是为什么在一些情况下，肖像画上完全不提被画者的名字的原因所在。在一位广州商人看来，林呱的一幅肖像画可能已经被看成是物质上的实例化，是他私人生活的公共事实的再现形式，这种姿态就使私人生活变得具有公共可视性，同时也表明了子孙后代的敬仰之情是可以用钱来买到的。但是，对于伯驾的病人来说，手术所起的作用恰恰相反：肖像画以物质化例示了病人公共生活的私人事实，所获取的更多的是这些肿瘤作为公共物体的可视性，而不是这些肿瘤的消失。在一件不一样的事情当中，这些病人中的一个人会发现已经画好的他或她自己的肖像，最希望说的并不是"这是我"，而是"这是曾经的我（而不再是如今的我了）"。①

我们看到了这种分析是如何在单个病人层面上的发生作用的，在手术之后，那些人可能过上的没有肿瘤困扰的生活，在肖像画和伯驾的医案当中都没有留下记录。但是，它所起的作用跟中国的个人卫生史有着紧密关联。这些病人之所以会长这么大块肿瘤的原因，正在于中国医生不会动外科手术。良性体外肿瘤在美国或英国早就能摘除了，这种技术经过一小段时间的发展之后，就被引入中国。林呱的画作所记录的，就不仅是千奇百怪的肿瘤的消除，而且还记录了这些肿瘤整体性的消失，而随着西方外科手术技术的传入预示着这样的前景，即，随着肿瘤经常

---

① 或许正是由于这种原因，整套收藏品当中只包含一种先后顺序，在这当中，所医治的病人在他胳膊截肢之后得以再现。韩依薇将这两种画像之间的不同看成是对西方医药对其主体——包阿兴（Po Ashing，音译——译者注）所起疗效的一种叙述。尽管这种特殊图像可以说破坏了我在这章中所罗列的一般原则，它的表现在我们将包阿兴看成是像伯驾所知（而且正如他那样为之自豪的）是中国第一例外科截肢手术对象时体现出了意义。而第二张画像可能因此恰恰表现了包阿兴的肿瘤被摘除"之后"的情形，它也是关于截肢本身的一幅图画。顺序在包阿兴作为一个人物方面所体现的"兴趣"——这可能是通过它的前—后结构特征，从表现拓展到叙述上来——因而必须被看成既是两幅图画的一种单一顺序，同时也被当看成是表示两种具有不同医学指标的肿瘤和截肢的两幅彼此区分的图画。他的肿瘤没有了，包阿兴的画像通过他的截肢也再次凸显出价值，这种截肢手术使他再次穿越了表现的界线，并使他的私密性变成公开性。

出现在肖像画当中，随着在当中所体现的身体与景观的一种功能性扩展，不会再有能够被画到画里的那样大的肿瘤了。故而，肖像画所记录的，就不仅是作为个体的病人的那种消失不见的表现视界，而且还是一种对身体的某种特定体验的正在消失中的医学视界，这种体验所仰赖的虽然是19世纪中叶中西方医学之间一系列相当明显的差异，但却必须使西方观众看起来像是一种跟中国民众相关的返祖、离奇的过去岁月的化石遗存。① 正是在这种观念下，那些肿瘤记录并保存了关于时间的双重体验：活生生的、个人的时间在任何既有的身体之上延续下去，而这些人未来所想象的、暂时的延伸则消失不见了。前者标志着所遭受并不得不忍受的几乎无法想象的疼痛的历史，而后者所指向的则是消除并击败疼痛的一段时光。从第一段时光向第二段时光的运动正是所有肖像画最终的、在某种程度上单调无奇的主题，如果从历史角度去考虑伯驾在这些肖像画上的影响的话，就会得出这样的结论。

在这样一种视角下，肖像画的基本任务就是去记录伯驾在华进行外科手术的**故事**，以表明一种暂时性的"之前"(before)在随后的"之后"(after)确立了传教士医疗救助的慈善可能性。但是，正如伯驾偶遇盖伊医院展出的肖像画的故事所揭示的，这种历时性的解读，在肖像画本身戏剧性的视觉影响之下，很容易就消失不见了。对那些不知道它们来龙去脉的人来说，这些肖像画所捕捉到的并不是关于中国现状的某些事实，更富有戏剧性的是，他使任何一幅肖像画变得紧张，目的就是为了刻画出被画者的主体人物，例如正饱受困扰的疼痛，这是苦

---

① 正如吉尔曼和韩依薇都曾指出的，那些画像收藏品倾向于塑造一种民族和疾病之间的滑动转喻(slippery metonymy)，正因为如此，中国病人使西方观察者确认了一种"双重耻辱——首先是病理学的迹象，其次则是野蛮的迹象"，而这超越了单个人的特殊性，将之拓展到被想象成是"某些惊人疾病的来源和成因"的中国的一种特征上来(吉尔曼，65；韩依薇，255)。尽管中国和英国的发烧病症可能差不多，但生活在泰晤士河、查尔斯河沿岸的那些病人和生活在珠江三角洲的病人却并不一样，而那种不同，尽管可能会增进同情，但对中国的国家/民族身份却没有什么帮助。

恼上的一种延迟时刻,这种疼痛的强度可以用肿瘤的大小以及我们对其附着物的认同来衡量,这就威胁到了肖像画所表现的无限拓展的疼痛时段,将其展开到被画者生命中所有暂时性的和主体性的方方面面上。正是通过肖像画的这样一种视角,对伯驾来说,就错过了它们最基本的"关注"对象,对这些肖像画的绝大多数学术解释都仅仅采纳了这样一种共时性观点,允许肖像画所形成的内在机制去影响我们对它们原初意图的探求。确实,一幅肖像的完整图景意味着必须意识到它们至少部分是通过对再现作品的两种看似不相容解释的周而复始的真实历史的方式而形成的:伯驾的历时性解读,在这种解读下,肖像画成为他整个传教过程的明证,而在由它们背景所激起的视觉震撼以及组成图像的各部分的某种结合,体现出一种更为共时性的视野。①

对于林呱画作的共时性结构,斯蒂芬·拉赫曼(Stephen Rachman)已经进行了很到位的分析,他指出,图像所蕴含的能量所仰赖的是在两

---

① 对跟接近伯驾自身的历史环境中的后一事例的解读,认为伯驾在1845年对位于波士顿的医学协进会(Society for Medical Improvement)展出的28幅林呱画作所作的未署名评论:"对于天国中的我们同类来说,这些东西的恣意增生是非常严重的事情。但是它们的比例是如此不协调,并展现出如此奇怪的形状和范围——而中国是如此遥远,中国人在我们观念中是多么抽象——那些病人的三角小眼、长辫子、黄皮肤以及东方环境背景,使我们难以忽视这样一个赤裸裸的事实,即,存在着一种丑陋难看的、毁灭性的疾病,对此,我们的提口角肌(levator anguli oris)会忍不住抽搐一下,如果不是不人道的话,至少也是跟西方的情况高度不相称的。"假如肿瘤令人感觉很滑稽的话——提口角肌的肌肉会使嘴唇作横向运动——这是因为中国和中国人那种"遥远的"、抽象的特征使观众对图像的历史起源"视而不见";它们变得很有意思,恰恰是因为这些图画从历史中移了出来。在这种叙述中,最为关键的是这种历史性迁移是如何通过对中国人那些分散、特别的种族、文化和地理特征的叙述性分类而实现的——他们的繁复色彩、他们的眼睛形状、满人式辫子等等。将中国人从同情范围中移除出去,这种情况只是因为他们"远在万里"才会发生,但是,这种移除在实际上形成了一种评论者自身非人性的意识,但又很快打消了这样的念头,即,从这种评论者至少认为足以将中国人看成是需要他去消解的认同中形成的。因此,这种神秘而又颇不人道的笑声,是以将肿瘤感觉成是稀奇古怪之物的肌肉运动方式所进行的一种描述。这一评论发表在1845年5月21日的《波士顿内外科医学杂志》(《新英格兰医学杂志》的前身)(*Boston Medical and Surgical Journal*)(32.16)上,并在劳伦斯·韦斯切勒:《威尔逊先生的神奇壁橱》(Lawrence Weschler, *Mr. Wilson's Cabinet of Wonder*)(New York, 1995),第140页中被引述。韦斯切勒在引述中,所推测的评论作者是奥利弗·温德尔·福尔摩斯(Oliver Wendell Holmes)。

种彼此不同的审美模式——"相似"(likeness)与"表现"(representation)之间的一种强有力的形式运动,而这两种审美模式对于画布上的主要表现客体有着不同的影响。拉赫曼引述了伯驾评价林呱画作的片言只语当中的一条,这一评价出现在对一个名叫刘阿金(Lew Akin)①的病人的医案中:"我真是托林呱的福,他把那小女孩画得像极了,并且把那个瘤子也画得很准确"。拉赫曼写道,伯驾可能"用一种老式的、传统的观念来看待'相似',把它当成是一个表示(人物)肖像相似性的术语,而将'表现'当做一种表示客体相似性的术语,一种暗含着形象上的现实性的惯用法——用'相似'来形容人物,而用'表现'来指称事物"(*MM*, 145)。②拉赫曼进一步指出,在收藏的一些画作当中,肿瘤和人物之间的内在紧张标示着"两种观看的路径",在第一种观看路径当中,观看者会注意个人的面部特征,以及"标准人类的广泛类别,究竟是男是女,年长还是年幼,沉鱼落雁还是相貌平平,或者就是对中国人的族群分类",而在另一种观看路径当中,双眼"通过分类来观看客观对象,所采用的是医学或其他某种体系"(*MM*, 146)。通过这种观察,拉赫曼对伯驾病人林叶(Leäng Yen)③肖像画进行了进一步的系统解读,认为她似乎有意将她的脸隐藏在自己那只环绕着一个巨大的、紫色的肿瘤的手的后面。要让她相似的话,就像让她有所表现,拒绝林呱肖像画中的文化宽容行为以及那种画布上的永生,林叶揭示了整个肖像画系列的潜在动机(她没法展现她的脸庞并挡住肿瘤),而且为她自己获取了对她表现命运的某些

---

① 原名未能查到,此为音译名。——译者注
② 正如吉尔曼所指出的,这种双重认识在某种程度上形成了19世纪早期医学图示从示意图向拟态表现的一种巨大转变,同时也伴随着这样一种信念,即,自从疾病因人而异,"可辨明身份的病人的图像作为一种特殊病理学上的载体"成为任何既有疾病最有效的图例(63)。吉尔曼进一步写道,到了19世纪中叶,关于病人是疾病特殊载体的观念被取代了,至少在肿瘤的病例中,通过对细胞病理学的强调,病人在医学图例中消失了,他被"疾病的标记——肿瘤所取代"(65)。
③ 原名未能查到,此为音译名。——译者注

边缘性掌控力。①

在林叶肖像画中的"相似"与"表现"之间的这种内在紧张,在图画收藏品当中随处可见,它同时在两个层面上凸现出来。一方面,这些画作经常会在描绘肿瘤的美学表面的同时兼顾病人身体的特征。在另一方面,一位女性耳朵上带着的吊坠跟她脖子上生出的瘤子样子很像;而在另一个医案中,一个年轻女孩患有坏疽的脚跟她母亲裹的小脚模样差不多;在又一个医案中,一个男性像托着六弦琴那样托着他的瘤子;而在景观中,"相互组合而成的机制与结构……在病理学、人体以及环境之间建立起了一种隐含着的隐喻关系"②。在这些医案当中,"表现"与"相似"之间的运动在画作组成的层面上发挥着作用,而那些肿瘤令人震惊的奇特性被融合到画作的视觉空间当中,通过这种重复逻辑,在审美领域中变得易于理解。那些肿瘤的**表现性**特征——它们的形状、颜色以及位置——从而发现它们自身在画作所表现的可视范围内的其他一些特征相比,这些肿瘤的形状很**相似**,但却大了一倍。

建立在这些肖像画的构成结构基础上的"相似"与"表现"之间的关系,就像由这些画作所隐含的叙述确立起的过去与未来时间之间的关系,通过其两种特征之间的一种辩证关系的生产,形成了对林呱画作的一种解释性支架。这两大阐释策略,组合—共时性(the compositional-synchronic)阐释方式和叙述—历时性(the narrative-diachronic)阐释方式,在元批评的层面上形成了它们自身的一种辩证关系。在这当中,就像历史上确有其事一

---

① 拉赫曼将这种姿势看成是林叶对她所受医疗措施的一种反抗行为,在这当中,她一再拒绝对伯驾的治疗表示信任或感激。拉赫曼的这种解读表明,在一般西方人所接受的图画中那些各种时刻的表现,能够通过一种对某件特殊工艺品及其与描述病人情况的医案研究相关细节的关注而被消解。通过在医案研究的文字材料——伯驾当然是这种材料的来源——以及图画的表现领域(其中就包括了图画所捕捉到的被画者愿意被画下来的全部细节)之间的来回移动,拉赫曼对伯驾的档案文献作了个人和历史方面的区分。按照吉尔曼、尤其是韩依薇的说法,尽管这些图画可以说通过将之变成中国疾病身体政治的令人惊奇的寓言的方式,而将中国人展现出来,拉赫曼认为,对单独一幅图画的持续关注能够表明那些在西方文化和科学优越性框架之外发挥作用的意义。

② 韩依薇(Heinrich),256.

样,这些画作在对它们与传教医疗计划关系的阐释和它们与画作形成的一般历史的关系之间来回活动。在这些阐释当中,似乎没有哪一种能占据上风。它们从属于不同的观念领域;而画作意义的全部范围都在那些领域之间的空间当中,这种空间因此就囊括了画作所有的意义范围。

但是,所有的这些阐释都是在画作真正表现或者想要表现的东西之后做出的,假如这些画作是肖像画,并不是医疗传教的历史文献的话,或者是"相似"与"图像"之间关系的完全形式化地表现的话。肖像画之所以像肖像画,其最引人注目之处在于,出现在画作中的人物并没有以任何方式"表现"出他们的疼痛。他们十分坚韧,从画上看,他们那神秘而又不受干扰的脸庞,似乎不怕观看者对他们所长的肿瘤品评一番。

图 3.4　肉瘤。伯驾文献集,无编号。杨氏(Yang She),20 岁。耶鲁大学哈维·库欣/约翰·惠特尼医学图书馆提供。①

---

① 伯驾的描述非常简洁明了:"她生了一个瘤,从下颚和喉部垂下来。10 年前开始长的。中部宽 2 英尺 3 英寸,长 3 英尺 2 英寸。下垂至脐,但坐着的时候尚未及膝。患者必须时常以支撑的姿势坐着,以免肿瘤将头扯低下来。在她住院以来的 5 个月中,她的病情愈发危急。肿瘤仅用时 12 秒就被摘除了,患者被包扎好后,在床上躺了 24 分钟。她第一次尝试走路时还很不习惯,因为已经卸下了这么重的'沙囊'。12 月 17 日,她带着仅两个月的活泼的儿子出院了,身体和精神上都很好。10 月 14 日,她的爷爷来医院告诉我她很健康,还带来了些小礼物……"。以上内容转引自[美]爱德华·V·吉利克著,董少新译:《伯驾与中国的开放》,广西师范大学出版社,2008 年,第 138 页。——译者注

三、疼痛中的中国身体：1838—1852年美国传教士的医疗救助活动

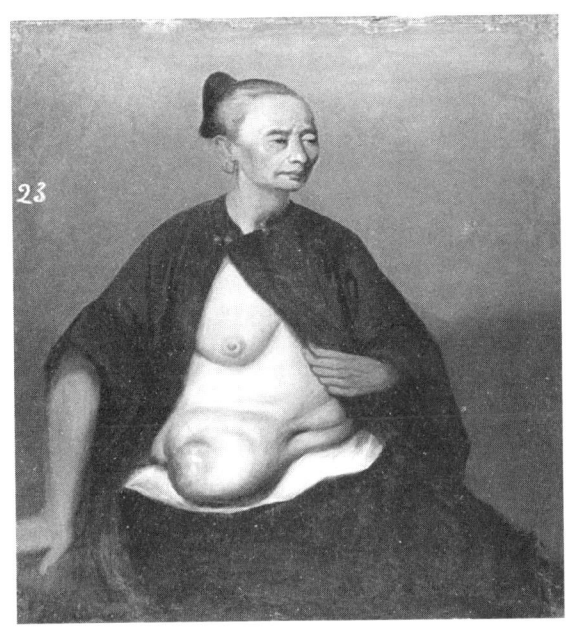

图3.5 肉瘤与乳房。伯驾文献集，耶鲁大学哈维·库欣/约翰·惠特尼医学图书馆提供。

回到关于"表现"与"相似"的话语，它以某种方式出现，通过这些方式，任何既有的被画者的"相似"性不管有没有表现出来，在此基础上，我们都可以开始去思考关于这种表现状况的问题，这是画作对他/她身体某一部分出现的肿瘤所具有的一种主观意识。"表现"与"相似"之间的辩证关系，因此就进入到画作的组成结构当中，进而形成了肿瘤及其景观之间的一种关系，似乎恰恰就要在它看似最需要的时候垮掉：在这里，它向我们表达了一种人物与事物之间的关系。在这种关系当中，作为绘画的假定主体的个人能够表现出跟从他/她身体中逐渐生长出的客体的某种**主体性**关系。这种缺失或冷漠的总体影响使主体对肿瘤消失有所体验，并进而表明了伯驾病人在对待他们的肿瘤方面有着强大的忍受力。但是这种忍受力正是使某种被称为疼痛的客观表现（它的明证、它的"表现"）可以对一个人身体内活跃着的意识中的疼痛加以定位的主体

149

事物(它的"相似")从那里解脱出来后的古怪效果。从这个角度来看的话,疼痛的"表现"及其"相似"、其主体维度与客体维度之间的关系,就可以通过疼痛在认识论和文化上的共生而确立起整个辩证结构。疼痛跟人类纯粹真实性的关联,它要求我们大声哭喊出来,以使这种真实性播撒到外部世界当中,并使之在文化的空间中加以体认。在这里,主体被看成是一种表现上的回路,在这当中,将使我们从疼痛的客观证据(肿瘤)转到它们的主观表现(在脸上)的那种转变并没有出现。

韩依薇(Larissa Heinrich)[①]对回路的回应已经将病人表面上的冷静看成是英式庄重风格的要求。[②] 这是一种有说服力的解释。但却无法解释在伯驾文献中到处出现的客体与主体疼痛之间同样分裂局面的出现,而这种彼此分裂的局面最明显地表现为医学传道会外科手术报告的一大特征,这些报告中的文字部分源自于对跟林呱类似的绘画风格的非难。韩依薇进一步补充道,除了这种英式庄重风格之外,这些画作还将"那些伯驾想要跟他的西方观众进行沟通的中国病人的身影,以及对中国人以及那些遭受似乎不可思议的可怕疾病的人们而言的伯驾自身的身影"维系了起来(215页)。这就更接近我想要表明的,虽然我不想将伯驾当成是在图画或者医案中那独一无二的表现者。与此相反,正如我在下文所要说的,在肖像画和医案中出现的主观疼痛与客观疼痛之间的分隔,在疼痛的辩证关系中注入了一种哲学观,而这,形成了伯驾理解他中

[①] 韩依薇(Larissa Heinrich),1995年在哈佛大学获得中国文学硕士学位,2002年在加州大学伯克利分校获得中国研究博士学位,现为美国加州大学圣地亚哥分校教授,其研究领域涉及现代中国文学、比较文学、科学与医学的文学与文化建构问题等,主要论著有《图像的来世:中西方之间身体病理的转译》(*The Afterlife of Images: Translating the Pathological Body Between China and the West*),Chapel Hill: Duke University Press, 2008;以及《体现出的现代性:中国文化中的物质性与表现》,韩依薇与马嘉兰合编(*Embodied Modernities: Corporeality and Representation in Chinese Cultures*, Larissa Heinrich and Fran Martin, eds.) Honolulu: University of Hawai'i Press, 2006。——译者注

[②] 韩依薇认为主体所表现出来的"意想不到的情感缺失"或许表明了"个体作为身体的这一图画中最令人印象深刻的特征",并将这种缺失归因于英式庄重风格的坚忍,在这中间,"身份的外部特征被投射到主体的风俗和所处环境当中",并且转变了西方医学图例的习惯(250)。

三、疼痛中的中国身体:1838—1852年美国传教士的医疗救助活动

国病人的主要文化背景,这种文化背景以这些如此激进的方式展现出其局限性。唯此,伯驾只能勉强将其记录下来。

将那些画作放到文献的更大背景下考虑的时候,我会追随它们自身历史回路的指令行事。尽管如今这些肖像画带给我们的是迄今为止关于伯驾毕生工作的最引人注目的象征,但这并不是历史上那些与伯驾同时代的人接受那些医疗传教工作信息的主要方式。这些信息毋宁是通过伯驾的外科手术学习而获得的,它们包含在医学传道会的系列季度报告的众多相关信息当中,这些东西定期在《中国丛报》(*Chinese Repository*)①上重印,并在美国分发。较之那些画作,医案有助于伯驾获取国际声望,并成为他关于中国人生活状况与医疗服务的信息来源,实际上,这恰恰就是那些医疗传教组织所期望它们社团能够提供的"有益文献"。②

在为1846年化学麻醉术发明铺路的那些年里,正如你在下面的引文中所见的,伯驾用冷峻的笔调记录下了病人对外科手术疼痛的反应。

在为林叶截肢的手术中:"病人在作出决定之后,完全无视疼痛

---

① 《中国丛报》(*The Chinese Repository*)是美国传教士裨治文(Elijah Coleman Bridgman, 1801-1861)在广州创办、向西方读者介绍中国的第一份英文刊物。它创刊于1832年5月,停办于1851年12月,共20卷,232期,每卷约600余页。该报所刊文章涉及的范围包括中国政治、经济、地理、历史、法律、博物、贸易、语言等方方面面,且详细记录了第一次鸦片战争前后中国的政治、经济、文化、宗教和社会生活等内容。这些记录均来自早期传教士的耳闻目睹,为珍贵的第一手史料,对研究19世纪上半叶的中国史和中外关系史具有极其重要的价值。——译者注

② 伯驾声誉的传播主要是通过对他医疗工作的文字描述实现的;而那些图画,正如众多评论者所指出的,很少公开展出。(在20世纪70年代曾设想的一次展览被取消了[参见彼得·约瑟夫:《传教士医生与中国画家》(Peter Josyph, "The Missionary Doctor and the Chinese Painter,")载《医学诊断》(*MD*)(August 1992), 6.];拉赫曼写道,这些图画"很少被公众或学者看到"[156n2])。与之相反,那些医案报告却被广为传播,出现在伯驾写给约翰·艾伯克龙比(John Abercrombie)的一份公开信中,出现在医学传道会出版的年度备忘录中,出现在裨治文主编的月刊——《中国丛报》中,这份月刊是关于国内外的在华外国传教团体消息的主要来源。跟这些图画一样,医案研究既成为伯驾外科医疗活动的证明,也成为向读者介绍中国民众与疾病的民族志文献。

的感觉,并在手术切除肢体的时候还看了下骨头。"(*First and Second*, 60)

"共接收了十二位(唇裂)病人,其中的一些在手术后一个礼拜就痊愈了。这些小孩子的坚强忍耐力令人印象深刻,在整个手术过程中,他们表现得几乎对疼痛没有感觉。"("First report," 9)

1675号病例,梁阿兴(Leang Ashing)①,27岁,摘除脸部肿瘤:"在切开表皮并割除肿瘤的过程中,他没有动一下肌肉,面不改色,也没有作深呼吸,常常被误认为是没有知觉;但是假如跟他说话的话,他的回答既谨慎又准确。"("Fourth quarterly report," 4)

吴氏(Woo She)②(4016号病例),切除乳腺肿瘤:"她的忍耐力超出了我见过的任何一个人。在摘除肿瘤的过程中,她很少呻吟,而且在她被从手术台上移走时,她握紧了手,用一个仿佛啥事也没有发生过的微笑表情,感谢那时在一边帮忙的那位绅士。"("Seventh quarterly report," 8)

4903号病例,朱应良(Choo yihleäng)③,鞋匠,摘除他脖子右侧的肿瘤:"在手术过程中,这位病人非常镇静,没有发出呻吟声;当被问话时,回答的语调很平缓,并且多次跟主刀医生说不用担心。"("Eighth quarterly report," 11)

杨康(Yang Kang)④,35岁,脸部肿瘤:"病人很坚强,第一刀切开时,他沉静地说:'有点疼,医生。'"(*Report of the MMS for 1844*, 4)

---

①②③④ 原名未能查到,此为音译名。——译者注

> "病人以英雄般的坚韧之心忍受着手术的痛苦,没有去注视伤口,在实在忍不住的时候,就说会儿话。"(*Report of the MMS for 1844*,10)

> 在为郭世海(Kwo Sihai)①进行截肢手术时:"截肢正抓紧进行,考虑到他流的血以及经历的时间,病人还是很好地忍受着剧痛,不一会儿,他以平常的语调说话了。"(*Report of the MMS for 1844*,17)

跟那些画作一样,这些医案通过表现一种令人吃惊的、英雄般的坚忍,体现出中国人与疼痛的一种关系。同样,跟那些画作如出一辙的是,它们通过表现出肿瘤与个人、"表现"与"相似"之间的一种惊人断裂,进而形成这种坚忍之心。病人那"平常"的语调,就像是想象画中那些没什么表情的脸庞一样,一次次地跟无法转译的行动(转译的非行动?)联系了起来,通过这种方式,疼痛的客观迹象并没有以主观反应的方式展现出来。②

让我们回想下伊琳·斯凯瑞(Elaine Scarry)③对正进入语言的疼痛的表现结构所作的分析,我们就可以说,在这些描述中,处于危险关头的是感知(perception)与拟态(mimesis)、疼痛的客观可见迹象与其主观表现之间的关系。这种区别造成了斯凯瑞所说的源自于一种文字或隐喻性创伤的疼痛的"代理语言"——对一场外科手术的描述,一个肿瘤的

---

① 原名未能查到,此为音译名。——译者注
② 我觉得,韩依薇在谈及伯驾"对他所认为的中国人忍受极度痛苦的独特能力加以固化和心含敬畏"时,只是一种推测(251)。对于伯驾在实际上究竟如何看待中国人"忍受极端痛苦的能力"的问题,并没有医案报告加以佐证;事实上,对于伯驾是否注意到他就中国人对疼痛的反应的持续关注问题,或者说他是否将之看成是中国人的"能力",还没有具体的证据。伯驾对个人跟疼痛之间关系的描述和他对这种情况的毫无反应(nonreflection)之间的独特脱节,将成为我在下文所作分析的基础。
③ 伊琳·斯凯瑞(Elaine Scarry,1946-)目前任哈佛大学英美文学教授,曾任美国宾夕法尼亚大学教授。她在其名作《痛苦中的身体》(*The Body in Pain*)中指出,"一般来说,没有表达疼痛的言语,"所以"疼痛难以表达;而且,这种无法表达有着政治意义",肉体痛苦在外部世界没有对象,"它不仅抗拒语言,还积极破坏它,带来一种指向前语言状态的即刻逆转。"——译者注

图片——与并非源自于这类创伤而是对疼痛的主观表现之间的不同。用叙述学术语来说,这两者之间的不同就像是描述和叙述之间的差别,其中的一方作为对事实所作的动机不明的复述,是一种后来力图被法国新小说派(new novel)①付诸实践的完全客观的现实主义,而另一方则是一种具有指导性的和有意为之的巡回表演,它所假定的拟态化目标是一种正在叙述中的或者已经叙述完成的主体意图。

总而言之,人们可能会说,疼痛的语言是在这两种表现模式的鸿沟中形成的。与疼痛相关的任何既有文化关系统治了那些从一方转译到另一方的表现作品,并建立起既施用于疼痛—语言的内容,也适用于疼痛—语言的形式的规则。比如说,决定了在拉手指头上长的倒刺时会发出多大的声音,在悲痛时应该怎样恰当地表现出来,凡此等等。这种约定,在人们可能称之为疼痛的描述性"迹象"——可见的或不可见的伤痛——以及疼痛的叙述性"表现"之间确立起一种关联。在这当中,合理的表现使主体有权让她/他的疼痛被人知晓、并可能使之被同情甚至怜悯,而诸如抱怨之类的不合理表现则被一笔勾销。②

对于疼痛的任何既有表现因此就不仅仅是一种单一的再现,而是一

---

① 新小说(法文 Nouveau roman,英文 new novel)也被称之为"反传统小说",是20世纪50至60年代盛行于法国文学界的一种小说创作思潮,在哲学上则深受弗洛伊德心理分析、柏格森生命力学说和直觉主义以及胡塞尔现象学的影响。虽然严格说来"新小说派"的作家们并不承认自己是一个创作团体,而只是有一种创作倾向,但评论界还是根据其间存在着一些共同的理念和特征,将某些作家归为"新小说派"。公认的"新小说派"的主要代表是法国作家阿兰·罗伯-格里耶、娜塔丽·萨洛特、米歇尔·布托尔和玛格丽特·杜拉斯等。"新小说派"的基本观点认为,20世纪以来小说艺术已处于严重的停滞状态,其根源在于传统小说观念的束缚,墨守过时的创作方法。因此,他们主张摒弃以巴尔扎克为代表的现实主义小说的写作方法,从情节、人物、主题、时间顺序等方面进行改革。新小说派同时认为传统现实小说中惯用的语言也必须加以彻底改革,因为这些语言由于长期重复使用已变为"陈套"或"僵化",失去了表达现代人复杂多变的生活的能力。"新小说"的创作在70年代后渐趋消退,作为文学流派逐渐走向了消亡。但1985年"新小说"派代表克洛德·西蒙获得了诺贝尔文学奖,这标志着"新小说"已经得到了西方学界的认可。——译者注
② 不出所料,在这种语境下出现的差异将会按照诸如种族、阶级和性别这样的社会结构而将自身不均匀地排列开来,在跟时代特别相关的疼痛案例中,也是如此。

种行动,这种行动本身,就其作为表现为总体上的文化**审美**的再现而言,起到了决定性作用。这种审美并不仅仅决定着疼痛的任何既有表现的适当文化内涵;而更多的是组织起了一种在人们可能称之为疼痛的"公共"迹象与其主观表现之间关系的整体领域。创伤的转喻工作,体现在其身体表现上,体现在描述的内容当中,或者体现在心灵痛苦当中,体现在对某种公认事实(比如家庭成员的去世)的报道当中,形成了一种文化底线,这种文化底线抗拒着那些能够被评价的疼痛的主观表现。在疼痛的感知迹象与其主观表现之间的这种运动正是我所称的疼痛的文化审美问题:这一系列代码形成了从描述向叙述、从通过对一种文化规则的实质性客体化所确立起的疼痛向对来自单一主观视角的疼痛的某种关系的叙述——"有点疼,医生"——的运动。① 伯驾关于他病人对外科手术疼痛的反应的报告,因此就不仅仅是对一系列医学事实的记录,甚至还是对疼痛体验的文化差异的明证。由于疼痛的主观表现必须牵涉到人物从内到外、从意向到表达的转变。因此,病人(作为报告中的"人物")可以说正在表达一种表现性的**风格**,也就是说,报告正叙述着的主体同时也是记录者,但他本人却并没有意识到这一点。

作为一种对疼痛作出反应的体系,伯驾病人所表现出的态度可以通过这样一种事实而最简单地加以描述,即,它将"疼痛"分割为伯驾只有通过意识观念才发现的一种损伤——也就是说,疼痛的完全描述性的或"真实"的迹象——以及伯驾希望反映那些损伤的面孔与声音的主观叙述。在一种期望并鼓励从内部到外部的拟态转变中,伯驾病人所表现出的风格最明显地表现为一种再现的**缺失**或失败,正如"面无表情"(expressionless)(描述脸部)和"自然而然"(natural)(描述声音)这些词

---

① 支配拟态方式的这些原则,同时也支配着其内容。伯驾在提到那个说"有点疼,医生"的人的时候,所要表明的是:医案报告中之所以要提到杨康的这句话,是因为在其内容所形成的信息和以"冷静"方式表达出来的那种漫不经心的平静态度之间存在着这种令人惊异的差异。这句话将关注的重心从并不要求加以正式关注的疼痛表现转向了疼痛表现自身。

语所表现的那样。伯驾对这些病人的描述因此就继续展现了一种人为的——也就是说,人造的或者主观的——表现方式的缺失,并通过他深入表现领域的外科手术而带来身体上的损伤,换句话说,跟伯驾本人如出一辙的是,在他进行某种程度的叙述或打上性格烙印之前,就已经在客体细节上加以编码了。而关于伯驾对这种缺失或失败频繁观察的最明显的事情,就是他自己似乎从未注意过它。也就是说,他从来没有将他对特殊病人的观察转化为一种中国人对受苦态度的一般理论,而且在他1841年的筹款信中也确实坚称,尽管有明显的反对之声,但是中国人的痛风和英国人的痛风都同样痛苦不堪,中国人受的苦和英国人是一样的。

在使用"风格"(style)来表示跟写作风格(literary style)不一样的某种东西的时候,我希望坚持的,不仅是对伯驾医案报告中提到的病人的品性加以细致再现,而且也要使"风格"这一词汇具有更广的意义,其中就包括了"态度、立场、姿态以及意识"①。换句话说,我想要确认的是,那些生命的模式是在人类主动性背后的主观与文化力量的表现方式。在认为伯驾中国病人表现出了一种风格的基础上,我进而想要在深刻的身体危机关头寻找到具有真实性的不同于身体疼痛的一种"原生态的"或"自然的"反应,并进而在此开启这样一种可能性,即,尽管对它的内里和不受质疑的真实性具有一种垄断性的当代意识,但疼痛还是一系列表现与文化代码的产物,这些代码恰恰决定着真实性在真实当中是如何确立起自身的,以及主观与客观真实之间的关系。

要想做到这些,就应该让当时的读者将这些中国病人看成是某些跟林呱肖像画或者伯驾医案报告中那些受虐的表象所不同的东西。毫无

---

① 瑞贝卡·沃克维兹:《世界性风格:超越民族的现代主义》(Rebecca Walkowitz, *Cosmopolitan Style: Modernism Beyond the Nation*) (New York, 2006), 2。关于比大多数文学批判宽广得多的分析意义的哲学基础,可参见纳尔逊·古德曼:《构造世界的多种方式》(Nelson Goodman, *Ways of Worldmaking*) (Indianapolis, 1978)一书第2章。(中译本:[美]纳尔逊·古德曼著,姬志闯译:《构造世界的多种方式》,上海译文出版社,2008年。——译者注)

疑问,尽管那些肖像画和医案报告是今天人们能够对伯驾病人加以研究的唯一路径,但还是有必要将病人的角色看成是与疼痛相关的"制造者",而不是将他们仅仅看成是一种审美装置(肖像画)或者非虚构类型(医案研究)的不幸对象。我之所以这么说,并不是想要恢复那些底层话语,而毋宁是去认识历史真实,即,这些病人对伯驾医案研究所造成的影响,已经超出了他作为这些研究中感知能力的控制主体所扮演的角色。

当然,伯驾的病人并没有将他们自己想象成一种风格的塑造者;甚至连伯驾也没有表达他对这些病人所做作为的观念上的理解。但是,伯驾对他病人正常声音加以如此频繁的报告这一事实,表明了这些病人在外科手术中的一些反应对他来说是在疼痛经历上的一个重大的文化差异,他发现这种差异值得加以一一描述。随着这些生动经历被加以专门关注,广州眼科医局(Canton's Ophthalmic Hospital)①的参观者完全能够感觉到他们的疼痛;人们到医院来是因为他们希望能被治愈,而不是因为他们想要向这位名医展示中国人神奇的忍耐力,或者为接下来几百年当中的学界读者展现关于麻醉的某种新观念。在将病人当成某种无意识产物的过程中,伯驾(也无意识地)感觉和描述的方式,在这种情况下,也可以作为一种表现风格而被感觉和描述下来。我只想说的是,就像伯驾和林呱所做的那样,这些病人都从属于将同情跟中国维系到一起的一般历史传统,在这当中,本书中的每一个主体,从亚当·斯密,乔治·梅森到彼得·汉德克,都参与其中。

如果我们去观察在化学麻醉传入之后伯驾外科手术报告中出现的情况的话,就能估量出这种表现模式的重要性。在1848年关于眼科医局活动的报告中,伯驾写道,他已经"拜斯普耐(D. N. Spooner)先生阁下的善行所赐……收到了来自波士顿的杰克逊(C. Jackson)吸入器,杰

---

① 1835年,伯驾在广州十三行内新荳栏街成立了广州眼科医局(Canton's Ophthalmic Hospital),被称为"新荳栏医局",免费为病人治病,开始主要收治眼科病人,它是著名教会医院——博济医院的前身。——译者注

克逊是这一发明的创始者,同时也收到了大量的硫酸醚,还有后面这位先生的一份专门解释他的操作步骤的信件"①。伯驾在一位农民身上试验了这一步骤(25870号病例):"43秒后,他手臂肌肉突然松弛了,同时停止了吸乙醚,进入了一个没有感觉的状态,于是被放平躺下,而头部垫起……他的脉搏加速了,双眼呆滞、神情恍惚。于是我的学生关韬用3分钟将肿瘤摘除,并扎紧3条动脉。在这一过程中,他丝毫没有感觉。由于一直血流不断,因此我们用了冷水。刀口被缝合前在空气中暴露了8分钟至10分钟,到这个时候,乙醚对其神经系统的作用才开始减弱,病人开始对针刺感到疼痛,特别是在缝腋窝的时候。伤口包扎完毕,病人被放到病床上,这时他抱怨说缝得太紧了,但是他对手术过程中的切割却没有记忆。"在伯驾所报道的其他案例中,其中的第十五和十六号报告中使用了麻醉术,其时间跨度从1848年到1851年,但他似乎在1849年将硫酸醚麻醉改成了氯仿麻醉。②

这种发展形成了社会科学家所称的"自然实验"(natural experiment),这就提供了一个机会来检验这样一种假设,即,这些医案报告(以及林呱所绘的肖像画)的主要特征之一是它们所表现的中国病人跟疼痛的关联,它们对表现"风格"的再现。在这过程中,疼痛的感知标记并没有转译为拟态化的表面——各种面孔和声音——而通常是通过将其从事实转变为经验的方式来表现疼痛的。下文对伯驾用化学麻醉术进行手术的报道:

---

① 《中国医学传道会年度会议备忘录;以及1848年与1849年广州眼科医局第十五份报告》(*Minutes of the Annual Meeting of the Medical Missionary Society in China ; And Fifteenth Report of its Ophthalmic Hospital at Canton for the years 1848 and 1849*)(Canton, 1848),13. 伯驾对查尔斯·杰克逊发明麻醉术所做的贡献颇具争议,尽管他可能并没有意识到。到1849年,美国国会曾就谁发明了这一疗法(另一位主要竞争者是威廉·默顿(William Morton))进行听证会,但这并没有解决问题。杰克逊因精神病去世;默顿则在贫病交加中离开人世。

② 《第十五份报告》(*Fifteenth Report*),13-14.

> "在吸入气体三分钟之后,尽管还能对问他的问题能够加以机智回答,但在肿瘤被快速切除的时候,却既感觉不到手术刀在切开刀口,也感觉不到针在缝合创口。"

> "结石被取出来了,病人还处在氯仿麻醉之中。当他醒来后,他问是什么时候切开的刀口,我们给他看了结石,他就明白了。"

> "在手术进行期间,她仿佛安然入睡,在将动脉扎紧并缝合后的十多分钟时间里也是如此,在我们跟她说话时,她醒了,脸上恢复了自然的表情,她将眼睛往下一瞥,嫣然一笑:'瘤子没了!'"①

在麻醉术发明后不久,后两条引述的故事类型就构成了外科手术报告的一大主题:进行了一次手术,病人醒来后询问整个手术的来龙去脉。② 这种结构出现在中国语境当中一点也不奇怪。但是,关键在于,这些报告非常类似在麻醉术发明**之前**的岁月当中伯驾疗治病人的医案报告。让我们特别关注下林叶的病例,她右臂肘部之上的部分被截肢:"这位病人……在手术切除肢体的时候还看了下骨头。"在这里,一位病人,

---

① 《中国医学传道会年度会议备忘录;以及1848年与1849年广州眼科医局第十四份报告》(Minutes of the Annual Meeting of the Medical Missionary Society in China; And Fourteenth Report of its Ophthalmic Hospital at Canton for the years 1848 and 1849), 12;《中国医学传道会年度会议备忘录;以及1848年与1849年广州眼科医局第十五份报告》(Minutes of the Annual Meeting of the Medical Missionary Society in China; And Fifteenth Report of its Ophthalmic Hospital at Canton for the years 1848 and 1849), 17; 以及《中国医学传道会两次年会备忘录;其中包括1850年及1851年广州眼科医局第十六份报告》(Minutes of Two Annual Meetings of the Medical Missionary Society in China; Including the Sixteenth Report of its Ophthalmic Hospital at Canton for the years 1850 and 1851), 21-22.

② 例如可参考朱莉·M·芬斯特:《乙醚节:美国最大医学发现的离奇故事以及制造这种现象的鬼魅之人》(Julie M. Fenster, Ether Day: The Strange Tale of America's Greatest Medical Discovery and the Haunted Men Who Made It) (New York, 2001)中的资料。

她的手臂在**没有麻醉**的情况下被切下来,她提出了一个问题,而这个问题成为麻醉成功的故事的经典修辞。在第一个事例中发挥作用的叙述结构作为对中国人惊人忍耐力的见证,在氯仿麻醉的奇迹中再次得到印证。

对于这种迹象所作的论述或许太多了,在伯驾的医疗活动中,麻醉所产生的影响之一是抹去在麻醉术出现之前的时代伯驾病人所表现出来的再现风格的可视化表现。但是,更为惊世骇俗的观点认为,在19世纪中叶将主体从手术台移除出来,将外科手术操作步骤从两个人之间的一种对峙(confrontation)转变为一个专家与一个物体之间的一场遭遇(encounter)。一旦某位病人被麻醉,他或她跟外科手术疼痛的个人或文化关联对外科医生的手术经验来说就变得毫不相干了——确实,它变得不怎么相关;它消失不见了。这种对于接受伯驾麻醉的某位病人提供支持的"自然实验",所展示的既不是她跟疼痛的文化关系,也不是身体和自我、肿瘤和个人的某些被选取来加以表现的组织。它所表明的只不过是麻醉的效果,在使病人失去意识的过程中,也将身体从一种"自然的"也就是说活生生的自我中解脱出来(而伯驾也正是在这一点上认为病人从麻醉的睡眠中"苏醒"过来)。这就告诉我们,通过病人的"自然表现"所体现的身体与自我的和解(reconciliation)被伯驾描述为一种"回归"(return)。

进而,一种对伯驾医案报告中的变化加以思考的办法,就是将其看成是一种更为一般化的麻醉转变的象征,这种转变定义了近代医学与外科手术病人之间的关系。这些病人在麻醉后,只不过变成了一种身体—事物,一种没有人格的表象。考虑到疼痛的语言和文化经验的审美、表现维度所依赖的是一种将感受到的"外部"疼痛的表现性"内部"带入到一个公共世界中的主体的存在,随后,人们可能会说,在麻醉下进行的外科手术所产生的疼痛,由于并没有被一个具有掌控力的主体所体验,因此就不再具有表现性。

但是,这并没有解释尽管麻醉术的产生带来了表现上的巨大转变,但为什么伯驾用来描述他手术的语言仍然没有发生改变。正是由于这种观念的历史视野,诱使人们将中国病人所起的作用看成是麻醉后生命的预期期待。围绕这些主线的解读认为,在对他病人进行外科手术的经历当中,将伯驾和中国人区分开来的文化差异在根本上起到了一种进一步警示的作用,他所处理的中国人的身体因此就变成了由对疼痛的胜利(或者用更反乌托邦的话来说,是人类所感觉的整体死亡)所定义的一种麻醉了的现代性的象征。在第6章中,我将花更多的笔墨去论述一种麻醉的现代性和中国人的苦难美学之间的关系。但现在,我想指出的是,这种奇怪的无差别将伯驾对那些中国病人在麻醉前的描述捆绑到了他对这些病人在麻醉后的描述上面,通过否认差异,伯驾档案当中意义最为深远的"非现实主义"时刻,这是他的报告所推定的客观的、描述性的语言隐藏了一种差异的时刻,而这种差异却在公开场合被遗漏了。这种失明的时刻在文体方面有所记录,在这当中,他的病人跟疼痛的关系所发挥的作用就扩大了一倍,或者以讽喻方式来说,这种(对于并不具有"叙述性"的描述而言)文体结构并没有或者说无法加以关注。①

---

① "(与原物同形但材料不同的)仿制品"(skeuomorph)这个词是对文化原型的一种重要特征加以模拟的一种客体的一种命名,例如用在枝形吊灯上的形状像蜡烛火焰的灯泡,以及一个计算机操作系统中由"0"和"1"构成的"文件"和"文件夹"。如尼古拉斯·盖斯勒(Nicholas Gessler)所言,仿制品是一种深刻的隐喻,它们隐喻编码的目的是为了向使用者提供有助于它们适应新技术的相应信息。(《仿制品与文化算法》("Skeuomorphs and Cultural Algorithms,") http://www.sscnet.ucla.edu/geog/gessler/cv-pubs/98skeuo.htm [2008年11月25日访问])。通过在一种新的客体自身表面制造这种信息,也就是说,这不是一本用户手册,仿制品在物质上标志着一种文化和技术上的血脉关系,在这中间,一种新的客体能够被体验和理解。如果伯驾在1848年之后对"坚韧"语言的使用是仿制品的话,那么,这是因为在保持他使用麻醉术之前所使用语言的描述性特征当中,它为那些事实上可能并不曾从属的疼痛的关系史中那些被麻醉病人非同寻常的经历作了编码。这就是说,就算是从我的角度来看,伯驾病人和他们的痛苦之间的关系也被看成是一个表现风格上的问题,但在麻醉术使用的前后发生了根本性的变化,伯驾可能已经保留了他在运用麻醉术之前所使用的描述性语言,因为这种语言已经进一步建立起了一种表现框架,在这种框架中,伯驾能够理解麻醉究竟是什么。从这个意义上说,对伯驾而言,实际情况就是,中国病人在被(转下页)

最终，可以认为在伯驾的文章中，这些病人表现出来的与疼痛的关系也能被看成是一种风格，这种风格在他的作品中着魔似地表现了出来，但却没被意识到。正因如此，我就转而认为，医案研究所构建的不仅仅是在医案报告（集中在对疾病与外科手术的表现上）以及性格研究（集中在病人的相似方面）的混杂类别中的一系列表现，而且还是一种表现性本身的喻指。① 在后者的角色当中，病人所体现的风格——这种风格的主要审美特征就是从内部到外部、从感知到拟态的移译，进而形成伯驾对疼痛与主体性之间的适当表现性关系的假定的拒斥——这就从内部为伯驾医案报告开启了诉说一个跟伯驾所能设想的任何事情所不同的关于疼痛的其他**类型**故事的可能性。对伯驾医案研究所作的一种解读认为，那里所出现的一种表现风格似乎表明，关于中国人感觉迟钝的经典故事如今已成为一个开放性话题，而这，只要在视角上稍稍改变一下，就能够在同时形成一种主动展现的表现性风格的可能性。这种风格对于疼痛与主体性之间适当关系的假定，就意味着对内部与外部、经历与表现之间的对立加以论断的一种审美模式加以大规模的拒斥。这种

（接上页）麻醉之后成为生命的一种预期想象。但是他们并没有这样做，并不是因为伯驾在观察他们对疼痛的反应时已经预计到了世界的发展，在这种发展过程当中，化学麻醉被广泛使用，而是因为在描述新世界及其对他手术台所施加影响的时候，他借用了一种他已经得心应手的描述性的语言。尽管伯驾从未在医案报告的任何地方标明这件事实，但在实际上，对他来说，这些在使用麻醉术之后的医案在某种观念层面上将他的中国病人跟疼痛紧紧地联系在了一起。对那些表示坚韧的言语的完全保留所要表达的正是这个意思。但这并没有告诉我们关于表现风格的、能够在1848年之前的医案研究中看到的任何东西；它告诉我们的只不过是，对于伯驾（以及多年以后看他的医案研究的读者）来说，他所保持的语言的仿制品式特征，使麻醉之下的病人的行为能够通过一种从病人那里借用而来的、他自己早已熟悉的知识和语言矩阵（matrix）而加以理解。

① 有一篇文章，将医案研究类型的发展跟由它"对作为真实标志的细节的依赖"所形成的一种更为一般化的"人道主义叙事"（humanitarian narrative）的发展联系了起来，参见托马斯·拉科尔：《身体、细节和人道主义叙事》（Thomas Laqueur, "Bodies, Details, and the Humanitarian Narrative,"）载《新文化史》，林·亨特主编（*The New Cultural History*, ed. Lynn Hunt）（Berkeley, 1989），177。（中译本：[美]林·亨特主编，姜进译：《新文化史》，华东师范大学出版社，2011年。其中第七章："身体、细节和人道主义叙事"。——译者注）

三、疼痛中的中国身体:1838—1852年美国传教士的医疗救助活动

对西方美学经典代码的违犯可能或被描述成是一种审美缺失状态,这并不是对审美的拒斥,而不过是审美的缺失,它将表现性体现成是一种从在场到拟态的运动。

尽管对表现的惯用模式的暗中破坏在同时发生,尽管它们从属于一样东西,但伯驾病人所象征的是关于中国人疼痛感觉的更为宏大的历史性工程,因此就要弄清楚作为整体的全书的主题。通过这种解读,它们确实为我们展示了非写实在表面上的可能性,用阿萨德的话来说,就是对一种"身体的认识论地位"加以展示的表面可能性,而这并没有使我们回到我们在思考疼痛与语言之间关系的时候,我们(或者伯驾)希望看到的代表性关系的类型上面。假如有人将这种非写实、审美缺失状态或者非审美想象成为病人自己的"抵抗"的话,人们就很容易陷入一种伴随着后殖民混杂性理论而来并形成对民众的类型化划分的概括当中。在这过程中,对阐释(或者表现)的任何抵抗都被看成是对一种侵略性的帝国主义式拟态的偏离。但是,这种解读对于尽可能弱化这种抵抗造成了不良影响,因为在对一种主观姿势的表现的反抗当中,它回到了曾经抛弃的表现领域上来,非审美如今"正在表现"(以一种政治的方式,也以一种拟态意识的方式)属下的主体地位以及他/她在跟这种主体地位的关系方面的代理角色。因此,对这种回归加以抵制就显得至关重要,这将使我在这里所定义的无风格能够脱离主观归属而存在。这样的一种状态使它能够保存众多的陌生性(strangeness),并确实在**这种**阐释的层面上扮演着这种角色,这就使这种无风格在其自身的历史语境中变得非常有意思,名义上对穿越拟态线(mimetic line)的"拒斥"(这并不是一种拒绝(refusal),而是一种缺席(absence)或否认(negation),一种跟某物(something)并不相对立的无物(nothing)),这使我们能够轻松地从描述(description)转向叙述(narration),从客体性(objectivity)转向主体性(subjectivity)。

故而,将所有工作都放到类似这样的档案文献上来似乎会更好,从

个人角度上看是文献集,没有实际人物牵涉其中,但我们仍然会意识到这样一些方式,在这些方式当中,档案文献确实像一个人,但又确实不像一个人。而在这里,人们可能会认为,档案文献向我们所展现的表现结构最重要的单一特征在于,对非审美场景(所有的那些画作与医案报告)的连续记录这一事实的看似自相矛盾的对抗,原先从来没有成为记录或评论那些被如此多地加以记录的事物的能力。尽管非拟态的事实是这类档案文献的心理或历史上的盲点,它的这种症状注定会一次次回归,却从来没能加以认知。假如档案文献**曾经是**一个人的话,它就在精神病学家的病床上处理这种创伤——一种它自身非存在的最初场景,一种对它所依赖的记录与表现的事实的否定——在那里,通过一系列代价高昂的交流过程,我们就会发现,它无情地逃向自身消失的那个理论位置,最终将出现的问题将会通过将一件事情加以分解而得到解决。

  对于我们来说,将盲点归结到那些将伯驾跟他病人结合到一起,以及他们两者跟林呱维系起来的历史复杂性中或许更有意义,并且应该将其看成是这样一种时刻,在这一时刻当中,跟一种深刻的认识论上的和拟态的他者的遭遇既被记录下来,同时也被忽略了。但不管是记录,还是忽略,都告诉给我们那个瞬间正在发生的一些事情:对这种差异的记录将我们的注意力引导到假定情况上来,在伯驾笔下所表现的情况就跟斯凯瑞的诸多近期作品所述的一样,疼痛跟某种特定类型的表现彼此纠缠在一起,难以分开,是某种将主体与客体、文化与本体论以一种不可动摇的和必须加以辩证看待的方式连接到一起的类型的特殊体现。当那种辩证关系没有显现的时候,我们就觉得像是异样的、残暴的:这就能解释为什么伯驾会如此孜孜不倦地认为中国人的人性跟他自己是一样的,就能够不再仅仅在一个元叙述的层次上去**讨论**他的医案报道所一直描述的那些事情。在档案文献中所捕捉到的,被用一种冷漠的精准度对真实内部的这种造成问题的差异的此在性(being-there-ness)加以记录,这在某种程度上要归功于摄影的标指式逻辑。在侦探小说当中,那些不引人注目的线索,在无意识中被隔离在图像的背景当中,这就表明了超越所有人类意图的真实,并力图用一种无懈可击的洁净明了,来消解阴谋与行动上的神秘性。这不那么真实。但是,如果伯驾的档案文献确实为我们提供了某些线索的话,它就具有这样的可能性,即,在西方"认知方式"发生巨大转变所要求的同情交换类型上,中国人的情况是跟经济交往的历史相联系的,非常依赖一种集中在疼痛的主观表现与客观叙述的表现性交换上的关系。随着本书论述的逐步深入,尤其是在第5章一开始,我将对这一线索所留下的蛛丝马迹穷追不舍,通过对再现与拟态的论述,来勾勒出近代同情史的这种有趣的第三层维度,在我看来,这种维度最终所体现的是我们对疼痛和表现的当代思考方面的有限性,并将表明,我们对疼痛的本体论逻辑的理解是如何完全从属于——即便看似超越了——在其中出现的同情与中国的话语叙述的。

4. 饱受煎熬的结石病

很难准确描述这样的一个时刻:在这一时刻,一种文化上的分类会要求芸芸众生在它自身的权威之下去逐步削平历史性上的高低不平,并据此通过众多轶事性"证据"的转换来证明这种科学事实。假如人们能够在中国人对疼痛反应迟钝的历史中确定这样的一个时刻——尤其是在中国人对个人痛苦的不敏感,而不是对他者痛苦的无动于衷的类型语言当中——它所处的位置已经超出了伯驾对当时中国所作的记录,而间接地,这种时刻与伯驾记录的关系,就像天气跟一场雪崩的关系一样。不管是韩依薇还是吉尔曼,他们都不约而同地认为,伯驾医案研究以及林呱画作一定已经影响到了看过这些东西的观众。而正是通过这样的方式,他们再生产了那些统治着帝国主义者种族主义观念的原始性与野蛮性的一般话语。但是,他们所作的分析无法延伸到伯驾本人;虽然伯驾为那些画作付了钱,并且写下了那些医案,但他自己在做这些事情时候的所思所想仍然毫不知晓，也并不知道他是否相信对于中国所作的任何概括会从他一生的工作中得出来。伯驾对他自己活动的持续不断的写作，从来没有从描述转向叙述，人们可能会说，这些写作也从来没有在他所做的这些活动和这些活动的意义之间形成一种关联。不管是对他而言，还是对某种更为宏大的历史来说，除了在他耶鲁求学岁月中所遇到的一些宗教危机时刻，他几乎从来没有谈论过他自己的内在生活。①

对探究他个人主体离奇空缺（blankness）的整部伯驾档案文献中的自身动机或者他所疗治的那些中国人的经历的意义和价值的探究却没有成功。这种空缺与画作或医案报告、甚至文档中那些最稀奇古怪的对象的不幸命运、几小盒尿结石那些极具可读性的表象形成了鲜明的对照，这些东西在所有情况下都喋喋不休地、编码式地、用数字形式表现出历史特征，而从这种历史特征当中，它们逐渐浮现出来，而那些人的身体则被转喻、提喻并再现出来。恰恰是这种反差使得档案文献变得如此具有强迫性，因为这些文献性材料的复杂含混似乎就成了伯驾自己从来没有真正回应过的事情——尽管他记录了这些事情，写下了这些事情，为画师付了钱，或者将之收集在盒子里。

在跟他所收集的物体与文字材料的这种主体性中立关系当中，伯驾档案文献也展现出一种人们称之为"风格"的东西，在一种认知性的立场或态度观念下，并没有跟伯驾某位病人对疼痛的表现相差太多。就像"有点疼，医生"表现了在缺乏对声音的发声方式相同表现的转译的内容层面上的疼痛在身体上的表现，伯驾文献集所记录的是他生活中的经验性内容——所做的手术，看到的病人，取出来的结石——但除了它最"天然的"之外，却没有表现任何其他的内容。也就是说，这是它最黑暗和最

---

① 正如他的传记作者吉利克所指出的："伯驾的这一自我剖析并无微妙难解之处，但我们于其中的确可以感受到他充沛的责任感和巨大的动力"（12）。就算伯驾从广州写给他家人的信，也会用报告式的中立态度来掩盖他的情感内容；例如，在一封 1867 年 4 月 2 日写就的信件中，开头就用一整页的篇幅要求解释他写给家人的多少封信没有收到回复，紧接着就是这个句子："我不会无端抱怨，只说事实"。

"客观化"的形式与表现。从这个角度来说,被当成伯驾人生结晶的档案文献本身,重演了跟痛苦的一种关系,这种关系看上去令他对医案研究深深着迷,因此他所收集的材料就证明了这些东西能够对19世纪的"疼痛困扰"产生影响,而没有在主观或历史前景方面带来物质或观念上的证据,或者就认为,除了隐含的内容,它是很值得加以收集的。①

但是,这些档案文献所没有明确表达出来的东西,却被它露迹于耶鲁大学这一特点所表现出来了。在这里,它所包含的文字与客体的完全累积,就像是在一次跨国交易过程中任何瓷杯或漆扇的迭盖作用一样。只是那些以国际贸易的主要形式拐弯抹角参与的交易,垄断了这一时期美国跟中国的彼此交流,它的这种边缘性是由这样的事实加以衡量的,即,尽管林呱为广州高官巨贾所绘制的肖像画如今悬挂在一些西海岸的博物馆当中,但他为伯驾病人所绘制的画作几乎全都被大学图书馆收藏。但是,这些收藏品的价值,作为一种跨文化交易的客体,不应该完全被忽视。毕竟,它处在一个囊中羞涩的欧洲人和一位不知名的中国满大人(官员)之间一种假设性的金融交易的叙述编纂当中,这种叙述编纂是支持伯驾医学传道会的整体性认知结构,在经济上来看是最广阔也是最值得思考的。当然,伯驾的档案文献中没有什么中国财宝,但当时伯驾所收集材料中的信息与表现却在事实上成为伯驾在拯救众多中国病人(有些人实际上是当官的)的生命上的物质性回归——跟他一样,郭雷枢和裨治文早已预言,他所保存的医案书"最终将会成为珍奇而又具有启发性的文献,而且还能对中国国民与社会生活的内里加以深入洞察"。

在这种背景下,档案文献中最具有表现性的,或许是收集在黄色塑料盒中,并像林呱的画作一样被储藏在图书馆地下室中的40颗肾结石。这些钙、镁和磷酸盐的沉积物,其中至少有一个是伯驾从一具尸体当中

---

① 詹姆斯·特纳:《对野兽的清算:维多利亚时代观念中的动物、痛苦和人性》(James Turner, *Reckoning with the Beast: Animals, Pain, and Humanity in the Victorian Mind*) (Baltimore, 1980), 80.

取出来的,这些结石成为伯驾在广州 20 年的哲学与实践基础的中国人死亡与西方命运之间的经济联系的物证。① 跟画作或医案一样,中国人生命的这些非常直白的"内里"将客观的疼痛——最大的结石周长有七英寸——跟主体性的一种总体否定结合了起来,因为在那块石头的案例当中,主观叙述的可能性已经从客体的物质表面完全被疏散出去了,它的"自然性"表明了深刻的身体疼痛,但并没有表现出来。尽管这种钙质并没有用任何文件证明战争的军事暴力促使伯驾可能在眼科医局一直工作下去,这些结石在耶鲁档案文献集中的出现,只不过表明了对经济所驱动的暴力行为下西方人道主义叙述的最美好一面的历史,而这使得这种叙述有可能加以拓展;毕竟,它们无法被装到图书馆的一个盒子里面,而数次鸦片战争也无法使中国的全部领土都向西方传教士"开放";而且他们肯定也被他们那些受苦者当中的一些人杀死,而这种情况并没有被呈现出来。

到 19 世纪末,那些使中国生命与西方金钱形成均势的结石开始具有一种更为字面的和天然的形式,就像美国政治家和劳工组织者从伯驾文献中以最无言的方式表现出来的中国人对疼痛无动于衷的一般化语言当中借用而来,并用那种无动于衷来为反对加利福尼亚移民劳工的身体与司法暴力所作的辩护一样。通过将那种暴力看成是在西方的财政成就与某些中国人的死亡之间画上等号的另一种重复,进而将对中国满

---

① 在医学传道会(MMS)的第十六份报告中,伯驾提到了一位死于结石并发症的病人,他"在艰难取得他的亲戚准许后取出了结石,而考虑到中国人反对任何尸检的偏见,这可以说是一大胜利"(11)。伯驾还讲述了另一个故事,在这个故事中,他想要向一个家庭买下他之前一位病人的尸体以供解剖,但却遭到拒绝(参见韩依薇,265-66);林叶曾一度要求伯驾就手术权付给她钱,伯驾没有照办(参见拉赫曼,150)。那些图画就是一种类似协商的结果:伯驾记得林呱曾声称"因为切除[外科手术]没有收费,因此图画不收费",这也象征着那些具有最深刻的视觉模式的客体必须跟作为经济价值的交易者和承担者的主体的表现工作打交道。正如拉赫曼所指出的,这种声称必须放在伯驾已经在 1851 年意识到他必须付给林呱 25 美元作为"肿瘤图画"的报酬的这一语境中加以解读(143)。"免费"一词出现在约瑟夫所著一书的第 1 页,以及拉赫曼一书的第 142 页上。

大人的假想性谋杀以及伯驾那只尿结石盒子看成是一个竞争不怎么激烈的时代的过时影响。这种重复性如何被计算，以及那些表现与文化作品的故事如何将之塑造出来，就成为了下一章的主题。

四、 中国人的身体，中国人的未来：19世纪晚期美洲的"苦力"

> 没有乌托邦的世界图景是不值得一看的，因为它遗漏了一个时时刻刻充满人性的国度。而一旦人文理念在此生根发芽，一个看似更美好的国度就会扬帆起航。
>
> ——奥斯卡·王尔德(Oscar Wilde):《戏剧、散文:写作与诗歌》(*Plays*, *Prose*: *Writings and Poems*)

1. 中国人的入侵

在第三章的结尾，我们用一张装满一盒子肾结石的图像来结束这一章，对于横跨太平洋贸易而言，这种无言的证据使我能将出现在本书①封面上的结石看成是它们所属的档案文献的一种无言讽喻。那些结石的表现性展示——就像林呱画作中的表现性展示一样，使这一重要故事通过伯驾而在伦敦盖伊医院被"重新发现"——至少部分从属于将它们的当前状态从其源头区分开来的那种距离。跟某些奇怪的动物同位素的半衰期一样，不管它们所体现的反感或感情如何在时间和空间流逝中渐

---

① 指该书英文版。——译者注

渐衰亡，它们还是能够安然无损地保存在图书馆的地下室里。

尽管这些人没法弄清楚这些东西的来龙去脉，但是，那些结石在19世纪中叶从广州转移至耶鲁大学的迁徙之旅就成为19世纪后半期中国人移居海外这一更复杂活动的物质先驱。这些移民和旅居者当中的大多数人最终都会进入新大陆，在夏威夷或古巴的种植园耕作，在秘鲁的鸟粪石矿劳动，或者在美国西部的矿井和铁路上忙碌，要么就被当成是那些在欧洲和美国合法奴隶劳力消失之后所幻想的替代品。

到了19世纪中叶，加利福尼亚、亚洲以及一种特殊形式的劳动力之间的关联，作为美国政治和文化生活的一种老生常谈，开始出现了。正如郑文浩(Moon-Ho Jung)①所指出的，在1848年，"苦力"(cooly)这个从16世纪开始就用来指称印度和中国劳工的词汇，从"附录转移到了《诺亚·韦伯斯特美国英语词典》(*Noah Webster's American dictionary*)的正文当中"。而这一时刻，在某种程度上要归功于废奴主义的兴起，"苦力"开始成为"世界各地广泛需求的契约劳工，尤其是在加勒比地区的热带殖民地"②。丹尼尔·韦伯斯特(Daniel Webster)③认为，在1850年的大妥协前夕，在加利福尼亚决定是加入蓄奴州还是成为自由州的决定性时刻，蓄奴制在美国西部是不可能实现的，这是因为"加利福尼亚和新墨西哥在它们的构成和背景上，是亚洲化的"，他声称，在亚洲化的地理环境和美国劳工未来之间的关联所起到的象征要远远好

---

① 2000年获得美国康奈尔大学博士学位，现任华盛顿大学历史系助理教授，主要研究种族、政治和亚裔美国人历史，代表作有：《苦力与甘蔗：解放时代的种族、劳力和糖》(*Coolies and Cane: Race, Labor, and Sugar in the Age of Emancipation*)(Baltimore: Johns Hopkins University Press, 2006)。——译者注
② 郑文浩：《不爱法律保护的"苦力"：解放时代的种族、民族与帝国》(Moon-Ho Jung, "Outlawing 'Coolies': Race, Nation, and Empire in the Age of Emancipation,")载《美国季刊》(*American Quarterly*) 57, no. 3 (2005), 679。另可参见郑文浩：《苦力与甘蔗：解放时代的种族、劳力和糖》(Jung, *Coolies and Cane: Race, Labor, and Sugar in the Age of Emancipation*)(Baltimore, 2006)。
③ 丹尼尔·韦伯斯特(Daniel Webster, 1782–1852)，美国著名的政治家、法学家和律师，曾三次担任美国国务卿，并长期担任美国参议员。——译者注

于他在当时困境中所能知道的东西,在当时,要等到 20 年后,才使苦力成为这种具有争议的角色。①

在 19 世纪后半叶,全美关于中国劳工的全国性讨论经历了几个阶段。在内战之前,不管是支持蓄奴制的作家,还是反对蓄奴制的作家,都不约而同地抨击苦力贸易,每一方都认为这种苦力贸易跟非洲奴隶贸易尤其相似(它包含了一段同样悲惨的中间旅程②)。而在某些情况下,它的情况更为糟糕,这都是美国奴隶制度的恩赐之物。③ 在 1852 年,乘坐美国帆船"罗伯特·布朗尼"(Robert Browne)号驶往美国旧金山的中国

---

① 丹尼尔·韦伯斯特:《宪法与联盟》(Daniel Webster, "The Constitution and the Union")(即所谓的"3月7日演说")载《美国国会议事录》(*Congressional Globe*), 31st Cong., 1st sess., 附录,280 - 81。韦伯斯特的这段话对1850年的大妥协奠定了重要的思想基础,这一大妥协允许加利福尼亚以一个自由州的身份加入美国,并从德克萨斯那里分出了新墨西哥领地,并在实质上强化了抓捕并遣返逃亡奴隶的法律。但是,韦伯斯特并不是第一个将美国土地、亚洲和天然劳工集合进一种地理学想象(geographic imaginary)当中的人。苏熙源(Haun Saussy)在其《第一批华裔美国人》(The First Chinese Americans (?))中引用了一本让·皮埃尔·佩里(Jean-Pierre Purry)1733 年所写的关于鼓励加利福尼亚移民的小册子,这本小册子宣称:"这篇伟大的文章所凭借的正是一种用以养蚕的高品质白桑树,而这不需要花费多少工夫,就能[在佩里斯堡]形成繁荣局面:正因如此,世界上也许没有哪个地方能像加利福尼亚那样,让这些桑树能长得这么好,织出来的丝绸这么棒!"(《转变》(*Ex/Change*) 14 [October 2005]。另可利用网络资源 http://www.cityu.edu.hk/ccs/Newsletter/newsletter14/Contribution2.htm)。
② 运载"苦力"的船只被称作"浮动地狱";罗伯特·史温丁格(Robert Schwendinger)曾做过统计,他认为在 19 世纪 50 年代早期从中国到秘鲁的两次旅程中,死亡率大致为 30%,并估计只有三分之一的中国劳工在秘鲁活着完成了五年服务期(《苦梦之海:1850年至1915年的中美海上关系》(*Ocean of Bitter Dreams: Maritime Relations Between China and the United States, 1850 - 1915*) [Tucson, 1988] 23,27.)。他在该书第三和第四章对美国在内战之前参与华工贸易的情况作了详细的论述。
③ "除了臣服于盎格鲁——美国人之外,劣等种族的人没办法在美国的土地上生存",废奴运动者欣顿·劳文·肖尔珀(Hinton Helper)在 1855 年 写道,但他同时却担心"太平洋沿岸的铜将会像大西洋沿岸的黑檀木一样,成为导致无序和纷争的一大问题"(引自亚历山大·萨克斯顿:《不可或缺的敌人:加州的劳工与反华运动》(Alexander Saxton, *The Indispensable Enemy: Labor and the Anti-Chinese Movement in California*) [Berkeley, 1995], 19.)。而德鲍(J. D. B. De Bow,1820 - 1867,美国出版家和统计学家,《德鲍评论》(*DeBow's Review*)的创建者。——译者注)则用对中国劳工的罪孽和暴力来为美国的转变蒙上一层柔光。郑文浩(Moon-Ho Jung)写道,德鲍认为加勒比地区新的人口贸易表明了"美国南部的道德优越感和对种族秩序加以干扰的可怕结果。他认为,美国奴隶主的'人道行为'所'保存下来'的人类生命和 400 万美国奴隶,理应使其他种植园能够避免那些'接触邪恶的风险'"(692)。

劳工发生暴动,反抗美国官员和船员,酿成了一场国际外交丑闻(当时正是由美国领事官员伯驾在广州调停解决的),并将人们的关注点转移到中国劳工贸易中的暴力与剥削问题上来。① 在美国内战正酣的1862年2月,亚伯拉罕·林肯签署了《禁止美国公民通过美国船只进行"苦力贸易"的法案》(*An Act to Prohibit the "Coolie Trade" by American Citizens in American Vessels*),他对人口贸易所持的北方善意立场的强调同样也强化了对苦力劳工的一种全国性共识。

---

① 在船只及其中国劳工(有些劳工被杀、一些人因叛变自杀,另一些人逃走了)的情况扭转过来之后,他们回到了广州,伯驾指定一个法庭专门负责此案的调查。尽管伯驾的调查结果使17名犯人被送交中国当局审判,但中国官员发现这17人没有犯罪,就把他们释放了。伯驾随后发来了外交公函,但并没有改变最后结果,愤怒的伯驾最后在写给总督的信中说,从今往后"美国政府将对发生在公海的海盗行径执行自己的法律",并警告说,如果美国再逮捕任何一位"罗伯特·布朗尼"号上的乘员的话,他们将被"美国政府严厉惩处,以儆效尤"(史温丁格,44)。但到19世纪50年代后期,伯驾成为主张废除华工贸易的主要倡导者之一;参见史温丁格(Schwendinger),56-57。(伯驾在1856年1月末曾专门有过反对苦力贸易的通告,其中这么说道:"在下——美国驻中国公使兼全权特使——根据政府给予我的关于所谓苦力贸易的指示——'到达中国后公开阻止苦力贸易'——向所有相关者发布如下通告:在过去几年中,美国船只和悬挂其他旗帜的船只所从事的贩卖中国苦力的贸易,是非法的、不道德的、令人厌恶的、没有人性的暴行,与以前贩卖非洲奴隶的贸易很相似,而其中一些行为的恐怖程度甚至超出了后者;妇女和儿童被拐卖,其他一些人不仅被诱拐,对他们即将前往的目的地一无所知,而且有的人是被强行绑架,强行带到了他们所不认识的国家,再也无法返回家园;不仅中华帝国古代的法令,就是帝国政府最近颁布的法令也同样禁止苦力贸易,对'那些拐卖人口、迫害人民的掮客和顽固的无赖'将处死罪。帝国政府给本公使馆的照会强烈地反对苦力贸易,描述苦力贸易的词汇与形容奴隶贸易的词汇一样;照会承认正当的贸易,但是苦力贸易已经超出了条约规定的对外贸易所允许的范围,因此是非法的。这种贸易让外国的声誉严重受损,数以万计的人死于非命,这或许不是故意的,但是他们的确丧生了,而在有些情况下,其致人死亡的手段让人厌恶至极,同时那些少数生存下来的人们也并不见得有多幸运。两国政府的友好关系正在受到危害,合法的贸易也处于危险之中。在苦力贸易过程中,那些被拐卖、绑架或遭到严重欺骗的人,他们的亲属或朋友便会设法报仇。有鉴于此,在下命令所有美国公民终止这一不正常的、不道德的贸易。任何可能与此相关的人都要知道美国政府禁绝苦力贸易的态度。美国政府预先警告那些此后从事此种贸易的人,他们在进行苦力贸易的时候,无论他们是在什么情况下卷入其中的,都将丧失他们的政府对他们的保护;不仅如此,如果他们还一如既往地从事这种贸易,一旦被发现,他们有可能遭到严惩。此项关于苦力贸易的通告不适用于那些自愿移民的中国冒险者;自愿移民与非法苦力贸易有着天壤之别。向有需要的国家提供中国劳动力的贸易,为自愿前往的中国人提供便利,为他们的旅行提供必要的方式与配备,而且他们有返回故乡的自由,这些都会成为将来制定条约的议题,或者由西方各国和中国政府共同安排。美国领事有责任将本通告的复本转交给五个通商口岸的相关官员。——伯驾"——译者注)

那种共识并没有持续多长时间。尽管越来越多地将中国人描绘成动物、异教徒、昆虫和野蛮人(后面将会更详细论述),但是对廉价劳工的预期也同样足以促成位于康涅狄格州哈特福德的美国移民公司(American Emigrant Company)在1863年应运而生,以便征募中国人来当"矿工、操作工(其中包括各个层次的钢铁工人)、织工以及农业工人、铁路工人以及其他劳工……费用合理的话,招得越多越好"①。六年之后,科尼利厄斯·库珀曼莎普(Cornelius Koopmanschap)公司出价,对美国首次引进中国劳工贸易的举动颁发了数百份委任状,"以便以一个人一百美元的价位,从中国引进数千名劳工",安德鲁·戈洛瑞(Andrew Gyory)写道,"在进口中国劳工的丰厚利润上激起了一连串反应",其中就包括了田纳西的铁路所有者以及从俄亥俄到密苏里各地的制造商的各种订单。②

对于我们来说,其目的与其说是关注众多美国人对来自亚洲的契约劳工所持态度的特殊性,不如说是关注这种态度形成与再生产之间的一系列关联之处。亚洲劳工所谓的**特质**——或者说像亚洲人这样的某种特定劳工类型的特质化——在整个19世纪晚期,对中国移民的控诉一直不绝于耳。而且,正如郑文浩所指出的,"从19世纪50年代的中国和古巴,到19世纪90年代的菲律宾,美国一直在为它的对外扩张寻找借口"③。正是在这种对外扩张中,中国、劳工以及位于西方的美国之间的联合就建立起了一种用于思考亚洲民族特性的历史遗产,这种历史遗产贯穿整个20世纪,并一直延续至今。

有鉴于此,我希望对那些将一系列联合——加利福尼亚、亚洲或者亚洲特性、劳工——沟通起来的几种方式加以集中关注,而这一直在塑

---

① 引自安德鲁·戈洛瑞:《关闭大门:种族、政治和〈排华法案〉》(Andrew Gyory, Closing the Gate: Race, Politics, and the Chinese Exclusion Act)(Chapel Hill, N.C., 1998), 19。
② 戈洛瑞(Gyory), 31, 33 – 34。
③ 郑文浩:《不受法律保护的"苦力"》(Jung, "Outlawing 'Coolies,'") 698。

四、中国人的身体,中国人的未来:19世纪晚期美洲的"苦力"

造关于中国劳工的身体及其对身体疼痛的关系的一种话语。这种话语借自于由美国和英国传教士塑造出来的关于中国的"专业"证据,并且在与"东方专制主义"(Oriental despotism)和"亚细亚生产方式"(Asiatic mode of production)理论相关的历史与经济领域当中维系下来,而在它们跟大陆发生最初的关联之后,紧接着就出现在这一时期的美国报纸当中。① 这种表现的主要内容就是关于19世纪后半叶中国移民的争议。这种争议最明确的结构——来自"低等"劳工的威胁——被一直在一种没有面孔的中国劳工的身体当中加以提喻,而这些中国劳工的身体被理解为是他们种族和文化传统的一种副产品,成了他们对美国劳工(以及更一般意义上的美国)造成威胁的无法调和的来源。对疼痛的忍受、无动于衷,以及对与之相关的自由、快乐的无意识或盲从,和对既有历史的决裂,这种身体告诉给美国人的——或者更进一步来说,被他们用口技艺人的方式加以诉说——是一种许诺重写疼痛与人类之间关系的未来前景的最确定的可能性。

2. 机器身体

一本1902年美国劳工联合会(American Federation of Labor, AFL)②的

---

① 例如,正如佩里·安德森(Perry Anderson)在他对观念史的研究中所指出的,卡尔·马克思就曾在1853年的《纽约论坛报》(*New York Daily Tribune*)上发表了一系列关于亚细亚生产方式的文章(《绝对主义国家的系谱》(*Lineages of the Absolutist State*)[London,1974],475.)。(中译本:[美]佩里·安德森著,刘北成、龚晓庄译:《绝对主义国家的系谱》,上海人民出版社,2001年。——译者注)
② 美国劳工联合会(American Federation of Labor, AFL)是美国最早的工会组织之一。该联合会于1886年12月成立于美国俄亥俄州的哥伦布市,由不满当时最大全国性工会劳动骑士团(Knights of Labor)的几个小分会联合而成。美国劳工联合会在20世纪前半叶是美国最大的工会组织,即便在1937年,因其反对产业工会的态度,受到排挤的工会组成了产业工会联合会(Congress of Industrial Organizations)后,其地位仍未动摇。在成立之初的50年中,职业工会一直占据该组织的主导地位,但在20世纪40年代,为应对产业工会联合会的挑战,美国劳工联合会的职业工会纷纷转型为产业工会。1955年,美国劳工联合会同对手——产业工会联合会合并,组成美国劳工联合会—产业工会联合会(AFL-CIO,简称美国劳联—产联),该组织一直持续至今,在美国经济和政治中发挥着重大影响。——译者注

175

小册子想要鼓动永久延长《排华法案》(the Chinese Exclusion Act)①——1882年通过的这一法案对来自中国的移民严加限制,并开启了一个基于种族主义的移民政策时代,这项法案一直持续20世纪60年代中期才告失效——开篇就是对加利福尼亚历史上中国劳工状况的回顾。除了指出中国劳工在该州"已然成为一块淘金热土"的时候出现,而且他们使美国白人"感到危机重重或者不适"之外,这本小册子还认为,那些声称"离开了中国劳工,太平洋沿岸各州就无法像现在这样得到快速发展"的"亲华的感情用事者"需要按照一位"著名的加利福尼亚医生"的回复进行反思:"对用像中国人这样的梦魇所实现的进步,就像是一个成长中的孩子背上长着恶性肿瘤一样。男性气概死亡之时,也是邪恶来临之日。"②将中国人比作一种梦魇的怨气就抓住了在1902年表现出的亚洲类型中那些没有繁殖力的性别和没有进步的发展之间的结合体来发难。关于中国人是国家社会肌体的寄生虫、对国家自身发展的阻碍、对国家发展养分的贪婪汲取以及只求索取没有回报的白眼狼心理,成为那些没完没了的抱怨之声的主题。早在20年前,詹姆斯·惠特尼(James Whitney)在字里行间就已经指出,中国劳工的出现切断了加利福尼亚"在所有潜在的物质和道德繁荣方面本该具有的发展的合法因素,她的发展水平本应比她今天的状况要强上十倍。中国劳工不仅阻碍

---

① 1882年美国国会通过的《排华法案》是美国历史上第一个、也是唯一一个针对某一族裔的移民排斥法案,该法案直到60年后才被废除。该法明确禁止华人移民美国、加入美国国籍和拥有选举权。2011年10月6日,美国参议院全票通过"参议院201号决议",就《1882年排华法案》向全美华人表示歉意(regret)。该决议宣告四项结论:一、承认排华法案与其它反华立法不符合美国独立宣言中所声明的人人生而平等的原则;二、承认排华法案及其它反华立法不符合美国宪法精神;三、早年具有歧视性的立法酿成错误,伤害华人及其后人,参议院表示遗憾;四、参议院重申承诺,将保障华人及其它亚裔在美国享有与其它族裔完全相同的权益。在此前的2011年6月18日,美国众议院全票通过了《排华法案》道歉法案,正式以立法形式向曾经歧视、打击华人的做法道歉。——译者注
② 塞缪尔·冈珀斯:《关于排华的某些理由。肉VS米:美国人与亚洲苦力的对决。谁将胜出?》(Samuel Gompers, *Some Reasons for Chinese Exclusion. Meat Versus Rice: American Manhood Against Asiatic Coolieism. Which Shall Survive?*)(Washington, D. C., 1902),5。下文引用将简写作 *AFL*。

了,而且还摧毁了这个州的正常发展,并给当地民众带来了罕见的负担"①。美国劳工联合会的这位匿名医生声称中国人对增长、寄生状态以及发展而言,就是一种无法治愈的癌症。

美国劳工联合会这本小册子几乎完美地将一种更长的表现史连结了起来,在这当中,工业景观和阶级关系之间的主要变动被取代了,通过转喻,对中国移民的总体看法在转变当中被描绘成是完全适应新的、奴隶般劳作的一系列无名的中国人身体所表现出来。这种情况部分受到了白人劳工和中国劳工所做的不同工种的影响,而这部分白人劳工被力图确保他们经济地位的工会组织中的熟练劳工所排斥在外。② 但是,那种不同之处的功用在于,它将中国劳工跟一种无产阶级化的未来观念更加紧密地维系到了一起,因此,资本主义发展的更为庞大而不可理解的过程,在"中国苦力"的提喻中被赋予了一种连贯而又易于理解的方式,而"中国苦力"这一形象转过来变成了所有中国人的隐喻,更成为一般意义上的亚洲史的隐喻。③ 确实,像一种梦魇或者一个肿瘤一样,"苦力"被看成是一种生活方式,这种生活方式的寄生性生存依靠的是将寄主逐渐侵蚀掏空。④ 问题的关键并不在于中国人不会"繁殖",而在于这些中国劳工日益威胁着整个国家的安宁,这在很大程度上是因为它改变了欧洲劳工周围的资本流向。

---

① 詹姆斯·惠特尼:《华人与华人问题》(James Whitney, *The Chinese and the Chinese Question*) (New York, 1888), 116。
② 亚历山大·萨克斯顿(Alexander Saxton)写道,那些直接跟中国人竞争的白人劳工"绝大部分是因为不再有能力(假如他们曾经有过的话)与有一技之长的白人商贩争抢工作职位"(264)。
③ 关于这个问题,可参见罗伯特·G·李:《东方人:大众文化中的亚裔美国人》(Robert G. Lee, *Orientals: Asian Americans in Popular Culture*) (Philadelphia, 1999)。
④ 通过切入他的病人的身体,伯驾对这些病人身上肿瘤得以维系的复杂性和血管系统的大小大为惊叹。尽管美国劳工联合会的这本小册子希望从加利福尼亚肌体上切除中国人这种毒瘤的想法在很多方面跟伯驾的医疗工作很相像,但是不同民族性格方面的差异还是表明伯驾图画中那些肿瘤的力量确实渗透到了他们所描绘的中国观念当中。似乎拥有巨大肿瘤这一事实就足以表明,中国或中国人跟这些肿瘤是一样的——韩依薇和吉尔曼都认为这是林呱肖像画所产生的一种转喻效果。

由于比白人将会（或者将能够，正如我们所见的）开的价更低，"苦力"也开始表明"劳动力市场日渐发展的国际化"。凌津奇（Colleen Lye）[①]写道，"生物学上的不可思议"以及"数字上的抽象"两者都在产业工人的心中表现了出来：中国"苦力"是一个人，但也是一部机器。[②] 正是后面的这一特质，使得"苦力"不仅成为工业生产**过程**的隐喻，也成为所生产的**产品**的隐喻，而跟那数以百万计的大头钉一样，那些难以计数的不知名的、完全相同的中国劳工也不过是从生产线上冲压出来的。

　　如果苦力的身体似乎天然适应严酷的工业化的话，那么，这是因为它自己就是一种工业过程的想象产物，同样也是因为它是在一种生产它的工厂中被制造出来（或者看似）发挥作用的产品。很难低估这种强加的事实，它被理解并叙述为中国劳工的一种**生物学**特征，并被最简洁地概括为长期忍受低度疼痛的能力。苦力的"忍耐力"早已在 19 世纪的文学作品中被一次次地复述、解释和大加鞭挞，在那里，它一直被当成是一种使中国劳工能够接受比爱尔兰或德国同行低得多的工资的民族结构。詹姆斯·吉莱斯皮·布莱恩（James G. Blaine）[③]在 1879 年对美国参议院说："这对那些没了牛肉和面包就活不了甚至更爱吃牛肉的家伙没用，对那些靠米饭维生的人也同样束手无策"。"在所有这些冲突和争斗当中，最终结果并不是使那些吃米饭为生的人转而吃面包和牛肉，而是使那些吃面包和牛肉的人屈尊转吃米饭"。这段话摘自开头就将中国人比作毒瘤的美国

[①] 凌津奇（Colleen Lye）现任美国加利福尼亚大学伯克利分校英文系教授、天津师范大学与天津外国语学院客座教授，长期从事美国文学与亚裔美国文学、文艺和文化理论，以及种族与跨国视角的教学与研究活动。学术成果散见于《美国文学》、《多族裔的美国文学》、《美亚学刊》等，是美国"亚裔美国文学研究"领域中的著名学者。主要作品有：《美国的亚洲：种族形式和美国文学 1893—1945》(America's Asia: Racial Form and American Literature, 1893-1945)(Princeton University Press, 2005)等。——译者注

[②] 凌津奇：《美国的亚洲：种族形式和美国文学，1893—1945》(Colleen Lye, America's Asia: Racial Form and American Literature, 1893 - 1945)(Princeton, N. J., 2005), 57。

[③] 詹姆斯·吉莱斯皮·布莱恩(James Gillespie Blaine, 1830-1893)，美国律师、政治家，曾两度担任美国国务卿。——译者注

劳工联合会的同一本宣传册的最后一页,这个句子成为文件一语双关的标题:《关于排华的某些理由。肉 vs 米:美国人与亚洲苦力的对决。谁将胜出?》("Some Reasons for Chinese Exclusion. Meat versus Rice: American Manhood against Asiatic Coolieism. Which Shall Survive?")这甚至还以一种不可思议的激进方式在费尔巴哈(Feuerbach)1850 年首次出版的著作中关于美食的论述中体现了出来:"人如其食"(德文名"Der Mensch ist, was er iβt",英文名"Man is what he eats")。①

从更广义上来说,苦力能够忍受各种轻微的痛苦,或者消化那些最糟糕的食物,并适应近代工厂当时的那些非人工作条件。"就像对劳工才能的关注一样",詹姆斯·惠特尼写道,"较之体魄,他们通常被认为具有一种更强的忍耐力。据我估算,在太平洋铁路建设过程中雇用的劳工当中,五个中国劳工才能干我们自己国家工人四个人干的活儿"。② 亨利·乔治(Henry George)在 1869 年的《纽约论坛报》(New York Tribune)中也写道:"跟爱尔兰人相比,他们每一铲铲起的土方要少,当时一天之内却能铲起更多土方。"③正是乔治的第二段话揭示了对欧洲劳工造成的持久威胁。在由大规模生产所定义的新经济形态当中,个人体

---

① 这段话出现在对化学家雅各布·蒙莱斯考特(Jakob Moleschott)的《食物学》(Lehre der Nahrungsmittel)所作的评论当中。费尔巴哈的这部分评论指出,肉食和米饭、人性和奴隶制之间的分化已经成为本世纪中叶的营养思维的一部分:"一个人如果只以一种蔬菜为食的话,就是一位素食者,是没有行动能力的"。(引自梅尔文·查洛:《费尔巴哈所谓的"人如其食":一种纠正》(Melvin Cherno, "Feuerbach's 'Man Is What He Eats': A Rectification,")载《思想史杂志》(Journal of the History of Ideas) 24, no. 3 [1963], 401.)。在这种背景之下,中国人喜好米饭的行为就很容易被归结到一种将中国人当做历史中的冻结物,或者作为观念的奴隶的意识当中,而成为具有革命性的、自我捍卫的、积极进取的欧洲人的对立面。
② 惠特尼:《华人与华人问题》(Whitney, The Chinese Question), 64。
③ 引自 H·J·韦斯特:《中国人民的入侵:展现了那些在太平洋沿岸将要跟自由而开明的美国公民接触的中国人的习惯、礼仪和风俗,以及政治、社会与宗教状况……包括从旧金山新闻中仔细挑选出来的报道》(H. J. West, The Chinese Invasion; Revealing the Habits, Manners, and Customs of the Chinese, Political, Social and Religious, on the Pacific Coast, Coming in contact with the free and enlightened citizens of America … containing careful selections from The San Francisco Press) (San Francisco, 1873), 28。

魄已经让位给忍受重复的轻度压力的能力。"应该记住的是……体力的价值在两百多年来已经完全消失了",惠特尼写道。"就像精确火药武器使战争中个人英勇的价值大打折扣一样,工具和机器的改进也弱化了艺术和工业生产中体力的价值,而中国人满足了所有的需要,不管是在战争与和平局面中,还是在文明或野蛮的状态当中"(64)。① 因此,1902年美国劳工联合会小册子扉页上的图画"美国格列佛和中华小人国"(下文

图4.1 "美国格列佛和中华小人国",《关于排华的某些理由。肉 vs 米:美国人与亚洲苦力的对决。谁将胜出?》("*Some Reasons for Chinese Exclusion. Meat versus Rice : American Manhood against Asiatic Coolieism. Which Shall Survive?*")(1901年)扉页。亨廷顿图书馆馆藏。

图4.1),该图表现了一位白人劳工被上面标有"廉价劳工"(cheap labor)、"野蛮竞争"(heathen competition)和"不能维持基本生活的工资"(starvation wages)字样的标语牌钉在地上,旁边则是爬满他全身的微小中国劳工的滚滚洪流。苦力的这种威胁性胜利预示着一种数量对质量的胜利, 一贯坚持的微小努力对英勇的巨大成就的胜利,无名的人群对个体的胜利,同时也是大规模生产对不可让渡的、有机的劳工生命的胜利。这就

---

① 亨利·乔治继续写道:"现代生产的趋势将劳动力划分得越来越细——具体到每一个过程,所要求的是他的密切关注力和灵活性,而不是知识、判断力和技能。中国人正是在这些技能上略胜一筹"(韦斯特,28)。

是为什么中国人会被这么频繁地被当成昆虫来看待的原因,也是为什么"那些跟他们竞争的白人劳工……不得不像他们一样放弃他自己的个性"①的关键所在。

在美国国内,中国人也被拒绝像美国人那样消费,认为这会破坏美国的未来。他们不仅能适应白人工人不可能忍受的生活条件,而且中国人的省吃俭用也被认为是主动拒绝将工资回馈美国经济,而这原本是可能的。美国劳工联合会的报告再次指出:"国内市场本应随着人口的增长而扩大。但是,那些中国人,吃着最差的东西,孤身一人,一贫如洗,却把他们的工资留到祖国使用,即使他们经常会回来,也没法被看成是消费者。他们的收入不进行循环[另一种血管的隐喻],他们也不会进行再投资——这跟令国家繁荣的经济法则截然相反。"②中国人"不会,也将

---

① AFL,19。关于那些小虫子:"像白蚁一样,悄无声息而又持续不断地啃噬着最硬的木料,而房主却昏沉入睡、全然不知,它们一直在不停地侵蚀着"(惠特尼:《华人与华人问题》(Whitney, Chinese Question) 137);Rudyard Kipling 引述美国劳联小册子的话说:"有三个种族能够工作,但只有一个是成群结队、密密麻麻的"(10)。美国劳联的小册子还提到"四亿五千万中国人的聚居地",而明恩溥(Arthur Smith)在那本影响深远的《中国人的气质》(Chinese Characteristics)一书中说道"庞大的人口聚居在小小巢穴当中"(17)(明恩溥:《中国人的气质》(Arthur Smith, Chinese Characteristics)[Norwalk, Conn.,2003],187[下文引用简写作 CC])。E·特鲁姆布·李牧师(Rev. E. Trumbull Lee)就是那些将中国人比作蝗虫的人之一;参见 E·特鲁姆布·李牧师:《反对华人:一个波特兰牧师就苦力问题的看法》(Rev. E. Trumbull Lee, "Anti-Chinese: Coolie Question Discussed by a Portland Pastor," 原载于《波特兰每日新闻》(Portland Daily News), February 13, 1886;另可参见网上资源 http://www.ohs.org/education/focus_on_oregon_history/APH-Document-Lee-Article-1886.cfm。
② 由于美国劳联小册子所持的反华立场与亲华、重商主义力量之间争论的特殊推动力,将对中国移民的宽宏大量看成是帮助美国公司获得海外华人市场吸引力的一种方式。John Eperjesi 已经证明了成立于 1898 年的美国亚洲协会(American Asiatic Association,简称 AAS)是如何利用它自己的刊物来传播"这个共和国的未来是与它在太平洋的威望维系在一起的"观念的,并梦想随着向数以百万计徒手工作的中国人大力倾销各种工具,将会带来经济繁荣。Eperjesi 最终发现,协会的工作力图"通过为资本提供一个更为清晰的未来的方式,来度过[经济]危机",他写道,"关于中国市场提供了解决危机的办法的观念,并没有进一步满足资本的需求"《美国亚洲协会与美国太平洋地区的帝国主义想象》("The American Asiatic Association and the Imperialist Imaginary of the American Pacific,")载《边界》(boundary) 2 28:1 [2001], 218.)。另可参见艾派尔耶希:《帝国主义想象:美国文(转下页)

不会,而且无法为美国公民分担债务"(*AFL*,35)。

在最后一句话当中"将不会"与"无法"之间的运动表明了中国移民那些所作所为所达到的程度,这可能是从自由主义者的议论开始的,并也会以生物学上的议论作为结束。"胆小怕事",突出的"得过且过特征"以及"毫无怨言一直等待下去并忍受煎熬的能力",是美国传教士明恩溥（Arthur Smith）①在1894年的《中国人的气质》(*Chinese Characteristics*)②所概括的中国人都具备的特性,这本书在19世纪末和20世纪初是美国人所写的关于中国的最畅销书籍。③"要是他是匠人的

（接上页）化中的亚洲与太平洋景象》(Eperjesi, *The Imperialist Imaginary: Visions of Asia and the Pacific in American Culture*) (Lebanon, N. H. , 2004)。关于20世纪早期美国文化中对于跟理想消费者模式的发展相关的劳工流动上的这种种族化方式的探讨,可参见洪静媛:《美国资本的破裂:有色妇女女权主义与移民劳工文化》(Grace Kyungwon Hong, *The Ruptures of American Capital: Women of Color Feminism and the Culture of Immigrant Labor*) (Minneapolis, 2006)一书第3章。

① 明恩溥(Arthur H. Smith,1845-1932),美国公理会传教士,出生于美国康涅狄格州的维郎城(Vernon)。他于1872年携新婚妻子来华,先后居住于天津、山东等地,并兼任《字林西报》通讯员。他于1905年辞去教职,留居北京从事写作。他在华生活时间长达半个世纪,对中国具有深厚的感情,也是最早建议美国政府退还庚子赔款的人,同时,他对中国社会底层民众的研究也较为深入。《中国人的气质》是他的代表作之一。——译者注

② 该书最早出版于1890年,在中国国内有多个译本,名称各异,且新译本还在不断增加,如《中国人气质》,张梦阳、王丽娟译,(甘肃)敦煌文艺出版社1995年12月版。2005年由出版社出版之际,改名为《中国人德行》;《中国人的性格》,乐爱国、张华玉译,(北京)学苑出版社1998年4月版;《中国人的性格》,匡雁鹏译,光明日报出版社1998年9月版;《中国人的素质》,秦悦译,(上海)学林出版社1999年1月版;《中国人的素质》,林欣译,京华出版社2002年版;《文明与陋习:典型的中国人》,舒扬、舒宁、穆秭译,书海出版社2004年版;《中国人的特性》,戴欢、代诗圆等译,长江文艺出版社,2011年6月版等。但最早的中译本则是1903年由作新社于上海出版的《支那人之气质》。对于明恩溥及该书的专门论述,可参见黄兴涛:《美国传教士明恩溥及其〈中国人的气质〉——一部"他者"之书的传播史与清末民国的"民族性改造"话语》一文(载[美]明恩溥著,佚名译,黄兴涛校注:《中国人的气质》,北京:中华书局,2006年,第1—48页)。——译者注

③ 刘禾在对明恩溥的介绍中指出,他的书只是被认为是中国问题权威的赛珍珠(Pearl S. Buck)的《大地》(*The Good Earth*)(1931)一书所取代,刘禾还引用了一份1925年的调查,这份调查将《中国人的气质》一书列为西方人最重要的中国题材作品中的第一名。在该书的众多译本中,有很多是中文和日文译本,对此,刘禾在其《跨语际实践》(*Translingual Practice: Literature, National Culture, and Translated Modernity—China, 1900 - 1937*（转下页)

话,就会在一个地方从清晨一直站到深夜",明恩溥写到,"并且日复一日、年复一年地干着同样的活儿,丝毫不想着要做些改变"(CC,92)。"缺乏独特的观念"这一术语,以一种对这一时期新社会思考的习俗典型,将自由主义者与社会生活的生物学方面结合到了一起。这里并不是认为中国工人像美国人那样感到单调乏味,而只不过是为了更好地加以论述,明恩溥将中国工人想象成从一开始就没有体验过单调乏味或重复感觉的人。要是将之归纳为缺乏观念的话,明恩溥一定已经对事情来龙去脉有着非常客观的认识,中国人的不同之处(当然,如果这种不同之处存在的话)依赖于一种文化理论,这种理论将身体想象成是形塑了意识、苦难甚至感官各项指标的一系列环境的自然产物。

在人类表面上客观的习语中,其自身所表现出来的这种不同之处,使我们意识到,身体通常也是一种现象学上的规划。我们经验的范围在客观上和主观上是拟人化的,在客观方面,我们无法在超越身体的其他方面获得意义,而在主观方面,由于每一身体获取或塑造意义的方式是非常特殊的:我们全都因某一身体而说话,但也出自于我们身体的特殊机体当中(不同的,我们的感觉,其他人的感觉)。明恩溥这种种族主义所需求的,而且也确实在实际的新社会学和人类学中被认识到的,就是这样的一种理论,在这种理论下,任何给定身体的现象学器官,既不是总体的(各个人都相同),也不是个体的(而且是完全相对的),而是一种优于身体的文化或种族体系的标志。① 正如明恩溥所指出的,身体的这种本体论表明了日常经验的真实性在事实上是要次于其他的一些既存(种族、文化)特征的,而并没有什么区别的人类身体也被分为中国人、爱尔

(接上页)(Stanford, 1995))一书中作了详细论述。(中译本:刘禾著,宋伟杰译:《跨语际实践:文学、民族文化与被译介的现代性(中国 1900—1937)》,生活·读书·新知三联书店,2008 年。——译者注)

① 关于战后芝加哥社会学学派和亚裔美国人之间的关系,可参见余全毅:《思考东方人:现代美国的移民、接触与异国情调》(Henry Yu, *Thinking Orientals: Migration, Contact, and Exoticism in Modern America*)(New York, 2002)。

兰人、德国人、意大利人或者非洲人,而且只有很少的一些人例外,他们都过着那样的生活。

对明恩溥来说(就像美国劳工联合会的小册子一样),身体就成了一个场地。在这个场地上,文化上的差异正展现着权力,而未被加工过的材料所表现出的则是最赤裸裸的种族逻辑或文化认同,这些都决定了它跟痛苦、单调、劳工、营养、消费、娱乐以及道德性的关系。假如像明恩溥所说的那样,"我们必须正视这一事实,即,在中国,呼吸看似是随意的",那么,这不仅是因为这样做能够使我们决定我们与中国人的适当关系,而且还在于中国人的随意呼吸也是中国人身体本性的表现,这就转而告诉我们关于中国人种与中国文化的某些本质性东西。(94页)当然,一旦确立起来的话,这种关于中国人本质的无可争辩的事实就维系着了无止境的一连串总结,这种总结强化了分类,这也就是为什么在所有反对中国人的论述当中,对中国人身体的论述会显得如此重复(并不是全都变得太"单调")。例如,在美国劳工联合会的小册子中就有一张数据表,表明中国人毫不在意旧金山的"立方空气法令"(Cubic Air Ordinance)。进入唐人街的住所的话,相关的文章会指出,你将会发现那些本应被打扰的人并没有被搅醒,"在浑浊而又像监狱般的空气当中安睡到天明,证实可以违反那些排出的废气对人体有毒的化学法则,并证明了就算让任何其他种族的人在其中待上一小时也会致命的所有传染病横行的监狱也不过尔尔"(AFL,22)。① 按照他的不可能性的逻辑,中国工人不会挥霍无度的特征并不像某些穷鬼租一块大地方、大吃大喝这样令人不快的赤贫行为,而是看成是自身生理限制的自然结果。中国人作为主体,除了会讲人话之外,在贫困或厌倦方面,并不比动物好到

---

① 这份小册子引用了《1885年7月旧金山市、县监事会特别委员会为受命对唐人街进行调查与报道所作的报告》("Report of the Special Committee of the Board of Supervisors of the City and County of San Francisco, appointed to investigate and report upon Chinatown, July 1885.")中的内容。

哪里去。①

在将中国人排除在"美国男子"和"亚洲苦力"间的选项之外后,美国劳工联合会的小册子表达了反华行动者当中的一种常见看法:中国人逐步取代欧裔劳工,就会导致美国生活的"中国化"(Chinafication)。最终的恐惧则是我们(美国人)将会全都变成苦力。尽管众多论者坚持认为,在个人层面上,这种转变是不可能的,正如布莱恩所称的,假如一个人需要吃牛肉的话,我们没办法仅仅喂他米饭,与排华论调的斗争尽管被理解为是一种反抗近代化本身的更为广义的斗争,但确实也反抗着那个时代所要求的人类意识的新形式。无怪乎明恩溥会说:"对盎格鲁—撒克逊民族来说,至少在某种程度上可以确信的是,那些生活在电气时代的人们必然需要适应一种不同的生活环境,就他们的勇气来说,也跟那些生活在帆船及驿传时代的慢节奏岁月中的人们不一样。身处这个时代的我们是极为进取的。这是向前冲的时代……我们的神经超负荷运转,由此导致的不良后果不仅主要表现为诸如'提琴手痉挛'、'电报员痉

---

① 如果从海德格尔关于无聊(boredom)的冥想(meditation)角度来解读明恩溥的话,就会发现中国人忍受单调(monotony)能力的重要意义。对海德格尔来说,"此在(Dasein)只不过是一种学会变得无聊的动物而已;它已经从自身[对世界]的迷恋醒来,并进入对它自身的迷恋当中。这种从对自身迷恋的生物性的觉醒,这种对非开放的充满焦虑而又毅然决然的开放,就是人类"("Dasein is simply an animal that has learned to become bored; it has awakened from its own captivation [by the world] to its own captivation. This awakening of the living being to its own being-captivated, this anxious and resolute opening to the not-open, is the human")(引自吉奥乔·阿甘本:《开放:人类和动物》,凯文·安特尔译(Giogio Agamben, *The Open: Man and Animal*, trans. Kevin Attell)[Stanford, 2004], 70.)。成为人类,就是获取了无聊的能力;因此,中国人对单调性的接受就使他们站到了分界线的另一侧,跟动物在一起了。也正是因为这些原因,反华活跃分子经常坚称——回应着库珀曼莎普提议进口中国劳工的那些制造商的期望——他们不相信中国人能建立起工会,因为他们缺乏罢工所必要的同情心与政治意愿。这种看法完全靠不住,因为中国劳工组织了许多次罢工活动,不管是他们自己主导,还是作为"主流"罢工的一部分。参见戈洛瑞对 1877 年雪茄制造工人罢工活动的描述;他引用了《劳工标准》(*Labor Standard*),以证明"在罢工当中,华人'自身表现出**真正**(real)文明的能力'"(98)。由于儒教思想的熏陶,因此亚洲劳工通常比欧洲劳工更为圆滑世故的看法,一直延续至今;参见曼纽尔·卡斯特:《网络社会的兴起》(第二版)(Manuel Castells, *The Rise of the Network Society*, 2nd ed). (Oxford, 2000), 193。

挛'、'作家痉挛'等这样一些病症,而且还表现为整体的紧张状态"(*CC*, 90-91)。尽管明恩溥想要从他认为的职业病当中分离出现代性的"整体的紧张",然而这也就是说,每种"痉挛"都是由微小的、单个的,很不明显的姿态日积月累所造成的一种重复性压力造成的伤害。而那个时代的整体紧张则并不是任何单一、显著事件或危机形成的结果,而是一种新的近代生活日常的、永不停止的、令人烦恼的而且病态的反复所导致的后果,这种新的近代生活本身只不过是对在工业生产线上工作的一种讽喻。而就在后一页,明恩溥就对中国工人"像机器人一样整天写个不停"的本事大感惊讶(*CC*, 92)。

因此,正是中国人的身体能够型塑西方所潜在的"中国人"的未来,仿佛在某些方面所体现出的中国人的数量——像黄祸论者在这整个时期已经说清楚的那样,其中就包括这些中国工人像羊群般庞大的这一事实——使得模糊而又秘密的未来转折点到来了。换一个角度来说,在美国,你会回到中国劳工所预示的民众奴隶化与寡头政治独裁体制当中。要从其他方面来摆脱这种烦扰,就像乐观主义者和传教士所梦想的那样,而且,也正是需要转变的中国人,正引导着一个普世性的基督教同情的时代。

明恩溥认为,对于后者而言,要想实现巨大的转变是不那么容易的。西方用一千年的时间所发展起来的"性格与意识",不会仅仅只是"突然被中国人自己采用,并加以施行,就像来自埃森的克虏伯枪一样,正准备开枪"(*CC*, 329)。这种(煞费苦心建立起来的)性格的分离以及大批量生产的商品(prêt-à-tirer)强化了这种分化,而这种分化将他那单独化的个人从没有差别的中国人当中割裂了出来,同时也将具有单独力量及意志力的劳工从其奴隶般的、机械呆板的、只知道模仿的东方对手那里割裂了出来。明恩溥所运用的这种术语正表明了,西方是如何清楚地将文明的最终证据向外兜售出去的。

尽管文化与克虏伯枪之间的比较区分了前者的手工模式与后者的

大批量生产模式,但同时也揭示出了这样的一个事实,即,后者同时也是一种武器,这种武器让人回想起惠特尼的担心:"在战争当中,精准的枪炮已经弱化了身强力壮的价值","弱化"成为用来描述在美国的中国劳工超越白人劳工的优势性术语。至少,惠特尼用对这两种隐喻的军事化比拟,试图加以阐释:"在太平洋沿岸的国家中,中国人比起我们自己来要更能忍受武器的打击。而且……中国将十名战士从国家中部运输到旧金山的花费比起美国将一个士兵和他的行囊从芝加哥运到沿海花费还要少……中国可以派出装备重炮的军舰去攻破恶魔岛的围墙而不是用来防御,而这本能够在更短的时间内完成。"①因此,通过一种用军事术语对中国人未来威胁加以文学化描述的方式,惠特尼就澄清了"中国问题"。从军事角度,甚至用明恩溥在文化与克虏伯枪之间类比②的不那么直接的视角来看,认为这揭示出了在美国西海岸进行反华煽动的最终事实,并认为这种情况将会转变成民族好战主义,要是抱持这种看法的话,那就是大错特错了。但是,这确实有必要将中国人的军事威胁作为对中国人通过向西方移民以及更为一般化的"亚洲"化而入侵美国的巨大关注的另一层面的某种隐喻性关联加以理解,也就是说,作为欧洲对美国领土统治的焦虑的表现,以及在更为令人印象深刻的意义上,是对一种观念化的、单一文化的以及工匠式的过去对一种多种族的、大批量生产的未来统治的担忧,这种担忧既体现在中国劳工的身体当中,也体现在

---

① 惠特尼(Whitney),195.
② 但是这些隐喻并不仅仅被看成是隐喻,让我们回到它们意义的传播媒介上来。随着1851年中国太平天国运动的爆发,中国成为西方军事装备的大客户。由包括戈登在内的外国军官领导的"常胜军"的胜利,促进了对西方武器的追捧,卫周安(Joanna Waley-Cohen)写道,他们"转变了李鸿章的看法,此人从19世纪60年代后期一直到他1901年死去为止,在中国政治和国际事务中具有举足轻重的地位,他开始积极引进外国武器及技术……在李鸿章的支持之下,中国成为德国武器制造商克虏伯的一个优质客户,**以至于阿尔弗雷德·克虏伯在他床前挂了一幅李鸿章的画像**"《北京的六分仪:中国历史中的世界潮流》(*The Sextants of Beijing: Global Currents in Chinese History*)(New York, 1999), 184–85;黑体为笔者所加)。1896年,李鸿章访问美国,他在洽谈其他事务的过程中,还敦促国会放宽对中国劳工的移民限制。

整个民族的方方面面。

3. 反乌托邦(Dystopian)的感觉

因此,令人觉得再正常不过的是,19 世纪后期的很多美国人亲自撰写各种故事,来想象美国遭受一支中国军队入侵。这类故事大都围绕着人山人海的、看起来像一个模子里出来的中国人成群结对地涌入美国边境,并恐吓这个曾英勇无比的民族不得不在某种程度上屈服的套路展开,这多多少少类似于皮尔顿·杜诺(Pierton W. Dooner)的《共和国的末日》(Last Days of the Republic)(1880 年)、罗伯特·沃尔特(Robert Woltor)的《中国人 1899 年占领俄勒冈和加利福尼亚的一段简短而真实的历史》(A Short and Truthful History of the Taking of Oregon and California by the Chinese in the Year A. D. 1899)(1882 年)以及刊登在《陆地月刊》(Overland Monthly)的众多短篇小说中的情节。通过借用广义上的文化论述,将苦力想象成为一种被烙刻上了一直忍受厌倦或身体之痛能力标签的人,这些故事认为中国的士兵视死如归,并且正像沃尔特所概括的:"对痛苦有着斯多葛派式的毫不在意,这就使他们不惧怕流血,在危急时刻也泰然自若,而冷静则是无价的。"① 美国人从这些故事中得到的印象粉碎了用中国人懦弱胆小、残忍且贫弱的性格,入侵者的唯利是图来反对美国人对外国人的过于信任的想法,而他们又到处将一种命中注定的、真正的英雄强加上去,这些英雄坚持认为需要培育起美国人的认同意识和军事力量,以抵抗未来的外国入侵。在这种风格潮

---

① 罗伯特·沃尔特:《中国人 1899 年占领俄勒冈和加利福尼亚的一段简短而真实的历史》(Robert Woltor, A Short and Truthful History of the Taking of California and Oregon by the Chinese in the Year a. d. 1899)(San Francisco, 1882),77;皮尔顿·托诺:《共和国的末日》(Pierton W. Dooner, Last Days of the Republic)(San Francisco, 1880). 伍家球(William F. Wu)谈到了这些小说,此外还有《陆地月刊》(Overland Monthly)的一些短篇小说,收录于《黄祸:1850—1940 年美国小说中的华裔》(The Yellow Peril: Chinese Americans in American Fiction 1850 - 1940)(Hamden, Conn., 1982).

流之下,那些一炮走红的书籍因此就重新捡起这样的逻辑:那些单个的、拥有手艺的劳工在他们英雄般主角的身体当中,再次表明了手工劳作胜过工厂制造、成人胜于苦力化的价值,并强调了亚洲与西方之间的另一场军事冲突,在这当中,兰博(Rambo)①比兰波(Rimbaud)②的价值要大得多。

这一章接下来将会探究这样的一本书,尽管这本书也属于这种潮流,但却没有叙述这些事情。这本书在文学上运用了最常见的成功手法,但不幸的是,面世后无人问津、一败涂地。在对该书的解读当中,我的目的并不是要挽救这本书,也不是书中的众多特性和事件跟那个时代的一些事情对号入座,或者是找到一把能够开启那个时代观念设备的密钥。恰恰相反,我是在对导致失败的相对平庸的写作框架当中加以解读的,这是因为,就算是找到了这些失败之处,也没有办法公开展示或者表达出来。而且,我也发现,在书中,出现了这样一种可能性,它往往跟19世纪思考"华人问题"(Chinese problem)的历史框架相去甚远,也就是说,就算日子过得很顺利,在社会中也可能会出现这一问题。不管这种可能性在当时的社会中是不是有可能形成一种少数人的观念,或者,小说或其作者在实际上有没有将中国、同情以及现代性的未来联系起来,我要说的是,它们之间确实存在关联,这本书中没什么不同。问题在于,亚瑟·温顿(Arthur Vinton)1890年出版的小说《从过往找寻未来》(*Looking Further Backward*)所想象的,不管是勇敢还是无知,都是一种同情与物质相互交换的形式,在这中间,所有有问题的东西在我们早已关注的东西影响下都自我消解了,其中也充满了极端的暴力,从而迈向一个对美国和中国的国民来说更为开放且积极的

---

① 兰博是美国动画片《兰博》(Rambo)中的主人公,以机智英勇著称,后由史泰龙主演的真人形象(《第一滴血》系列)给人深刻印象,他代表了几代美国人所标榜的形象:打不死、顽强不屈、为了目标奋勇向前,这些高大威猛的经典形象迎合了美国人的欣赏口味。——译者注
② 阿尔蒂尔·兰波(Arthur Rimbaud,1854-1891),19世纪法国著名诗人,早期象征主义诗歌的代表人物,超现实主义诗歌的鼻祖。他用谜一般的诗篇和富有传奇色彩的一生吸引了众多的读者,成为法国文学史上最著名的诗人之一。——译者注

未来。在这种未来场景下,物质交换的方式由于工厂劳工跨国市场的崛起而被预测到了,而工业生产的崛起并没有通过将中国人排除在外的方式解决,正如美国政府在1882年反移民法案当中所做的那样,但这却包含在一种新的跨太平洋政策当中。

温顿的《从过往找寻未来》从哪里借用了反华小说更为成功的模式呢?当然,市场对于妄想式的入侵科幻小说的需求在19世纪80年代风头正盛:伊格内修斯·唐纳理(Ignatius Donnelly)①的《凯撒的纪念碑》(Caesar's Column)②在《从过往找寻未来》面世的次年出版,书中讲述了(发生在1988年的)美国工人对东方化世界主义寡头政治的一次成功反抗,单单在第一年就卖出了6万本(3年后有了德文译本)。③ 而M. P.

---

① 伊格内修斯·唐纳理(Ignatius Donnelly,1831-1901),美国国会议员、畅销书作家和科幻学家。代表作有:《亚特兰蒂斯:远古世界》(Atlantis: The Antediluvian World)(1882)等。——译者注

② 唐纳理在这部小说中描绘了一个异常残酷的社会景象。"毁灭者兄弟会"(Brotherhood of Destruction)是一个残酷无情的无产者集团,他们因为不堪无情的阶级压迫与阶级仇恨而被迫铤而走险。他们在华尔街周边地区设置路障,发起了对华尔街的总攻。如果说是否胜利可以用19世纪交战双方确认的肢体摧毁标准来衡量的话,那么这次反对华尔街是最终获胜了。但是,真正的恐怖才刚刚开始。胜利的起义军建立了一座"恺撒纪念碑"。这是一座方尖石碑,纪念碑取名"恺撒"是为了纪念兄弟会的总司令恺撒·洛梅里尼(Caesar Lomellini)。这个巨型方尖碑建成于起义之后,它是用水泥和25万具尸体堆积起来的,死者是那些被击毙的金融寡头及其走狗。为了表明"现代文明的寿终正寝",那些幸存下来的商人、政客以及牧师被迫参加了建造这座纪念碑的强制性劳动。为了保证它永远不会遭到破坏,恺撒纪念碑的内部填满了炸药,假如任何人想要把尸体移走,这座纪念碑就会被彻底夷为平地。——译者注

③ 伊格内修斯·唐纳理:《凯撒的纪念碑:二十世纪的一个故事》(Ignatius Donnelly, Caesar's Column: A Story of the Twentieth Century)(Cambridge,1960)。这本书最初在芝加哥出版,其原因之一,可能部分地从其更宏大的跨国前景上得以解释(或者有助于解释)——尽管是寡头政治在形式上是"亚洲式"的,但小说中的敌人是一个广义上的世界文化,它并不源于军事入侵,而来自垄断资本主义的不断发展进步。关于唐纳理的更多信息,可参见凌津奇(Lye)所著一书第63—72页以及萨克斯顿(Saxton)所著一书第283—284页。直到20世纪初,英语世界的作家才开始担心来自日本的军事入侵,并在关于日本战胜俄国(1905年)以及1911年清朝灭亡的作品中最鲜明地表现出来。在赫伯特·乔治·威尔斯(H. G. Wells)的《空中战争》(The War in the Air)(1907)一书中出现了包括日本、中国和印度在内的亚洲联军进攻西方的故事;理查德·汤普森(Richard Thompson)探讨了美国国会众议员里士满·霍布森(Richmond P. Hobson)(在《美国版时尚杂志》(Cosmopolitan,该杂志是世(转下页)

四、中国人的身体,中国人的未来:19 世纪晚期美洲的"苦力"

希尔(M. P. Shiel)的短篇小说,在 1898 年以《黄祸》(*The Yellow Danger*)为名结集出版,在英国一炮而红,随之又风行全美,书中那些徒手搏斗与残暴折磨的故事令两国读者震撼不已。① 不管如何夸耀《从过往找寻未来》一书在妄想症圣殿当中的地位,然而,那些反华的美国科幻小说必须置身于这样的一种实际情况之下,它既没有沿用之前的模式,也没有为后来的那些作品提供灵感。在事实上,这些小说当中对未来的想象一点都不引人注意(温顿的文学生涯更是如此),这就使得这本书马

(接上页)界上销售规模最大的年轻女性杂志,因向年轻白领女性介绍流行时尚、探讨当代两性关系而闻名遐迩。自从 1886 年创刊以来,一直报道现代社会潮流。——译者注)上!)以"假如战争来临"(If War Should Come)为题发表了一系列文章,认为"这些是当时对日美战争所作的最详细的预测"("The Yellow Peril, 1890-1924,"威斯康辛大学博士学位论文,1957 年,散见于第 427—434 页)。或者,就看一下马尔斯顿·曼森(Marsden Manson)的《黄祸当头:历史中的可能篇章》(*The Yellow Peril in Action: A Possible Chapter in History*)(San Francisco,1907)一书,在这本书中,中国军队与日本海军联手作战,横扫美国太平洋沿岸地区,作为签订合约的一部分,中日联军要求修订美国宪法以给予外国人以平等的公民权。跟霍布森在《美国版时尚杂志》中的文章一样,曼森对战争(他设定为 1910 年)的虚构叙述至少在部分上是要让美国人知道太平洋的商业和军事价值,以及美国力量在那里(在关岛、菲律宾以及西海岸港口)存在的价值。在该书的最后,还包含一张折叠式地图,以表明美国在世界三大洋之间的"巧妙地位"(masterly position)(18)。杰克·伦敦的作品《空前入侵》(The Unparalleled Invasion)收入《强人之强》(*The Strength of the Strong*)(New York,1914)一书,他想象了一个在日本帮助下实现现代化的中国,通过人口管控,控制了全世界,最终其民众被一个怀着种族恐惧的西方联盟用细菌武器一举消灭的故事。

① M. P. 希尔:《黄祸》(M. P. Shiel, *The Yellow Danger*)(London, 1888);在美国和英国再版时加了副标题:《黄祸:亦或如果中华帝国崩溃的话,那些远隔万里的所有欧洲国家将会发生什么?》(*The Yellow Danger: Or, What Might Happen if the Division of the Chinese Empire Should Estrange All European Countries*)(London and New York, 1899)。我非常感谢 R·约翰·威廉斯(R. John Williams)让我关注这一小说。威廉斯的论文,用庞德(Ezra Pound)现代主义作品中的观念,将这一时期的几次中国人入侵跟技术与中国的后续关联结合到了一起。对奇幻和科幻小说作品中的中国人特征,尤其是臭名昭著的恶棍傅满洲(Fu Manchu)和酷明(Ming the Merciless)更为深入细致的论述,可参见伍家球、马对美:《死亡的拥抱:东方主义与亚裔美国人身份》(William F. Wu, Sheng-Mei Ma, *The Deathly Embrace: Orientalism and Asian American Identity*)(Minneapolis, 2000) 以及罗伯特·G·李:《东方人:大众文化中的亚裔美国人》(Robert G. Lee, *Orientals: Asian Americans in Popular Culture*)(Philadelphia, 1999);关于 20 世纪 90 年代中国入侵的科幻小说,可参见韩瑞:《中国性:未来的一种史前状态》(Eric Hayot, "Chineseness: A Prehistory of Its Future,")载《汉字:书写中国》,韩瑞、苏源熙和斯蒂芬·姚主编(*Sinographies: Writing China*, eds. Eric Hayot, Haun Saussy, and Steven G. Yao)(Minneapolis, 2007)。

上就悄无声息了,没有在美国文学史上留下哪怕一丁点儿印记。

温顿的失败体现了反华科幻小说的一般规律,这或许可以至少从其在美国的地位得到专门的解释。跟杜诺的《共和国的末日》以及沃尔特的《中国人1899年占领俄勒冈和加利福尼亚的一段简短而真实的历史》不同,这两者都在旧金山出版,而且都可以发现那里的白人读者熟悉苦力的类型,并对中国劳工表示忧虑。而温顿的小说则在纽约奥尔巴尼出版,大概是被温顿在那里的一些熟人的美德所鼓舞,他在那里当律师,1884年退休之后,当上了《北美评论》(North American Review)的副主编。东北地区也同样感受到来自中国劳工的压力,致使75名中国劳工在马萨诸塞州北亚当斯(North Adams)的一家鞋厂举行罢工,并在1870年爆发了一场强烈抗议,抗议活动蔓延至东北部与中西部地区,有三四千人举行了大型集会,对此,当地报章铺天盖地报道开来。① 但是,在加利福尼亚,就算是对那些经典的反华科幻小说作者来说印象最为深刻的事件,也没有那个地方严重。

然而,更为关键的是温顿书中所体现的知识与社会背景,以及他的小说所直接反映的问题,其中就有被爱德华·贝拉米(Edward Bellamy)1888年的乌托邦小说《回顾,2000—1887》(Looking Backward, 2000 - 1887)所煽动起来的政治经济上的狂热。在《回顾》一书梓行面世的那些日子里,它成为"19世纪对乌托邦最有影响的描述",并闯进了美国畅销书榜前三名(排在《汤姆叔叔的小屋》(Uncle Tom's Cabin)和《宾虚》(Ben-Hur)之后),并在美国和欧洲激起了各种政治运动、社会沙龙以及雄心勃勃的革命举动,并推进了更为广泛深入的对于财富与生活条件不平等的公共讨论,这些都让人觉得共和国的梦想正处于崩溃的边缘。②

---

① 关于北亚当斯冲突的更多介绍,参见戈洛瑞:《关闭大门》(Gyory, Closing the Gate),第3章和罗伯特·李:《东方人》(Robert Lee, Orientals)55 - 56。
② 菲利普·E·韦格纳:《虚构的共同体:乌托邦、国家和空间现代性的历史》(Philip E. Wegner, Imaginary Communities: Utopia, the Nation, and the Spatial Histories of Modernity)(Berkeley, 2002), 62。

小说所叙述的是一位名叫朱利安·韦斯特(Julian West)的波士顿青年在1888年昏睡过去,在112年后的新世界当中醒来。在2000年的波士顿,所有的人都被统一在一个叫做"国家主义"(Nationalism)的经济、政治体系的旗帜之下,而美国的镀金时代只不过是一种历史上的可怕梦魇,而新的21世纪的民众们已经觉醒了。韦斯特与里特博士(Dr. Leete)曾就国家主义有过一段长谈,这位博士认为,这是围绕着整个国家经济规则建立起来的以及对公共产品加以统一分配的社会制度。在国家主义之下,所有的公民都平等地分享他们共同劳动的果实,将公共的积蓄、食堂以及收益都通过一种信用体系纳入到食品供给及按需消费当中。① 人们各司其职,各尽所能,而国家作为一个整体,由劳工所推选出的代表组成委员会加以管理,在这种体制之下生产的财富,使国家主义之下的所有公民都能像西方19世纪的波士顿最富有的人们那样生活。②

温顿的《从过往找寻未来》一书正是当时那些狗尾续貂般抄袭贝拉米的,受美国(甚至是整个星球)摆脱阶级分化与镀金时代的大胆幻想所型构的观念影响的众多粗陋小说与册子当中的一个。这类虚构作品参与了19世纪末力图表现(并控制)美国的工业资本主义未来图景以及所需要的劳工类型的讨论,尤其是它影响到了单个作品与生产消费观念之

---

① 在贝拉米所描绘的乌托邦未来中,女性被看成是男性的"联合"而不是平等的力量,尽管她们在国家政治经济结构中所体现的实际情况已经足以获得某些当代女性主义者的褒奖。关于她所谓的贝拉米"吹嘘的女权主义"(vaunted feminism)的新批评,可参见西尔维娅·施特劳斯:《乌托邦中的性别、阶级与种族》(Sylvia Strauss, "Gender, Class, and Race in Utopia,")载达芬妮·帕泰主编:《回顾,1988—1888:爱德华·贝拉米论丛》(Daphne Patai, ed., *Looking Backward, 1988 - 1888: Essays on Edward Bellamy*)(Amherst, 1988)。
② 在添加了所有关于国家主义的论述之后,这就成了一个不大可能发生的爱情故事,它是为小说的情节服务的。在这当中,朱利安·韦斯特最终迎娶了里特的女儿,而凑巧的是,她正是朱利安1887年时未婚妻的孙女。正如Jonathan Auerbach所指出的,这种爱情的替代逻辑提供了对"贝拉米关于系统性的、但又无形中正在官僚化的传统国家理念的整体计划"的一种感性验证(《"组织起来的国家":爱德华·贝拉米人回顾中的乌托邦式衰微》,载《美国文学史》("'The Nation Organized': Utopian Impotence in Edward Bellamy's Looking Backward." *American Literary History*) 6.1 [Spring 1994], 37.)。

间的关系。贝拉米的成功,正如随之而来的拙劣模仿以及反应一样,表明了这种抗争在当时公共文化中达到了怎样的程度。

在2023年,即韦斯特从昏睡中醒来的23年之后,温顿的小说表现了贝拉米美国乌托邦梦想的彻底破灭。在他的序言当中,温顿声称,他对贝拉米就19世纪80年代后期社会问题所作的阐释深表敬意,但他继而说道,《从过往找寻未来》一书将会"指出贝拉米国家主义的处境已经糟透了":尤其是对于国家防御的主题(6)。这种国力衰落的结果在小说的标题页中表现了出来,这是一位名叫李万龙(Won Lung Li)①的华人历史学教授在波士顿肖马特学院(Boston's Shawmut College)对新生发表的演讲稿。而正是在同样的地方,朱利安·韦斯特在贝拉米的小说当中被这位历史学教授激起了无限的热情。在这些演讲当中,这位李教授为他的学生们透露了将来23年将会发生的事情:美国陷入观念上的自我陶醉当中,因此就无法守卫边界,反抗"其他国家贫民区来的移民",最主要的是,这些人想要"所有的东西",而正是这些东西让这个国家变得伟大的——"为了国家"。② 到了2020年,这个华人国家受到了世界各地蓬勃兴起的国家主义的威胁,之后该国积蓄力量发动反击,入侵美国。到李教授发表演讲那会儿,中国军队已经控制了美国70%的领土,只有中西部的上游还在韦斯特儿子里特领导的抵抗力量控制之下。韦斯特自己在战斗中阵亡,而李教授在演讲中又频繁引用了前者日记当中的内容,这使得在重新思考19世纪至今的这段历史时,他那种前国家主义者的观念得到了有力的支持。

学者们大多将温顿的小说看成是一部美国反乌托邦文学的作品,或者就是对贝拉米的呼应作品之一,而很少关注中国人的背景(除了提醒

---

① 此处为音译名。——译者注
② 温顿:《从过往找寻未来,李万龙教授对肖马特学院新生所作的系列演讲》(Arthur Vinton, *Looking Further Backward, Being a Series of Lectures Delivered to the Freshman Class at Shawmut College, by Professor Won Lung Li*) (Albany, N.Y., 1890), 31。下文引用简写作 *LFB*。

之外,正如琼·菲尔泽(Jean Pfaelzer)①所指出的那样,这种类型的可预期性是跟本土主义者的观点结合在一起的)。② 这本书对这一背景更为关注,因为这种想象成"中国人"的未来看法跟经济领域内反对华人移民的争论如此地契然相合,而且在事实上,将这种情况转变到了文学上来。换句话说,我们在这里秉持的是马克思文化批评论(101):在这样的一种文化当中,中国被看成是对美国国家和经济统一的一种威胁,而且对美国未来的可能性也确实会习惯用"入侵"来加以讨论。我们有这样一部小说,其主要的形式特征是与未来相关的,在这部小说当中,一次真实的中国人入侵成为对美国国家与经济统一的威胁。这种看法,从一开始就给了我们一种主要的指引,指引我们如何来阅读《从过往找寻未来》这部书,这部书最显著的事件大都是在形式的层面上发生的,而且,它对自身未来(相对于小说当时的未来)的想象所反抗的是一种巨大的拟态绝境:尽管小说确实绝妙地想象到了2023年的未来场景,但是,小说只不过在这种具有超越性的未来那里才展现出来,并进而获得价值。

但是,我还想更进一步。由19世纪后期的反华论述所导致的令《从过往找寻未来》采取的克服拟人化瓶颈的方式出现之前,让我们至少去看看那部小说。作为一部小说,它在特征方面有一种趋向于赘述的非常强烈的趋势,也就是说,这是就另一种形式空间中所形成问题的"解决"或再解决的所有论述的产物而言的。这种趋势在三个方面表现得最明显:首先,小说对亚洲类型作了一些扭转,这些扭转完全取代并对当代的文化型塑加以陌生化,而这是由其民族起源或者道德价值的转变造成

---

① 现任美国德拉华州立大学教授,代表作有《扫地出门:那场被遗忘的美国排华战争》(*Driven Out: The Forgotten War against Chinese Americans*, Berkerley: University of California Press, 2008.)。——译者注

② 据我所知,威廉斯是唯一一位在一种亚裔美国人语境下思考温顿作品的学者。Wegner 认为温顿作品是对贝拉米的回应,而琼·菲尔泽(Jean Pfaelzer)则将温顿放到一种美国反乌托邦传统中加以分析,但从来没有以超过两页的篇幅来探讨这部小说(菲尔泽:《十九世纪美国反乌托邦小说中的模仿与讽刺》(Pfaelzer, "Parody and Satire in American Dystopian Fiction of the Nineteenth Century")载《科幻研究》(*Science-Fiction Studies*) 7.1 [March 1980])。

的,虽然保持着类型上的"术语",但却颠倒了其"逻辑";其次,在实际上,小说将主角李万龙性格上的改进排除在叙述术语之外,因此,在两种故事叙述类型之间的摇摆恰恰就成为李教授展现"性格"的地方。第三,小说对"语法"领域内部所生发的主要政治问题采取了令人惊异的解决方式,因此,在公民与政治生活当中的全部疑问并没有在剧情化舞台中(通过类似于对很乐意适应新环境的那批新的华裔美国人的描述)得以解决,而是通过对那些超越赘述的相关领域的代词转换实现的。将这三种逆转结合到一起,就构成了小说感觉的总体结构,小说内部的框架跟所有科幻作品是一样的:将未来想象成是对现在的某种改进。

  首先则是类型:小说中的中国人是一些"有着高度生殖能力并且学习能力超群的人",西方作者在他的日记中写到,这些人"在交谈中学会了礼仪与技巧……这就使他们能够在不同的环境下吸引主人的注意力"(144)。而且,他们还有着"温柔与同情的心灵",李教授告诉他的学生,他为"被占领国家遭受的苦难流下了泪水"(176)。与之相反,美国人则是呆板、机械且温顺无力的。李教授谈到了"个人主义丧失"的总体状况(28),并写到,"在国家主义之下,人们已经成了终日按章办事的芸芸众生"(93)。韦斯特注意到了美国人对于占领军命令的"机械式"服从,将之归咎于"个人主义的毁灭"(72—73),并写到,"在国家主义制度之下,每个人的职责都被精确定义,谁要是超越了这种限制,就被当成是叛国,但人们还没有彻底堕落成机器"(109—110)。因为用一个"还没有"加以修正,因此韦斯特的"彻底堕落"将温顿对国家主义的批判最为明确地与19世纪90年代的劳工政策联系到了一起,认为在工厂工作对劳工个人造成总体威胁的同时,作为工业近代化代理人的中国劳工形成了对这种退化的特殊威胁。

  这些逆转大都集中在个人性格方面,将他们自己与某些显著的历史转折结合到一起:被征服的美国民众被加以分类,随后像华人劳工或非洲黑奴曾遭受过的那样被送到一条完全相反的中间道路上面来。尽管

四、中国人的身体，中国人的未来：19世纪晚期美洲的"苦力"

在路上，一些人死于疫病，但李教授还是提醒他的学生注意，那些抵达外国海岸的人们的情况也没有得到多少改观："他们作为劳力，被私下出售或公开拍卖给那些打算雇用他们的人，这些人实际上成了奴隶。他们当中的死亡率是惊人的，这些都令人深思，但是我们也许会质疑，较之那些活着更久的人来说，那些死去的人是否就是倒霉蛋"(86)。与此同时，来自中国的轮船重新进入美国海岸，因此，到了2023年，在美国随便哪个州中，有三分之一到一半的人口是华人。①

在种族类型的术语与逻辑方面的这种逆转现象，导致了小说特征与写作技巧方面更复杂的混乱。我们可以看看小说第二个主要赘述：其主要特征的情节编织在任何地方都没有提到，取而代之的是纯粹表现为他在叙述体系中的转变的一种结果。这种情况之所以发生，是因为李教授从对朱利安和里特·韦斯特（Leete West）日记的阅读中获得了他演讲的实质内容；这些日记，尽管在剧情上来看，是从李教授嘴里说出来的，但随着小说的步步深入，还是占据着一个日渐重要的中心角色。

为什么会出现这种情况？我们可以探究这两段引文之间的不同之处，第一段来自李教授，第二段来自韦斯特的儿子里特：

> 他们对自己将被驱逐出境毫不知情，在公园里的那些起草人达成一致并因此曝得大名之际，这种想法已经在那些人的头脑里深深扎根了；但是，当那些战舰的制造者显露身影，马车的枷锁和脚镣被解脱的时候，某些真相就浮现出来了。线条摇弋起来，随后破裂开来，这些军械制造者试图束缚住那些最靠近他们的东西，结果只会

---

① 通过保留当代美国对华话语中的措辞，但又颠倒其历史与类型的方式，温顿塑造出了一种经典的反乌托邦或讽刺小说的形象，在诸如《人猿星球》(*The Planet of the Apes*)（当然，它本身也是民权运动的一个寓言）的一部电影中得到最完美的体现。然而，小说在这一领域的可预见性至少可以部分地理解为是它文体的一种必要性：我们必须将这种反乌托邦小说的文体当成是跟科幻小说不同的，这种不同并不在于所信奉的陌生化（defamiliarization），而在于它试图通过纯逆转（pure reversal）而制造陌生化的方式（这有助于解释为什么反乌托邦小说通常是无趣的）。

让自己被汹涌大潮冲走。这样的一些抵抗正中中国将领下怀,这块公园已经被军队团团包围了。那里如今正被刺刀层层逼近,直到那些骚乱者在公园最后一块地方跟那些混乱、愤怒而又惊恐不堪的民众挤成一团为止。美国人凭借胆识,会从树上扳下枝桠,并用这些枝桠在短时间内紧紧团结在一起,来突破层层军事封锁。正是在这一点上,"开火"(fire)这种凶残之举才会被倾泻到那些毫无武装的、孤立无助的骚乱者人群之上。(101—102)

她向我绘声绘色地描述了可怜的杰克·斯托利特(Jack Storiot)的死讯。他是那些被聚拢到公园要求驱逐出境的人之一,也是第一批试图被戴上手铐的人之一。我们都知道杰克的良知与冲动,而我也毫不怀疑,中国人的这种侮辱使他大受刺激。他是第一批挺身而出反抗中国人的人群当中的一员,并遭受了最残忍的对待。玛格丽塔(Margaretta)告诉我说,有一份报纸已经刊出了在这场恐怖大屠杀中遇难和受伤者的名单。这份报纸一经刊出,就被中国人封杀了,但内斯穆斯(Nesmyth)幸运地保存了一份,就是她今天带我的那份。在我查看名单时,我发现了一些熟悉的名字;谢天谢地,我的挚友们不在那里面,但汤姆·韩默德(Tom Hammond)、拉法叶特·布雷特(Lafayette Brett)、巴布科克·泰勒(Babcock Tyler)和威尔·佩克汉姆(Will Peckham)就不幸遇难,而亚力克·华纳(Aleck Warner)、查理·贝尔(Charlie Bell)等其他一些学校的老朋友则在受伤者名单之列。这真是件可怕的事情。晚上,我把这事跟习(Hi)将军说了,他跟我说,没人会比中国人更后悔的。这是战争的可怕结果之一,只能用它的必要性来塞责。"我们不乏勇气",他说,"但是我们必须尽职尽责"。(153—154)

这是从两个角度来叙述的同一件事情:第一段文字中没有名称、没有单独的特征描述,没有对话,而且将其行动隐藏在一连串的被动建构之中(在单单第一句中就有四处),而在最后一句中出现了最重要的东西,当单

四、中国人的身体,中国人的未来:19世纪晚期美洲的"苦力"

词"开火"(fire)是"施加"(given),是"倾泻"(poured)的时候,不管怎样,对于暴徒而言,没有什么是特别的。第二段则是对话的框架,并且彼此之间相互包容(玛格丽塔告诉里特,里特又告诉给习将军),而且还包含着某一位暴民的个性,专门的名字和细节,以及对这种情况的一种情绪性的反应("这真是件可怕的事情"),及对其价值所展开的讨论。最为重要的是,里特谈到了报纸上的遇害者名单,将注意力集中到信息的传播上来,这就展示了言说这一事件的故事是如何播撒进社会领域内的。从另一方面来说,李教授的演讲将那种社会领域想得过于简单,毋宁是说,它构成了占据垄断性的社会领域,在这一社会领域之内,叙述得以周而复始地循环下去(就像2020年的中国人那样,它掩盖了那些卷入其中的人们的名字)。

假如人们可以将对波士顿惨案的两种描述之间的差异看成是李教授的演讲与日记所载的叙述模式之间的更为总体性的差异,人们会发现小说如何围绕着两种不同的叙述类型组织起来的,其中的每一种叙述类型都与一种特定类型的叙述者相关(一位华人教授,美国抵抗军的两位成员),与特定的时代相关(2023年或2020年),同时也与小说叙述有着一种形式上的关联(叙事引导与元叙事引导)。① 前者是具有自我意识的,并与历史因素的强调息息相关,而这种历史因素在很大程度上与单个的行动者没有关系,而在一般情况下,团体的叙述信息要么被消极的结构所确定,要么被附加结构所决定("但是,那些已经身无分文的逃亡者遭受着巨大的痛苦"[124])。后者所仰赖的则是情节编织以及特征的形式,而这些形式跟传统小说中的形式非常相似。

对《从过往找寻未来》的思考就成了讲故事的两种模式之间形式冲突的产物。前者主要加以陈述,后者则主要进行模仿。前者是"讲述"(tells),后者则是"表现"(shows)。由于小说以李教授的声音作为开头

---

① 所有这些都被所提到的真实发生的1770年波士顿惨案取而代之了,尽管这一惨案只有五个人死亡,但却成为北美独立运动的肇始。

199

和结尾,而且也因为他大声朗读了部分日记内容,因此,这两种模式都被归入一种剧情等级制度当中。而且,尽管这种等级制度是由小说叙述模式的完全形式化地位所塑造的,而这种等级制度又被小说对元剧情日记日渐增加的承诺(尤其被该书末尾的演讲所淹没)的事实所破坏了。总而言之,在李教授的十四场演说当中,有超过一半的篇幅(也就是说179页篇幅的小说中大致占100页)涉及这种冲突,这比韦斯特的经历要多许多,其中还包括了该书下部分演说的三分之二以上的内容(剩下100页中大约占69页)。

这种形式冲突与其说是"小说"决断的结果,毋宁说是故事当中各种行为的产物。李教授向他的那帮听众选择性地阅读日记的内容;李教授在对波士顿惨案所作的无甚新意的分析当中,就充斥着里特的朋友杰克以及中国人对消息进行压制的细节情况;李教授的演讲当中将近三分之二的篇幅在暗地里讲述了美国抵抗军的两位成员。从这种视角来看的话,我们就能够重新将这部小说想象为是这位华人演讲者生涯当中某一年的故事。通过这种阅读,我们就可以发现,叙述模式之间的冲突实际上就是李教授本人跟两种竞争性的叙述模式的斗争,首先是他的表述与观念倾向,其次则是他无意识的表述。① 小说的叙述空间(以页数来衡量)就以这两种叙述模式体现出来,而且还展现在书中李教授性格发展的影响与形式冲突当中。确实,叙述体系只有与李教授的性格结合在一

---

① 从精神分析的角度来看,人们可能会认为李万龙对日记的长篇引文讲述了波士顿肖马特学院(Boston's Shawmut College)一个中国历史学家的故事,他以失去自己的声音为代价,逐渐放弃了自己的叙述空间,而纠缠到一种跟他先辈的俄狄浦斯情结关系(an Oedipal relationship)当中。正如韦斯特自己一度注意到的,那些典型的中国人对祖先的尊崇,似乎使他对碰见的中国人有了比以往更多的崇敬之情,这要感谢那有着150年之久的催眠奇效:"祖先和耋耋耆老从古至今一直是天朝大国(指中国——译者注)的崇拜对象,而我,作为他们祖先的当代一员,在他们的观念中似乎被赋予了跟他们对其祖先一样的尊崇。因此,他们倾听着我,就像我两个世纪以来所说的话当中所积累起来的智慧一样。"(143)。在这里,小说提供了一个线索,通过一种地方化的俄狄普斯情结(以肖马特学院的历史讲座为中心),也通过一种文化关系,表达了李教授对韦斯特的兴趣。

起,才谈得上发展。①

假如小说中逐步接受的叙述模式既明确地标识为代表性的,同时又标识为美国性的话,那么,李教授那被广为引用的演讲必须被理解为至少部分地是美国体系当中的个人调适,而这并没有(至少在小说开头)看成是他所喜欢的叙述模式。他对美国"中国化"(Chinafication)的描述(176页)因此就与他自己所谈到的某种"美国化"(Americanification)相匹配,演说中的这种从历史向日记的逐渐滑动标志着在对"起因"及其"结果"加以结构化解释方面那没什么特权的、个人化的经验(17页)。②从这个角度来看,小说就不仅仅是"对于"中国人入侵美国的叙述,而且还是一种个人化的跨文化体验,在这种过程当中,入侵文化的某一成员自身也因他所属的入侵历史的叙述而得以转变(或者被转变)。而这部小说,与其说是一个关于入侵与转换的单向故事,毋宁说,这部小说再现了殖民者与被殖民者、中国人与美国人、当下与过往之间的相互(以及很大程度上无意识地)覆盖与重叠。尽管这种重叠很难真正平等,在小说的结尾,李万龙仍然当他的历史学教授,而韦斯特则在战斗中被杀,但不管如何,这些术语还是使小说当时的结构复杂化了。李教授叙述逻辑的转变使我们注意到小说叙述的当时紧张环境,因此,小说的叙述过程(如何讲述)一直遮盖了它更为壮观的故事(讲的是什么),这也对小说剧情框架当中另一故事场域的构建产生了影响。

这种结构,使李教授远不仅仅是一个叙述逻辑上的抄写者,它使可理解性领域成为分析小说的第三大主要形式要素。而这种要素必须跟

---

① 我对在小说的有限框架内对特征与叙述模式的空间"竞争"方式的解读在很大程度上得益于亚历克斯·沃洛奇(Alex Woloch)的作品,他在《一个对多个》(The One vs. the Many)(Princeton, N.J., 2003)一书中进行了一种叙事实践(a narratological practice),在一个全球化的"特征—体系"(character-system)中分析了"特征—空间"(character-space)的分布问题,并且将这种形式结构解读成作为文体(genre)小说历史发展过程中的一种关键特征。

② 这并不是说美国人在表现,或者中国人在演讲方面有任何特殊之处。在小说的内部叙述结构中,在对政治层面的叙述上从美国转向中国,而在单独叙述的时候则从中国转向美国。

市民与语法之间的关系结合起来才能发挥作用,并涉及到李教授演说政治的转变问题,而这些都可以被看成是小说表现的话语—故事(discourse-story)内部的一个关键事件。我们可以看看李教授在对肖马特学院新生的首次演讲中第一句是怎么讲的:"我以一个陌生人的身份来到你们面前。我出身于这样一个种族,这个种族正是你们几百年来被训练着要像一个低等种族那样思考的种族"(10页)。

"你们"(you)这个词具有双重功能。它不仅内在地激发了聆听李教授演讲的学生的积极性,而且还表明了这部小说在1890年的读者群。实际上,"你们"这词除了指称19世纪的读者,还有更多的意义,自从2023年以来,肖马特学院的学生本应该有三年的时间去抛弃关于中国人种族自卑感的观念,并适应半数波士顿居民的祖先是中国人这样的事实。李教授的"你们"一词,在小说中随处可见,因此就一直使1890年的读者沉浸在一种系统性的种族偏见当中,而这正是故事进展当中十分在意的。虽然说这一小说是从第二人称的角度加以叙述的看法也许并不准确,但是众多第二人称的残酷表现,通过弄混小说的真实内容与虚构内容,使小说读者服从一种演说的教学模式。这种教学模式使他们服从于文本的首要叙述声音,同时也把他们跟文本的首要叙述声音区分开来。

所有这些都在最后的演讲当中发生了变化。李教授在声称"我今天对你们不得不说的是,在对你们这群新生的最后一场年度演讲当中,将会用我自己的话来表达"(177页)之前,提到"很抱歉,我不会再从韦斯特教授的日记当中引述相关内容"。考虑到我将之描述为叙述模式之间的冲突,李教授对他"自己的话"的宣称表现为一场正式战争中的最后遁辞,表现为对他声音的大胆再体验,也表现为韦斯特的政治地位及故事叙述体系所宣示的独立态度。接下来的篇章全都以李教授所喜好的陈述模式展开,并且还对中国人占领美国的过程作了一个粗略的勾勒,严格区分了第一人称与第二人称:"现在,我要告诉你们,国家主义者在所有的地方都要靠边站,在那些寒冷的北方保存实力,以便跟外国联系。**我们**军队在前线形成了一道从蒙特利尔往南沿着阿利根尼山脉的西部基地直到俄亥俄的半圆形包围圈……"(186—187页,黑体为笔者所加)。

之后,我们来看小说的最后两段:

> 在结束发言之前,让我们赶紧思考一下中国人的入侵给我们带来的好处。
>
> 我们不再是一个手无寸铁、被动挨打的民族,甘愿在第一流武装的国家的攻击下被征服。我们从来没有这样在物质上这么繁荣兴盛。我们的土地养育了比以往更多的人口。在国家主义政府的管理之下,中国人的节俭已经取代了私人生活中普遍存在的浪费无度。女人不再跟男人竞争,而是根据神灵的旨意行事,成为男性的婢女。在国家主义之下,什么是我们要保留的好的东西。什么是我们要放弃和被更好的东西所取代的。在国家主义下,个人主义被降低到最小限度;我们如今非常自豪,并得到充分的发展。(187—188)①

第一个"我们"(us)是一种修辞。第二个"我们"(us)出现在第一句的末尾,可以说指称的只是中国人。但是,在以"我们"作为开头的第二段话中,李教授所用的代词明确无误地指向了美国的新人类,首次将他自己和学生设想成为一个单独集团的成员。这种语法上的统一体假想

---

① 在对温顿小说的探讨中,菲尔泽写道:"这个故事以朱利安日记中的一段话结束:他意识到,中国人除了中西部的一小块地区之外,已经控制了所有的地区,他知道在他们包围这块地区之前,'它'(it,指中西部的一小块地区——译者注)的消亡也只是时间问题"("the story ends with a passage from Julian's diary: he realizes that the Chinese have gained control of all but a small area of the mid-western states, and he knows that 'it's just a matter of time before they close in'")(68)。菲尔泽引用的一定是该书的另一不同版本,因为我所指的版本中没有这段话。我见到的版本就是以我上面所述的内容结束的。菲尔泽引用的那段话的一种版本出现在李教授最后的演讲当中,而不是朱利安·韦斯特的日记当中,而在我所见的版本中则是"随着我们逼近那帮民族主义残留分子,控制此地就只是个时间问题"("It is but a question of time when we close in upon the last remnant of the Nationalists")(187)。

了一种政治形式；李教授的第一人称单数向复数的转变因此就标志着一种新的政治主体性的可能性，这种政治主体性的统治者并非完全是中国人，也不完全是国家主义者，而是两者的结合。

这是因为，正如我已经指出的，李教授总是使用"你们"（you）将小说中众多的虚构关系施用到其双重化的受众（学生与读者）之上，而向"我们"（we）的转变所标志的则远不仅仅是对爱国主义的简单号召。它要求读者，以小说所特别给予的形式术语的方式，去担负起一个真正乌托邦式的、类似于社会主义者式的公民职责，而这些在主要为了解决阶级冲突并消除贫富差距的贝拉米的国家主义视角看来，仍然维系并伴随着一种个人主义（以及，并不顺带着的男性至上主义）。① 只不过表明了李教授所提及的双重人种的、双重文化的乌托邦，在小说最后的章节当中，以从"你们"到"我们"的形式转变的方式，在小说的最后章节中最为明显地表现了出来。而在这里，在小说一开始相互分离的小说的叙述者及其受众，最终结合到了一起。

这两种情绪模式的尴尬平衡，两者在一起构成了小说感觉的总体结构，这与那个时代的对于中国的更大争论中温顿小说的地位是相似的。对于19世纪的进步与联合的行动主义者来说，劳工的机械化，**随着**其"**中国化**"以及美国人的个人主义（及其健硕气概）受到工厂作业方式的打击，变得尤其适合于中国人的身体及其生物学上的不可思议特性。然而，在温顿看来，也只有中国人才能将迷途的美国社会主义者拯救出来：贝拉米对于劳工负担的乌托邦式的分配恰恰就形成了这种机械化的、驯服的民众，而对于这些民众，那些结盟的行动主义者的担心最初是由无产阶级化的扩散造成的。这不值得大惊小怪；"乌托邦的敌人或早或晚

---

① 确实，这里的这个跨国、跨民族的"我们"（we），是对一大帮男大学生听众说的，从劳动力和教室中排除女性那里得到了很多好处（如今是"男子气概的侍女"），而这些是每种种族和民族的男人都会欣然同意的。

会变成社会主义的敌人。"①但是,温顿关于中国人在美国种族政治当中地位的迂回转变的看法,跟对社会主义的怀疑比起来,要多很多;而通过对中国人夸张能力的明目张胆的颠倒,《从过往找寻未来》揭示了中国人的可塑性是如何成为美国人未来的象征的。而且,通过将中国人以特殊的方式加以运用,即将他们想象成为个人主义的历史保护者,温顿还使中国人成为所有美国人当中最好的:他们具有文化的、文明的、发动大屠杀的能力以及清除消除其令人不快的结果的能力,小说中的中国人跟现代性产生了某种关联,而这种关联同时是同情和富有成效的,也是怜悯和唯利是图的。小说因此就转变了对中国人压抑与停滞(这在19世纪的分类当中是相当常见的部分)的看法,将其变成了一种有益的品质。这恰恰是因为没有改变中国回归到西方的情况——假如只有通过枪杆子的话——后者的价值就在这种对观念的进步的、未来指向的和充满怀疑的欧洲热情当中被抛弃了。

小说一开始用了178页的篇幅对美国人的退步深表不满,并认同韦斯特那鼓动机械般的国家主义者行动起来反抗入侵的徒然无功的努力,温顿小说的读者对此的所思所想,似乎是将历史上的坏事变成好事的为时已晚的尝试?正如雷蒙德·威廉斯所指出的,假如小说真的起作用的话,这是因为它们能够进一步确立起一种"感觉结构"(structure of feeling)策略,这种策略能够为读者提供一种情感上以及(或者)经验上的总体框架,依靠这种总体框架,就可以把握住自身在世界中的转变,也就是说,假如小说有时候无意识地表现出的对于现在的新恐惧,而不管温顿的小说是一种怎样的情感作品,它确确实实从属于一种感觉的复杂

---

① 弗雷德里克·詹姆逊:《岛屿与战壕:中立与乌托邦话语中的生产》(Fredric Jameson, "Of Islands and Trenches: Neutralization and the Production of Utopian Discourse,")载《符号》(*Diacritics*) 7, no. 2 (1977), 3。

结构。① 如果完整说的话,这样的一种结构必定包括了绝大多数小说中都会有的一般性的乌托邦、荒凉场景,以及关于社会主义军事弱势的所有令人惊异的倒置与威胁,而最后的两节,则希望有一个与1890年的美国所不同的军事上强大的、个人至上的乌托邦般的美国,而这至少是部分社会主义者所期望的事情:有着华人特征的国家主义。小说让读者体会到的是一种情绪上的情结,这种情结承认了当前情形的局限性,就像温顿在序言当中所写到的,"那些伟人的存在是对国家福利事业的一种威胁"(6页),之后就是惩罚那些相信解决那些局限性的贝拉米乌托邦的读者们,惩罚的方式则是迫使他们对国家主义者解决方式的情绪上的苦难损失加以弥补。小说中美国人所经受的事情,就像韦斯特那些人在国家主义者对入侵的机械性的缓慢回应上所遇到的挫折那样,也试图让读者感受到这样的情景:事实上,人们可能会指出,小说对贝拉米的异辞,在很大程度上是建立在对它所导致的认同式痛苦所提供的情感证据的基础之上的。小说最后为读者所展示的大团圆结局则表明,其目的是为了迫使读者经**由**那种痛苦而进入对其必要性的一种竞争和同情式的认可之中。读者最终的情感状态类似于中国官员对波士顿大屠杀事件的哀叹:他们所看到的这些痛苦,尽管非常可怕,但却加速了一种加以改良的、后贝米拉式社会主义的形成,这种新的社会主义既保护个人主义,同时又强化了国家防御力量。要成为温顿乌托邦小说中被质询的主体,就需要一种对没必要形成的痛苦所作的**政治**抱怨加以忍耐的重要性加以认可。

4. 学着失去

为了迫使美国读者去忍受转型中的痛苦,小说通过对所体验过的中

---

① 威廉斯将一种"感觉结构"定义为是"一种仍在进行之中的、常常确实没有被公认为是社会化的、但却是私密的、特殊的和孤立的社会经验",也是目前正日渐凸显的社会本质的"一种文化假设"(《马克思主义与文学》(*Marxism and Literature*)[Oxford, 1977], 132 - 33.)。

国军队的情况加以文化机制上的补偿,但小说却并没有表现出在19世纪亚洲分类中忍耐力与劳作之间的关系。实际上,小说中从未出现过苦力,只是以一种最少体验化的,同时又最具有道德—哲学化的方式才使得"华人"的问题与《从过往找寻未来》中的受害者整个地联系起来(例如,在李教授对痛哭流涕的官员的描述当中)。但是这种伤害发生在(跟小说的叙说或其政治联盟一样,被代之以另一种记录)被华人所奴役及杀死的美国人身上。而且,他们的苦难正是美国为消除劳动的痛苦而采取的一种劳动方式的结果:这正是因为美国人所实行的贝拉米式的国家主义所造成的,而这些人实际上一定已经在波士顿和纽约遇害了,或者被当做奴隶卖到了海外。

尽管苦难作为生活之一部分的观念早已是老生常谈,但美国19世纪争论的观念状态使我们得以在温顿的作品中将这种认可部分地看成是一种更宏大的历史进程,据此,与痛苦的近代关联就被确定起来了。如今,一旦回想起塔拉尔·阿萨德所声称的:西方"对世界的教化"塑造了殖民主体,而这些殖民主体又恰如其分地跟痛苦和同情有着近代关联,而与浪费的与必需的疼痛之间的差别也息息相关。我在这里想要指出的是,温顿的小说使我们同样可以将阿萨德的分析拓展到欧洲和美国。世界的教化以及对"必需"痛苦的价值的承认,两者的价值在于不得不联系到(而且也确实强加到)国民身上,而这些国民大概正是其哲学起源的资源所在。很明显,《从过往找寻未来》中所传递出的信息是,某些类型的痛苦必须得忍受,而就算是像中间过程必然会出现暴力一样,不管从何种角度来看,都可以被看成是在塑造一个自由世界的过程中产生的遗憾后果。假如小说有一种感觉结构的话,那么,这正是通过对形式化且又具有主题性的财富的操控而建立起这种新体系的"真实"的,在这中间,奴役与谋害造成的痛苦成了一种政治经济结构所付出的代价,而这种政治—经济结构又包容了保持着个人主义的近代劳工的必要性。实际的情况是,小说从没有描绘其乌托邦式计划的结果,这种乌托邦式的计划只是在李教授演讲的最后部分才隐约出现,这就表明了对于真实的想象而言,真正实施的难度到底有多大。这种想象中的未来所起到的作用,并没有再次得以展现,与其说是小说所实现的期望,毋宁说是小说的梦想,小说的一大讽刺之处就是,整个入侵行动必须发生,而李教授也必须用叙述的方式去讲述事情的来龙去脉,但他却只是谈到了这一点,即,假如不被精确想象到的话,这样的一种体系会在什么地方被提到?

这种想象的僵局表明了小说与"亚洲类型"的局限性,而这种"亚洲类型"又被理解为是一种在"苦力"形象得以具体化的千人一面、劳工以及资本之间的关系。与试图消除由工业现代性所造成的损失并进而力图在小说中保护纯种人和白人相比,更多杰克逊时代的美国人反对工业主义,温顿的小说力图思考由中国性和劳工所结合而成的未来场景的可能性,这种未来被想象成现代生活的永久性结构。这种未来构造所造成的"大团圆"结局的缺失,使小说的情感结构变得非常怪异,这是因为工业资本主义问题的解决只有通过小说中的抵抗行动所导致的受难才能实现,从而使中国人成为美国历史中的"机器降神"(deux ex machina)①,将其贬低到他们曾"从属"的历史角落之中。由此看来,这部小说就跟杰克·伦敦(Jack London)的《空前入侵》(*The Unparalleled Invasion*)②很

---

① "机器降神"(deux ex machina)最早源于古希腊语Απόμηχανηςθεός,意指机关中跑出来的神。在古希腊戏剧中,当剧情陷入胶着,难以解决其中的困境时,就会突然出现拥有强大力量的神来解决这些难题,使剧情得以继续下去。当时,会利用升降机的机关,将扮演神的演员送到舞台上,于是就有了"机器降神"的说法。在某些现代评论者看来,在戏剧或者故事中的这种安排破坏了戏剧或故事的内在逻辑。——译者注
② 《空前入侵》(*The Unparalleled Invasion*)是杰克·伦敦(Jack London)1910年发表的一部科幻小说。小说虚构了中国向日本学习西方现代观念和技术之后得到飞速发展,进而迅速崛起,但最后遭到世界列强毁灭性打击的故事。作者以倒叙的形式展现1976年的世界格局:当时的中国已经步入发达国家之列,其强大国力令全世界感到害怕,而造成这种状况的直接原因则要追溯到72年之前的日俄战争,在当时,日本战胜了欧洲强国俄国,从此一跃而为世界强国,但这也成为了中国觉醒的契机。作者叙述到,日本当时意识到自己在面对西方列强时深感势单力薄,因此就试图通过操控中国而与西方相抗衡,但中国在学习了日本的先进技术与观念之后,就试图摆脱日本控制,走上独立发展的道路。日本无法容忍中国的崛起,于是在1922年爆发了中日大战,最终以日本失败告终。经此一役,日本企图打造东(转下页)

不一样,杰克·伦敦的这部小说讲述了中国的崛起导致了世界各国的联合,并最终将所有中国人彻底消灭的故事。对于温顿来说,情况就恰恰相反,美国的景观,同时也是现代性的景观,在"形式与景致"方面如今正是而且将会继续是"亚洲式的",这是因为整个世界的特征在实际上也是"亚洲式的"。

除了导致美国民众灵活性逐渐衰退和"自由"的终结之外,就像文中对中国人入侵的更多反乌托邦式的叙述一样,小说当中所叙的美国的"中国化"也因此成了为自由而付出的代价。从这种意义上来说,小说功能上的政治冲突就像是19世纪后期"中国"在经济状况上遭受苦难的一种寓言,跟文学作品中所称的中国人"入侵"往往将中国人的移民看成是起初所当成的"入侵"那样。在小说所表达的接受中国人政治统治的论调当中,所隐藏的是对资本主义未来以及劳动力市场全球化的一种看法,即,从历史性的角度来看已经难以处理,而在名义上却意识到了劳动力及贸易的跨国网络的生产逐渐破坏了民族国家的孤立性与独立性。①

(接上页)亚大帝国以与西方抗衡的意图宣告破产,使西方世界松了一口气,而更令西方人欣慰的是,中国尽管与日本相邻,也处于东亚,但是中国人却不像日本人那么好战,而是平和宽忍、埋头苦干。在数十年的高速发展之后,到了1970年,中国的实力已经有了极大的提高,这时候,中国与其周边邻国不断出现冲突。最先发难的是控制印度支那半岛的法国,由于大批中国人依据印度支那半岛地区,对法国在当地的殖民统治秩序造成了巨大的冲击,法国遂决定向中国开战。当时的中国没有庞大的正规军,但其民兵组织却极有战斗力,一举大败法军。这些民兵随后携妻带幼移居印度支那半岛,将法国的势力彻底清除了出去。为了夺回殖民地,法国派遣强大的海军来华,轰炸中国领土,但中国始终不应战,等到法军弹尽粮绝不得不撤退之后,中国又轻而易举地夺回这片沿海地区。在这之后,中国以同样的和平方式从南北西三个方向进行扩张,列强用尽各种手段都无法加以遏止,最后,美国总统接受了科学家拉宁格尔的细菌战方案,并推荐给西方诸强使用,最终用这种方式对中国实施了毁灭性的打击,从此世界不再受到中国和平扩张的威胁。考虑到当时的历史语境的话,从某种程度上可以说,杰克·伦敦这部作品所反映的是当时西方人(确切地说是欧美白种人)对中国人所持有的根深蒂固的排斥态度,这种态度在一定程度上已经成为了当时西方世界的对华集体潜意识,在某种程度上也成为当今"中国威胁论"的一大历史渊源。——译者注

① 在《膜:十九世纪文学、科学与政治中的入侵隐喻》(*Membranes: Metaphors of Invasion in Nineteenth-Century Literature, Science, and Politics*)一书中,劳拉·奥蒂斯(Laura Otis)为我们揭示了细胞的发现以及传染病疫苗的发展是如何促使焦虑的帝国主义者以众多有机隐喻的方式形成对民族/国家边界的控制的,尤其是那些围绕着将病毒进入人体并"传递"(passing)给它的合法公民的可能性而组织起来的(Baltimore, 1999)。

温顿对美国政治观念的放弃,实质上就标志着一种认可,尽管小说以最为乌托邦的方式来加以说明,但跟民族国家不同的是,美国的个人主义在未来中国人的殖民地中将仍然存在下去。

在这样的未来当中,什么将会降临到华人"苦力"身上呢? 在温顿小说对于中国和美国未来的林林总总的论述当中,从来没有出现过最为关键的人物。对此,人们可能会说,就像本雅明对波德莱尔(Charles Baudelaire)①诗作中各色人等的态度一样,温顿小说当中"最重要的主体在描述中很少会涉及到"②。苦力作为一种具有决定性的负面空间、一种意识上的黑洞在小说功能当中的"缺失",这是小说所反复出现而且无法逃脱的东西。温顿笔下的华人与其说像美国国家主义者,不如说更像朱利安·韦斯特,他们只不过是在美国美妙的19世纪中出没的灵魂,令人重新勾起对遗忘价值的回忆。只有在他的主要特征(受苦的能力、毫无怨言地忍受"亚洲式"现代性的代价的能力)展露无疑之后,我们才真真切切地看到了这部小说中苦力的阴影。在小说的结尾,仍然活着的人都必须接受这种代价,而通过对李教授最后一句话中"你们"(you)的追问,读者就不得不将他自己想象为是小说中华人掌权下的新美国的其他公民。这正是李教授希望在小说结尾所完成的道德使命:读者也许会放弃文化或种族优越性上的等级制度,这种等级制度在19世纪的反华话语当中一直未曾消失过,而且,这种等级制度也有助于使之成为解决所暴露出的经济问题的一种有效手段,而代价则是去想象后国家主义者(post-Nationalist)的现代性,以及后国家主义者的未来:简而言之,读者

---

① 波德莱尔(Charles Baudelaire),全名为夏尔·皮埃尔·波德莱尔(Charles Pierre Baudelaire,1821年4月9日—1867年8月31日),法国19世纪最著名的现代派诗人,象征派诗歌先驱,代表作有《恶之花》。《恶之花》(1857)是波德莱尔的代表作,也体现了他的创新精神。创新之一在于他描写了大城市的丑恶现象。在他笔下,巴黎风光是阴暗而神秘的,吸引诗人注目的是被社会抛弃的穷人、盲人、妓女,甚至不堪入目的横陈街头的女尸。——译者注
② 《论波德莱尔的N个主题》,收录于《发达资本主义时代的抒情诗人:论波德莱尔》("Some Motifs in Baudelaire," in *Charles Baudelaire, a Lyric Poet in the Age of High Capitalism*)(London, 1983),122。

要学着**像**苦力那样(忍受痛苦和自我安慰),这样的话,他们就不会**变成**苦力。

在乔治·亨利·梅森和伯驾的时代,身处国内的欧美人对于中国性的经验绝大部分是从中国物品流通形式上的跨民族性得来的,这经由那些开始与中国人进行贸易的西方人的冒险之旅怂恿而来,19世纪后期的美国是首次面对蜂拥而至的华人的西方国家。风险也随之上升,随着中国劳工对经济构成威胁,以及茶叶或者同情理论的失效,大多数美国和英国作家将生活方式的完整性看成是西方所独有的文化之邦(想想明恩溥关于克虏伯枪的论述)。然而,具有讽刺意味的是,对牵涉进来的这种观念问题的一种"解决之道"——在梅森看来,或许确实起到了作用,并且正像在种族话语中经常出现的那样,将人想象成为"东西"。①但是这一类特殊的事情:关于中国劳工的问题并不是他们如此这般不人道,而是因为他们本身的人性就是不人道的,这不仅体现在对他者痛苦的熟视无睹上(通过当时的一个古老故事),更表现在对**自身**痛苦得过且过的态度之中;也就是说,中国人跟动物**一样**,但又不是动物,这也就是为什么长久以来有人坚持认为他们跟这些"东西"**一样**的原因。

从这种观念上来说,在温顿的小说中所勾勒出来的图景如今已经广为人知。在《从过往找寻未来》一书中围绕着反华话语所进行的具有可通约性(commensurability)和不可通约性(incommensurability)的复杂演绎,不管怎样,都没有使之"超出"它所处的时代;更确切地说,是对完全没有相同之处的时代的补全。"苦力"那些在生态学上令人不可思议的身体对某种未来产生了威胁,在这一未来图景当中,现代性必须加以"忍受"而不是奋力反击——而且,也正是在这一未来图景中,"苦力"那些受苦中的身体境况已经成为各个地方所有身体的境况。

---

① 我这里的一些想法受到了克里斯托弗·布什一篇近期文章《美国喷绘时代中事物的族性》("The Ethnicity of Things in America's Lacquered Age,")载《表象》(*Representations*) 99 (Summer 2007)的巨大影响。

通过将痛苦问题转变为情感寄存者,温顿以一种某些人的痛苦恰恰就是因为没有苦力劳工的一个未来图景的可能性境况的持久缺失为代价,获得了由现代性的冲突所形成的乌托邦。而且,虽然《从过往找寻未来》中出现的事实,随着中国军队的到来而使这种痛苦的重新回归,表明这种痛苦是如何跟19世纪晚期美国的想象紧紧联系在一起的,而在叙述中,也正是那些身处痛苦之中的美国人最能表明温顿是如何长远地去思考一个将美国的未来跟中国维系起来的体系化术语的,但同时,却没有像其他一些人那样通过法律或身体暴力的方式去消除其中的某一个。但是,话又说回来,小说中的暴力至少在部分上是种族灭绝的。因此就能理解西方人关于中国人痛苦的看法是如何深刻影响到种族灭绝的转变可能性的,尽管这不像温顿个人所想象的那样,是对作为一个种族的中国人而言,而是对与异化劳动相分离的一种有机人类主体性的可能性而言的。这并不能否定关于中国性与痛苦之间一种本体论关联的观念,而是通过一种更为全球化的、自主的寄存者,对这种观念加以重新确认。

5. 拟人化的光圈

将亚洲化的历史明确地与焦虑关联起来,这是主流的美国文化在面对异国情调和技术时出现的情况,这就表明了在美国的亚洲人躯体是如何经常被(看成是)一种双重化的或重复媒介的形象,不得不忍受其表面上对非我族类和工业现代化的相互媒介化的观点。在美国的环境下,身体的形象二重性最常会被所谓"神秘莫测的"习俗所标记出来,这表明了其外表隐藏着一种难以获取的内在意义。确实,人们可能会在论述19世纪后期的华人时,将之有意渲染为是一种力图同时加以还原与保护的二重性,这种解释其奥秘的计划跟被其束缚的陌生性的狂欢纠缠在一起,难以全然分开。

也正是这种二重性在特殊的华人身体的面孔、习俗以及言语方面一次次地将自身展现无疑,这表明,华人的二重性作为一种观念上的形象(同时标志着过去和未来、种族上的原始与现代、忍辱负重以及终结这种冷漠的可能性),通过赋予一种拟人化的形式而让人明白易懂。作为一种亚洲化形象的体现,或者从更广义的意义上说,作为一种亚洲化身体的表现,已经将这种形象作了归类,这就意味着一些美国人正在感受到来自一种身体化的、人类标记的可视化二重性的威胁。或者也可以说,作为在一种身体化的可视化二重性的表现,人类标记通过某些亚洲化的定义——过去与未来、动物与超人——而得以展现。

尽管有观点认为华人"神秘莫测"的看法增加了对于华人的面孔(呆滞的)或语言(费解的)的这种主观性的表面现象的不确定性,而更确切地说,由华人所造成的这种再现方面的不确定性,这种不确定性与对种族和文化上的他者类型的遭遇一起,如此持久地构成了(或者说被塑造成)关于劳工、全球化或者现代化的那种复杂而又多层次的问题。比方说,明恩溥很早之前就在《中国人的气质》一书中说到:"有一幅版画,画上是一棵橡树,但是看画人却被要求在橡树的轮廓中看出拿破仑的侧面像来,他正领首抱臂,站在圣赫勒拿岛上。起先,看画的人无论怎样盯着它看,往往都看不出任何侧面像来,会觉得这种说法纯属牵强附会,然而那个侧身像一旦被人指明,再看那幅画却仍旧看不出拿破仑来,倒是不可能的了。同样的道理,在中国看到的许多事情并不是一开始就被注意到的,而一旦被注意到,则会永远不忘。"(《中国人的气质》,11-12页)。跟拿破仑像和橡树轮廓一样,中国人从表面上看是模糊不清的,今天是这么长相的,明天又换成了另一种长相,这就使得那些美国的观察者们有了这样的一种看法,即,那些可能经常是画中之画。假如亚洲化的表面特征正如凌津奇(Colleen Lye)所说的那样,是"现代化所渲染出来的可视性"①的话,这恰恰是因为亚洲人的身体对于美国(白)人来说,被重新塑造成了一种现代技术以及现代劳工的主体,而这种现代劳工生来就要去忍受那种广泛发生的情况,而这种情况足以胜过"人性"自身的估量,这就使得人们不可能在同时观察到世界的各个方面。因此,中国人那复杂而又多样的**真实**作为一种形象,这在某种程度上跟美国人对其现代化未来的经验格格不入的单个对象结合在一起,成为一种使中国人成其为人的**谎言**,就像中国人形象的多重表现功能被美国白人所忍受一样,这只能被感知为一种对面具及错误表现的人格化层叠,这种层叠掩盖了对内在核心的某种拒斥。

或许是因为美国人对中国人的看法总是会回到身体的问题上来,也会回到对毫无怨言地忍受现代生活和现代劳作条件的身体能力上面来(比如说,忍受近乎饥肠辘辘的能力),关于亚裔美国人的研究著作全都已经将种族看成是一种在人类头脑与身体当中最根深蒂固的东西。与之恰恰相反,凌津奇认为,促使亚洲人成为全球化劳动力市场的某种形象的结构,恰恰表明种族并不是人类的一种观念,而是一种经济事物,这种事物正在支配着其表现方式甚至现象学上的经验"形式",更多的是一种资本运作而不是白人对于异族的看法。假如在这种论述框架之内加以考虑的话,就可以将凌津奇的视野再往前拓展一步,即,**身体**本身并不是一种人格化的对象,它同时也是所有人格拟人化当中起源的和最不曾被扭曲的、绝无仅有的人格化对象,或者可以说,它完全就**像**它自己。中国人的双重性是一种对其复杂而又常常令人不快的事实的承认,也是对在这些身体中行为方式以及具有历史与经济意义的媒介的承认,而这种承认同时也是一种拒绝,它拒绝为"双重性"赋予积极的内涵,正是在这些意义之下,在那些中国人形象背后所展现的则是一些更为纯洁、也更为原始的赤身裸体、血肉丰满的光

---

① 凌津奇:《美国的亚洲》(Lye, *America's Asia*), 94。

圈(apertures)。(谢平(Pheng Cheah):"人性及所有的能力都是……由超越人类的力量所形成的生产-效应。"①)

在美国的语境之下,凌津奇那种对于种族观念的强有力的反人格化(de-anthropomorphization)就带给我们一种更为广阔的关于失望的理论,而这种理论也许可以称之为人格上的欲求,也就是说,这种关于失望的理论是由某种意识所造成的,而这种意识正是一种对于身体的个人化与人类天真的最初幻想,这种幻想只有在与诸如跨国主义、离散、全球化或者生产方式的历史这样如此巨大而又更无人道的观念关联中才能加以思考。乌托邦小说很早就已经成为这些生产方式中的一种,而正是通过这些小说,人们已经将关于历史时间的这两种看似不可通约的模式重新调和到了一起(弗雷德里克·詹姆逊(Fredric Jameson,或称詹明信)称其为"生命意义上的"和"地质学上的")。② 在《从过往找寻未来》一书当中,我们可以看到温顿如何将苦力所遭受的痛苦转变并泛化为一种情感上的、面向未来的标记,而这样的一种变化过程只是因为小说对苦力人格化类型的可塑性的把握才变得有可能。因此,温顿对于未来的想象依然保留着关于苦力(这种现代性与痛苦的结合体)的观念与意识形态内核,而在同时,又剥离了其身体上的外壳,并多多少少消减了其种族与文化上的特殊性。

但是,这种对苦力身体的幻想的不断重复,在我们如今的时代往往会说成是对廉价中国劳工(被当成是一种经济特征而非种族特征)以及中国工厂当中威胁身心健康的工作条件(在这里,"种族"的形式仍然被老调重弹)的广泛忧虑,这就提醒了我们要注意到我们在对身体的非人格化的体认中的另一种面相,这种面相就是对于人格化的持续回归。也

---

① 谢平:《非人条件:论世界主义与人权》(Pheng Cheah, *Inhuman Conditions: On Cosmopolitanism and Human Rights*)(Cambridge, Mass., 2007), 10。
②《真实存在的马克思主义》("Actually Existing Marxism,")载《解析》(*Polygraph*), 6-7 (1993): 170-95。

就是说,将身体的观念当成是对个体经验与历史阐释的最基本和最真实的称谓。它正诱导我们将对身体的这两种观念之间的关系描述为是对立的,同时,也将身体之间的运动描述为现象学上的基础,将身体描述为是文化上的超结构。这样一来,就为自黑格尔或马克思所激起的知识界革命以来的西方思想确定了一个主要的组织框架。

但是,要实现这一目标的话,就需要舍弃掉争论的前提,因为正是这样的一种同源性,让人产生这样的一种想象,即,"最初的"和完全自足的身体并不像那些已经成为生产模式象征的身体,自身已经成为某些事物的一种**形象**,换句话说,成为未曾被扭曲过的身心的一种象征。① 这种对立并不存在于非形象化与形象化之间,而存在于非形象化的一种形象与公开呈现出某种形象化的形象之间。正是在这种具有偏向的对立下,在另一方面,这种对立最终也在命题与反命题中展现出来,这样就跨过了"中国人的身体"(Chinese body),正是中国人身体的二重性编织出了这种厌恶的意识,也就是说,诚实而又公开的身体未能**成为**这种最准确**再现**出来的实际情况。同样的,关键在于,正如在考虑苦力与疼痛的关联方面:在温顿的小说中,所讲述的毕竟是对身体受苦的种族方面的特殊经历转变为一种一般化的受苦经历的过程,但是,对从属于单一类型的身体的某种经历可以拓展到整个人类范围么?将中国人形象的"内在"放到一个普世化的"外在"当中,从生理学转到影响方面,受苦受难的芸芸众生从一种导向对他者加以神秘化的难以捉摸的内在生活转变为对于民族自我防御的核心逻辑的表达,这种转变就承认了某种类型的疼痛是一种"单个的"人的未来从对人的机器的巨大威胁当中解放出来所必须付出的代价。

坦白地说,受苦受难的经历自身所展示出来的是温顿的乌托邦式现

---

① 在这里,我们看到,在一种缺失外形(figuration)形象(figure)中,"人类"(human)或者"原初"(original)的身体向我们有效地再现了一种从未存在过的"本真"(genuinely)真实身体的理想(ideal)。

四、中国人的身体,中国人的未来:19世纪晚期美洲的"苦力"

代性的基础条件,而中国人则脱离了他们个人与疼痛的种族上的关联,而变成了叙事中的那种"美国人",这也就是为什么在当中国军队创造出一个全部是移民的国家时,他们会无动于衷。在温顿的小说中,当朱利安·韦斯特(这个人的姓在贝拉米的《从过往找寻未来》中标志着19世纪的空间边疆(frontier of space)取代了21世纪的时间边疆(frontier of time))在伊利湖(Lake Erie)的战斗中死去时,也标志着19世纪随他而逝。而随着李万龙成为终结历史的"最后之人",这就为一位无法作出自己选择的观众活生生地描绘出了一幅交织着同情语法的图景,在对疼痛的亚洲类型的表露过程中,形成一种普世现代性的条件,而其风格则是跨越整个太平洋两岸的。①

---

① 在柏林墙倒塌三年之后,福山(Francis Fukuyama)的《历史的终结及最后之人》(*The End of History and the Last Man*)(New York,1992)一书,描绘了一个柯耶夫式的独特的黑格尔,提出了与无处不在的现代性发生关联的另一种视角。福山认为"一个统一的经济生产可能性的范围""使所有人类,不论其历史渊源或文化传统,都必然走上一条不可逆转的同质化道路",在很多方面,这就像一个世纪之前温顿所想象的普世主义(universalism)一样,尽管福山所指的是一种更为积极的模式(第 xiv 页)。(中译本:福山著,关胜强等译:《历史的终结及最后之人》,中国社会科学出版社,2003年。——译者注)

五、伯特兰·罗素的中国之眼；或现代主义的双重视野

> 在被仔细分析的一个事件中，当事件发生时，一切似乎都是偶然的：这个人的名利欲望、某种机缘巧合，当时的特定处境或者其他具有决定性的因素。但是，偶然性是相互补充的，事件的片段不断堆积，它们描绘了对人的处境采取立场的各种方式，其轮廓已被确定，我们所能言说的对象也已经确定。
>
> ——梅洛-庞蒂(Merleau-Ponty)：《知觉现象学》(*Phenomenology of Perception*)

在翻阅耶鲁大学医院图书馆内伯驾文献集中装有各种材料的盒子时，任何人都会在第一个盒子的第五系列内容中发现那两封保存完好的信。这两封信写于 1935 年 4 月，通信者是大学秘书处的卡尔·洛曼(Carl Lohmann)和时任耶鲁大学医学院院长的米尔顿·C·温特尼茨(Milton C. Winternitz)。洛曼在信的开头这么写道：

1935年4月9日

亲爱的温特尼茨院长：

在博济医院(Canton Hospital)①嘉惠霖(Cadburg)及伯驾的信函中，附带了一份中文文件。

考虑到这是由某个东方学者为我们热爱的大学撰写的极富感情的文字表述，我让浅川(Asakawa)教授匆匆浏览了这份文件②。结果发现这是一位名叫温龙兴(Wan Lung Hing)③的药商写的催款通知单。受街头车辆上广告语的影响，我通常光顾的都是我们当地的药店。我恐怕这封信并不是寄给我的，可能是寄给您的。

顺致问候

C. A. L.

第二天，温特尼茨用同样风趣的语调写了回信：

亲爱的卡尔：

在过去的几个月中，我连用优美而又古老的盎格鲁撒克逊语言提交的账单都读不懂了。您怎么会想到我能读懂一份中文手稿呢？我觉得这是一种继格特鲁德·斯泰因(Gertrude Stein)④的诗歌风格之后新的艺术形式。因此，我猜想在这方面我远不如你。不管怎样，这份文件堪称精湛之作。

顺致问候

M. C. 温特尼茨，医学博士

---

① 博济医院(英语:Canton Hospital, PokTsai)是清朝末年由美国传教士伯驾等人在广州长堤开设的医院。后来成为民国时期著名的百年医院。因孙中山先生曾在该院习医，改名为中山医学院第二附属医院，后改为中山医科大学孙逸仙纪念医院，现称中山大学附属第二医院。——译者注

② 浅川(Kan'ichi)，历史及政治学者，于1907年起在耶鲁大学教授历史(他同时也是图书馆亚洲典藏的策展人)。

③ 未查到原名，此为音译名。——译者注

④ 格特鲁德·斯泰因(Gertrude Stein,1874-1946)，美国作家与诗人，但后来主要在法国生活，并且成为现代主义文学与现代艺术发展中的重要人物。——译者注

两份信的幽默显然高下有别。在洛曼的信中,"抛开"语言上的修辞来看,开头的"文件"和"极富感情的文字表述"其实只是一位药商的催款单。温特尼茨用同样开玩笑的语气重复了洛曼对于简单账单与精湛手稿所作的区分,表明了中文写作是一种具有高度文明的历史的象征,同时也表明了商务活动的日常性。关于斯泰因,我一会还会详细讲述,现在我想先把大家的关注点直接引到温特尼茨的最后一句话上。在这句话中,他不仅把账单视为"文件"——这个概念洛曼在他的第一句话中用到了——还把它称为"精湛之作",这就把账单提到了一个更"高"的地位。"不管怎样"这一表述表明语气由幽默转为严肃,由此强调了虽然事实上这张纸是一张账单,但却是"精湛的",原因在于它是用中文写成的。药商的这份账单,即使在得知它的功能是一份账单后,依然是一份"精湛之作"。最终,从"手稿"到单据的转变并没有影响到视觉上的精美之感,这就再次表明,在过去的几个世纪中,中文在西方的想象中具有多么巨大的功效。①

从温特尼茨提及格特鲁德·斯泰因的话里行间也可以看到中文在当时的影响力。格特鲁德·斯泰因在当时是备受关注的:斯泰因自 1934 年起就一直活跃在美国学界,影响巨大。她是当时最著名的文学界人物,作为一位名流,由她举办的宴会总是被刊登在八卦页面上,她的谈话会吸引数百名好奇、热切的听众。斯泰因的文学创作特征,即以"玫瑰就是一朵玫瑰就是一朵玫瑰"(a rose is a rose is a rose)为代表的重复而又简略的风格,成为众多报纸专栏作家以及其他国家的作家们经常模仿的对象。② 温特

---

① 这些功效是众多批判性作品中的题材。对于迷恋中文写作的批判,但同样也迷恋中文写作的一个经典事例是雅克·德里达的《论文字学》(*Of Grammatology*),但是德里达已经准备回归到莱布尼茨(G. W. Leibniz)那里,莱布尼茨的梦想是创建一种纯粹的语言,并期望中文能够成为这种纯粹语言的化身。周蕾在《新教民族与资本主义精神》(*The Protestant Ethnic & the Spirit of Capitalism* (New York, 2002))一书第 2 章中对德里达关于中文的论述有过总结和评判。另可参见苏源熙:《文化中国的话语长城》(Haun Saussy, *GreatWalls of Discourse and Other Adventures in Cultural China*)(Cambridge, 2002)。
② 例如,随着斯泰因所乘的船只于 1934 年 10 月 24 日驶入纽约港,召开了一次令人惊讶的出版会,纽约报纸的标题五花八门,诸如"Gerty Gerty Stein Stein Is Back Home Home(转下页)

尼茨可以开玩笑地认为用一种外语撰写的文件对他来说如同"一种继格特鲁德·斯泰因的诗歌风格之后"的形式,既反映了斯泰因作品广受欢迎,同时也能从她深思熟虑写出的晦涩语言风格推测出在 20 世纪 30 年代美国关于"新的艺术形式"的概念究竟是怎样的。

不管是什么东西让温特尼茨觉得斯泰因的风格与中文很相似,这一问题可以归到关于中国与盎格鲁式的美国现代主义的关系这一广阔命题中来,这一关系在很大程度上应该归功于现代主义诗人所做的工作,他们翻译了中国的哲学和诗歌,并且声称这些是他们自己的美学和知识遗产;1915 年出版的埃兹拉·庞德(Ezra Pound)①翻译的中文诗歌《华夏集》(*Cathay*)②和艾米·洛威尔(Amy Lowell)③在之后十年的意象派诗歌集中所出版的翻译作品,表明现代主义艰深的语言及对传统韵律的抛弃在一定程度上与远东有关。在当时,温特尼茨可以开玩笑说药商用中文写的账单看上去像斯泰因独特风格中的又一新形式。中国和新的书写形式之间存在的些许联系甚至在更大程度上偏离了一般引证形式以及意义,关于这

(接上页)Back"、"Gertrude Stein Barges In With a Stein Song to Stein"以及"Gertrude Stein, Stein is Back Back, and It's Still All Black, Black"(珍妮特·霍布豪斯:《每个人都是任何人:格特鲁德·斯泰因传记》(Janet Hobhouse, *Everybody Who Was Anybody: A Biography of Gertrude Stein*)[New York, 1975], 177)。奥多内尔(Heather O'Donnell)在普林斯顿介绍的信息使我注意到这样一种习惯。作为一位特殊的耶鲁联系者,斯泰因跟阿尔弗雷德·哈考特(Alfred Harcourt)在 11 月 4 日参加了耶鲁大学跟达特茅斯学院之间的足球比赛。

① 埃兹拉·庞德(Ezra Pound, 1885-1972),意象派运动主要发起人。第一次世界大战后,迁居巴黎。二次大战期间他公开支持法西斯主义,战争结束后,他被美军逮捕,押回本土等候受审。后因医生证明他精神失常,再加上海明威和弗罗斯特等名人的奔走说情,最终,他只被关入一家精神病院。1958 年,庞德结束了 12 年的精神病院监禁,重返意大利居住,直至去世。庞德的主要作品有《面具》(1909)、《反击》(1912)、《献祭》(1916)、《休·西尔文·毛伯莱》(1920)和《诗章》(1917—1959)等,此外,庞德还是一个热衷于介绍中国古典诗歌和哲学的翻译家,经他改编并翻译了《华夏集》(1915)等作品。——译者注

② 《华夏集》是庞德最有影响力的一部译诗集,并作为庞德的文学成就载入英美文学史册。在《华夏集》中,庞德首次提出了中国诗歌具有与众不同的审美品质,创立了实际上将影响所有后来者的翻译范式。《华夏集》的问世颠覆了传统的忠实翻译观念,引发了中西方持续近一个世纪的争论,文学翻译的实质再度成为译界探讨的焦点。——译者注

③ 艾米·洛威尔(Amy Lowell, 1874-1925),英美意象派诗歌运动领袖,在诗歌的艺术技巧方面有较深的造诣,继庞德之后,进行了汉诗英译的尝试和实践。——译者注

一观点,许多现代主义者自己就已经提出来了。在这一背景下,他关于药商的中文账单与斯泰因式艺术之间的相似笑话(尽管在很大程度上取决于文化上对中文是"精湛"的这一概念的曲解)建立起了合理的联系。

这一联系对于理解现代主义所具备的价值成为了过去十年中许多批判性作品的主题。罗伯特·科恩(Robert Kern)、钱兆明(Zhaoming Qian)①、斯蒂芬·姚以及其他诸多学者试图追寻现代主义者对中国的论述对于现代主义(文学和文化运动)的意义和历史所产生的影响,而通常,人们认为现代主义的起源纯粹是西方的。②在现代主义者的研究中,这些批判性作品的命运各不相同:证明中国对于早期历史的重要性只影响了关于现代主义起源于欧洲的工业化、哲学以及美学的记叙。对于一些有兴趣了解国家或超国家因素的融合问题的人来说,如此甚少的影响是有点令人沮丧的。这说明,太多研究现代主义的学者依然局限在单一语言、单一文化记叙中,在这种情况下,大量跨国的"外界"因素仅仅被视为有趣或者非正式的,可以帮助人们理解 20 世纪早期盎格鲁—美国现代主义究竟是什么以及它当今的意义何在。③ 在本章的剩余部分,我

---

① 美国土伦大学英美文学博士,耶鲁大学"H. D."研究员(1992—93)、耶鲁大学比较文学研究员(2005),新奥尔良大学校际首席教授。——译者注
② 罗伯特·科恩:《东方主义、现代主义与美国诗歌》(Robert Kern, *Orientalism, Modernism, and the American Poem*)(Cambridge, 1996);钱兆明:《东方主义与现代主义:庞德和威廉斯笔下的中国遗产》(Zhaoming Qian, *Orientalism and Modernism : The Legacy of China in Pound and Williams*)(Durham, N. C., 1995);斯蒂芬·姚:《翻译与现代主义语言:性别、政治、语言》(Steven G. Yao, *Translation and the Languages of Modernism : Gender, Politics, Language*)(New York, 2002)。另可参见玛丽·帕特森·钱德尔:《埃兹拉·庞德对儒家经典的翻译》(Mary Paterson Cheadle, *Ezra Pound's Confucian Translations*)(Ann Arbor, 1997);黄桂友:《中国与美国的白人主义、意象派以及现代主义》(Huang Guiyou, *Whitmanism, Imagism, and Modernism in China and America*)(Cranbury, N. J., 1997);以及黄运特:《跨太平洋的位移:民族志、翻译和 20 世纪美国文学的互文性旅行》(Yunte Huang, *Transpacific Displacement : Ethnography, Translation, and Intertextual Travel in Twentieth-Century American Literature*)(Berkeley, 2002)。
③ 假如我明确为"现代主义"(modernism)一词加上形容词的话,这是因为我试图避免使用一般意指"1914 年至 1922 年间的盎格鲁美国现代主义"(Anglo-American modernism between 1914 and 1922)或者其他特定词汇的"现代主义"。我之所以这样做,是为了抗拒涉及(转下页)

会讲到,解决现代主义研究中国家局限性的方法不是把某个国家置于现代主义的中心,而是认识到起源的局限性,看到它对这样一个美学和文化模式作为现代主义发展的影响——甚至是明显的内部影响——必须突破单一语言、单一历史时刻或者单个国家这些界限来思考。

关于这一问题,在本章的阐述比其他章要多,这是因为,本章涉及到各个地方和特殊的批判性领域。它描述了盎格鲁美国现代主义学界的现状和我所见到的那里的批判习惯,会详细阐述用以替代这些习惯的途径。由于这种广泛讨论范围内的关键分析突破点将依赖关于中国人对待身体疼痛的感知这一单个的现代主义概念,本章在书中把它作为一个关于历史作品的潜在批判价值的例子(不会详细阐述)。还记得我在前面几章中讲的媒体或者类别形式(轶事、各类图书、医案报告、科幻作品)的事实么,看来有必要作为例子说一下,这个例子同样也是本书最重要的批判任务之一,即阐述一种方法,用这种方法可以理解中国历史和文化作品在西方的深层意义,从而跳脱出关于影响、权威以及起源的传统看法。

1. 线条的作用何在

  她好像忽然想起了在那边的什么东西,敏捷地转向她的画布。它就在眼前——她的那幅画。是的,包括所有那些碧绿湛蓝的色彩,纵横交错的线条,以及企图表现某种意念的内涵。她想:它会挂

(接上页)到地理学、语言和时间上的标准化叙述的盎格鲁中心主义(Anglocentrism)。当然,对于一种特定的现代主义的任何讨论,同时也是一种对一般意义的现代主义意蕴的讨论;尽管这种讨论并不能完全将问题弄清楚,我所提及的取决于对一般分类的更为地理学化的和世俗化的公开文本;关于类型,在苏珊·斯坦福·弗里德曼(Susan Stanford Friedman,目前为美国威斯康辛大学英文系讲座教授——译者注)的近期作品中有详尽论述。参见诸如她的《阶段化的现代主义:后殖民现代性与现代主义研究的时空边界》("Periodizing Modernism: Postcolonial Modernities and the Space/Time Borders of Modernist Studies,")载《现代主义/现代性》(*Modernism/Modernity*) 13.3 (Sept 2006)。另可参见韩瑞:《现代主义的中国:导论》(Eric Hayot, "Modernisms' Chinas: Introduction,")载《现代中国文学与文化》(*Modern Chinese Literature and Culture*) 18.1 (Spring 2006)。

在阁楼上;它会毁坏湮灭。然而,她扪心自问:这又有什么关系?她重新提起了画笔。她望望窗前的台阶,空无人影;她看看眼前的画布,一片模糊。带着一种突如其来的强烈冲动,好像在一刹那间她看清了眼前的景象,她在画布的中央添上了一笔。画好啦;大功告成啦。是的,她极度疲劳地放下手中的画笔想道:我终于画出了在我心头萦回多年的幻景。①

意象艺术的魅力就像意象艺术家一样体现在它的不可想象性当中。不管它做什么,它构建、组织起一个反映小说或诗歌空间本质的世界,它自己出现在其中。最终直接按照观众的无能为力而不是它自己的标准来评价自己。丽莉·布瑞斯珂找到了她的主线,把它画出来,宣告她的油画大功告成了,她有了她的幻景:小说结束了。这种超小说式结尾与丽莉的主线之间的联系比任何她绘画中的思维图像都更能保证她判断的权威性与合法性。在引导到这两个单独世界时——其中的一个是弗吉尼亚·伍尔夫(Virginia Woolf)②《到灯塔去》(To the Lighthouse)③中的英国海岸,另一个则是一种特殊阅读图

---

① 伍尔夫:《到灯塔去》(Virginia Woolf, To the Lighthouse)(San Diego, 1981), 207;下文引用时简写为 TTL。(中译本:[英]伍尔夫著,瞿世镜译:《到灯塔去》,上海译文出版社,2000年。——译者注)
② 弗吉尼亚·伍尔夫(1882年1月25日—1941年3月28日),英国女作家,被誉为20世纪现代主义与女性主义的先锋。两次世界大战期间,她是伦敦文学界的核心人物,同时也是布鲁姆斯伯里派(Bloomsbury Group)的成员之一。她最知名的小说包括《戴洛维夫人》(Mrs. Dalloway)、《到灯塔去》(To the Lighthouse)、《雅各的房间》(Jakob's Room)等。人们普遍认为伍尔夫是引导现代主义潮流的先锋;她被认为是20世纪最伟大的小说家之一,同时也是现代主义者。她大大地革新了英语语言,在小说中尝试意识流的写作方法,试图去描绘在人们心底里的潜意识。有人在一篇评论里讲到她将英语"朝着光明的方向推进了一小步"。她在文学上的成就和创造性至今仍然具有很大的影响。——译者注
③ 这是一部作者倾注心血的准自传体意识流小说。小说以到灯塔去为贯穿全书的中心线索,写了拉姆齐一家人和几位客人在第一次世界大战前后的片段生活经历。拉姆齐先生的幼子詹姆斯想去灯塔,但却由于天气不好而未能如愿。后因大战爆发,拉姆齐一家历经沧桑。战后,拉姆齐先生携带一双儿女乘舟出海,终于到达灯塔。而坐在岸边画画的丽莉·布里斯科也正好在拉姆齐一家到达灯塔的时候,在瞬间的感悟中,向画幅中央落下一笔,终于画出了多年萦回心头的幻象,从而超越自己,成为一名真正的艺术家。全书并无起伏跌宕(转下页)

景——正像任何一部"元小说"(metafiction)①一样,这种引导引发人们对它们之间概念互动的思考。"我"(I)与"幻景"(vision)之间丰富、愉快的混合在某一情境下可能属于丽莉,但在另一种情境下可能就是伍尔夫的特征了。伍尔夫的幻景也在这下面的纸张空白处停止了,这是伍尔夫小说的最终几行。不管审美以何种方式连接起来,在这里,都在结局的一致性方面,复述了它们自身,不管对于丽莉的世界,还是对于伍尔夫的世界来说,都是如此。

丽莉·布瑞斯珂与弗吉尼亚·伍尔夫之间的联系是引人注目的,而创造这种联系的一致性又使丽莉成为布鲁姆斯伯里(Bloomsbury)现代派②历史中的一个中心人物。最近两本关于现代主义者研究的书籍再

(接上页)的情节,内容分三个部分,依次为:窗;时光流逝;灯塔。最主要的人物拉姆齐夫人后来死去,其实际活动仅限于小说的前半部分。关于她的一系列描述,是以作者本人的母亲为生活原型的,而拉姆齐先生则有作者父亲的影子。此外,作者着墨最多的是丽莉·布瑞斯珂。表面上看,丽莉语言寥寥,其主要行为主要是为拉姆齐夫人作画,但该人物的思想活动相当活跃,作者以自己为原型塑造了这个人物,并"为小说结构安排了潜在的双重线索和复合层次。……丽莉这个人物既在这部小说世界之中,又在它之外;拉姆齐一家的经历是第一层次的故事,丽莉所体现的'艺术—生命'主要是第二层次的故事,是包裹在小说外面的又一部小说。"——译者注

① "元小说"(metafiction),兴起于西方20世纪六七十年代,它拥有"后小说"、"反小说"、"超小说"、"自我意识小说"、"非现实主义小说"、"实验小说"、"自生小说"等多种称谓。"元小说"一词,首见于美国后现代派作家、语言学家、文学评论家威廉·加斯1970年发表的小说《小说与生活中的人物》(Fiction and the Figures of Life)。在这部小说中,加斯指出,真正的元小说并不是那些仅仅在作品中探讨作品本身的小说,那是平庸而人厌烦的,小说应该是像博尔赫斯、巴思、弗莱恩·奥布赖恩等人的一些作品那样,在这些作品中,小说的形式可以作为进一步的形式素材。可以说,"元小说"把小说本身作为对象,表现出强烈的自我意识,在小说创作中使用露迹、戏仿、拼贴等多种元小说技法自觉暴露其虚构性的本质,将文本作为纯粹的语言的产物,使叙事与批评相结合,从而反思艺术与现实的关系,揭示小说规律。——译者注

② 布鲁姆斯伯里派(Bloomsbury Group)是从1904年至第二次世界大战期间,以英国伦敦布鲁姆斯伯里地区为活动中心的文人团体。布鲁姆斯伯里派是一个英国艺术家和学者的团体,从1905年左右直到二战期间,这个团体都一直活跃着。这个团体开始时是一个非正式的社团,为剑桥大学新近的毕业生(1899年毕业的有四位成员,其中包括了托比·斯蒂芬,他是维吉尼亚·伍尔夫和瓦内莎·贝尔两人的哥哥)提供一个与亲朋相聚的场所,相聚的大多数都是同龄人,不少亦曾是剑桥使徒的成员。他们在彼此家里相聚,而相聚地点又主要设在伦敦布鲁姆斯伯里地区(在一战前这里更是唯一的相聚点)。1904年2月,托比·斯蒂(转下页)

次强调了这种解读,体现了伍尔夫小说的蓬勃生机以及在定义与理解现代主义上的不断追求。在近几年中,文学运动的方向看上去是越来越接近现在,而不是向特定的历史阶段退却。

两本书——安娜·班菲尔德(Anne Banfield)①的《幻影桌》(*The Phantom Table*)和帕特丽卡·劳伦斯(Patricia Laurence)②的《丽莉·布瑞斯珂的中国眼睛》(*Lily Briscoe's Chinese Eyes*)③——都试图通过对伍尔夫及其圈子进行历史与文化的分析来描述现代主义风格的起源,为定义了该文学运动的巨大的形式转变寻找解释。④ 然而,这两部书所找的起源是很不相同的,而我在本章中所讲述的正是它们之间的区别,我

(接上页)芬的父亲莱斯利·斯蒂芬去世,四个子女(瓦内萨、托比、维吉尼亚、艾德里安)搬到位于布鲁姆斯伯里地区的房子居住,这件事对形成这一团体很有帮助。1906 年,托比·斯蒂芬逝世,但团体已经足够坚固,因此并没有对其发展造成太大的阻碍。相反,这一不幸使其成员们联系得更紧密。虽然这个团体主要以文学的头衔而著名(维吉尼亚·伍尔夫是最广为人知的代表者),它的拥护者却活跃于几个不同的领域,包括艺术界、艺评界以及学术界。——译者注

① 美国加州大学伯克利分校教授,从 1975 年起就在伯克利任教,同时也是一位著名的语言、文化评论家。她的主要作品有《无言的句子:小说语言中的叙述与表现》(*Unspeakable Sentences: Narration and Representation in the Language of Fiction*)(Routledge,1982)、《幻影桌:伍尔夫、弗莱、罗素与现代主义的认识论》(*The Phantom Table: Woolf, Fry, Russell and the Epistemology of Modernism*)(Cambridge University Press,2007)等。——译者注

② 帕特丽卡·劳伦斯(Patricia Laurence)身兼作家、批评家和纽约城市大学(the City University of New York)英语系教授多种身份。专攻英国文学、文学理论、小说史及女性现代书写。著有《阅读沉默:英国传统中的弗吉尼亚·伍尔芙》(斯坦福大学出版社,1991)。在《丽莉·布瑞斯珂的中国眼睛》一书中,凭借其在中英两国旅行时对文献资料的研究以及相关采访,劳伦斯将其对沉默的研究延伸至东方。——译者注

③ 丽莉·布瑞斯珂是伍尔夫名作《到灯塔去》(*To the Lighthouse*)中的人物,伍尔夫把她形容为"有一对中国人的眼睛"。劳伦斯教授藉此在新书中把新月派与英国著名文学团体布鲁姆斯伯里相比,而作平行的讨论。本书呈现给读者的是中英作家、学者之间有关个人、民族、文学和美学的对话,他们中有朱利安·贝尔、瓦内萨·贝尔、弗吉尼亚·伍尔夫、G. L. 狄更生、E. M. 福斯特、凌叔华、徐志摩、萧乾,这些对话让我们看清了两个文学团体。中译本:[美]劳伦斯著,万江波、韦晓保、陈荣枝译:《丽莉·布瑞斯珂的中国眼睛》,上海书店出版社,2008 年。——译者注

④ 安娜·班菲尔德:《幻影桌:伍尔夫、弗莱、罗素以及现代主义的认识论》(Anne Banfield, *The Phantom Table: Woolf, Fry, Russell, and the Epistemology of Modernism*)(Cambridge, 2000);下文引用时简写为 *PT*;帕特丽卡·劳伦斯:《丽莉·布瑞斯珂的中国眼睛:布鲁姆斯伯里派、现代主义与中国》(Patricia Laurence, *Lily Briscoe's Chinese Eyes: Bloomsbury, Modernism, and China*)(Columbia, S. C., 2003);下文引用时简写为 *LB*。

将讲述的也是一些关于现代主义研究的现状。在接下来的部分,首先,我将回顾这两本书的观点,我们可以看到他们是如何把相似的原文事实完全不同地加以运用的。这一回顾引出了一个关键点,在这一点上,在对布鲁姆斯伯里的起源所作的历史申明中体现的差异把这两种分析分离开来。本章将从另一角度分析,即仔细研读一位布鲁姆斯伯里派主要人物——伯特兰·罗素(Bertrand Russell)的生命历程。在1922年的中国之旅中,罗素发现中国人的主要毛病是对他人疼痛的麻木与冷漠。这就使该书的主题与对现代主义的研讨相一致。这一联系不仅能够让我们对盎格鲁美国现代主义的主流"起源"说有一个重新的认识,同时也能让我们用比较方式去思考现代主义——即在包括中国在内的国际框架之内及之外同时对同情心、文学中对所有漠视人类疼痛的经历加以思考。

班菲尔德的书《幻影桌》书名借用了安德鲁·拉姆齐(Andrew Ramsay)向丽莉解释关于他父亲从事的是哪类哲学研究:"主体、客体与真实之本质",他说,"那么你就想象一下,厨房里有张桌子……而你却不在那儿"(PT,23)①。②班菲尔德认为,拉姆齐先生是无形的厨房餐桌的哲学家,这不是一致点。该事实明确地把拉姆齐先生(扩展出去,还有丽莉,拉姆齐夫人,《到灯塔去》中的所有人物)放到了19世纪末及20世纪初英国哲学思想最重要的阶段中去了。人们讨论最广泛的主要人物是伍尔夫的父亲莱斯利·斯蒂芬爵士(Leslie Stephen)③;剑桥哲学家乔

---

① 在同一页,丽莉·布瑞斯珂后来将其意指一张"虚幻的厨房桌子"(phantom kitchen table)。
② 此处引文参考了中译版《到灯塔去》,翟世镜译,上海译文出版社,2000年。——译者注
③ 莱斯利·斯蒂芬爵士(Leslie Stephen, 1832 - 1904),学者、编辑和哲学家,伍尔夫的父亲。曾任伦敦图书馆馆长,主编《英国名人传记辞典》,撰写《18 世纪英国思想史》等著作。伍尔夫在回忆文章中曾这样评价她的这位父亲:"也许,我谈了太多他的冷静,太看重他的保守。他喜欢思考,厌烦多愁善感和感情泛滥,但这并不意味着他冷酷,毫无感情,日常生活中永远都是评判的态度。相反,正是他强烈的情感,以及积极地表达情感,使得他有时对同伴来说有警示性。……虽然他是一个不可知论者,没有人比他更深刻地理解人类关系的价值,但也许他会最看重的评价是麦迪森在他去世后对他的赞辞'他是我所认识的人中和你妈妈最配的人'"。关于他的详细资料可见:http://en.wikipedia.org/wiki/Leslie_Stephen(2012年8月12日访问)。——译者注

治·爱德华·摩尔(G. E. Moore)①,罗素和路德维希·维特根斯坦(Ludwig Wittgenstein)②;以及美学理论家罗杰·弗莱(Roger Fry)③,他们每个人都在这种氛围的创造中扮演了重要角色,而在这个氛围中,伍尔夫与布鲁姆斯伯里派的其他人可以从厨房餐桌问题走向关于主体、客体和感觉的广阔理论。

班菲尔德认为,在这些哲学家中,罗素对布鲁姆斯伯里现代主义产生的影响最大。虽然其他研究把他放在次要地位,而把维特根斯坦置于最重要的位置。《幻影桌》表明,没有罗素的贡献,严格地说,布鲁姆斯伯里派就不会取得如此大的成果④。班菲尔德认为,罗素现实主义的核心在于他的"可感物"理论,这是他为任何特殊主体尚未发觉的感觉材料(sense-data)所取的名称。"在罗素的概念中,在一定程度上,私人世界

---

① 乔治·爱德华·摩尔(George Edward Moore,1873-1958),英国哲学家,致力于分析哲学学派研究,主要贡献为伦理学。他认为和伦理相关的概念不能可能用自然概念(例如生存、功利等)来解释。——译者注
② 路德维希·约瑟夫·约翰·维特根斯坦(德语:Ludwig Josef Johann Wittgenstein,1889-1951),出生于奥地利,后入英国籍。语言哲学的奠基人,20世纪最有影响的哲学家之一。他思想的最初源泉主要来自弗雷格的现代逻辑学成果、罗素与怀特海写的《数学原理》和 G. E. 摩尔的《伦理学原理》。他的主要著作《逻辑哲学论》和《哲学研究》分别代表了横贯其一生的哲学道路的两个互为对比的阶段。——译者注
③ 罗杰·弗莱(Roger Fry,1866-1934),英国著名艺术史家和美学家,20世纪最伟大的艺术批评家之一。早年从事博物馆学,属于欧洲顶级鉴藏圈子的鉴定大师,后来兴趣转向现代艺术,成为后印象派绘画运动的命名者和主要诠释者。他提出的形式主义美学观构成现代美学史的主导思想。著有:《贝利尼》(1899)、《视觉与设计》(1920)、《变形》(1926)、《塞尚及其画风的发展》(1927)等。——译者注
④ 维特根斯坦的反应在书写功能上如今完全跟后结构理论大有关系;玛乔瑞·帕洛夫(Marjorie Perloff,美国斯坦福大学教授——译者注)认为,这种解读存在严重的扭曲,这种看法很引人注目,但却已经不在本章所讨论的范围之内了。(参见《维特根斯坦之梯:诗歌语言与日常生活的新奇》(*Wittgenstein's Ladder: Poetic Language and the Strangeness of the Ordinary*)[Chicago,1996],散见于 11-15 页)。班菲尔德认为,至少在布鲁姆斯伯里派看来,维特根斯坦来剑桥(尤其是他在《逻辑哲学论》(*Tractatus*)之后的作品)的时间太晚了,以至于在主客关系的反思中无法突显出来:"我们可以将维特根斯坦影响力的日增看成是一种布鲁姆斯伯里派哲学背景的分界点"(PT,9)。随后,班菲尔德写到,"假如考虑到后期维特根斯坦对英国哲学所造成的影响的话,那么,我们就不必坚持说罗素在哲学上的重要地位了,就算罗素的地位不被贬低到极致,他的认识论对过去哲学的影响也会大为降低"。(41)

是已经存在的,就像一间空房间或者一把椅子,在迎接主体,同时在这一程度上依赖主体,给她的观点加上纲要框架"(*PT*,73)。如果一个人走入房间,站在房间里的两个人之间,罗素写道,"第三个世界介于两个已存世界之间,开始被感知"(*PT*,73)。因此,主体位于"这里"(here)和"现在"(now)的中心,但是,从主体上来讲,任何一个已存中心或者角度都是中性的,只不过是空间内部关系的一种影响以及对感觉材料的潜在接受。而结果,就正如班菲尔德所说的,"产生了一种知识论,而这理论的中心论点,正是一种诡异的没有主体的主体性"①,主体更像一个摄影底片,而不是一个"人"(*PT*,70)。

这一理论是否真的描述了世界,并不重要;班菲尔德的目标不是解释一种关于知识的特殊理论并展现它与现代主义的关系。"关于现代主义的辩论需要一种新的阐述方式",她写道,"这种方式要考虑到它关于感觉客体的革命性概念,物理的与主观的都要考虑"(xi)。这是伍尔夫的切入点。班菲尔德的论点不仅仅是伍尔夫叙写了这种关于客体的新概念(在这种情况下,对幻影桌的提及就会达到预期目的),但是,她更多地是通过这种方式来写作,她的小说不仅涉及到罗素认识论,还把它流利连贯地表述出来,操作、驾驭它并且对它进行修改。比如,罗素的"这里"(here)和"现在"(now)变成了伍尔夫的众所周知的"瞬间"(moment),一种当地时间"不是简简单单地等同于当前"(*PT*,118)。抓住概念出发的中心,再到模糊不清的周边地带,伍尔夫的瞬间使当前的"这里"(here-ness)和"现在"(nowness)清晰明确,并依然掌握在一种尚未经历时间或记忆考验的集合当中。如果不存在人类主体观察瞬间,就像《到灯塔去》中的第二部分一样,"岁月流逝"②的话,小说的"现在"就失去了它们与公共时间的联系,因此,"现在,这些夜晚充满了寒风和毁灭",并且"现在日复一日,光线转换了",有些人

---

① 此处的中文翻译征询了原作者的意见,特此说明。——译者注
② 《到灯塔去》分为三部分,"岁月流逝"这一引文出自中译版,下面的引文亦引自该中译版,略有改动。——译者注

问,"现在有什么力量能够阻挡那种繁殖能力,那大自然漫不经心的生育力呢?"(TTL,128,129,138;黑体为笔者所加)。在每一种情况下,"现在"都表明了一种角度从一个主体偏离出来的可能性;这些角度能够被描述出来这一事实意味着它们以某种充满活力的方式**存在**着。它们确保了真实,并且在一个没有神灵的宇宙中,随着生命的终结,也激发了对于主体有限性的抵抗。

所有这一切引发我们在《幻影桌》的后半部分重新思考伍尔夫的美学观念,通过剑桥认识论和罗杰·弗莱来研究塞尚(Cézanne)①。正是在此处,丽莉·布瑞斯珂呈现出了一个重点,她的绘画不仅开启了关于世界的罗素式的理论,还在小说结尾对该理论作了修正,即把美学形式置于比感觉材料的直接经验更重要的位置。在小说的第一部分,班菲尔德评论道,丽莉以表现主义的形式开始,"面对拉姆齐的房子,画出一些她看到的幻景(PT,288)。虽然,她告诉威廉·班克斯(William Bankes),那些画"不是画",也就是说,她画的母亲和孩子可能只是一堆色彩。尽管如此,图画仍然取决于绘图的这里(here)和现在(now),并且它记录着此刻的感觉材料。罗素,或多或少没有重构(42)。但是,在小说的第三部分,随着拉姆齐夫人、拉姆齐先生的去世以及其余人离开灯塔,丽莉根据记忆绘画。她的"解决办法是在意外的安排中发现形式",班菲尔德说道(289);当有人走近画室,坐下来,"一个形状怪异的三角阴影投射在台阶上",丽莉把具象主义的意象置于比几何形象次要的位置,而感觉材料则次于结构(201)。"丽莉的全部绘画是后印象主义"(班菲尔德,289)。

班菲尔德的总结值得我们全部回顾一遍:

---

① 保罗·塞尚(Paul Cézanne,1839-1906),法国著名画家,是后期印象派的主将,从19世纪末便被推崇为"新艺术之父",作为现代艺术的先驱,西方现代画家称他为"现代艺术之父"或"现代绘画之父"。他对物体体积感的追求和表现,为"立体派"开启了不少思路,其独特的主观色彩大大区别于强调客观色彩感觉的大部分画家。——译者注

因此,拉姆齐的逻辑哲学在"窗"(小说第一部分)里找到了正期待已久的,成为伍尔夫艺术艺术的哲学"支柱"。"如果我画自己,我必须找到一些——支柱,这样来说吧——能够代表这一概念的东西",伍尔夫写道:"活着就一直跟一定的背景支柱或概念有联系",她继续写道。丽莉的绘画无法带回活生生的拉姆齐夫人,不想加以"弱反射"(pale reflex);它把包含她自己的幻景加以"转变"(transform),通过把……中心幻景的美学运用到《到灯塔去》这本书本身的组成部分,来把灯塔和窗统一起来。(289)

图画最关键的组成部分(这些正是班菲尔德的替身,正如在小说中那样,是对小说自身组成实践的替代品),是丽莉这条主线,被托马斯·马托(Thomas Matro)称为"被弗莱用到《视觉与设计》(*Vision and Design*)①中解释他美学观点的文学版的主线"(*PT*,286)。对于班菲尔德来说,丽莉的"幻景"不仅是一个单独的视角,也是一系列瞬间(moments),"幻景由众多片段组成,最终成为一个奇怪、意外的统一整体——依据这些瞬间刚好正在发生的事,是由一种对这一系列既定事实的结果加以强硬拒绝所造成的,而正是这些结果,构成一段生活、一段历史、一本小说"(*PT*,388)。幻景不仅是一系列瞬间,也是一种抵抗形式。可能正是它抵抗的东西,使得伍尔夫的现代主义在一定程度上没有艾略特(Eliot)或庞德(Pound)那样引人注目,即现实的创造作为一种(意识形态的、宗教的、性爱的)愿望模式。②

---

① 本书是英国形式主义批评家罗杰·弗莱在 1900 年至 1920 年 20 多年间有关艺术论文的选集,基本包括了其批评生涯前半期的著述。此书考察了非洲、美洲和亚洲不同种族艺术间形式与审美的应用,所有的文章与艺术实践都有关系,其中有丰富的理论思想和大量论兵性、讨论性的文章。这些文章集中体现了罗杰·弗莱所持的核心观点——形式在艺术中具有最重要的意义。作者知识广博,富有独特见解,对于美术史、现代美术的很多判断都是非常经典的。——译者注
② 班菲尔德:"在宗教意指方面,布鲁姆斯伯里派美学就像其他现代美学一样,尽管根本没有提及制度化信念的问题,就像乔伊斯或艾略特那样……能够回想起那种信仰宗教所缺失的东西是情感(emotion)"(359)。

正如塞尚的"对塑色的非目视视觉"(eyeless vision of plastic color)①,在当时被罗杰·弗莱看成是一种象征,丽莉的绘画是对可能(非必需的人类)视角的一种几何学上的理解。它们是"既定的",就如班菲尔德所说的那样(388)。但它们不是对任何人都是既定的。

"非目视"(Eyeless)②:在《幻影桌》中,该词最先出现在对塞尚及后印象主义的阐述中(258),后来则与"共通感"(commen-sense)视觉相对(266)。在有一处描述到,"在逻辑形式的世界,经验主义被置于其中"(363),只是在最后一些的其余部分才被放到塞尚所谓的"塑色视觉"(vision of plastic color)下。那时,对印象派英国画家来说,跟现实主义法国画家一样,它成为了一个象征。丽莉这一主线的"非目视"幻景成为她绘画和小说以及班菲尔德的书的终结。当然,丽莉是有眼睛的。但是,因为对"失去自我后所见的世界加以描绘"③的探求目标是创造一种独立于任何单个主体幻景存在的幻景。在罗素与布鲁姆斯伯里派圈子互动所产生的美学中,那些眼睛必须居于它们本身非存在的

---

① "非目视视觉"是指以手指感觉辨识文字或识别颜色的非目视视觉、无眼视觉、皮肤视觉。英文名亦称 skin vision,专名 dermal-optical vision。关于"eyeless vision"的论述可参考:http://ed5015.tripod.com/PaThoughtography.htm 以及 http://www.science-frontiers.com/sf116/sf116p07.htm(2012 年 4 月 2 日访问)——译者注
② 关于"eyeless"一词的中文翻译,笔者跟原作者作过沟通。作者认为,对这一词汇的定义在不同的语境中有不同的内涵,比如说,可以翻译成"无眼"(literally without eyes)、"无观点"(without a point of view)、"无主体视觉"(a vision without a subject),他认为在译文中应该综合运用"无眼"和"无观点"以便清晰解释他的意思,笔者综合考虑,最终将之译为"非目视",并在不同的语境下加以特别说明。——译者注
③ 胡允桓先生的译文是这样的:"可是叫人如何去描绘那失去了自我后所见的世界呢? 找不到字眼。蓝色,红色,——就连这些也使人感到困惑,就连这些也深藏在迷雾中,而不是透亮清澈。怎么再去用清清楚楚的字眼描绘或者述说任何事物呢?——除了说它正在枯萎凋零,说它正在经历一次逐渐的变化,就连在一次短短的漫步中,它也会变得平平常常,总是那副景象。当你向前走着,每张树叶都彼此相似时,茫然的感觉就会重新出现。当你带着一连串虚幻的辞藻去看它们时,美的感觉就会重新出现。你呼吸着实有其物的气息;在下面的山谷中,火车正穿过田野,披着像垂下的耳朵似的煤烟。"([英]弗吉尼亚·吴尔夫著,胡允桓译:《海浪》,外国文学出版社,1993 年,第 225 页)——译者注

可能性。①

那么,该怎么做呢?事实上,在小说中,丽莉的眼睛被五次描述为中国眼睛。"丽莉的画!拉姆齐夫人不禁微笑。她有中国人一般的小眼睛,而且满脸皱纹,她是永远嫁不出去的;她的画也不会有人重视"(TTL,17);"她边说边在心里思忖:丽莉那双斜嵌在苍白而有皱纹的小脸蛋上的中国式眼睛挺秀气,不过要一个聪明的男人才会发现。"(TTL,26)。"但是,她那中国式的小眼珠儿往上一转……"(TTL,91)。"她那灰色短小的灰裙、布满皱纹的小脸和中国式的小眼睛,更加不引人注目"(TTL,104)。"她站在那儿,她那张干瘪的小脸蛋上那对中国式的小眼珠往上一转"(TTL,157)②。

这是帕特丽卡·劳伦斯探讨的方面。《丽莉·布瑞斯珂的中国眼睛》开创了对丽莉幻景的考古学研究。它不是将起源放在罗素的认识论中,而是放在布鲁姆斯伯里派与中国在知识、美学及个人的交流方面加以探究。这要追溯到朱利安·贝尔(Julian Bell)③于1935

---

① 伍尔夫在《海浪》最后说到的一个缺失"自我"后所见的世界("就这样,大地景色又回到了我的眼前;我看到田野五色缤纷波浪起伏,不过现在有一点不同:我看到,但却没被瞧见。我毫无遮蔽地向前走去;没有欢呼声来迎接我。我已经失去了那件斗篷,那种旧的反应;那只能反射声音的凹拢的手心。像鬼影那么朦胧,走到哪儿都毫无足印而只是能观察四周,我独自漫游在一个从未涉足过的新世界里;我擦过新的花朵,除了发一些婴儿般单音节的字音外说不出话来;我,这个曾说出过那么多漂亮辞藻的人,如今却完全失掉了辞藻的庇荫;我,这个总是有人在一起共享那掏清了炉灰的炉篦,或者那有金色光环围绕的食柜的人,如今却变得孤孤单单。"([英]弗吉尼亚·吴尔夫著,胡允桓译:《海浪》,外国文学出版社,1993年,第225页)——译者注),并且被班菲尔德引用,作为对"一种可感物语言的投影"的祈祷(297)。
② 值得注意的是拉姆齐夫人这些关注点中的三个,正是性格化的来源(17页上的直接叙述,26页上的直接心理描述;104页上的描述也是一长段直接叙述的一部分)。其他两处(位于91页和157页)的出现,是通过丽莉自己自己直接叙述实现的;在这两处当中,只有第一处是拉姆齐夫人对所观察到的情况的剧情化表述。在小说的第三部分呢,丽莉的眼睛从来当成是中国式的,而那时,拉姆齐夫人已经不在人世了。对形容词"中国式"(Chinese)的关注是散落在各个地方的,这就使读者能够平等地看待用这一形容词来概括伍尔夫这件事。但是,贯穿在整部小说中的对丽莉眼睛所施加的大量叙述和哲学压力,使他们的"中国式"性格特征变得必要起来。
③ 朱利安·贝尔(Julian Heward Bell,1908-1937),英国诗人,范丽赛·贝尔(Vanessa Bell,伍尔夫最大的姐姐)之子。早年毕业于剑桥大学。1935年来到中国,在武汉大学教授英国文学。1937年回英国,参加西班牙内战,死于战场。朱利安·贝尔有通信集等在英国出版,其中谈及他在中国的经历。——译者注

年对中国的访问及与布鲁姆斯伯里相关的核心及边缘人物与中国知识分子和作家之间的一系列关系（福斯特（E. M. Forster）①与萧乾②、狄更生（G. L. Dickinson）、弗莱与徐志摩③，此外还有伍尔夫与凌

---

① 爱德华·摩根·福斯特（Edward Morgan Forster，1879－1970），英国小说家、散文家。1879年1月1日生于伦敦。父亲是建筑师，福音派信徒，强调一个人应有道德责任感，母亲则比较随和、宽容；幼年时父亲去世。少年时，入肯特郡坦布里奇学校（Tonbridge School）就读。1897年进入剑桥大学国王学院学习，与新实在论哲学家穆尔和古典学者狄更生（Goldsworthy Lowes Dickinson）交往。毕业后，福斯特因早年从他姨婆（Marianne Thornton，废奴主义者Henry Thornton之女）处继承了一笔钱，得以专心写作。同期，他在剑桥使徒里的朋友亦组成了英国文学史上著名的布鲁姆斯伯里派，福斯特也很自然地成为其中一员。该派强调爱、同情、敏感、美的创造和享受、追求知识的勇气，实际上是流行在上层知识分子中间的人文主义精神。福斯特反对基督教，但不反对宗教精神。在第一次世界大战期间，因是和平主义者而加入了红十字会，被派往埃及亚历山大城，在部队中任文职。他于1912和1922年先后两次游历印度。1924年，《印度之行》出版，为福斯特赢得詹姆斯·泰特·布莱克纪念奖，但福斯特之后再没有写小说。1946年，他的母校剑桥大学国王学院聘他为荣誉研究员。1970年在考文垂逝世。——译者注

② 福斯特和萧乾(1911—1999)的友谊可以追溯到1941年，那一年，他们在英国伦敦举行的泰戈尔纪念会上初次见面。之后两者之间熟悉起来，保持着密切的书信往来，直到1949年萧乾离开香港回到上海前夕，他才决定断绝和包括福斯特在内的西方朋友之间的联系。而自从萧乾于1944年离开英国后，两人就再也没有见过面。"福斯特非常欣赏和喜欢来自东方的萧乾，他得知萧乾正在研究乔伊斯等人的现代小说，特地从银行保险箱里取出自己的《莫瑞斯》手稿交萧乾阅读。《莫瑞斯》是一部反映同性恋生活的小说，创作于1913年，福斯特曾约定在他去世之后方可出版。作为朋友和研究者，萧乾成了直接阅读《莫瑞斯》手稿的读者之一。半个世纪后，萧乾夫人文洁若将之翻译出版，由此了却萧乾的早年心愿，也是他们对福斯特友谊的一个回报"。(参见李辉：《萧乾与福斯特（跋与藏）》，载《人民日报》2011年11月20日)对于两者友谊与书信往来的论述，可参见连文山：《来自中国的讯息：佛斯特和萧乾之间友谊及书信文献考据》，载《欧美研究》（台湾中央研究院欧美研究所编）第32卷第1期（2002年3月），第1—43页。——译者注

③ 1920年秋，徐志摩为了与英国文学家和"中国迷"狄更生认识，想请林长民作介绍，因而到林家去拜见林长民。在那里，他不但结识了狄更生，而且与林长民相谈甚欢，彼此都有相见恨晚之感，更为重要的是，他见到了让他倾慕一生的人——林徽因。可以说，正是这次见面，改变了徐志摩今后的人生，使他的生命得到了绚烂但却短暂的绽放。很快，徐志摩与狄更生成为好友，并在他的推荐下，在第二年春天到剑桥大学皇家学院当了一名特别生，随意选课听讲。在这里，徐志摩开始比较广泛地接触英国文学，并为此深深着迷。可以说，狄更生带领徐志摩进入了一个新的领域，一个可以让徐志摩找到回家感觉的世界文学。徐志摩跟罗杰·弗莱也有诸多交往，他曾赠与弗莱中文名字"傅来义"。——译者注

淑华①之间长达16个月的通信)②当中。其中也包括了中国艺术的一般美学效用(弗莱文章与讲学的主题)和中国的媚俗工艺品(罗列在百货商场的货架上);亚瑟·韦利(Arthur Waley)③、庞德以及其他人翻译的中国诗歌;以及对义和团起义(1895—1900)及清朝的灭亡(1911年)的新闻报道。

如此说来的话,这些详尽的情况是令人信服的。难以想象,"中国"这个词,被伍尔夫在《到灯塔去》中用来描写丽莉的眼睛,表现出来的不仅是物理形体。劳伦斯认为,中国眼睛是一种提喻手法,是对整个调查研究、跨文化影响以及明显区别于邪恶的东方学风格的文学交混状态的提喻。

---

① 凌叔华(1900—1990),女小说家、画家,新月派的女才子,京派作家中惟一真正的北京人,徐志摩的密友,陈源(西滢)之妻。原名瑞棠,笔名叔华、素心。广东番禺人。1922年就读于燕京大学,并开始在《现代评论》发表小说。1929年任教于武汉大学,主编《武汉文艺》。1940年起在燕京大学任教。1956年后在新加坡南洋大学、加拿大等地教中国近、现代文化,后寓居英国。主要作品有:短篇小说《花之寺》、《女人》,散文集《爱庐梦影》等。她的小说典雅秀丽,被称为"闺阁派"。后期以自传体英文作品《古韵》蜚声国际文坛。——译者注
② 伍尔夫的侄子朱利安·贝尔在华期间曾跟凌淑华有过交往。这段交往经历在劳伦斯的书中有过详细叙述;这也是廖红英一部小说的主题,她也被凌淑华的后代控以诽谤之名。关于从东方学和女性主义的角度对凌淑华—贝尔交往的解读,可参见史书美:《现代的欲望:书写半殖民地中国的现代主义(1917—1937)》(Shu-mei Shih, *The Lure of the Modern: Writing Modernism in Semicolonial China, 1917 - 1937*)(Berkeley, 2001), 215 - 21。(中译本:[美]史书美著,何恬译:《现代的欲望:书写半殖民地中国的现代主义(1917—1937)》,江苏人民出版社,2007年。——译者注
③ 亚瑟·韦利(Arthur Waley, 1888 - 1966,亦称魏雷),著名英国汉学家、文学翻译家,1889年8月19日出生于英国 TunbridgeWells 的一个犹太家庭。他自幼聪颖过人,酷爱语言及文学。1903年,他在英国著名的拉格比学院(Rugby School)读书,因古典文学成绩优异而获剑桥大学皇家学院的奖学金。在剑桥学习的三年中,他是名教授狄更生(G. L. Dickinson)和摩尔(G. E. Moore)的学生。两位学者仰慕东方古代文明的思想熏陶着年轻的韦利,使他产生了致力于东方文化研究的愿望。他精通汉文、满文、蒙文、梵文、日文和西班牙文等语种,一生撰著和译著共200余种,其中大部分都与中国文化有关。《不列颠百科全书》介绍他的词条说:"他是20世纪前半个世纪中最杰出的东方学家,也是将东方文种译为英文的最杰出的翻译家。……他是一位诗人和诗歌的创新者。由于他的译作,使中国文学易于为西方读者接受了。"亚瑟·韦利终生从事汉学的研究,但他从未到过中国。20世纪40年代,我国著名作家萧乾访问英国时曾问他为何不去看看中国。他的回答是:"我想在心目中永远保持中国唐代的形象。"——译者注

> 丽莉的"中国眼睛"并不表明帝国搜寻的目光正朝向遥远国度中国和印度,以期望进行贸易,从而获取利益,它恰恰表明了现代主义时期在东方的新美学旅程……丽莉化身为"中国眼睛"——伍尔夫卓越文化、政治和美学上的一笔——表明……中国美学不仅被包含在'英国'艺术家之中,也进入欧洲现代主义之中。现在也进入了我们自己对我们文化及美学状况或"普遍性"的追问当中。(10)①

无论如何,这是专题研究。她和班菲尔德一样充满雄心壮志,试图修正我们当前在现代主义理解方面的一些核心特征。劳伦斯的目标是把单独或地方的现代主义转换成"中断的现代主义、多元现代主义、迁移的现代主义或者正逐步国际化的现代主义"(interrupted modernisms, multiple modernisms, migratory modernisms, or an evolving international modernism)(359)。

就像班菲尔德在受到罗素影响的后印象主义背景下来解读丽莉这一主线,劳伦斯也把这种主线理解为布鲁姆斯伯里派中国经历的延伸。劳伦斯认为,中国人"在绘画中被书法线条统治了数个世纪"(352)②。

---

① 帝国的"虎视眈眈"(foraging glance)与一种"新的美学之旅"(new aesthetic voyaging)之间的差别大概在不大像帝国主义者那样急于消除伍尔夫与东方学的潜在关系,但还是相信东方学需要一种明确"觅食"性的认识论形式,而这需要一种对东方学本质的根本误读,这样一来,作为一种写作与知识模式,就不必要明确地将自己想象成是跟帝国规划息息相关的东西。作为一种意识(ideological)形态,东方学必须被理解为远不仅仅是一种对帝国主义支持或反对之声的"偏袒"。它是一种文化结构,在这种文化结构当中,知识在一种特定的历史时期以及一种有限的地理与文化框架内应运而生(它自身在"偏袒"或者跨文化影响方面,内部就是很复杂的)。
② 不管谁能真正说,像(数百年来)中国人这样庞大的人类群体是被一种单一的审美特征所预先独占的,也不论"主线"(line)这个词在这里设法同时表明了某种文化上的中国性和文化上的英国性,所"预设"(preoccupation)的术语就是那些关于中国人审美的所有重要问题和长期争论不休的核心命题(或者说是西方所关注的"问题"(problem))(第一个问题是,存在这样的问题么?第二个问题则是,存在多个问题么?)。跟诸如"欧洲人已经花了几百年(转下页)

劳伦斯认为,对伍尔夫而言,中国人对"线条"(以忽略透视的逼真为代价)的强调一定意味着一种几何抽象记号,一种艺术实践(手指与笔端凝为一体,手腕也是)和美学形式的统一。因此,在《到灯塔去》的最后几行,当丽莉获得了她的幻景后,劳伦斯写道,"内在关系突然在这一线条处清晰可见了"。伍尔夫无意中用到的用来描述丽莉的过程以及她自己的过程的"节奏"、"线条"、"笔画"和"停顿",不仅抓住了现代主义,而且捕捉到了中国的痕迹:书法毛笔的线条和笔画创造了从文字到绘画之间的连续(LB,387)①。像"节奏"与"线条"这类概念之间的一致性及作家和评论家用来描写中国绘画或中国美学价值的词明确地表明,在几百页关于文学史和文献研究的书页最后,某类"中国人"(Chinese)正从这里冒出来。②

要弄明白"中国人"究竟是指什么,或者说它有多么中国化——就像一些评论家所建议的,是否应该通过中国之眼(the Chinese lens)③去重新思考盎格鲁化的美国现代主义的整体结构——这可以通过将劳伦斯对班菲尔德《幻影桌》中出现的丽莉这条线的解读调整为一种完全不同的解释话语并进而加以轻松化的方式,来加以衡量。

(接上页)时间在绘画方面预设了一种再现视角"这类句子的比较,就表明了劳伦斯的性格化是如何在展现其特殊性的同时,又看似正确却又犯下错误的。关于中国与审美论争的更多信息,参见苏源熙:《中国美学问题》(Haun Saussy, *The Problem of a Chinese Aesthetic*) (Stanford, 1993),以及张隆溪:《讽寓解释:论东西方经典的阅读》(Zhang Longxi, *Allegoresis: Reading Canonical Literature East and West*)(Ithaca, N. Y., 2005)。(中译本:[美]苏源熙著,卞东波译:《中国美学问题》,江苏人民出版社,2009年。——译者注)

① 我想,劳伦斯用"unwitting"所要表达的意思是这里的一个关键问题:它似乎表明了她学术的局限性,这并不能直接证明伍尔夫所想的正是她所写的丽莉的节奏与停顿。
② 劳伦斯指出,伍尔夫至少对其他两个人提到"中国眼睛"(Chinese eyes):达洛维大人(Mrs. Dalloway)的女儿伊丽莎白(Elizabeth)以及约翰·多恩(John Donne)(LB, 346)。在那些事例中,老实说,发生的"某些事情"之所以不怎么清楚,可能不在于伍尔夫作品所塑造的人物形象,而在于伍尔夫自己的美学原则与价值。
③ 比如说,钱兆明在其《东方主义与现代主义》(*Orientalism and Modernism*)和其他作品中就深化了这一论述。

那些拉姆齐夫人提供的同样精确的知识增强了丽莉的绘画能力。她的"**停顿**"和"**笔画**"形成了一个"**有节奏**的瞬间":"一切都是关联的";"她用连贯又紧张的棕色线条在画布上作画,而这些线条不久就会进入一个封闭的……空间。"……丽莉的解决方法——"一些东西向右,一些向左,整体集中在一起"——又一次与罗素"观察到的复杂事实"相似,在罗素"观察到的复杂事实"中,"红色在蓝色的左边"。(*PT*,286,黑体为笔者所加)。

在这一例子当中,就像在劳伦斯作品中那样,批评方式所仰赖的是被身体或文学接触的历史事实所强化的大量(以及令人信服的)引征内容的并置;在读了班菲尔德后再读伍尔夫的作品,就很容易感觉到有一些罗素式的东西存在。

有多么罗素式,有多么剑桥哲学、后印象主义式;有多么中国式呢?在《丽莉·布瑞斯珂的中国眼睛》中,劳伦斯写道,"西方从中国的感知'密码'和'美学'中学到的是怎样消除视觉与文字及主体与客体之间的界限"(384)。但是,有人可能会对劳伦斯的观点提出回应,对于布鲁姆斯伯里派如何知道"怎样消除视觉与文字及主体与客体之间的界限",至少存在另一个重要解释,即班菲尔德的解释。班菲尔德与劳伦斯的两本书的相遇,给布鲁姆斯伯里派现代主义学者提供了两种大相径庭且引人注目的关于现代主义美学的推论。

这两本书的对立观点引发了当代现代主义学界的有趣分歧,即哲学认识论方法派与文化、国际派之间的对立。我们隐然可见,在《幻影桌》中,丽莉的眼睛形成了这样一种主要修辞,它并没有弄混拉姆齐夫人将其描述为是中国人的事实;而且,劳伦斯对于剑桥哲学的整体组成问题只是一笔带过,尽管她对中国对西方美学主观因素的修正很感兴趣。正如典狱长所说的,我们没法交流。① 目前的解决方式或许是让更多的人去读这两本书。但真正的问题跟盎格鲁美国现代主义本身的性质有关,或者说跟它当代的本质批判感有关:在班菲尔德看来,一种审美运动主要是被对"感觉对象"(objects of sensation)的一种新的哲学经验所定义的,现代主义运动从一开始就跟亨利·柏格森(Henri Bergson)②、剑桥哲学家以及埃德蒙德·胡塞尔(Edmund Husserl)③等人的现象学有着千丝万缕的联系?④ 要么

---

① 在跟原作者的交流中,他进一步明晰了这段话的出处。作者所引用的是1967年的电影《铁窗喋血》(Cool Hand Luck)中典狱长对一位犯人说的话:"我们的问题在于完全无法沟通"(what we have here is a failure to communicate)。导演斯图尔特·罗森博格(Stuart Rosenberg)在影片中运用了极其丰富的隐喻,利用蒙太奇的摄影手段,开创了以后社会派暴力电影的表现手法,"我们的问题在于无法沟通"已成为电影史上的经典台词。——译者注

② 亨利·柏格森(Henri Bergson,1859-1941),法国哲学家。1859年10月18日出生于巴黎,父母是犹太人。早在大学预科学校求学时,他就对古典文学和自然科学发生了浓厚兴趣;考入巴黎高等师范学校后,在同届学生中间,他显示出文学与数学上的独创性和卓越的才能。1888年,他在名为《直觉意识的研究》的论文中充分发挥了他的思想。1889年,他获得文学博士学位,1900年起,被委任为法兰西学院哲学教授。柏格森于1913年赴英、美讲学,并任英国精神学会主席。1919年他返回法国,进入法兰西语言科学院,此后从事国际事务和政治活动的研究。晚年皈依罗马天主教。柏格森的思想在很大程度上受到斯宾诺莎与康德的影响。普罗提诺亦对柏格森有所影响。柏格森哲学的主要概念包括:la durée, l'intuition, l'élan vital,以及 les rapports entre l'âme et le corps。亨利·柏格森的哲学主张"绵延"(durée)观念,即变迁的实在。他认为不只事物的性质会变迁(蓝色的事物变成红色,年轻的事物变老),生命本身的物质也会变迁;此外,他也认为概念是静态与片面的。当我们试着分析事物时,就扭曲和改变了事物;采取某一个观点,放弃另一个观点,冻结事物的时间却未能理解事物的发展,即事物的"生命"。分析必然无法令人满意,因为事物存在着无限的角度与无尽的片刻。——译者注

③ 埃德蒙德·古斯塔夫·阿尔布雷希特·胡塞尔(Edmund Gustav Albrecht Husserl,1859-1938),著名德国哲学家,被称为现象学之父。他生于捷克摩拉维亚地区的小镇普罗斯涅兹,出身于一个犹太人家庭。作为弗朗兹·布伦塔诺及卡尔·斯图姆夫的学生,他影响了施泰因、奥伊根·芬克、马丁·海德格尔、让·保罗·萨特及莫里斯·梅洛-庞蒂。自1886年起,他在哈勒大学以导师身份(相当于副教授)教授哲学,于1887年开始信仰基督教并加入了路德会,同年结婚,并在此育有两儿一女。1901年至1916年,他分别在哥廷根大学及弗莱堡大学担任教授,直到1928年退休为止。退休后胡塞尔仍然利用弗莱堡大学图书馆来继续他的研究及著述,直到他的得意门徒海德格尔担任校长时,以胡塞尔的犹太人血统为理由禁止胡塞尔进入为止。——译者注

④ 在诸如桑福德·施瓦茨(Sanford Schwartz)的《现代主义的矩阵》(The Matrix of Modernism)(Princeton, N.J., 1985),琼·埃里克森(Jon Erickson)的《客体的命运》(The Fate of the Object)(Ann Arbor, 1995)以及道格拉斯·毛(Douglas Mao)的《固化的客体:现代主义与生产测试》(Solid Objects: Modernism and the Test of Production)(转下页)

就是,作为一种地缘政治学经验中的类似后殖民转向的产物,一种在对工业资本主义或者腻味了的浪漫主义的抵抗模式的追寻中的向东或向南的转向(或者是进入已经体现在西方中的"东方"或者"南方"),或者就是在对转译(translation)、原始主义(primitivism)以及移用(appropriation)的众多资源的熔炉中被激发出来的呢?① 当然,也没有必要对这两种英美现代主义加以区分(或者去想象只存在着这两种可利用的形式),但是任何个人研究的局限性使得我们很难从学术的角度来思考现代主义的哲学遗产及其文化间的、转译的特征,这种特征在彼此间没有高下之分,而以往的做法经常是将其中之一人为地赋予某种优先性,但实际上两者间并没有多少差别。②

(接上页)(Princeton,N.J.,1998)等一些近期作品的结尾,都跟《幻影桌》(*The Phantom Table*)一样具有批判传统。就我理解,这种做法在重要性上跟近期对物质文化的文学与文化批评方面有所不同,最好的体现或许就是比尔·布朗(Bill Brown)关于"物"(things)的文学方面的作品(参见诸如《事物理论》("Thing Theory"),载《批判性探讨》(*Critical Inquiry*) 28 [2001].)。而主客体之间的关系则以其在哲学中的分量而定,在对人工制品的比较视角下的自身物质文化基础中发挥作用。关于英国现代主义语境下对中国物质文化的分析,可参见朱迪斯·格林:《"一种新的观念取向":1921—1936年英国对早期中国瓷器的收集与鉴赏》(Judith Green, "'A New Orientation of Ideas': Collecting and the Taste for Early Chinese Ceramics in England 1921 - 36"),收录于《中国收藏艺术:阐释与展示》(*Collecting Chinese Art: Interpretation and Display*),毕宗陶主编(ed. Stacey Pierson)(London,2000)。

① 在这样的语境中,《丽莉·布瑞斯珂的中国眼睛》(*Lily Briscoe's Chinese Eyes*)一书就跟近期一些著作中的传统区别开来了,这些作品包括玛丽安娜·托戈尼克(Marianna Torgovnick)的《走向原始:野蛮的智力,现代的生活》(*Gone Primitive: Savage Intellects, Modern Lives*)(Chicago, 1990),迈克尔·诺斯(Michael North)的《现代主义的方言:种族、语言与二十世纪文学》(*The Dialect of Modernism: Race, Language, and Twentieth-Century Literature*)(New York, 1994),以及中文语境下的罗伯特·科恩(Robert Kern)以及斯蒂芬·姚(Steven G. Yao)的作品。

② 在美国的语境中,对现代主义的认识论与文化解释越来越结合在一起,在"哈莱姆文艺复兴运动"(Harlem Renaissance)中最明显,而在这种语境中,也更贴近家庭,而意象派运动(the Imagist movement)则将自己标示为一种新的感知模式(因此就形成了主客体间的一种新关系),至少在最初是通过希腊的例子(在人文学博士的笔下)以及中国的例子(庞德、洛威尔的作品)而实现的。这就表明,班菲尔德和劳伦斯所希望修正的"现代主义"或许早已(already)是地方化的、特殊的,进而在某种意义上是"国际化的"(international)(这就是说,英国现代主义如今正处于危险中,布鲁姆斯伯里派正是最特殊的);我们现在面对的可能并不是一个单一现代主义的问题,而是多种现代主义的问题。

丽莉·布瑞斯珂这一主线正服从于哲学与中国化的现代主义。这种轨迹将丽莉的绘画跟小说联系起来、将其性格与伍尔夫的性格联系起来、将其审美与弗莱的审美联系起来,并将她的认识论与现代主义的认识论联系了起来,从而结合了众多的知识材料。只有在将所有材料配置到具有单一起源的部分,要么转到剑桥派,要么转到中国化,这一主线才能真正将两种现代主义以及现代主义学术中的两种趋势区分开来。这种困境如果靠选取一种超越另一种的方式是没法解决的,而必须完全禁绝任何这种选择需求的具有单一起源的结构。

学界通过图示方式对这两本书之间的不同之处所作的区分不仅仅是英美文学学者的一个主题。再也没有比现代主义的问题更亟待解决的了,尤其是在思考现代主义的全球化或国际化的可能性方面,如果没有将现代主义看成是从单一的欧洲起源(艾略特(Eliot)的《荒原》(*Waste Land*),福楼拜(Flaubert)的《包法利夫人》(*Madame Bovary*),乔伊斯(Joyce)的《尤利西斯》(*Ulysses*))转向其他国家在多样性上跨越世界的某种东西的话,那它就形成了地方现代主义,而这种地方现代主义是由一种对现代主义"本位"的美学或哲学原则的模仿以及所体现出的地方特征的融合所决定的。这样的现代主义理论从来就不会具有这样的可能性,即,现代主义不仅是被这些转变**所模仿的**,而且更是**被定义的**,故而,就仍然被限制在一种欧洲中心论与暂时有限性(欧洲中心是**因为**暂时的有限性)的沙文主义当中。在这种图景之下,一种关于"中国人"(或者是日本人、匈牙利人、拉丁美洲人)的现代主义的出现就只能被理解为是对真正起源的迟来一步的(而且经常是无力的)表达。

对我而言,这两种可能的导向将会让我们得以摆脱关于资本主义进步的伟大历史谬误(在这种过程中,世界的其他部分只不过是西方的原始与未开化形态)在文学史上所图绘出来的陷阱。首先,它理应有可能做这样的工作,即指出,对于欧洲现代主义的所谓起源问题,外人已经介入其中了:换句话说,很长时间以来所确信的作为一种审美运动的东西,它所关注的完全是欧洲的东西,这种情况体现在它与其他文化相比较所具有的不同核心特征之上。非洲文化对毕加索及其他现代派艺术家的影响众所周知。而在这里,本书所关注的则是将跨文化影响(从南到北、从东到西)的事实转变为一种关于全球性的现代主义研究的"共同意识"。其次,它也应该有可能重新审视对现代主义自身的定义不仅仅是概括出对20世纪早期的两种或三种"最初的"现代主义文本的特征,而是要考虑在"现代主义"的名义下所发生的整个全球文化输出问题,这就需要以一种更为宏大的历史与文化视角去理解"现代主义"。在这样的一种模式之下,种类繁多的"其他"国家现代主义就不会被看成是一种原生形式的衍生产物,而毋宁是在一种**持续进化**的文学运动中的全部内容。这将表明,在现代主义的伟大历史被书写的时候,其最"核心"的任务将不再是表现为欧洲起源的那些东西,而是那些在其他地方具有最强及最有推动力时刻的东西;举例而言,人们有可能去更多地考虑如今在中国和其他地方正被生产出来的前卫表现和视觉艺术,并将之看成是一种与现代主义"价值"的广义想象相关的那些源源不绝的证据。

问题在于,所有的现代主义都是部分地方性的,部分被地方特征及地方史所定义的。但同时,地方又是被一种与全球的关联所定义的——事实上,如果脱离开与全球世界的某种关联,我们无法知道"地方"(local)是什么。"地方"通过一种与旅行、贸易以及文化流动的**关系**而使自身变得地方化起来,全球化也是如此;它只不过是一种不同的关系而已。每个人都知道这种情况,而在当这种状况触及到英美研究中的现代主义学术圈子时,这种视角就常常被遗忘,而就算是被记起的话,也在哲学化的框架下被记起的,因为文化的特殊性与哲学是互相排斥的。我已经指出,将班菲尔德与劳伦斯区分开来的恰恰就是这种不同之处:班菲尔德的书中就无法很好地处理伍尔夫作品中的文化与跨国可能性问题,而劳伦斯也无法很好地处理哲学上的问题。我们

五、伯特兰·罗素的中国之眼;或现代主义的双重视野

所需要的正是一种双重图景(double vision)。这一章就试图提供这样的一种图景,通过对班菲尔德和劳伦斯的哲学与文学材料的重点关注与细致的再阅读,来展现出隐藏在这最后几段文字中间的一般原则。

2. 伯特兰·罗素的中国之眼

让我们想象这样一部小说。小说的主人公是哲学家伯特兰·罗素。在小说创作时期,每个人都知道他;与爱因斯坦一样,他也许是世界上最有名的知识分子。

小说始于 1920 年,当时罗素去俄国旅行。他希望可以通过此次旅行以便更多地了解工业资本主义的局限性。他感到,布尔什维克能够给西方经济、政治形式提供一种真正意义上的替代品。

然而,事实上,俄国却是一个"绵延不断的噩梦"①。除了意识到"普通劳动工人感到自己是政府的奴隶"外,罗素后来在同年出版的书中写道,此次旅行还被伏尔加河上一次不愉快的艰难航行毁了。在这次航行中,他的朋友克利福德·艾伦(Clifford Allen)病得很重。② 罗素记录了这次经历:

> 我们中的一个人正奄奄待毙,在虚弱、恐怖和健康人的漠然不顾中拼命挣扎着,白天黑夜被人们大声的调情说笑困扰着,我们周围的一切陷入一种极度的沉寂中,如死一般凝重、如穹苍之深不可测的沉寂。似乎任何人都无暇谛听这沉寂,然而这沉寂如此持续不已地向我发出呼喊,以致于对宣传鼓动者们的高谈阔论和消息灵通

---

① 伯特兰·罗素:《罗素自传(第二卷):1914—1944》(Bertrand Russell, *The Autobiography of Bertrand Russell: 1914 - 1944*), vol. 2 (Boston, 1968), 141。(中译本:[英]伯特兰·罗素著,陈启伟译:《罗素自传(第二卷):1914—1944》,商务印书馆,2003 年。——译者注)
② 伯特兰·罗素:《中国问题》(Bertrand Russell, *The Problem of China*) (New York, 1922), 60,下文引用简写作 PC。(中译本:[英]罗素著,秦悦译:《中国问题》,学林出版社,1999 年。——译者注)

人士的报导我已渐渐地充耳不闻了。①

罗素听到的"死一般的寂静"把他与政治以外的世界联系起来。当他在朋友的疾病与周围吵闹着的冷漠氛围中开始聆听寂静时,他变得对布尔什维克宣传"置若罔闻",而这正是他来俄国想要听的。② 一年后,罗素写道,"1920 年夏天在伏尔加河畔,我开始意识到我们西方思想中的弊病是多么的严重,而布尔什维克正处心积虑地把这一切强加给亚洲人民,他们的做法与日本和西方正在中国着手进行的做法别无二致。"③ (PC,12)。

阅读该意象派小说的读者会开始意识到,最后一句中的"弊病"这一比喻,在罗素的语言当中,在伏尔加河的相关叙述中一直被沿用,艾伦实际上的病患及其带来的对死亡的巨大借喻式沉默,一种在身体与身体政治之间的表白,是对一种病痛与健康的隐喻的持久之旅。若干年后,他

---

① 瑞·蒙克:《伯特兰·罗素:孤独的精神》(Ray Monk, *Bertrand Russell: The Spirit of Solitude*)(London, 1996), 580。下文引用简写作 BR。
② 对此,罗素在他的《自传》中有过深入的思考:在下船后,"我默默地走上岸去,在沙滩上看到一堆古怪的半流浪的人群,来自一个很远的闹饥荒的地区,每一家人都挤在一起,用他们的全部行李财物围起来,有的在睡觉,另外一些人则不声不响地点燃着一小堆一小堆的篝火。明灭不定的火焰照亮了这些粗野男人疙疙瘩瘩长满胡须的脸,勤苦耐劳的纯朴妇女,像他们的父母一样平静而迟钝的孩子们。他们无疑是人,但是对我来说,跟一只狗、一只猫或一匹马变得亲密起来,远比同他们中的一个建立亲密关系容易得多。我知道他们会日复一日等下去,或许要等上几个星期,直到等来一只船,他们可以乘船到他们听说过的什么地方去,据说(也许是虚妄不实之言)那儿的土地比他们已经离开的地方要更肥沃丰饶。有的人会死在路上,而他们所有的人都会挨饥受饿,被烈日曝晒,但是他们无声无息地忍受着苦难。在我看来他们象征着俄罗斯真正的灵魂,它是不可言传的,由于绝望而失去活力,被一小撮组成了各种进步或反动党派的西化论者所置之不顾。俄罗斯是如此浩瀚无涯,少数特立独行的人物被淹没于其中,正如人及其所在的星球消失在无垠的星际空间中一样。我认为,理论家们可能试图使群众违背其原始本能去行动,从而加重他们的苦难,但是我不相信,鼓吹工业化和强迫劳动的一种教义会给他们带来幸福。"([英]伯特兰·罗素著,陈启伟译:《罗素自传(第二卷):1914—1944》,商务印书馆,2003 年,第 158—159 页。)——译者注
③ 此处译文参考[英]罗素著,秦悦译:《中国问题》,学林出版社,1996 年,第 8 页。下同,不一一赘述。——译者注

的传记作者瑞·蒙克(Ray Monk)①写道:"在伏尔加河上坐着轮船穿越广阔的俄国乡村时,他仿佛经历了另一种转换,另一种出乎意料的认识。这次是对西方文明疾病的认识"(*BR*,581)。

关于病痛和弊病的比喻贯穿在罗素对中国的描写当中。1920年末,为了中国人的利益,他似乎决定抵抗这种暴力和弊病。在他的早期家书中,他把所见的欧洲人描述为"一些致命疼痛的携带者"(*BR*,593)。他在上海见到的人看上去"几乎都是凶神恶煞,令人讨厌";在长沙,他说"欧洲人在这里开设了几座工厂,几家银行,几处传道会和一所医院——这是用西方的方法伤害而又修复人的灵与肉的全套装备"②。后来,他写信给一位美国商人,罗素把西方资本主义与唯利是图及对他人疼痛的冷漠联系在一起:"其他国家过着舒适生活的富豪们觉得一个共产主义国家的每个居民都应通过慢慢拷问而折磨到死。如果要动手术,那么就不能用麻醉。因为资本家认为,对他们的财富造成威胁的人都应忍受疼痛。"③因此,中国之旅就在这种弊病与病痛(比喻与现实)的阴影下进行着。

但是,罗素可能在中国找到了一种针对这些致命疼痛的疗法,他写道:"中国给人一种印象,如果没有欧洲人的影响,它会达到欧洲未经工业革命或法国革命而从18世纪发展至今的地步。"④没有工业革命,没有

---

① 瑞·蒙克(Ray Monk)1992年开始任教,现为南安普顿大学(University of Southampton)哲学教授,他的研究专长是数学哲学、分析哲学史以及从哲学观点探究哲学家生平。他最著名的哲学传记作品是《维特根斯坦传:天才之为责任》(*Ludwig Wittgenstein: The Duty of Genius*)(中译本,[英]瑞·蒙克著,王宇光译:《维特根斯坦传:天才之为责任》,浙江大学出版社,2011年),于1990年获周日邮报/约翰卢威连莱斯奖(Mail on Sunday/John Llewellyn Rhys)文艺奖,并于1991年获莫夫库柏(Muff Cooper)文艺奖。他的另一部重要哲学传记作品是《罗素:孤独的精神》(*Bertrand Russell: The Spirit of Solitude*)。——译者注
② 罗素:《自传》(Russell, *Autobiography*),197,199。这两段文字都引自蒙克(Monk)对罗素旅途的叙述,那里的语境放到这里的话,就成了一种关于疾病的有着更大隐喻效果的术语。(*BR*, 592 - 93)。蒙克在通篇对罗素仇佛之旅的描述中,预置了这种隐喻。我很感谢他提醒我将注意力集中到罗素的语言和作品当中。
③ 伯特兰·罗素:《罗素信件选:公共岁月,1914—1970》,尼古拉斯·格里芬编(Bertrand Russell, *The Selected Letters of Bertrand Russell: The Public Years, 1914 - 1970*, ed. Nicholas Griffin), (London, 2001), 220 - 21。
④ 罗素:《罗素自传(第二卷):1914—1944》(Russell, *Autobiography*), 199。

法国革命:此处另一段历史事实提供了——当然,所根据的是中国历史停滞的故事——一个可代替"西方思维形式"的"亚洲"方式,而这,正被欧洲、日本和布尔什维克强加到全世界的头上。

在这一发现的剧痛挣扎中,许多中国暴力可以被忘却。我们的主人公在1921年2月给朋友的信中写道:

> 在这个星球上,我没有家园——中国比其他任何一个我所知道的国家更加亲切,因为那里的人不残忍。确实,士兵们有时会狂乱(amok),①会洗劫城镇,常常用刺刀伤害不愿上交全部财产的人。但是,同"文明"国家相比,这算不了什么,这是无关紧要的琐事。这附近省市的两千万人民在挨饿,但中国人并未采取任何措施来减轻他们的疼痛。但他们比我们好,因为,他们的饥荒并非他们人为造成的,而我们是故意制造饥荒,以看到小孩奄奄一息来取乐。②

---

① "amok"(狂乱)这个词的词源使这种抱怨之声产生了一种奇怪的扭曲:它首先是作为葡萄牙语"amouco"的翻译在英语中出现的,这个词源自于马来词"amoq",意思是"沉迷于战斗,孤注一掷地出击,进入一种不分青红皂白杀戮的疯狂状态……适用于处于出离愤怒状态的任何动物"(engaging furiously in battle, attacking with desperate resolution, rushing in a state of frenzy to the commission of indiscriminate murder ... Applied to any animal in a state of vicious rage)(参见 *Oxford English Dictionary*, amok,形容词与副词义项)。这一术语重新回到东方,用来描述中国士兵,这就为西方帝国主义历史的嵌套性(recursive nature)提供了另一个例子,这是因为这个取自马来地区的词汇所描述的是在西方人看来是行为方面的一种特殊的文化类型(来自于库克船长的《航行记》(*Voyages*):"狂乱就跟吸鸦片一样……从家里出来,杀死那些被狂乱所伤的人,以及试图阻碍他行动的任何人"),进入葡萄牙语,之后进入英语和英格兰,随后又回到中国去描述那些据此被隐性地认同为是"亚洲人"(Asian)的行为方式。对于这种嵌套性(recursiveness),《牛津英语词典》(OED, *Oxford English Dictionary*)还提供另一个示例,转化成了一种非常不同的文化价(cultural valence),这个示例来自梭罗(Thoreau)的《瓦尔登湖》(*Walden*):"我本可以疯狂地反对社会,但是我宁可让社会疯狂地来反对我"(I might have run 'amok' against society, but I preferred that society should run 'amok' against me)。我是从保罗·克雷默(Paul Kramer)那里第一次知道"amok"的词源的,他在2003年夏季在康奈尔大学提交的一篇论文中提到了这个问题。此外也可以参见桑杰·克里希南:《从边缘解读全球化:文西阿都拉的事例》(Sanjay Krishnan, "Reading Globalization from the Margin: The Case of Abdullah Munshi,")载《表象》(*Representations*) 99 (Summer 2007)。

② 罗素:《罗素信件选:公共岁月,1914—1970》(Russell. *Selected Letters*), 223 - 24。

五、伯特兰·罗素的中国之眼;或现代主义的双重视野

熟悉西方那些中国梦想追寻者历史的读者会在这一辩解中听到利玛窦(Matteo Ricci)①,埃德加·斯诺(Edgar Snow)②或菲利普·所来尔思(Philippe Sollers)③的回声。他们会说,这位小说家还真是做了一些功课。

---

① 利玛窦(Matteo Ricci,1552-1610),天主教耶稣会意大利籍神父、传教士、学者。1583年(明神宗万历十一年)来到中国居住。其原名中文直译为马泰奥·里奇,利玛窦是他的汉名,号西泰,又号清泰、西江。在中国颇受士大夫的敬重,尊称为"泰西儒士"。他是天主教在中国传教的开拓者之一,也是第一位阅读中国文学并对中国典籍进行钻研的西方学者。他除传播天主教教义外,还广交中国官员和社会名流,传播西方天文、数学、地理等科学技术知识。他的著述不仅对中西交流作出了重要贡献,对日本和朝鲜半岛上的国家认识西方文明也产生了重要影响。——译者注
② 埃德加·斯诺(Edgar Snow,1905-1972),美国著名记者、作家。他于1928年来华,曾任欧美几家报社驻华记者、通讯员。1933年4月到1935年6月,斯诺同时兼任北平燕京大学新闻系讲师。1936年6月斯诺访问陕甘宁边区,写了大量通讯报道,成为第一个采访红区的西方记者。抗日战争爆发后,又任《每日先驱报》和美国《星期六晚邮报》驻华战地记者。1937年卢沟桥事变前夕,斯诺完成了《西行漫记》的写作。10月《红星照耀中国》(即《西行漫记》)在英国伦敦公开出版,在中外进步读者中引起极大轰动,1938年2月,中译本又在上海出版,让更多的人看到了中国共产党和红军的真正形象。1942年斯诺去中亚和苏联前线采访,离开中国。新中国成立后,曾三次来华访问,1972年2月15日因病在瑞士日内瓦逝世。遵照其遗愿,其一部分骨灰葬在中国。——译者注
③ 菲利普·所来尔思(Philippe Sollers,1936——),又译索莱尔斯,法国当代著名小说家和文学评论家,本名菲利普·如爱友(Philippe Joyaux),笔名所来尔思 Sollers 源于拉丁文 sollus(意为完全的)及 ars(意为机智,巧妙,敏捷),完整意义为"完全的艺术"。他于1936年11月28日出生于法国波尔多。1957年,年仅22岁的所来尔思以短篇小说《挑战》获费内龙奖,翌年小说处女作《一种奇特的孤独》获评论界高度评价,尤其受到弗朗索瓦·莫里亚克和路易·阿拉贡的激赏。1961年,小说《园》获梅迪西文学奖。1960年,所来尔思于界限出版社创办《如此》(Tel Quel)(又译为《原样》或《泰凯尔》)杂志及丛书,形成一个锋芒毕露的前卫文学团体,对法国以及西方文学艺术界产生重大影响。《如此》(Tel Quel)杂志及丛书以文本—政治研究为方针,60至70年代主要发表当时被认为是违反常规的、持不同政见的、不为人知的、有争议的甚至引起公愤的作家,哲学家,语言学家,精神分析家及文学理论家的文章及作品:萨德侯爵、洛特雷阿蒙伯爵(Lautréamont)、阿蒂尔·兰波、詹姆斯·乔伊斯、安托南·阿尔托、乔治·巴塔伊(Georges Bataille)、雅克·拉康、罗兰·巴特、米歇尔·福柯、雅克·德里达以及毛泽东,所来尔思还曾翻译过毛泽东诗词。1983年,所来尔思离开界限出版社,加盟伽利玛出版社,《如此》(Tel Quel)更名为《无限》(L'Infini),始终是法国最具影响和活力的文学刊物及丛书。1967年,所来尔思与保加利亚裔法国作家及精神分析家朱莉娅·克里斯蒂娃结为伉俪。1974年,《如此》(Tel Quel)杂志代表团(所来尔思、克里斯蒂娃、马塞兰·普莱内(Marcelin Pleynet)、巴特等一行五人)作为建国后西方知识分子首访团访问中国。所来尔思曾经学习过两年中文并且在写作中使用汉字,从60年代至今,他对中国思想文化及艺术的关注在其所有作品中都占有重要位置。——译者注

但是,故事不能像这样一直持续下去。在写完这封信的几周后,我们的主人公生病了,高烧不止,精神错乱,奄奄一息。因此,罗素来华之旅中关于疾病与病痛的比喻在他自己的身体中成为了现实。在费了很大劲恢复健康之后,他并未意识到这一讽喻。尽管如此,他对中国的看法有了暂时的转变。在6月写给朋友的信中,他说:"对欧洲人来说,这个地方看上去很残酷。如果身体强壮,那么,这里充满魅力,但如果身体欠佳,则很恐怖。"他的伴侣多拉·布莱克(Dora Black)①在后来写给她母亲的信中说"这里的人毫无减轻疼痛的意识。邻居奄奄一息时他们都可以置之不理……(他们)总是这么冷漠"(BR,602)。

然而,在他们如此这般感慨之际,情况发生了变化。在我们主人公康复期的最后一段日子里,自始至终照料他的多拉去医生处咨询为何没来例假,原来是怀孕了。罗素盼望已久的孩子终于有了。两人收拾行李返回英国。生代替了死,西方取代了中国,梦想结束。

但是,故事还没有完全结束;或者说,还有个编后记。②在家里,罗素

---

① 1921年,罗素与前妻离婚后与多拉·布莱克(Dora Black,1894-1986)结婚,他们育有两个孩子。这期间罗素已经因为参与反战活动而被剑桥大学开除,他通过出版各种有关物理、伦理和教育方面的书籍谋生。1927年夫妇俩人共同建立了一所教育实验学校"皮肯·希尔学校"(Beacon Hill School)。30年代中期双方离婚。——译者注

② 事实上,较之他的想象性小说,事情要复杂得多。在3月末,在得知罗素病情的风声之后,一家日本报纸报道了罗素去世的消息。这条新闻一时间传遍了整个世界,人们议论纷纷,有人深感悲伤,有人则不相信这个消息;在最后,据蒙克(Monk)说,罗素的兄弟弗兰克(Frank)告诉英国记者:"(罗素)在北京去世……这个消息甚至连他自己都没及时知道"(600)。一份传教团体办的报纸回顾了罗素对宗教组织所作的尖锐批评,用一句话报道了这件事情:"对于伯特兰·罗素先生之死请原谅传教士们闻讯之下松了口气",罗素在他的《自传》当中对这段轶事作了番调侃:"当他们发现我竟未作古时,恐怕一定会发出另一种叹息吧"(vol. 2, 189)。确实,他似乎从这场误会中发现了很多的乐趣。在5月份给奥托兰·莫雷尔(Ottoline Morrell)的一封信中,他写道:"我已经意识到了有一种我曾经一度对之绝望的雄心壮志,我也读到了关于自己的讣告。在日本,我被报纸说成已经去世了,《日本纪事》(*Japan Chronicle*)还发了关于我的长篇文章。我的病对我没有丝毫影响,事实上,它很难说比一次糟糕的牙痛更让人影响深刻。没能死在这里,我也错失了很多,人们告诉我,中国人说他们在中央公园为我举行一场很盛大的葬礼,之后要把我葬在西湖的一座岛上,这是那些最伟大的诗人和皇帝生活、去世和埋葬的地方。我本来会变成一个神。错过了多好的一个机会啊!"(《罗素信件选》(*Selected Letters*), 226)。

五、伯特兰·罗素的中国之眼;或现代主义的双重视野

写了本书,名为《中国问题》(*The Problem of China*)①。书中满是对中国历史、文化和知识完备性的赞扬。"只是我希望读者记住,中国是我所接触的国家中最好的之一,然而却遭到如此的虐待,我要对世界上每一个强国发出更严重的声讨。"(220)。尽管如此,作者还是勉强列出了中国人的三个"弱点":贪婪、怯懦和冷漠。②

关于冷漠,罗素说了如下一段话:"要永久地解决饥荒问题,必须改良农业,迁移人口,节制生育。受过教育的中国人意识到了这一点,所以他们不关心救助当下的受害者。中国人的冷漠或许就是出于问题太大,无从着手这个原因"(221—22)。到目前为止还好;在1921年2月的回信中,他继续写道:

> 但有一件事却不能作这种解释:如果有一条狗被汽车撞成重伤,过路人十有八九对狗的哀号会觉得可笑。可怜的情形不仅不能激发一般中国人的慈悲,相反却让他们感到快感。③ 从事实的角度来看,从他们的历史,从1911年革命前的刑罚来看,中国人并不缺乏残忍的成分,只是我没有亲眼看到罢了。不能不提的是,所有列

---

① 《中国问题》是罗素的唯一一本关于中国的论著,它集中了这位"世纪智者"对中国问题的种种思考,系统地反映了一个西方进步学者的中国观。尽管时过境迁,书中所谈到的当时的中国时事早已成为人人皆知的历史,但作者对中国的历史、中国的文化、中国的教育及中国人的性格等问题的许多分析仍不失为真知灼见,其价值历久弥新。中译本可参见[英]罗素著,秦悦译:《中国问题》,学林出版社1996年版。——译者注

② 关键在于,要求这样罗列出来的请求来自于一位"著名的中国作家"。正如刘禾所指出的,对这一事实的叙述强化了"作者关于他者的自身知识,正如无名他者的主体性在这个动用的过程中被消耗掉一样"(《跨语际实践:文学民族文化与被译介的现代性中国:1900—1937》(*Translingual Practice: Literature, National Culture, and Translated Modernity in China, 1900 - 1937*)[Stanford, 1995], 46.)(中译本:刘禾著,宋伟杰译:《跨语际实践:文学民族文化与被译介的现代性中国:1900—1937》,生活·读书·新知三联书店,2002年。——译者注)。刘禾进而用对罗素《中国问题》一书被中国所接受的历史的深入论述来印证她的看法。史书美在她的《现代的诱惑》(*The Lure of the Modern*)一书第23—24页也讨论了罗素这时期的情况。

③ 如果从美国传教士对关于罗素去世传闻的反应来看的话,就很有意思,那些美国传教士似乎还有点幸灾乐祸。

强都实行残酷的刑罚,只是用虚伪进行了掩盖。(221—22)

罗素把关于中国人冷漠的"这件事"置于怎样的情景之中?理解这一情景很重要。一方面,尽可能多地把对西方人来说可能麻木不仁的行为归于可耕地与人口的分布;中国知识分子对结构性饥荒的冷漠,他认为,可以理解为对无法解决其中深层问题的无奈。另一方面,罗素把这"一件事"与"残忍"区分开来。他把"残忍"泛泛地置于中国"历史"中,把范围再缩小一点的话,置于中国1911年革命前的刑罚当中来看待。这两种形式的残忍,罗素都承认是所有国家在任何情况下都有的。对中国与疼痛这两者之间关系的特殊经历并非来自对拷问、暴力或结构性冷漠的描绘。这些罗素都排除在外了。他写道,这件事"不能作……解释":普通中国人觉得疼痛场景让他们感到快感。

面对一系列的文化差异——对饥荒的明显冷漠,寄希望于司法酷刑的刑法——罗素把它们置于同一框架内,让它们被理解成是偶然事件而非遗传下来的,是特殊环境下的表现而非一些深层次的中国国民性的体现(第一种情况是地理因素,第二种情况则是国家在"主动残忍"上的普遍趋势)。虽然中国人以这种方式对待饥荒,虽然他们行为残酷,但这些事实本身并不能成为关于中国人麻木的论据。英国读者应该理解这些,而非对一系列历史事实做出期望中的反应。其他人类和其他大国在同样的情景中,会做出跟中国人相似的行为。但是一件事"不能作这种解释"依旧存在于历史缘由的经济之外。

在意象派小说中,罗素认为,"可怜的情形"并没有唤起中国人的任何"慈悲",而多拉抱怨人们"对待邻居的疼痛总是很冷漠",这两种看法交织在一种彼此协作的网络当中,这种网络随着疾病、病痛以及对痛苦的无动于衷而循环出现(而我们是故意制造饥荒,以看到小孩奄奄一息来取乐)。把这种叙述当作叙述本身而非历史前景来加以解读,把疾病和疼痛视为象征,这就让我们能够领会到文本的高度结构化,凭借这一形式,文本得以组织起它的类别,改变它们,并把它们从民族移动至身体,从身体移动到国家,从东方移动到西方,然后再返回来。人们可能会说,小说不仅描述了西方人的中国经历,在此,中国既是抗拒现代性的地方,同时也展现了中国人的美梦将是任何个人经验所必然能达到的程度,而这也许经常是在自己最"公平"及最为中国"一边"的时候。而且,这是通过对西方想象中的"中国"以及自从20世纪70年代起其轮廓变得清晰可见的一种东方主义的传统主题而展现出来的。

  罗素对中国的苦难和冷漠进行了这么多充满理性的解读,这表明,在解读中国上,他是一个很具文化敏感度的人,比他的先人敏感,尽管他对轻度虐待狂成因的解释局限性方面的认识也重复了一种再熟悉不过的老生常谈。但是,在一部意象派小说中,这种老生常谈自己却体现为既是个体的发现,同时在故事性上又是可预测的,故而,罗素讲述了街头小狗的故事。他之所以讲述这个故事,是因为他是最新一位记录中国人对他人疼痛的冷漠态度的西方人,同时作为一个个体,这个个体的朋友在伏尔加河上病倒了,他自己差点在北京死去,他的伴侣在黎明破晓后,惊喜地发现自己怀孕了。尽管他和中国的关系再次体现了超越罗素的东方主义结构,并且在一定程度上对他熟视无睹,但是,这种关系也很奇特地属于罗素,属于他书信的变幻莫测、他的体魄、他的政论文;简而言之,属于他个人。

  与中国的历史关系和个人关系的联接出现在关于罗素与中国的意象派小说中,进而取代了传记性结论。在传记性结论中,可能会在几种结果中选择:与其迫使得出结论,不如说罗素只是另一位东方学者,或者不是,小说创造了一种感知,这种对罗素地位的必然性的感知以及创造这种感知所必需的惊人的一致性。

  如果我像读小说一样来解读罗素的人生的话,那么,这是因为"小说"这个词可以对巧合与象征加以解读。也就是说,在"真实生活"中,不可避免地会看到异国风情、奢侈放纵,这恰恰是因为它在真实生活中以另一种方式发生着,或者就是由于所选取的细节使得故事必须通过将不相契合的一些其他细节排除出去的方式来展开。这就是为什么一个人可以有很多不同传记,而反之,一种性格被故事所塑造出来甚至是表现得是有意形成的:佛朗斯基(Vronsky)的战马背部受伤,这并不是因为它的脊背柔弱,而是因为故事发展需要马背受伤。① 然而,罗素在北京生病,但是我们会想,他在那里很快就恢复好了。将人生经历加以小说化解读的好处在于,跟所需要的所有细微之处扭曲一起,将一致性转变为不可避免性,并进而允许将经验性时刻中的一系列不相关联且混乱不堪的事实解读为是一种更类似于故事的东西。而反过来说,这样的好处在于它允许人们围绕罗素的身体所塑造出来的不仅仅是对中国人冷漠无情的一种特别再现,在这种时刻,罗素决定将其他人的麻木不仁看成是中国人的缺点之一,而且还是一种叙述。在这种叙述中,名为"罗素"的那种特征发现自身所隐含的不仅仅是一个不偏不倚的观察者(这就是说,作为一位公共知识分子对中国的地缘政治所作的一系列政治声明),而且还是一种身体、一种轨迹、一种叙事对象:我要追问的是,如果罗素的生活本身恰恰就是在诉说一个故事的话,这个故事不会被任何人看到。那么,这种象征就不仅仅是西方人对待中国人冷漠无情的看法的漫长历史中的一瞬而已,而是,用哲学术语来说,毋宁是与特定的英国现代主义历史的某种关联?

---

① 伍尔夫这样评论一部关于克里斯蒂娜·罗塞蒂(Christina Rossetti)的传记(玛丽·F·桑德斯所著的《克里斯蒂娜·罗塞蒂传》。克里斯蒂娜·罗塞蒂(1830—1894),英国女诗人,画家加布里耶尔·罗塞蒂之妹。——译者注):"呈现出的是被神奇地封存于魔箱之中的往昔和那时的人们。我们只须看看听听,听听看看。不一会儿那些小人儿——他们确实小于常人的身量——就会开始讲话并活动。他们的行动得服从我们为他们作出的种种安排,但他们却毫无所知,因为他们活着的时候以为自己想去哪里就能去哪里。当他们开口时,我们便赋予他们的话语各种各样的意义,但他们对此却浑然不知,这是因为他们活着的时候相信自己不过脱口讲出了一闪之念而已。但是,一旦你进入了传记,情形就全然不同了。"(引自赫尔迈厄尼·李:《弗吉尼亚·伍尔夫》(Hermione Lee, *Virginia Woolf*) [New York, 1999], 8-9)。

3. 疼痛与剑桥哲学

罗素对中国人冷漠无情态度的观察是这一类型的经典例子，这也可以理解为该书目前为止对历史主线所做追溯的一个事例。相对而言，它也属于像明恩溥的《中国人的气质》那样对于中国人国民性加以论述的更为地方化类型的书。跟明恩溥的书一样，罗素的《中国问题》在中国很快被学者译介过来，并且一版再版，学者们试图思考国民性（National character）与现代性之间的关系。罗素关于中国人性格的一章被刊登在 1922 年的《东方杂志》（*Eastern miscellany*）①上，刘禾从译者愈之那里引用了一处注解，愈之写道"中国人国民性的问题比其他任何东西都更吸引我们。"②刘禾详细阐述了有关国民性的争议对中国知识分子与现代主义及现代性关系所具有的意义，尽管超出了本章所要讨论的范围，但是，在这里，我引用它们是为了说明英美语境只是罗素作品中可能考虑过的许多情境之一，而对于"现代主义"本身来说，无论如何都不能事先认为英美语境是罗素中国之行及其中所含理论与历史意义的"最初"或者最根本的语境。③

---

① 罗素的这篇文章名为《中国国民性之几个特点》（愈之译），载 1922 年《东方杂志》第十九卷第一号。《东方杂志》是中国历史上历时最长的一份大型综合性学术期刊，它由商务印书馆创刊于 1904 年 3 月，1948 年 12 月终刊，历时 45 年。共出版正刊 44 卷、811 期、号外 4 期。它以"启导国民，联络东亚"（创刊号发刊词）为宗旨，是影响最大的百科全景式老期刊，是中国杂志中"最努力者"，也是"创刊最早而又养积最久之刊物"（王云五）。有"百年老刊"、"刊中寿星"、"民国十大善本之一"、"藏界不倒翁"、"传世文章最富"、"澎湃学门，大匠如云"、"历史的忠实记录者"、"传世名作"、"盖代名刊"、"知识巨擘"等盛誉，影响较大。——译者注
② 刘禾：《跨语际实践》，47 页。
③ 王德威的作品探讨了 20 世纪中国小说中暴力、历史与表现之间关系，例如，他预示了一种暴力经历与表现方面的整体维度，而这能揭示出像"现实主义"（realism）和**困惑**（aporia）这种文学语言表面上"普遍"特性的中国语境下的道德和历史维度的问题（参见 25—27 页关于沈从文的论述）。正如王德威在导言中所指出的，就算是西方批评主义的暴力与表现之间关系表面上的普遍范式也广泛取自这些事例所发生的"当地"历史（参见诸如阿多诺对大屠（转下页）

然而，在这一普遍语境当中，我们可以进一步提炼关于疼痛的讨论，以此让罗素对中国人国民性的观察与关于主体和客体的哲学作品（这些哲学作品成为了布鲁姆斯伯里派现代主义的一个重要特征）之间的联系变得更清晰、更直接。在此处，疼痛与主体性的关系是罗素的学生维特根斯坦作品中的一个主要命题。维特根斯坦对罗素关于主体和客体刻录者的理论做了修改，并提出了异议，这是促使罗素抛弃哲学（这已经是在1910年了）转向政治的一个重要因素，这一转变直接促成了罗素的俄国与中国之行。

"只有我知道我是否真的疼：别人只能推测"，维特根斯坦写道。① 他的意思是，疼痛是一种私事：我能够把我的疼痛强加给他人，能够呻吟抱怨，或多或少带有说服力，能够展示一个可以让大部分人疼痛的伤口，但这些都不能保证我在任何一个公共领域中的疼痛。把疼痛引入语言之中，诉说疼痛，这种行为已经跨越了我的个人意识和世界之间的界限，在一种特殊的公共法则中去维护我自身经验的真实。

维特根斯坦在思考语言与所指之间关系的时候介绍了"疼痛"：

> 词语是怎么**指涉**感觉的？——这似乎不成其为问题：我们不是天天都谈论感觉，称谓感觉吗？但名称怎么就建立起了和被称谓之物的联系？这和下面的是同一个问题：人是怎么学会感觉名称的含义的？——以"疼"这个词为例。这是一种可能性：语词和感觉的原始、自然表达联系在一起，取代了后者。孩子受了伤哭起来；这时大

（接上页）杀的论述，第4—5页）（王德威：《历史怪兽：历史、暴力、叙事》（Wang, *The Monster That Is History: History, Violence, and Fictional Writing in Twentieth-Century China*）[Berkeley, 2004].）。（中译本：王德威。《历史与怪兽：历史、暴力、叙事》，（台北）麦田出版社，2004年。——译者注）

① 维特根斯坦：《哲学研究》（Wittgenstein, *Philosophical Investigations*. 3d ed., trans. G. E. M. Anscombe）(Oxford, 2001)，§ 246)，引文所标注的是段落编号，而非页码，该书文中引用时简写作 *PI*。（中译本：维特根斯坦著，陈嘉映译：《哲学研究》，上海人民出版社，2005年。——译者注）

人对他说话,教给他呼叫,后来又教给他句子。他们是在教孩子新的疼痛举止。

"那么你是说,'疼'这个词其实意味着哭喊?"——正相反,疼的语言表达代替了哭喊而不是描述哭喊。(PI,§244)

维特根斯坦把语言与疼痛的关系描述为既非确切的外延("疼"一词并没有清楚地"指明"疼),也不是精确的主格("疼"不单单是"疼痛感受"的惯常声音)。① 如果疼痛的语言表述"取代"哭喊,正如维特根斯坦所说,那么就是因为"疼"既不命名也不指示疼痛感受,而是有效地表达出"当我哭喊时我意指什么"的意思。像这样的感觉是私人的,只有在进入语言后才能够表述出来——但从不会自己表述出来。维特根斯坦指出:"私有经验的本质之点其实不是每个人都拥有他自己的样本,而是没有人知道别人有的也是这个,还是别的什么"(§272)。不能说"疼"可以被描述或意指;它是能被运用:"你随着语言一起学到了'疼痛'这个概念"(§383)。

罗素讲的关于街头小狗的故事是一个关于疼痛的故事,是关于对疼痛的认识和表述的故事,也是关于对这一认识的反应的故事。作为多多少少对疼痛的一种反应,这个故事是一种被伊琳·斯凯瑞(Elaine Scarry)所称的类型的人造物,是展现疼痛感受的一种言语或物质客体,或者就是试图让这一星球的无生命结构对人类的疼痛状况作出反应。正如斯凯瑞写道的:"一种物质或者言语人造物不是一个有生命、有知觉、有洞察力的生物,因此,它既不能感受到不舒适,也不能认识到他人的不舒适。但是,虽然它不能敏锐地感知到疼痛,但在事实上,它本身是**那种感知**的客观化;它本身没有能力感知它的行为、设计、结构,它本身

---

① 在《哲学研究》的后面,维特根斯坦写道:"于是我们所做的可能显得像唯名论。唯名论者的错误是把所有语词都解释成了**名称**,因此并不真正描述语词的用法,而是仿佛为这样一种描述提供了一张纸面上的汇票"(§383)。

是一种**感知的结构**。"①这种感知的结构:同样,一根绷带会体现——成为一种客体——对创伤与伤痛的无主体的感知客观化,这个关于疼痛的故事所着力描述的是其自身对**疼痛状态**的感知,甚至说来,作为看成是与罗素有关的事例,对假设的疼痛的表现是对其所观察到的痛苦这一事实的反应。

如果一条狗被一辆汽车碾过,受了重伤,人们十有八九会停下来驻足观看,嘲笑小狗凄惨的哀号声。想一下罗素的可感物理论,该场景中有四个可能的"主体"感知:狗的"主体"感知,嘲笑小狗的行人的"主体"感知,没有嘲笑小狗的那个行人的"主体"感知以及观察这一场景的人的"主体"感知。这其中只有一个人可以被认为在该记叙中适当地"掌控着":即那个观察者,他听到了小狗的哀嚎,看到了行人以及他们的行为。然后,他把这些组织到句子中,使得前者成为后者的起因,把哀号视为疼痛,把笑声视为取乐("他仿佛感到快感")。叙述的方式是并不复杂的现实主义式,在认识论上是很稳健踏实的。人们会感到与丽莉的肖像画相距甚远,这不管是从记忆来看,从对于再现的几何学的后印象主义权利来看,还是从跟主体的未来死亡相似的一种遭遇的非目视可能性上看,都是如此。

然而,要是我们考虑到对疼痛的感知的话,故事就成为了一个更为复杂的几何体。从狗开始画一条线至嘲笑狗的行人,以此表明他们的关系,然后再从行人处画一条线至观察者,因为他们的笑声证实他所记叙的内容。另外的一条线是从狗到观察者,他被"凄惨的哀号声"打动,由此开展了对狗的疼痛的评价。然后,对线条作修改,把连接狗和行人的线条反过来,因为讲述这个故事的原因在于感知到中国人和西方人反应上的差异,两者对于狗的疼痛这一事实所持的不同态度。从这个意义上来说,观察者所观察到的,其中就包括了狗的疼痛、中国人对这种疼痛的

---

① 斯凯瑞,289.

反应、他自己对那种疼痛的反应以及这两者之间的区别,这就让感应的事实变得如此这般显而易见。观察者并非只有一个视角,而是有两个,一个是在切身经历中的最紧要关头,另一个则是在评价(后来?)经历中,它包括该场景的初始经历。再画一根线条,那就是在第一个视角的观察者和第二个视角的观察者之间。这并不像眼睛的累加那样非目视化,而是对现实性内部的现代主义的一种缓慢却又稳健的生长,而且从各种角度所作的安排也反衬着口头表述的晦涩形式——欢笑、咆哮——还伴随着一位旁观者认识论上的稳健,他心想自己明白他看到的是什么。旁观者的这种确信化渲染在叙事上是隐蔽的,或者让他能够像这样想象自己。(叙述者"没有添加任何东西",拉康(Lacan)①评论道;德里达(Derrida)②回答:"仿佛人必须添加一些东西以介入这一场景。"③)对于意象派小说的读者来说,留下的任何可见的东西都将是最清晰的:关于中国人冷漠的叙述扼要重述并且用比喻说明了罗素在中国的个人经历,他自己对中国"残忍"的感知。观察者在不知不觉中看到的是他自己无意义的疼痛和死亡的可能性。④

---

① 雅克·拉康(Jacques Lacan,1901-1981),法国精神医生及第二次世界大战后最具独立见解,而又是最有争议的欧洲精神分析学家,被称为"法国的弗洛伊德"。拉康认为弗洛伊德的早期著作《梦的解释》是精神分析的精华。他提出这样的理论:潜意识就其结构而言颇似一种"自然语言";而作为一种理论和治疗方法的精神分析是通过重新捕捉具有一定含义的联想锁链来发现这样的自然语言。拉康自己的著作神秘、隐晦、富于技巧而有诗意,读来艰涩难懂。存在主义、新黑格尔理论和语言学理论都对拉康有很大影响。——译者注
② 雅克·德里达(Jacques Derrida,1930-2004),当代法国哲学家、符号学家、文艺理论家和美学家,解构主义思潮创始人。主要著作有:《人文科学话语中的结构、符号和游戏》、《论文字学》、《言语和现象》、《文字与差异》、《论散播》、《有限的内涵:ABC》、《署名活动的语境》、《类型的法则》等。德里达以其"去中心"观念,反对西方哲学史上自柏拉图以来的"逻各斯中心主义"传统,认为文本(作品)是分延的,永远在撒播。——译者注
③ 雅克·德里达:《明信片:从苏格拉底到弗洛伊德及以后》(Jacques Derrida, *La carte postale : de Socrate à Freud et au-delà*)(Paris, 1980), 457。
④ 为了使这变得更为明确一点,也为了将这种哲学动力再次放到我这里正分析的材料文本当中,我们可以思考下面的叙述,见吕布(Marc Riboud)的《中国的三面红旗》(转下页)

因此,街头小狗的故事重塑并且预先体现了剑桥哲学在现代主义时期的两个基本问题和它的一些主要比喻:视角的获得,对幻景和经历的更为普遍性的遥测,也有对"疼痛"的感知,对于研究主体间关系、语言与人性等关系来说,对"疼痛"的感知是一块肥沃的土壤。所有这些都发生在中国这一背景之中,在一个明确地试图体验和叙述大规模文化差异的框架内(别忘了罗素最初去中国的目的,他觉得中国可以提供一种对西方工业主义的文明抵抗)使主体、客体问题以及人类实存性的本质发生一种根本的转变。因为如果"同情……是一种坚信他人处于疼痛之中的形式","疼痛"本身与人为地进入语言有关(这两种观点都来自维特根斯坦,用于从根本上取代罗素自己关于可感物的观点)的话,那么,冷漠或嘲笑与他人疼痛的关系就表明,人们没有能够把他人看作人。也就是说,中国人对疾病中的罗素的认识与罗素对自己的认识是不一样的;他们对街头小狗的认识与罗素对这条狗的认识也是不一样的:将其看成是客体。

正因如此,狗的故事乍看上去在很大程度上与文化有关:罗素仿佛在向一位英国观众解释"我们"与中国人之间的差别,他把这种差别定义为是理性解释的残存,并且用例子作了详细阐述。但是对于罗素而言,就像对于维特根斯坦以及像亚当·斯密这样的道德哲学家那样,对疼痛的冷漠不仅仅是任意挑选出来的关于人类行为的例子,而更是一种让人之所以成为人的核心事实。这看上去只不过是文化差别所造成的一个简单故事,但实际上,从这个角度来看,它所仰赖的是一种关于认知与未认知的复杂网络,而其中的每一种都跟能否因为中国人的麻木而最终把

(接上页)(*The Three Banners of China*)(New York,1966):
"一天,我在琉璃厂闲逛,这是老北京城里的一条穷街陋巷,三教九流充斥其间。一个年过五旬的人,估摸着是一位工人,正骑着破自行车匆匆往家里赶。他骑得很慢,也很吃力。突然,他车子的前叉坏了,他整个人扑倒在地。沿这条街走过的男男女女既没有回过头来看,更没有停下脚步;他们只是避开这个摔倒的人。没人去帮那个上了年纪的人。他只好自己爬起来,他的嘴上磕出了血。这种冷漠是旧中国的标志。假如那里有一位年轻人的话,他或许就因为在学校学习雷锋的好榜样,会扶上一把。或许又不会。"(135)

中国人定义为非人类这一核心问题息息相关。而且,在认识论的历史上,这种特权式的比喻使这种特殊的例子得以专门倾诉。疼痛与同情相对于自我和主体的现代感知而言是处于优先地位的,这就碰到了仍然存在于人类有效地非想象性范围内部的疼痛的一种不同关系:对疼痛的冷漠并非受制于协商。这种感觉不仅取决于认识论和文化:它与这两者都有关系。

在班菲尔德对《到灯塔去》的解读中,所面对的冷漠指示是时间,而不是文化。① 并不仅仅是物对人冷漠,反之亦然;迷失在阁楼或图书馆中,被埋葬和误记,被隐藏和遗忘,事情与人都过着自己的生活,而在身后则是一大堆的人和事,这些都在历史天使的手下被简单地聚拢到了一起,之后消失在一大片残云当中。罗素试图解释为什么我们会认为我们昨天看到的桌子与我们今天看到的桌子是相同的,要求将多种可能的当时视角组合为一种"传记"。② 虽然文字召唤出生命,但是桌子的传记——就像人的传记一样——并不是在一种形而上学的主题展现中所形成的,而只是在**可能**的观察中所形成的"生命":像可感物一样,传记不需要被观察就能够存在。"结果",班菲尔德说到,"不是这么多现实的丧失,而是对它的重新定义,这只不过增加了它思想独立方面的坚定性"(*PT*,101)。而在这种观念的独立性当中,个人的传记,一个人或者某样东西的生命,跟对时间的巨大漠视相比较的话就是小巫见大巫了,不管是什么人、什么事的视角,它的多样性不能、无法、也不可能被察觉、定位并区分开来:从这个意义上说,疼痛就从不会制造出一种认知。这是一种病,得病者正卧床休息,伍尔夫写道:"只有卧病者才知道,归根结底造化不费吹灰之力要隐匿起来的是什么——那就是最终她将征服一切;热量将从这

---

① 拉姆齐"所学的并不是一门道德课程,而是一种时间的法则,自我不可逃避的结局掩映在对事情的无动于衷当中"。拉姆齐所指的"自我"是广义的,不仅包括人类主体,还包括艺术作品和哲学作品(*PT*, 351)。
② 班菲尔德写道:"大概那些公共场合的桌子也有它自己的人生,因为它经历了时间的洗礼,就像人一样,司各特或者俾斯麦就是一种'公共的中性客体'(public neutral object),他们经由人们的叙述而为人所知,有着空间上的延续性"(100)。

个世界离去,我们将给严霜冻得全身僵直,不再拽动着沉重的双脚在田野上四处游荡;工厂和机器将被厚厚的冰层覆盖。太阳从此黯淡无光"。①

造化的冷漠,就像宇宙的冷漠一样,将人性与星际时间的"轰然"死亡联系到了一起。罗素在中国所见到的冷漠就是一种对生命时间的"渺小"死亡的遭遇,饥荒、兵灾以及他自己的病痛都是如此。但是所有这些,都恰恰是通过一种关于这种冷漠是建立在文化基础上而非本体论之上的意识,而展现出来的。布莱克和罗素所称的他们所经历的冷漠并不是普遍的,这种冷漠是在其他人没能将他们看成是他们本应被视作的人物的时候才造成的,进而占据了他们受苦所本应具有的观念。它就是"中国人"。在某些人的疼痛的认知方面,在一个冷漠的世界中,这种对疼痛的认知标志着一种感知的时刻——某种人造物,比如说一张桌子或一把椅子,折射出比感知的瞬间更为持久的(而且对其特殊性长期以来也漠然视之)疼痛的"一种感知结构"——这种被维特根斯坦称之为是"怜悯"(pity)的时刻反映了对死亡这一时间漠然视之的或大或小的抵抗。但同时也甘愿提出这种冷漠,来治疗他的病痛,用来塑造某种类似于对冷漠与疼痛进行感知的一种公开可行的确证。我们可以说,至少在近代:假如中国人在罗素眼里对于他人的疼痛漠不关心的话,那么,这或许是因为一种不同的盲目,而这种盲目甚至以一种视角来看的话,在看待疼痛时也会对其保持冷漠(或者就是"稍微迁就一下")。这在文化上也是如此;我之所以这么认为,并不是要批评罗素的局限性,而是因为那些局限决定了语言游戏的规则,正是凭借这些规则,冷漠、疼痛以及中国

---

① 伍尔夫:《生病》,载《伍尔夫散文集》,第 4 卷,安德鲁·麦克奈里编(Virginia Woolf, "On Being Ill," *The Essays of Virginia Woolf* vol. 4, ed. Andrew McNellie)(London, 1994), 322。让-弗朗索瓦·利奥塔(Jean-François Lyotard, 1924 - 1998,法国哲学家,后现代哲学阵营中最具代表性的学者之一——译者注)在他 1988 年出版的《非人:时间的反思》(*The Inhuman: Reflections on Time*, trans. Geoffrey Bennington and Rachel Bowlby)(New York, 1993)一书的导言中指出,在当代世界,人类本真的符号基础将随着太阳的湮灭而消失。(中译本:[英]弗吉尼亚·伍尔夫著,刘文荣译:《伍尔夫读书随笔》,文汇出版社,2006 年。——译者注)

才能转喻为现代主义。

我要谈的是一种感知的结构。

4. 受苦的中国性

1926年,在罗素之旅差不多五年之后,在《到灯塔去》出版一年前,弗吉尼亚·伍尔夫在《新准则》(*New Criterion*)杂志上发表了名为《论生病》(On Being Ill)①一文。在病中,他写到,对日常交流的"确信"停滞不前了。但在我们身体还健健康康时,我们却还得打起精神让它花样翻新,去沟通、去教化、去分享;去耕耘沙漠,去教育土著,白天一起劳作,晚上一块儿娱乐。而一旦生病的话,这种装模作样就全都免了,"我们成了逃兵"。"那种幻觉——似乎世界是这样一种结构,在其中每一声呻吟都会有回声;似乎有一些共同的恐惧将人类紧紧地捆绑在一起,以至于一只手腕上的抽痛会引起另一只手腕的痉挛;似乎不论你的体验是何等稀奇古怪,人家早就体验过了;似乎不管你自己心灵漫游的旅程有多长,总有人已赶在你前头捷足先登——说来说去也不过是幻觉而已。人类并不能从始至终地携手并肩共涉人生之旅"②。

在自身那片"处女林"(virgin forest)的深处,在那里,我们天马行空,独来独往,而且惟愿长此以往而不被人打扰,这当然有好处。然而,在病中,伍尔夫写道,没什么人能强打起精神去看历史和小说。但是,要是有一两行诗,可以"突然而强烈"地表现出其他种类的趣味的话,就能让他们在心灵深处竞相吐艳:

> 在病中,文字似乎具有某种神秘的性质。我们抓住了它的字面意义以外的含义,本能地猜出这个,猜出那个,还有另一个——一个

---

① 本文最初发表在1926年1月的《新准则》杂志上,文章原标题为《生病:未开采的矿藏》。——译者注
② 伍尔夫:《生病》(Woolf, "On Being Ill,") 320-21。

声音,一种色彩,此处的重音,彼处的停顿,所有这些,在诗人(他清楚地知道与思想相比文字是多么的贫乏和苍白无力)的稿笺上都随处可见。将它们搜集起来,就能使我们进入一种既非文字所能表达,又非理性所能解释的心灵状态。在病中,不可理解性对我们具有极其强大的控制力量,或许更超出诚实所允许的合乎情理的范围……那些对我们的语言非常陌生的外国人反倒比我们更具优势。中国人必定比我们更能体会《安东尼和克娄帕特拉》(Antony and Cleopatra)中声音、语调的无穷韵味。①

听着从声音从意识中分离出来,之后则比语言更具优势,像丽莉·布瑞斯珂那样,疾病变成了现代主义者,在观念屋子当中哼唱出无法听到的线条。跟"我们"相对的是——而且也只跟我们相对,通过对事例的选择——中国人(所有的外国人)都处在一种永久生病的状态中;一出英国莎士比亚的哑剧向他们诉说着一种未定的观念,一种没有主体、没有语言的世界,在这当中,声音只不过是某种本土记录仪。要么恰恰相反:疾病使"我们"成为中国人,它所带来的自我疏离(self-estrangement)②类似于一种地理上的移位,这是一种内部的外国特性,这种特性为语言方式的属性(并进而对现代主义审美观的经典结构)赋予了一种特权意识。语言的外国特性——一种嚎叫、一种放浪形骸之笑,或者是外国口音的蛮夷之气——经过耳朵,像一种毒品或者天使一样,进入到身体之中。

这种巧合是否——然而中国人、疼痛、对非人类知识的未及视角以及一种对于疏离的相当标准的现代主义审美观的其他结合,其中的每一种都与其他彼此纠缠在一起,造成了那些不切实际的空想——仅仅是一

---

① 伍尔夫:《生病》(Woolf, "On Being Ill,") 324 – 25。
② 在跟原作者的沟通中,作者认为,"self-estrangement"从字面上可以译为"自我异化"或者"自我疏离",他并指出,如果译为"自我异化"的话,更多的与马克思关于异化的理论相关,但在某种程度上会偏离他的原意,因此更趋向于使用"自我疏离"这一中译。——译者注

种巧合么?① 在这一章的最后,我想要说的是,对那个问题的回答是"不",这一系列的结合与一致,在中国、哲学、人性、疾病以及疼痛之间的转喻式关联的不可信网络,正意味着超越了我曾提出的虚构小说的某种东西。这就是"多元决定"这一词汇的意义所在:它使我们得以看清楚"传记行为"(biographical action)是如何对一种思想意识话语施加影响的,虽然最杰出的个人也会成为其中的一员。

这种话语所要告诉我们的关于现代主义的东西,就是,假如没有理解各种哲学或文学现代主义是如何将其自身主体转变为一种内在的、暗含的比较行动的话,那么在这一行动当中,"外人"经常并进而栖居于"土著"的民族范式当中。我所讲的关于罗素的这个故事力图表明,他与中国的关系并不只是东方主义(Orientalism,或译为东方学)历史的一种外部特征,并不仅仅表明他对中国和中国人痛苦的经历是被他跟哲学的关系所型塑出来的,而毋宁是说,在罗素头脑中的这些类别——这些类别使他得以从语言和人类天性的角度出发提出基本的哲学问题——自身就已经受到与中国性的某种关联的影响。而那种跟中国性的关联,其自身也同样受到影响,而进一步说,通过它而塑造出来的哲学类别,我将之看成是对这种首要观念的既矛盾又必需的推论。②

---

① 至少在另一个场合,伍尔夫将中国跟身体与痛苦联系在一起。在称为《中国鞋》的一篇散文当中,她以亨利·桑莫赛(Henry Somerset)小姐的回忆笔调写成,她对桑莫赛的"活泼勇敢的本性"被那些她周围的人所阻碍的"自然愿望"深为惋惜,"直到我们感觉到,跟那些将妇女塞进这个体制中的维多利亚时代中期的景象相比,削足适履的中国习俗还是很仁慈的"(《中国鞋》,载《伍尔夫散文集》,第3卷,安德鲁·麦克奈里编("The Chinese Shoe," in *The Essays of Virginia Woolf* vol. 3, ed. Andrew McNeillie) [London, 1994], 390.)。
② 我在这里将伍尔夫《达洛维夫人》中两次提及的伊丽莎白的"中国眼睛"跟有一次对她"东方感受"的描述区分看待(《达洛维夫人》(*Mrs. Dalloway*)[San Diego, 1981], 123, 135, 131)(中译本:[英]弗吉尼亚·伍尔夫著,孙梁、苏美译:《达洛卫夫人》,上海译文出版社,2007年。——译者注),此外,在小说中也一度出现这样的描述,即,中国变成对大英帝国广阔无边的版图一种估量:"话音刚落便发生了一件事。要是这种事情单独出现,那真是微不足道,即使最精密的数学仪器也无能为力,尽管它们能记录中国的地震,却无法测定这类事情的振动。然而,这种事汇集在一起却能产生惊人的力量,而且引起普遍的关注,打动人们的感情;素不相识的人互相注视,他们想起了死者,想起了国旗,想起了帝国"(18)。关于这段话的分析,参见克里斯托弗·布什(Christopher Bush)的《表意的现代主义》(*Ideographic Modernism*)(2011年将出)。

因此，我并不想说罗素的想法来源于或者本质上就是"中国式的"。而对我来说，他将中国囊括在内的思想的某一方面是最简单不过的事实，对于那些当时生活在英格兰的随便哪个人来说都大体是事实。难点在于，在将对"中国"的一种称呼转变为布鲁姆斯伯里团体的文化和个人经历的过程中，正如劳伦斯所言，一旦离开了中国，布鲁姆斯伯里派就变得无法想象了。班菲尔德的作品正表明了这种故事的不完整性。问题并不跟劳伦斯的作品相关——毋宁是说，也不同于她或班菲尔德对他们所谈及的现代主义进一步发挥影响的事宜的重要性所作的特殊声明。问题在于，对相关性的阻碍已经被抬得过高了，进而鼓励学者将以文学形式进行的复杂的历史性断言（这是因为现代主义者不时会思考中国，他们所构建出来的现代主义将某些东西归功于中国）转变为一种简单但却没有可能的起因（没有中国的话，现代主义者就全然无法思考现代主义了）。考虑到后者的这种断言没人会信，这样就造成了一个批判世界，在这当中，对于从那些形成文学批评作品的标准文化语境（通常是民族国家；有时候是一个大洲或地区）的"外面"（outside）出现的抵触性主张，从来就没有获得过从标准语境"内部"（inside）形成的那些主张的批判力量，这是因为后者的整体性无法推翻前者的整体性。问题不在于它们理应怎样；问题在于它们无法怎样，同时，也在于将这些视为一种路径。在这路径之下，英美现代主义者所研究的正好暗合了其单一文化主义以及单一语言主义。萨义德《东方学》（*Orientalism*）中的天才观念为我们展现了在一长段时间以来，表面上的"外在"转化为"内在"的限度：他并没有仅仅退回到源头，而是将他们从西方重置到东方；他消解了欧洲主权起源性的整体结构。

或许丽莉这条主线——正像《幻影桌》和《丽莉·布瑞斯珂的中国眼睛》中现代主义的两条路径取向的主线那样——应该被看成是外在于欧几里德几何学的参量。正如班菲尔德所说的，如果这条主线从过去现实主义式的再现转变为现代主义者的仪式的话，那么就没有理由使之遵从日常生活的牛顿式便利了。之后,则可以说,并没有过于分叉(这为我们再次提供了两种路径)伸展,随着地心引力的历史与地理上的地方中心,而使平行线得以交叉,得以弯曲。沿着这样一条主线,我们就无法研究——将问题放到其最传统的表述当中——在东方主义与现代主义之间的"遭遇",而毋宁是去对作为类别的一种总体意识的那两种类别加以相互贯通,并进而理解其中一方以某种方式对另一方的进一步理解,就像是西方对于痛苦的哲学魅力所仰赖的是像罗素个人与中国的遭遇以及相反过程的这种基础那样,并没有单一的源头。探寻这一问题的学者应该确信在其所有重要的复杂性当中的正式主线:丽莉·布瑞斯珂的中国眼睛。但是也不要放弃那些画笔。

5. 假想的满大人(回归)

在美国之旅结束并回到欧洲之后不久所写的《每个人的自传》(*Everybody's Autobiography*)中,格特鲁德·斯泰因(Gertrude Stein)指出,一些人曾认为这是有意思的事情,而在她的歌剧《三幕剧中四圣人》(*Four Saint in Three Acts*)①中,"他们问圣女特里萨,假如一按按钮就能杀死三千中国人的话,她会怎么做?之后,合唱队说圣女特里萨对此不感兴趣"。但是,斯泰因写道,圣女特里萨感兴趣的是建立女修道院,而不是杀死中国人;假设并没有对特里萨圣女具体的实践性的类型产生什么影响。斯泰因进而回想起她第一次从哲学家赫庆斯·海普顾

---

① 《三幕剧中四圣人》是斯泰因唯一的正剧,也是她的代表作之一。剧本几乎没有情节,背景是西班牙的田园风光。斯泰因曾在毕加索的极力怂恿下去西班牙旅行,立即爱上了那里的独特景色,几处宗教圣地尤其令她倾心。《三幕剧中四圣人》即以该国历史上著名的圣女特里萨为主人公。圣女的死失去了殉道者的痛苦色彩,升华为对美好事物的渴求。这种美学观恰好与洛可可时代对特里萨之死的描写相吻合,甚至更多些温柔的情调。值得一提的是,汤姆森的作曲颇富空灵之韵,演员又一律选用黑人。黑人歌唱家悠扬的唱腔与言词多有重复的剧本不仅形似而且神似,配上飘逸的服装和绚丽的舞台布景、灯光,使这出实验性歌剧在美国上演之际引起轰动。——译者注

德(Hutchins Hapgood)①那里听到关于中国满大人的假说。海普顾德"想要思考针尖上的天使的数量……并且……经常对我抱怨说我比其他任何这般善良的人赶上的时光都要好"。有一天,在被斯泰因的"美德"阻挠之后,……向她问了一个"测验题。如果我为了不惜代价救我的兄弟而可以按下按钮杀掉五千中国人的话,我该怎么办?当然,我很喜欢我的兄弟,而且我完全能想象他所受的痛苦,我回答到,五千中国人是我无法想象的东西,因此我对此没什么兴趣"②。

斯泰因对深处这种困境的理想化的蠢事的抗拒,表明了对将中国人形象作为因欧洲人美德而设的"测验题"加以回应的可能性,这种回应既不肯定也不否定,而是拒绝将假设的前提作为假设。这种拒绝最直接地表明了斯泰因对超越观念的事物所作的实用主义承诺,同时也是对她所思所想的具有逼真、明白无误品质的实用主义的承诺。但是,这也表明了在对中国的现代主义式的探究中的一般认知是如何在如此晚近的学术作品当中得以详尽阐释的,而**直接**与假想的满大人联系起来,则是本书更大的雄心所在。

在斯泰因散文中满大人的看似同时的再现,解决了耶鲁大学医学院院长将她所写的想象成是"中国人"的问题,这也最终表现出人们可以如何严肃地将罗素对中国人冷漠之心的类型非正式地复制到对他者的受苦之上。而在这里,在复制与罗素对伍尔夫现代主义所产生的哲学影响之间的明确关系形成了例证—效果的问题,这并没有着力于用中国或者中国性的"失败"来维护自身在哲学"内心"或"核心"的地位,而毋宁是通

---

① 赫庆斯·海普顾德(Hutchins Hapgood,1869-1944),美国记者、作家、哲学家。——译者注
② 格特鲁德·斯泰因:《每个人的自传》(Gertrude Stein, *Everybody's Autobiography*)(New York, 1971), 89-90。在斯泰因开始巡回售书活动不久,也在耶鲁的温特尼茨与洛曼通信的一年前,《三幕剧中四圣人》(*Four Saints in Three Acts*)于1934年2月在百老汇首演。有更好的事情要做而不想杀死中国人的圣女特里萨这条主线与因为无法想象"五千中国人"的庞大规模而对此没有兴趣的斯泰因这条主线之间的不同之处,再次表明了假设的关系是如何指向两种不同方向的:第一个所指向的是成本经济的问题(其中包括机会成本),第二个当中则蕴含着一种表达上的经济学考量(其中就包括引用与富于同情心的想象之间的转化)。

过各种方式将中国在哲学核心内部或外围所体现(不管是在现代主义方面,还是在人权方面)的功能看成是一种正在消失的展现。进而,究竟是什么不同之处导致了通过丽莉的"中国眼睛"所见的可感物与现代主义之间的关联,而又是怎样的不同,使得罗素对中国人缺点的老调重弹跟乔治·亨利·梅森在1801年关于中国人刑罚一书中的分类如此相似?我们可以简而言之,如果中国在1922年可以被当时世界上两大最具前瞻性的知识分子当中的一个视作是一种"问题"的话,那么,中国的地缘政治地位,它与日本殖民主义的关系,与现代化的关系,其可能性就会"在最为需要的时刻,为人类带来整个新希望",在罗素书中所有的话,都必须被看成是世界—感知(world-perception)的一种基质,这种基质同时形成了对中国人冷漠性格的感知**以及**现代主义形式上的"中国人"逻辑(PC,252)。这一章已经表明了中国这一"问题"是如何与没有主体的"非目视"的、无声的世界密切关联起来的,在这里,可感物的世界得以生发但却无法被感知,而这正是罗素对伍尔夫现代主义的主要贡献。如果人类意义上的一个整体性的全球化冷漠的幽灵能够跟十之八九的中国人对一条被碾的狗的特殊冷漠相提并论的话,这只不过是因为是维特根斯坦式的语言游戏,在这种游戏中,它们的参与都或多或少地仰赖于其中所展现出的中国形象。这是由于在它恰恰就处在哲学或文学形式的历史沉重感与中国人既获取又失去其批评合法性的例证的轻松之间的交易当中,一种对于语言游戏规则重要性的维特根斯坦式的提醒正可用来结束这一章:它表明了这本书主要目的是去描述语法或者元语法,而这将使"中国"得以表现出它所具有的哲学与指示功能。

六、 麻醉的观念：针灸、照相与物质形象

拍第一批照片的时候(1840年前后)，要强使照相的人在充满阳光的玻璃天棚下长时间地摆着姿势；变成客体是个痛苦过程，就像做了个外科手术。

——罗兰·巴特(Roland Barthes)：《明室：摄影札记》(*Camera Lucida: Reflections on Photography*)

假设图像并不……只是更为精到地描述自然对象的语言的一种强有力的表现形式，而是一种可视的物质整体，是一种像石头或人类肉体那样的物质媒介的再现。

——W. J. T. 米切尔(W. J. T. Mitchell)①：《浪漫主义与事物的生活》("Romanticism and the Life of Things")，《批判性探讨》(*Critical Inquiry*)28

---

① W. J. T. 米切尔(W. J. T. Mitchell)目前任美国芝加哥大学英语与艺术史教授,兼任跨学科杂志《批判性探讨》主编,该季刊致力于艺术与人文学科的批评理论研究。米切尔是媒介、视觉艺术与文学的理论家,从事视觉文化与图像学研究,特别因其对社会—政治问题中的视觉与语言再现关系的研究而蜚声国际学界。——译者注

六、麻醉的观念:针灸、照相与物质形象

在赛珍珠(Pearl S. Buck)①1972年所撰写的半自传、半政论性质的《中国今昔》(China Past and Present)当中,夹杂着大约40张黑白照片。赛珍珠和她的家庭1934年就离开了中国;这些图片展现了她自己从未曾见到过的当代中国的场景。在她离开中国之后的那些岁月里,赛珍珠成为西方世界中介绍中国的最重要人物,这要拜她那些作品取得的巨大成就所赐,其中最有名的就是1931年写成的《大地》(The Good Earth)②,同时,也得益于她在看待中国问题上的仁慈之心。但是,到20世纪70年代初,她与中国的关系变得紧张起来。在她《中国今昔》出版前不久,中华人民共和国驻加拿大大使馆拒绝了她的入境签证申请,这位年届79岁的老人在文中写道,她不大可能再有机会回到这个曾经无比深爱的国家了,她了解中国和中国人的唯一渠道就只能通过她在书中所复述和引用的照片和游客的报告了。③

因此,《中国今昔》也在很大程度上成为赛珍珠通过翻看这些图像而激起对这个国家和人民的回忆,试图透过这些照片的表面去辨识赛珍珠

---

① 赛珍珠(Pearl S. Buck)(1892—1973),直译珀尔·巴克,美国作家。1932年凭借其小说《大地》(The Good Earth),获得普利策小说奖;1938年获诺贝尔文学奖。她也是唯一同时获得普利策奖和诺贝尔奖的女作家,作品流传语种最多的美国作家,同时也是向西方介绍中国最为深入和最富影响力的作家。——译者注
② 赛珍珠曾说:"我不喜欢那些把中国人写得奇异而怪诞的著作,我最大的愿望就是要使这个民族在我的书中如同他们自己原来一样真实正确地出现",这是她创作《大地》的初衷。她在作品中以同情的笔调和白描写法,塑造了一系列勤劳、朴实的中国农民形象,生动描绘了他们的家庭生活。这部作品最终使赛珍珠获得了1938年诺贝尔文学奖。诺奖颁奖辞高度评价了赛珍珠在介绍中国方面的成就:"赛珍珠女士,你通过自己质地精良的文学著作,使西方世界对于人类的一个伟大而重要的组成部分——中国人民有了更多的理解和重视。你用你的作品,使我们懂得如何在这人口众多的群体中看到个人,并向我们展示了家庭的兴衰变化,以及土地在构建家庭中的基础作用。由此,你赋予了我们西方人一种中国精神,使我们意识到那些弥足珍贵的思想情感。正是这样的思想情感,才把我们大家作为人类在这地球上连接在一起"。——译者注
③ 赛珍珠(Pearl S. Buck):《中国今昔》(China Past and Present)(New York, 1971)。来自中华人民共和国大使的信件这样说道:"鉴于你长期以来在作品中对新中国人民及其伟大领袖的歪曲、中伤以及诽谤态度,我受权通知你,我们无法接受你要求访问中国的请求"(171页)。(原文如此——译者注)

童年故乡的历史命运。在对何内·布里(René Burri)①天安门广场游行的摄影作品所作的说明文字当中,赛珍珠用一种乌托邦式的笔调来表达其中所包蕴着的雄心:

> 有时候,这些游行是军事化的,但是今天却不是,我很庆幸,这给了我一个机会,使我得以一窥这些民众的真实面貌。我尽可能细致地对他们进行研究,甚至会用放大镜细细搜寻,试图找到那些我曾经熟知的那些中国人芸芸众生相下的细微不同。全都变了,我在这里没有发现旧的面孔。他们有着英俊的脸庞,但却看不出快乐的神色。但不管怎么样,至少这群人没有忍饥挨饿,这就够了。(《中国今昔》,94页)

或许这群人没有挨饿就已经足够了;或许幸福的本质已经发生了改变。在赛珍珠用放大镜去搜寻那些芸芸众生的时候,她所期许的答案似乎早就已经烟消云散了。镜片让眼睛得以穿透图像的纹理,但却没有办法深入到照片之中,没办法"测量"历史上的不同之处,也无法从老眼昏花中得到确切结论。不管怎样解读,通过放大镜镜片的观察就已经造成了其自身的瓦解;照片般的表面,正是赛珍珠想要去解读的面孔的一种转喻,它体现出了可能的深度,但却没能提供这种可能性。所留下来的只是一种渴望的、在表面之上的平坦,正是在这种平坦当中,中国最后那些确确实实的事情,以一种祈祷的方式,被保留或者把握住了,这是对失去和心爱的真实的一种祷告——"唉,我深爱的土地,中国呀!",她在别的地方写到(160页)——在照片当中,她所失去的东西通过主题和形式被表达了出来。

赛珍珠对布里照片所加的说明文字会让我们回忆起乔治·梅森对

---

① 何内·布里(René Burri),世界著名的瑞士摄影家。1933年出生于瑞士苏黎世,他拍摄了20世纪下半叶众多的政治、历史性事件与重要人物,尤以其对切·格瓦拉和巴西利亚的摄影作品而著称。——译者注

中国劳工和惩罚的描述以及蒲呱所绘的图示。在说明文字与图像之间的某种两极性为梅森的《中国的刑罚》一书赋予了一种与其地位相应的有趣的、紧张的关系,这种关系作为一种参照物而出现在这里,让我们回想起图像再现作品的不证自明离开了解释说明的话(哪怕只是寥寥几笔的日期或说明文字),很少能够有足够的明证加以佐证。跟梅森的作品一样,赛珍珠的书也让我们注意到,这类文本很少涉及到"将语言与视觉融合起来的直截了当的话语或叙事",在这中间,"文本为(对)照片加以解释、叙述、描述、分类和代言"。① 在文本无法有力地解释图像的时候,在当文本要么将其阐释任务前置成为试图对身体加以解读的工作,或者将身体加以隐匿的工作时,究竟会发生什么?这只不过是在每次"失败"当中都会发生的一种更为公开的说法而已,这体现在两个方面:文本从来就无法对图像加以全然解释,而图像也同样无法完满地对文本加以说明。它们的互动标示出了双方互动意义之间的消减与扭曲。这种共同的"失败"使我们更多地将图像与语言看成是媒介而非体系,更多地看成是"话语模式的异构领域"而不是"向科学解释开放的通用编码"。②

以此看来,赛珍珠为天安门游行照片所配的说明文字,不管是她所叙述的身体关联、细致研读、放大镜,还是她所建立起的文本关联,都通过这些说明文字建立起来。可以说,这些说明文字提出了图像、文本之间关系的更为宏大的问题,而这已经是本书之前数章所论述的主题。如果我在这章中就从布里的作品来加以探究的话,首先就能意识到在同情与痛苦形象

---

① 米切尔(W. J. T. Mitchell):《图像理论》(*Picture Theory*)(芝加哥,1994),94 页。(中译本:[美] W. J. T. 米歇尔著,陈永国、胡文征译:《图像理论》,北京大学出版社,2006 年。——译者注)
② 米切尔:《图像理论》(Mitchell, *Picture Theory*),97。在这一段当中,我引用了米切尔的作品,尤其是他关于"所有的艺术都是'合成'艺术(不管是文本还是图像);所有的媒体都是混合媒体,它们将不同的编码、各种各样的规范、频道、感知以及认知模式结合到一起"([A]ll arts are 'composite' arts (both text and image); all media are mixed media, combining different codes, discursive conventions, channels, sensory and cognitive modes)的理论化论述,这表明,较之在文学批评上的成绩,有必要将更多的精力放到对媒介形式的探究上来(《图像理论》(*Picture Theory*) 94-95)。米切尔还提出了自己可能的反驳意见(95-99)。

彼此间那种纠缠不清的媒介化本质,并进而使我们回想起一种对中国的同情史是如何强烈地仰赖于对能优先表现真实的那些例证的表达,不管是水粉画、肖像画、趣闻轶事,还是医案报告,都是如此。通过对照片功能的特别关注,得以唤起一种缺失的真实性,这是一种通过照片进一步抵近真实的能力,并坚持从照片表面来看出深层形象的那种能力——这是一种垂直状态,通过这种方式,在赛珍珠的笔下,放大镜就成了一种有条有理的认识论索引工具——我还准备指出的是,通过对轶事理论的回顾,摄影作品所表达的不仅仅被纳入到从梅森和蒲呱那里借用来的图像的一种更大的理论当中,而且还通过专门医疗、形式上和文化上的过程等各种方式,使照片获得意义。① 正是从这些意义上说,这章就跟之前的几章不同,它更多地是要对其最初的对象——20世纪初一个中国人被处以极刑的照片——除了对其所作的历史或解释性的论述,还要加以方法论上的论述。

1. 麻醉与审美

在转到摄影之前,让我再就赛珍珠的作品说几句。在《中国今昔》一书的最后,出现了马克·吕布(Marc Riboud)②片(图 6.1)。这一场景

---

① 摄影与电影的早期历史都表明,如今被当成是媒介天然特征的表现方式实际上是实验(experimentation)、矫正(remediation)和主动讨论的产物。参见玛丽·安妮·多恩:《电影时间的出现:现代性、偶然性、档案》(Mary Ann Doane, *The Emergence of Cinematic Time: Modernity, Contingency, the Archive*)(Cambridge,2002)。
② 马克·吕布(Marc Riboud),法国著名摄影师,1923年出生于法国里昂。他以来自东方的深入报道而著称。马克·吕布在14岁时就从父亲那里得到一部简单的柯达相机。1943—1945年的二战期间,他是个工程师,参加了法国的抵抗运动。在工厂工作了一段时间后,他决定当个业余摄影师。1951年马克·吕布遇到布列松,布列松非常欣赏他,却不希望他离开工作的工厂。1953年他加入了布列松等人创办的MAGNUM图片社,两年后成为正式成员。1956年他访问中国5个月,1957年和1965年两次再度访华。大概因为他和中国的这层关系,当越南战争爆发后,他是唯一获得准许进入越南拍摄的摄影师,从越南和美国两个方向记录战争的残暴。这段时间他在亚、非、东欧的许多国家旅行摄影。1979年他退出MAGNUM。20世纪90年代以后几乎年年访问中国。他的主要作品有《中国的三面红旗》(*The Three Banners of China*)、《北越的面孔》(*Face of North Vietnam*)、《中国纪实》(*Visions of China*)等。——译者注

"可以从美国电视剧当中看到",赛珍珠对她的读者说。但它"却是在武汉的一家现代化的中国医院里面拍摄的……患者是一位中国妇女,正在被摘除肿瘤"。假如这张图片跟美国人从《维尔比医生》(Marcus Welby)电视剧①中所看到的全都不同的话,这也并不在于医院是中国的,而是因为医生正在进行的医疗步骤。躺在手术台上的那位妇女"神志清醒;她正在吃着护士放到她嘴里的水果片;尽管她没有被麻醉,但她在外科手术刀下却并没有感到痛苦。与之相反,她被施以针灸麻醉"(CPP,126)。

在赛珍珠作品面世一年后的1973年,苏珊·桑塔格(Susan Sontag)在上海观看了"一位重度胃溃疡的工人在针灸麻醉下被切除90%胃部的手术"。四年之后,她在《论摄影》(On Photography)一书中回顾了这一手术,她写道:"我设法在不呕吐、一次也没有感到需要把目光移向别处的情况下看完了那场三个小时的手术(那是我观看过的第一次外科手术)"。桑塔格进而比较了她亲自观看手术和在电影里观看手术的不同经历:"一年以后在巴黎看的一场电影中,安东尼奥尼(Michelangelo Antonioni)②拍摄的中国纪录片《中国》(Chung Kuo)(1973年)③中不那么血淋淋的手术场面却在手术刀第一次割下时就使我退缩,而且随着手术

---

① 由美国广播公司发生的畅销电视剧,1969年在美国首播,在整个20世纪70年代风靡欧美。——译者注
② 米开朗基罗·安东尼奥尼(Michelangelo Antonioni,1912-2007),意大利现代主义电影导演,举世公认的在电影美学上最具影响力的导演之一。他曾自谓:"生命,对于我,就是拍电影"。——译者注
③ 1972年,享誉世界的电影大师安东尼奥尼曾受中国政府之邀来到中国,拍摄了一部长达3小时40分钟的大型纪录片。他自称是"一个带着摄影机的旅行者",想要拍一部不带任何教育意义的纪录片,在来北京前几个月,安东尼奥尼在寄往北京的"意向书"中曾写道:"我计划关注人的关系和举止,把人、家庭和群体生活作为记录的目标。我意识到我的纪录片将仅仅是一种眼光,一个身体上和文化上都来自遥远国度的人的眼光。"1973年1月,《中国》首映式在意大利举行,产生巨大轰动,受到西方的追捧。但由于当时中国特殊的政治环境,这部纪录片受到了来自中国的政治批判,1974年1月30日人民日报发表评论员文章,认为《中国》大拍特拍中国落后的一面。该片中,闻名中外的红旗渠一掠而过,既看不到'人造天河'的雄姿,也看不到林县河山重新安排后的兴旺景象。银幕上不厌其烦地呈现出来的是零落的田地、孤独的老人、疲乏的牲口、破陋的房舍……",这场批判持续了数年时间,直到1979年,随着当时国际国内政治局势的缓和,《中国》风波才算宣告结束。——译者注

场面的展开,我数次将目光移向别处。一个人对于以摄影形式出现的令人不安的事件在某种意义上要比对真实事件的感受力要脆弱一些"①②。

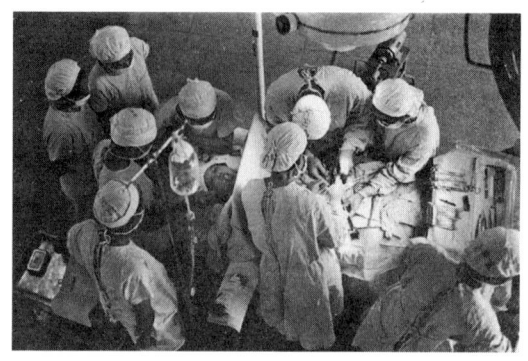

图6.1　针灸麻醉。马克·吕布(Marc Riboud)摄,玛格南图片社(Magnum Photos)收藏

在"观看"发生在同一年的中国外科手术的这三次经历当中的彼此关联,所见证的首先就是中华人民共和国在 20 世纪 70 年代以一个现代民族国家的身份向世界推销自己中西医结合运动的成就。西式外科手术室与中式针灸的结合——被赛珍珠专门称之为是"最现代的西式卫生习惯"与一种"古老的"、"有着数百年技艺的"中医相结合——这就表明了中国正通过西方科学与中国价值的结合而变得"现代"起来,也就是说,不仅仅通过反对中国的文化与历史遗产就能生产出现代性。③ 马

---

① 苏珊·桑塔格:《论摄影》(Susan Sontag, *On Photography*) (New York, 1977), 168.。在下文简写作 *OP*。
② 桑塔格进而写道:"那种脆弱性是某人与众不同忍受力的一部分,这个人充当了两次以上的旁观者,第一次是由参与者,第二次是由形象制作者定过型的事件的旁观者。因为在真实的手术当中,我必须先洗手消毒,披上手术服,然后站在忙忙碌碌的医生和护士身边扮演自己的角色:有自制力的成年人,举止合宜的宾客,恭恭敬敬的目击者。而电影中的手术不仅阻止了这种谦恭的参与,而且还阻止了观看时的任何积极活动。在手术室里,我是变换焦距,拍摄特写和报导快照的人。而在电影院里,安东尼奥尼已经选择了哪些部分我可以观看;照相机替我观看了——而且强迫我去看,留给我的唯一选择就是不看了。此外,电影还将需要数小时才能完成的事情浓缩到几分钟里,只用有趣的表现方式留下有趣的部分,也就是说,旨在鼓动或震撼人们。它的戏剧性被编排布局和蒙太奇的训导理论戏剧化了。"——译者注
③ *CPP*, 124, 126. 美国针灸麻醉研究小组所作的、并由美国国家科学院在 1976 年出版的一份报告将中国针灸麻醉的发展归功于毛泽东 1958 年关于"中西医相结合"的指示(《中华人民共和国的针灸麻醉》(*Acupuncture Anesthesia in the People's Republic of China*), [Washington, 1976], 3)。

克·吕布、桑塔格以及安东尼奥尼所经历的这种"针灸麻醉"(anesthesia-by-acupuncture)散播到他们所期望的观众那里,进而,在一种国际政治框架内,中国政府展现了它按照中国方式照顾自己民众的能力,并为世界其他国家(尤其是那些仍在迈向现代化征途上的国家)做出了表率,成为当时在美国和苏联发展道路之外的一种选择。

尽管麻醉只是其中的一种形式,而正是通过这种方式,才展现出了这样的情况(其他还包括工业化、军事技术、民间文化向更高层次文化的提升、农业革新),从哲学层面来看,这是一种尤为重要的东西。西方麻醉的发展在整个19世纪和20世纪早期发生了重大转变,从人类关系转向疼痛方面,而最值得铭记的变化则是神经病学家S·威尔·米切尔(S. Weir Mitchell)于1896年在麻省总医院"乙醚节"(Ether Day)①五十周年时的演讲,宣告了在"希望、怀疑和恐惧/在深层的静止当中,看到了一个渴求的大脑/以神的名义,带去痛苦的死亡"的时刻,对人类来说已经没有什么未来礼物了。② 而"因痛致死"直到1846年麻醉术发明之后才得以消除,这项发明的划时代意义被20世纪中叶的历史学家大书特书,相关作品有《战胜痛苦》(*Victory over Pain*)(1946)、《与痛苦和死亡的搏斗》(*Kampf gegen Schmerz und Tod*(*The Struggle Against Pain and*

---

① 麻省总医院(Massachusetts General Hospital)始建于1811年,是美国哈佛大学医学院的教学医院,同时也是马萨诸塞州波士顿生物医学研究机构。麻省总医院主导着全美规模最大的以医院为基础的研究项目,连续多年被《美国新闻与世界报道》评为美国最好的医院之一。1846年,该院完成了人类历史上第一例麻醉手术,后来,每年的10月16日被定为医院的Ether Day-乙醚节,以此作为纪念。——译者注
② 引自戴维·莫里斯:《疼痛文比》(David Morris, *The Culture of Pain*)(Berkeley, 1991), 65。马丁·波尼克(Martin Pernick)对化学麻醉在美国和欧洲的接受史的研究表明,在1846年麻醉术发明之后,人们认为这种做法会产生相当复杂的后果,直到19世纪70年代末,才最终普遍使用麻醉术,麻醉也被公认为人类的一大福音。正如波尼克所言,在这一时期也进行了一些无麻醉的手术。米切尔1896年的那首诗因此也就成为对从19世纪后期起一直到如今占主导地位的麻醉术所持态度的表现,在这首诗中,麻醉术被看成是一种完全正面的东西(《痛苦的微分:十九世纪美国的疼痛、专业性与麻醉》(*A Calculus of Suffering: Pain, Professionalism, and Anesthesia in Nineteenth-Century America*)[New York, 1985].)。至于从审美角度对痛苦观念的批评,可参见莫里斯的作品。

Death),1938年英文版以 Triumph over Pain 为名出版)以及《与痛苦抗争：麻醉史诗》(Man against Pain: The Epic of Anesthesia)(1945)。麻醉并不仅仅是一种古老的胜利，更是一种对人类最古老的敌人、对那种可以被言说的事物的一种胜利，对伊琳·斯凯瑞作品的读者来说，麻醉正是以这种方式定义了人类本身。麻醉作为一种医学实践，能够复制（或者甚至提升）对外科治疗问题的"现代"解决方案，这早在西方现代化之前就长期存在了，而针灸所要走的路就远得多，这就表明，现代性并不是正处在全球化过程中的、后工业化的西方的独有财产。

我所担心的是赛珍珠可能会将马克·吕布所拍摄的照片描述为一种从美国电视剧那里拿来的剧照，桑塔格谈及的亲身经历，以及安东尼奥尼的电影在本章其他部分中的一种广义的摄影理论语境下的内在关联问题。我先说一下使这种理论关联得以确立的麻醉与照片之间的关系问题。在对本雅明关于现代性的技术化时代中艺术作品的著名理论加以重新审视的一篇文章当中，鲍莫慈（Susan Buck-Morss）①明确地将观看的电影形式与现代麻醉技术的发展联系到了一起。她认为，随着外科医生能够以不把病人当人看的态度来做手术，外科医生与病人的关系就发生了极大的转变。"外科医生先前必须训练自己以便能抑制住对受苦的感同身受"，她写道："而到如今，他们变得见怪不怪了，将之当成是冷漠、无情的大众，因此就能够不动声色地对他们的身体

---

① 美国著名批评理论家，曾任美国康奈尔大学政治学教授，现为美国纽约大学政治学教授，她的主要作品有：《消极辩证法的起源：西奥多·W·阿多诺、瓦尔特·本雅明和法兰克福研究所》(The Origin of Negative Dialectics: Theodor W. Adorno, Walter Benjamin, and the Frankfurt Institute)(1977)；《观看的辩证法：瓦尔特·本雅明和拱廊计划》(The Dialectics of Seeing: Walter Benjamin and the Arcades Project)(1989)；《幻想世界与灾难：东西方大型乌托邦的消逝》(Dreamworld and Catastrophe. The Passing of Mass Utopia in East and West)(2002)；《思考过去的恐怖：伊斯兰主义与左派批判理论》(Thinking Past Terror: Islamism and Critical Theory on the Left)(2003)［修订版，(2006)］；《黑格尔、海地与世界史》(Hegel, Haiti, and Universal History)(2009)等。——译者注

加以修修补补"。① 这种感知上的转变在 19 世纪末的手术"舞台"的转变中被赋予了一种身体形式,而随着"在细菌理论与麻醉上的新发现,就将手术室从一种剧场舞台转变为一种由瓷砖大理石铺设起来的、一尘不染的无菌环境",在这样的环境中,观众被一面玻璃隔墙分隔在舞台之外。"玻璃窗户成了一个投影屏",在这里,"感知视角的三种分化——代理人(agent)、事件(matter)以及观察者(observer)——平行贯穿在电影那庞大簇新的当代经验当中"(AA,32)。② 换句话说,由麻醉以及现代外科技术的发展所导致的这种感知上的转变重塑了由现代摄影所类分的演员(actor)、对象(object)以及观察者(observer)之间的代理式分裂。本雅明只不过将外科医生看作是摄影师,正如鲍莫兹所言:"外科医生在关键时刻不会将患者当人看待;而毋宁是说,只有在手术中,他才真正能够看透患者。魔术师和外科医生就相当于画家和摄影师。画家在他的作品中会跟真实保持一段自然距离,而摄影师则会深深切入这种网络当中"。③

---

① 鲍莫兹:《审美与麻醉:对瓦尔特·本雅明艺术方面文章的反思》(Susan Buck-Morss, "Aesthetics and Anaesthetics: Walter Benjamin's Artwork Essay Reconsidered.")载《十月》(October) 62 (Autumn 1992), 28。下文引用简写作 AA。确实,麻醉术出现之前的外科手术室还远远没有做到无菌化,而且也不仅仅是因为细菌理论的发展才得到进一步发展的。手术台通常位于医院地下室或者顶层,尽可能远离其他病人,这样的话,那些手术刀下病人的刺耳尖叫声就不会太令人心惊肉跳。相比之动手术,有些病人会拒绝治疗甚至自杀;一些有抱负的外科医生抛弃了自己的职业,他们不想整天生活在病人的痛苦当中。关于麻醉术出现之前的外科手术史的概述,可参见朱莉·M·芬斯特:《乙醚节:美国最大医学发现的离奇故事以及制造这种现象的鬼魅之人》(Julie M. Fenster, *Ether Day: The Strange Tale of America's Greatest Medical Discovery and the Haunted Men Who Made It*)(New York, 2001),第 2 章。顺便说一下,在跟麻醉的关系上,波尼克(Pernick)至少引用了六个来源不同的短语,来"施惠于苦难的人类"(290 页注释 3);你会记得,在乔治·亨利·梅森《中国的刑罚》的序言中,以富有同情性的英国人的角度,对主体的特殊性有过专门的关注,见"受难的痛苦"部分。
② 正如在这种转变之前,手术空间被称为"剧场"(theater)的事实所表明的,这些变化所反映的是外科手术的媒介经验中的转变,而不是在之前是"自然"的或者不需要通过具象代码展现的某种新的媒介化。
③ 本雅明:《启迪:本雅明文选》,哈里·佐恩译,汉娜·阿伦特编(Walter Benjamin, *Illuminations*, trans. Harry Zohn, ed. Hannah Arendt),(New York, 1969),233。颇具讽刺意味的(转下页)

在这里,我们看到了"麻醉"的消极面相,死亡的感觉并不是战胜疼痛的荣耀,反而成了对现代技术资本主义缺乏人性的凝视的一种投降。假如说在麻醉之后的手术舞台的空间分布要归功于摄像视野的代码的话,而如果真实世界的手术室与投影仪在19世纪后期都被重新看成是与新视角下的要求相对应的可视空间的话,那么,不管是摄影还是手术台,它们都是以其最恶毒的方式对西方现代性的文化表现。而这种方式或许可以被看成是来自于将世界加以麻醉治疗的审美,这刚好是另一种场景,而身体则是另一种事物。

换句话说,我们在观看赛珍珠那里的手术照片时,就意味着在观看一种在某种程度上已经被照片化地安排好了的照片,其中的部分原因在于,所有的凝视都已经随着那种依据自身的感知规则操控世界的照相机的到来而被转变了。而这种转变也不仅仅对照片是如此:就算是在目击手术的时候,手术台和观众之间的分隔所产生的距离——这本身就是一种与同情式痛苦的潜在体验相关的麻醉力量,鲍莫兹写道——反映并再生产了照片的可视经验。对于摄影与麻醉之间一般关系的这种叙述表明了在每一个外科手术场景中都会展现出一种摄影的姿势,这是因为麻醉感觉(一种麻醉审美)的事实已经在作为一种设备的摄像机内部被进一步编码了。

桑塔格对她在华经历的叙述为我们提供了一个契机,使我们得以解读观看的现代方式与手术台之间的关系。"一个人对于以摄影形式出现的令人不安的事件在某种意义上要比对真实事件的感受力脆弱一些",桑塔格写道。"在手术室里,我是变换焦距,拍摄特写和报导快照的人。

(接上页)是,其中部分原因与现代文明的过度刺激有关,而这变成了一种隔离,这种情况人们已经在埃德蒙·伯克(Edmund Burke)关于法国大革命的论述中发现了。参见斯蒂文·布朗姆:《革命中的审美与麻醉》(Steven Bruhm, "Aesthetics and Anesthetics at the Revolution,"《浪漫主义研究》(*Studies in Romanticism*) 32:3 (Fall 1993), 407。(中译本:本雅明著,汉娜·阿伦特编,张旭东、王斑译:《启迪:本雅明文选》,生活·读书·新知三联书店,2008年。——译者注)

而在电影院里,安东尼奥尼已经选择了哪些部分我可以观看;照相机替我观看了——而且强迫我去看,留给我的唯一选择就是不看了。此外,电影还将需要数小时才能完成的事情浓缩到几分钟里,只用有趣的表现方式留下有趣的部分,也就是说,旨在鼓动或震撼人们。"(OP,169)。尽管桑塔格或许会期望将她的经历与安东尼奥尼对这种场景的电影再现区分开来,她描述手术的方式——在这里,本雅明的肖像与她所面对的病人"人贴着人"——所借用的所有术语都来自摄影语言。站在手术室里,桑塔格安排着拍摄特写与快照,转变着她注意力的焦距。她的这种方式正是一种从摄影机器看来已经是"渗入式"的生存模式;唯一值得与安东尼奥尼探讨的是究竟谁在掌控着摄像机。

　　桑塔格和安东尼奥尼之间的这种紧密联系,他们都接受将手术的自我表现当成是摄影的某种适用性,这种紧密联系在桑塔格的下一段文字中得到了确证。在那里,桑塔格的主观视角与安东尼奥尼的摄影镜头之间关于桑塔格想象图景的区分,分裂为第一人称复数形式所经历的客观事件:"对于我们来说,没有什么比 1974 年初中国通讯社对安东尼奥尼电影的抨击更能说明摄影的意义了——除了其他作用之外,主要是作为刺激现实的工具。"(OP,169)在第一行的"我们"这个词将安东尼奥尼和桑塔格都划为广义上的西方人,而其中的不同之处在与另一个民族大家庭(中华人民共和国)的比较中被抹掉了。桑塔格以该书接下来的整整十页篇幅来表明这种对安东尼奥尼纪录片的争论是如何表现出在摄影技术经验与知觉的政治—审美模式方面的主要文化差异的。在《论摄影》的前 168 页中表现出来的是一种围绕摄影的技术与文化现代性的理论,而当桑塔格一提到观看中国的针灸麻醉手术的时候,这种理论在**总体上**就发生了转变,变成了作为一种关于经历的特殊**西方**类型的摄影理论,一种适用于特殊文化地理的美学模式的摄影理论。这是为什么呢?

　　言归正传。1972 年,受中国政府的邀请,安东尼奥尼访问了中国,并花了 22 天拍摄了一部名为《中国》的纪录片。这部影片从 1973 年为中国驻罗马大使馆官员首映伊始,就广受追捧,并迅速成为众多国际争论的主题,却受到中国方面的强烈抨击,在中国国内还发起了游行,并要求意大利政府取消公映(1975年,这部影片未能在威尼斯电影节上放映,但是在这座城市的其他地方却照映不误)。这些批评意见认为,影片《中国》竭力贬低中国的工业发展成就,认为文化大革命只是一种虚假的东西,而且,他以灰暗的光线和阴冷的色调来表现这个国家,很多画面给人以惨淡、凄凉、阴郁、冷酷的印象。杨贵①写道:"公路上汽车川流不息他不拍,却专门去拍牛车、独轮车;田野里奔驰的大小拖拉机他不拍,却专门去拍毛驴拉石磙;热火朝天的集体劳动场面他不拍,却专门去拍老人和病妇。"②尽管饱受众多批评,但安东尼奥尼还是坚持认为,他的影片所表达的正是对中国及其人民的兴趣与热爱③。④

---

① 时任林县革命委员会主任,红旗渠总设计者。这段论述参见杨贵:《只有社会主义能够救中国——驳斥安东尼奥尼拍摄的反华影片对林县的诬蔑》(《人民日报》1974年2月4日)。——译者注
② 杨贵:《驳斥安东尼奥尼拍摄的反华影片对林县的诬蔑》(Yang Kuei, "Refuting Antonioni's Slanders Against Linhsien County,")《北京周报》(*Peking Review*) 17.8 (1974), 13。(原文为杨贵:《只有社会主义能够救中国——驳斥安东尼奥尼拍摄的反华影片对林县的诬蔑》(《人民日报》1974年2月4日。——译者注)
③ 中华人民共和国同样未能成功地叫停这部纪录片在瑞典和德国电视台播放。关于这场论战的更多信息,可参见吉迪恩·巴赫曼:《中国之行后的安东尼奥尼:艺术与科学》(Gideon Bachmann, "Antonioni After China: Art Versus Science,")载《电影季刊》(*Film Quarterly*) 28.4 (1975);安伯托·艾可:《解释篇,或成为马克波罗的难度》(Umberto Eco, "De interpretatione, or the difficulty of being Marco Polo,")载《电影季刊》(*Film Quarterly*) 30.4 (1977);以及《恶毒的用心 卑劣的手法——批判安东尼奥尼拍摄的〈中国〉》,由匿名的人民日报评论员撰写(Peking, 1974)。对这部影片的英文批判见《北京周报》(*Peking Review*)1974年8月17日以及11月17日。对此,纺织工人方春生(Fang Chun-sheng)的看法相当具有典型性:"跟所有反动派一样,安东尼奥尼对中国人民的革命事业怀着根深蒂固的仇恨"(《纺织工人的抗议》("Textile Workers' Protest,")《北京周报》(*Peking Review*) 17.8 (1974), 16.)。2004年,作为在北京电影学院举行的"安东尼奥尼回顾展映"的一部分,这部纪录片首次在中国公映。
④ 正如美国学者比尔·尼克尔斯(Bill Nichols)在其《为什么道德问题是制作纪录片的关键问题?》中所指出的:"电影中的'人物'被当作'社会演员/角色':他们在摄影机前一如既往地继续自己的生活。他们仍然是文化的承载者而不是剧场的演员。对于纪录影片制作者而言,影片中人物的价值并不是由合同关系所能承诺的,而是他们自己的真实生活所体现的。他们的价值也不在于他们掩藏或改变自己日常行为和个性的方式,而是他们的日常行为和个性满足了制作者的需要。(纪录片中的角色与传统演员相似的一点是:制作者通常(转下页)

六、麻醉的观念:针灸、照相与物质形象

  安伯托·艾可(Umberto Eco)①在1977年的文章中认为,这部影片"让我们回想起一百年来就不同文化的政治争论与艺术再现时,艺术与政治也受到人类学甚至符号学的影响"。艾可写道:"假如我们没能首先解决符号的超结构问题,从而使得不同的文明能够直面相同的政治与社会问题的话",对于社会阶级的国际结构问题,对话与交流就无法展开。②中国官方对这部影片的期望与安东尼奥尼的看法之间所出现的截然不同的评价,就表明了影片至关重要的并不是其内容——尽管也受到抱怨——而是其审美形式。其中最激烈抗议之一,则是由在《人民日报》撰文的众多作者合编成的、由北京外文出版社翻译并传播到国外的文章。文章指出,安东尼奥尼所拍摄的南京附近长江上的一座新大桥看起来破烂不堪,很不惹人注意。③ 安东尼奥尼相当没有说服力的回答——这是因为它在雾天里"我不得不抵近大桥进行拍摄,自然而然,就从底下经过,大桥就显得稍微有些变形了"——对表现上的问题完全避而不答。④

  跟艾可一样,谁要是将这场争论看成是不同的文化符号学的产物的话,其自身"符号超结构"的影响体现在文明自我表达的层次之上,桑塔格

  (接上页)喜欢那种虽然没有经过专门的表演训练,但在摄像机面前的表现却能够传达出类似于我们称赞一个经验丰富的演员在表演中所体现的那种复杂和深度感觉的人。)"而中西方在这种"人物"角色方面的差异,在某种程度上造成了这种争议局面。——译者注

① 安伯托·艾可(Umberto Eco),博洛尼亚大学符号学教授,VS杂志领导人。1932年出生于意大利的亚历山德里亚。他的学术性作品有《缺席的结构》(1968年)、《论一般符号学》(1975年)、《神话中的读者》(1979年)、《关于镜子》(1985年)、《阐释的极限》(1990年),以及在各报纸杂志发表的文章结集《来自帝国的边沿》(1997年)。《开放的作品》(1962年)被公认为是他学术著作中最重要的一部。——译者注

② 艾可,9。

③ "影片在拍摄南京长江大桥时,故意从一些很坏的角度把这座雄伟的现代化桥梁拍得歪歪斜斜,摇摇晃晃,更卑鄙的是插入一个在桥下晾衣服的镜头加以丑化。"(*Vicious Motive*,11)这座桥是20世纪70年代早期中国现代化的伟大建设成就之一,吕布对该桥所摄的一张照片收录在赛珍珠的《中国今昔》(*China Past and Present*)113页。正如赛珍珠所言,大桥建设中所体现的民族自豪感部分在于,这座桥是在因中苏关系紧张而导致苏联撤回对华援助的时刻建造的。吕布的另一张照片,拍摄的是建设中的大桥,收录于《中国的三面红旗》(*The Three Banners of China*)(New York, 1966), 96 - 97。

④ 引自巴赫曼(Bachmann), 30。

认为,对安东尼奥尼影片的批判所倚靠的正是观看文化方式上的不同。她写道:"对于我们来说,摄影与观看的间断方式有着紧密的联系(其要义恰恰在于透过一斑而窥全豹———一种捕捉引人注目的细节的方式)。而在中国,它却仅仅与连续性联系在一起。不仅仅有适合照相机取景的题材,那些积极的、启发性的(榜样式的活动、微笑的人们、晴朗的天气)和秩序井然的题材,还有适合拍摄的方式,这些方式来自排斥摄影观看意念本身的空间道德秩序观念"(*OP*,169 – 70)。① 而对艾可来说,关于透视收缩(foreshortening)②的正面再现的指涉,可以被理解成是一种文化习惯的表现,这可以通过对话与讨论来解决,桑塔格将关于《中国》这部影片的争议放到连续性与断裂性、东方与西方之间的更为巨大且可能无法调和的差异中来加以解读。在摄影之外的,似乎完全只有一种道德秩序以及对非连续性和断裂感兴趣之间的差别,因此就造成了中西方之间众多符号上的不同。在西方,偏好关注"事物的多样性"并增进"意义的可能性",而在中国,则"只有两种现实",两种观看的方式,一种是正确的方式,一种是错误的方式。(*OP*,173)

这是一种内涵极其丰富且难以理解的说法,我在另一本书中花了很多精力来讨论这些问题。而就这本书关注的方面而言,我只想让大

---

① 桑塔格提及的"捕捉细节"(arresting detail),作为现代审美的一种特征,可以跟 18 世纪之后建立起西方痛苦观念的更宏大的"人道主义叙述"(humanitarian narrative)联系起来。托马斯·拉科尔(Thomas Laqueur,美国加州大学伯克利分校历史系教授——译者注)认为,在现代小说和医疗病历当中,对细节的关注"以最为纯粹的形式,在大量细节的累积与处理方面,使他者的痛苦变得真实",正如托马斯·哈斯克尔(Thomas Haskell)所说的,这起源于一般认识论和文化转变。(拉科尔:《身体、细节与人道主义叙事》(Laqueur, "Bodies, Details, and the Humanitarian Narrative,")载林·亨特主编:《新文化史》(*The New Cultural History*, ed. Lynn Hunt)[Berkeley, 1989],182 以及哈斯克尔:《资本主义与人道主义情感的起源》(Haskell, "Capitalism and the Origins of Humanitarian Sensibility,")载托马斯·本德编:《反对奴隶制的争论:资本主义与废奴主义》(*The Antislavery Debate: Capitalism and Abolitionism*, ed. Thomas Bender)[Berkeley, 1992])。(中译本:[美]林·亨特著,姜进译:《新文化史》,华东师范大学出版社,2011 年。——译者注)
② 透视收缩(Foreshortening)是指由于相机或者镜头过于贴近被摄者而使得正常透视变形失真的现象。——译者注

家注意到的是,在这里,桑塔格再一次在暗地里从理论上论述了一种非西方的现代性的可能性,这种非西方的现代性是由一系列审美实践所贯穿起来的,这就使得中国可以消费西方现代性的"产品",而在同时又不需要背负西方的文化内涵,这就像针灸麻醉的运用使中国能够表明它可以用一种文化中国式的方式来生产现代性的产品:不用麻醉药的麻醉,不用摄影术的摄影机。考虑到"摄影术"对桑塔格意味着什么——视觉观念上的转变,由戏剧化的剪裁或视角转变所造成的"观看的非连续性",出现在摄影杂志或当代电影的蒙太奇手法中的"对真实的炒作"——这最终表明,中国可以有一种缺乏现代化的现代性。这种现代性跟一系列的视觉实践是不相关的,而在西方,两者之间的关联是最紧密的。桑塔格写道:"我们意义上的摄影在他们的社会中没有市场"(OP,174)。

在 20 世纪 70 年代,较之桑塔格将其影片看成是中国人之外的任何其他人对其动机加以误解的产物,至少在安东尼奥尼看来,他对自己影片所作的辩解还远远不够。在 1975 年的一次访谈中,面对来自中国的抨击,安东尼奥尼坚称:"他们说我诋毁中国孩子,对此我真是一头雾水,有口难辩。我在他们唱着童谣时将他们摄入了镜头;他们那可爱的脸蛋儿。他们真是太漂亮了,这群中国孩子,要是可以的话,我真想收养一个。"[1]在跨国符号超结构的交叉点上,收养一个中国孩子的意愿——而最终,作为回应,这种最终跨国的、美好的意愿随着赛珍珠在 1949 年建立起"悦来之家"(Welcome House)[2]变成了现实。这一机构旨在鼓励美国家庭收养中国儿童——成为反抗摄影暴力的明证,哪怕所表

---

[1] 引自巴赫曼(Bachmann),30。
[2] 或称为"欢迎之家"。1949 年,赛珍珠出于对美国当时收养政策歧视亚裔和混血裔儿童的义愤,创立了国际化的收养机构"Welcome House"(其全名为 WELCOME HOUSE ADOPTION PROGRAM OF PEARL S. BUCK INTERNATIONAL INC.,总部设在美国宾夕法尼亚州),在后来的 50 年中,这个机构帮助了超过 5000 名儿童。1964 年,为了帮助不合收养条件的儿童,赛珍珠还成立了"赛珍珠基金会"。——译者注

露出的这种关爱意图会破坏形式的非连贯式的断裂。①

然而,正如桑塔格所指出的,在审美形式与关爱之间的不同在《中国》这部影片中明显达到了顶峰。假如摄影式的观看所关注的是被裂分为更新花样的片段化的世界,而任何受关注的人都意味着被看成在**整体**上会将摄影"之爱"体验为是一种无法忍受的暴力姿态,而且可能被要求从另外的角度来看,所要求的不仅仅是去选取特写镜头,而是坚称德米尔(Mr. DeMilles)②眼中的世界就完全没有特写镜头。在这里,将这个星球看成是一种再现的单一、共享模式的摄影才能的梦想——作为一位怀抱美好梦想的记者在1840年的独创,摄影或许会成为"第一种通用语言,这种语言灌注到所有拥有图像的人当中,并且也渗入到对文明与野蛮加以理解的类似性格当中"——正是在这种认识之上,也就是说,桑塔格赋予西方的"摄影式的观看"的装置并不是照相机发明之后的必然产物。③

2. 审美的地理学

人们如何理解将20世纪70年代早期的摄影、审美与麻醉手术联系到一起的复杂历史结点之间的关系,在摄影技术发展完善的20世纪绝大部分时间里,这种循环就像在这里所复制出的那样(图6.2)反复出现?④ 这是一张清末(约20世纪早期)某位男子被凌迟处死的图片,几乎

---

① 也许这也可以,尽管对安东尼奥尼来说并不如此。
② 塞西尔·德米尔(Cecil B. DeMille,1881-1959),美国著名电影导演,好莱坞影业元老级人物,同时也是美国影艺学院36位创始人之一,获得过多项奥斯卡奖。美国著名的金球奖就以其名字命名,全称为塞西尔·B·德米尔奖(Cecil B. DeMille Award,又称金球奖终身成就奖),自1952年开始由好莱坞外国记者协会(HFPA)在金球奖典礼上颁发。——译者注
③ 引自安娜·麦克林托克:《帝国皮革:殖民争夺中的种族、性别与性》(Anne McClintock, *Imperial Leather: Race, Gender and Sexuality in the Colonial Contest*)(New York,1995),123。
④ 米克·巴尔(Mieke Bal)曾经告诉包括我在内的一群人,当她不得不去复制一张她认为"色情"的图画时,她作了一些努力,因此就没有真正复制出"整体形象"——缩小图像(转下页)

可以肯定地说是欧洲人拍摄的。① 诸如此类的其他处斩照片——其中就包括了在梅森 1801 年讨论中国习俗的书中提到的凌迟——是一套明信片系列当中的一部分。这一系列明信片名为《中国酷刑》(*Les Supplices chinois*，Chinese tortures)，在上世纪早期的中国与法国之间流通。②

(接上页)的尺寸，用各种方式加以剪辑以便降低图像的力度等等。我的想法则是更多地考虑图像——例如，这种看法认为完全复制是不道德的——从而通过对视觉力量的迷恋而简单地复制图像的暴力（关于这一点，周蕾"对图像的物质性进行了细致的解读"[载《写在家国以外：当代文化研究的干涉策略》(*Writing Diaspora: Tactics of Intervention in Contemporary Cultural Studies*) (Bloomington, 1993), 40].）。（中译本：[美]周蕾著，米加路译：《写在家国以外：当代文化研究的干涉策略》，（香港）牛津大学出版社，1996 年。——译者注）这种情况是与本章及本书的主要目标基本上是不相容的，其目的部分在于展现如何去使"尊崇"的他者（一种人类的他者，或者痛苦或暴力形式上的他者）几乎总能导致这样一种情况，即，他者只是在特定类型的简单解读上才是主体。然而，那些看起来想要保护他者的东西，最终保护它则是诸如文学解读或者审美的东西，几乎总是通常这样的方式，才能对机构之外的价值客体加以保护。在对这种图像的复制与解读过程当中，我力图介入其中，并弄清楚它是如何复制出场景的，而这正是通过将之看成是世界性文本的共同体的意愿而实现的，这可以成为解读（对本书而言，最终也是其中一份子）历史与文学批评模式的主体。在一般化的理论争论之外，人们可能会问，我对这幅图像的专门复制是否符合伦理的，也就是说，是否会将我对这幅图像所作的不仅仅之看成是暴力的简单复制的解读，而无视我对本书读者（作为我所从属的共同体的成员，也作为我并不从属的共同体的成员）所应负的职责，或者无视我对图像所表现出的人们应负的职责。这是一个真正的问题。我也会有自己错了的这种可能性。

① 关于凌迟，参见卜正民、巩涛与乔治·卜鲁：《千刀万剐》(Timothy Brook, Jérôme Bourgon, and Gregory Blue, *Death by a Thousand Cuts*) (Cambridge, Mass., 2008)。关于台湾艺术家陈界仁，他已经使用过一些遭受暴力的中国牺牲者的照片作为原材料，其中就包括了这张照片，他通过修改这些照片来将他自己的面孔添加进摄影场景当中，参见刘纪蕙：《反叛者的凝视：陈界仁的历史图像及其恐怖美学》(Joyce C. H. Liu, "The Gaze of Revolt: Chen Chieh-Jen's historical images and his aesthetic of horror")，可资利用的网上资料有：http://www.srcs.nctu.edu.tw/joyceliu/mworks/mw-interart/GazeOfRevolt/GazeOfRevolt.htm；另可参见白睿文：《痛苦的历史：中国现代文学与电影中的创伤》(Michael Berry, *A History of Pain: Trauma in Modern Chinese Literature and Film*) (New York, 2008)。（陈界仁 1960 年生于台湾桃园，是中国台湾最重要的当代艺术家之一。他在 20 世纪 80 年代到 90 年代初台湾解严前后，曾积极参与表演艺术创作，他从 20 世纪 90 年代末起，发表一系列关于凌迟的作品，并组织了数次展览，包括《魂魄暴乱》和《凌迟考：一张历史照片的回音》等等。——译者注）

② 卜正民(Timothy Brook)对此曾有过论述："20 世纪初，这些凌迟照片流入欧洲，欧洲人第一个反应就是觉得野蛮，因此很看不起中国人。如果说 18 世纪欧洲人对中国还抱有正面的看法，认为中国文明中有许多优秀的传统，至此却不禁要觉得中国太落后了。看到凌迟的照片，欧洲人惊叹：怎么能如此对待自己的同胞！这样，凌迟就被视作中国人的象征。1910 至 1930 年代，法国人尤其认为，最能代表中国人的事物是凌迟。……在中国，因最优（转下页）

类似的照片也出现在 1909 至 1926 年间法国、比利时乃至德国的书籍当中，这些图片来源广泛，从费迪南德·约瑟夫·哈费尔德（Ferdinand Joseph Harfeld）①的《中国人对西方蛮夷的看法》（Opinions Chinoises sur les Barbares d'Occident）（1909）、路易·卡尔波（Louis Carpeaux）的《远去的北京》（Pékin qui s'en va）（1913）一直到乔治·杜马（Georges Dumas）②的《心理论》（Traité de psychologie）（1923）③。而这幅照片的

（接上页）秀的法学家吴廷芳、沈家本的强烈反对，1905 年四月，凌迟被正式取消，从此走完了它在中国长长的历程。然而，法国士兵 1904、1905 年所拍的凌迟照片的影响仍在继续。最近二十年，有不少中国的艺术家以凌迟作为创作主题，在西方产生了较大的影响。台湾艺术家陈界仁利用凌迟来抨击五十年代后戒严时期的国民党政府，现居美国的华裔画家林志也以凌迟为主题作画，并将凌迟画面与中国传统春节的画面放在一起展出。耐人寻味的是，这些作品并非出于对中国历史的真切了解，而是读到一本描写古代酷刑的书后的自由发挥，意在表达其个人对中国传统中糟粕的批判。仍旧回到照片上，我们说，即使是这些凌迟的照片，也不能说完全客观，因为行刑时，要驱散围观的人群才便于拍摄，所以照片中的情景可能有其照片之外的安排。所以应该认识到，照片不能代替真正的历史，当然，历史也不能无视这些数据。更应考虑的是，我们该如何把法律的历史和当今关于这些历史的描述结合起来？直到目前，我们只发现三个中国人画的凌迟图片，中国之外，关于凌迟的图像要更多，该如何阐释、解读这些图像所反映的真正的历史呢？"参见《复旦大学文史研究院学术通讯》，第 2 期（2007 年 6 月）。卜正民的这个疑惑实际上也正是巴塔耶和本书作者所力图解开的。——译者注

① 法国工程师兼指挥官。——译者注
② 乔治·杜马（Georges Dumas,1866 - 1946），法国医生、心理学家。1866 年出生于法国加尔省，年轻时曾师从 J·沙可、V·马格南、T·里博学习，起初学习哲学，后转学变态心理学，并获医学学位。1897 年起，他出任巴黎医学院精神病临床心理学实验室主任，1902 年起任索邦文学院实验心理学副教授，1912 年升任正教授。杜马的主要研究领域集中在情绪问题上，1923 年他编纂了《心理论》和七卷本的《心理学新论文集》，此外，他还在 1904 年与 P·让内合作创办了《正常与病理心理学》杂志。——译者注
③ 这三本书的一并出现，并没有掩盖他们在对凌迟图像的态度与再现上的重大差异。例如，在哈费尔德的书中，图像被当成是对一位中国官员和一个西方人在治外法权问题的对话中，中国司法惩罚的不适当性的一种明证。西方的解说者叙述了一次被钉在十字架上的行刑过程，并且说道："Avouez que ce mode de répression est un peu vif, de même que le 'ling hi,' d'ailleurs"（要承认这种惩罚方式的话，就有点太过分了，就像对事物的"凌迟"（ling hi）一样 [74]）。在接下去的简要论述当中，中国的叙述者指出，凌迟并不像看到的那样可怕，而西方人则针锋相对地回应说，这种刑训（以及更为一般意义上的酷刑）只不过证明了治外法权临时延续的必要性。这场对话演变成了对风水的讨论。尽管"ling hi"最早是在脚注的说明文字中使用的，并配以六幅图像，它在文本中的出现仍然从属于当时更大范围的讨论，而这种讨论试图为中国人对抗西方赋予某种合法性（参见 Vii - Viii）。

六、麻醉的观念：针灸、照相与物质形象

图 6.2 "千刀万剐"，巩涛（Jérôme Bourgon）收藏。

复制品则一直被乔治·巴塔耶收藏。巴塔耶在他的作品《愧疚》（*Guilty*）和《内心体验》（*Inner Experience*）中曾专门论及。而这一图像首次出现在他 1961 年的《情欲的泪水》（*Tears of Eros*）①当中。

---

① 巴塔耶将该书中的最后一部分命名为"中国酷刑"，他说道："在我看来，由北京的一个受刑者在处决过程中被几次拍摄下来的这些直观图像所唤起的世界，是我们通过电影所获得的图像进而得以到达的世界中最最痛苦的一个。这里所展示的酷刑称为'千刀万剐'（凌迟），适用于罪大恶极、无可饶恕之人。乔治·杜马在 1923 年写就的《心理论》（*Traité de psychologie*）中就复制了其中的一个镜头，但作者错误地为它标注为更早期的图片，并认为它是令人毛骨悚然的一个例子。我知道，为了延长刑罚时间，受刑者会服用鸦片。杜马坚持受害者的表情呈现出一种迷狂状态。当然，他的表情中还有某种不可否认的东西，无疑，这至少是部分地由鸦片引起的，这增大了照片中最令人痛苦之处。我从 1925 年便拥有了其中的一张照片。它是波雷尔医生，法国最早的精神分析家之一，赠予我的。这幅照片在我的生命中具有一种决定性的作用。我从未停止过对这幅痛苦图像的痴迷，既迷狂又难以忍受。我怀疑萨德侯爵会怎么看待这幅图像，他梦想过酷刑，但无法得到这种体验，因为他从未目睹过一次真正的严刑拷打。通过一种或另一种方式，这幅图像不断地在他的眼前浮现。但萨德想要独自一人观看它，至少是相对地孤独，因为没有孤独，迷狂和淫乐的效果（转下页）

这张照片的意义，甚至这张图像的明显"内容"，基本都取决于其传播的语境。在对群氓心理的讨论中，这一图像就是一个例证；而作为一张明信片，它就使人感到兴奋；作为一份家族纪念品，它就成为一种纪念；而在新闻报道当中，它就是一种图示。对这一图像的任何恐惧都会从对传播语境的理解开始，而这，给了某些人以阅读及观看他者的特权。（对这张照片（以及任何照片）的完全解读都因而试图记录或者想象所有可能与实际上的传播模式。）在一开始，我会先说明这张照片的两大主要语境：首先，这张广为传播的照片正是众多这类图像之一，进而，制造出了一种从属于一个更广义的历史阶级的代码；其次，这张照片的历史成了巴塔耶写作与思考的主题。

作为照片化分类的一个例子，可以说，这张照片也是展现这种事例的图片。这就是说，就这种照片所表现的欧洲人对中国酷刑的图示或描述方面的兴趣而言，人们可以将之追溯至 16 世纪。而之所以如此，是因为它将中国人的司法暴力再生产为一种类型化的例子，这中间最深层的沟通则是人类学化的。

这种沟通随着照片如何观看与如何看待所见到的之间的不同而显露出来。我们还是不得不说，照片的主题——不仅仅是死刑犯，而且还有后面所见的那些围着刽子手袖手旁观的民众——将他们在空间中的分布归功于视角与再现的文化特殊习惯方面的代码，其中的一些在摄像机中被进一步编码成为一种机器。尽管如此，对照片的解读还是能够随着这种照片组织"视角"与其所涉及的"事件"之间的不同而有效地展开，而在方式上，"视角"修正了"事件"所要表达的内容。我并不是说对于这

（接上页）就无法想象。后来，在 1938 年，一位朋友让我开始练习瑜伽。正是在那一时刻，我从这幅图像所体现的暴力中，觉察到了一种无限的反转能力。通过这种暴力——直至今天，我都无法想象一种更加疯狂、更加可怕的形式——我变得如此的惊愕不已，抵达了迷狂之际。我的目标是证明宗教迷狂和情色，尤其是施虐狂之间的一种根本关系。从最难以启齿的到最崇高的内容。本书并不是在绝大多数人的有限经验内写成的。"——译者注

一事件存在着一种真实的或者适当的视角,从而可以去对照片的视角加以比较。但是,我想说的是,照片之所以是照片,这其中就隐含了一种如何(how)和什么(what)之间差异的自身可读性的一种先决条件:它如何表现,它所表现的是什么。

在照片中,那帮看客围绕着死刑犯的双腿围成了一个身体和视觉上的圆圈。这帮看客看似围绕着死刑犯,但实际上却没有围绕"他";他们的注意力倾注在正行刑的刽子手所转喻和呈现的国家暴力之上(后面的两个人正伸长脖子在看什么?……不是死刑犯的脸,而是他的腿)。这张照片展现了那帮看客,但同时也展现了那帮看客所没有注意的东西,即死刑犯的脸和躯干。他的身体正对着摄像机。依靠审美代码对这张照片加以解读的话,就会注意到沿着刽子手后背的那条线,那根直对着死刑犯胸口的木桩,因为更位于中心位置,且比他的脸颜色更深,所以就成为照片本身的主要聚焦点。由于这位死刑犯的胸部已经被割开,所以这就成了观看者最容易表达对痛苦的同情的地方;正是在这个意义上,照片上的"脸",及其孔眼,像眼睛,就退到了观看者那里(我们没有看到刽子手及帮手的脸,他们都背对着摄像机)。① 受难者的双眼迷茫。这位死刑犯的身体正对着摄像机,就像面对着他所承受的痛苦、他的痛苦表情以及制造这种痛苦的暴力。②

正是脸上的这双眼睛,照片为其观众提供了在与那些冷漠的看客联系起来解读这人受苦的可能性,这些围着的看客所关注的反倒是那些行

---

① 对作为孔洞的胸部伤口的解读也出现在陈界仁的影片《凌迟》当中,它展示了对巴塔耶照片中的场景的一种重演(reenactment)。一方面,摄像机从胸口内部向外取景,是为了回观那些正盯着受刑者被处极刑的那帮看客。关于对中国历史暴力电影的一般语境的解读,可参见 Berry 的作品。

② 我们必须明确的是,我们不止一次地出现在跟痛苦相关的一种"代理语言"当中,它不会显现人的痛苦,也不会形成关于疼痛的隐喻。鉴于这些被凌迟处死的人明显已经服用过鸦片,以使他们不会因为剥皮所带来的极度疼痛而突然致死,在摄影的那个时刻,受刑者可能没有感觉到任何疼痛。这张照片因此就并没有"展现"出受刑者的实际痛苦,而是形成了观看者心中的同情式疼痛。

刑的花样。这张照片中所看到的不仅仅是处死受刑者的最初事件,这一事件位于真实性的表面,此外,还有对这一事件的观看(looking),这种观看位于照片的内部指涉空间当中,即便如此,照片本身并不指涉或评论什么。照片所表现的东西与它如何表现之间的鸿沟因此就可以被理解为是并入了它自我指涉的内部空间。它表现了一种不可见的展现,一种其目击者和记录者的被看见(given-to-be-seen),甚至它还表现了另一种观看的失败,这种观看要像被看见的那样去记录身体的景象:也就是说,照片所表现的是其自身的观看与其他人的观看;它不仅看到了自己所见的,而且还看到了其他人所看到的、内在的观看。这一照片所表达的题材正是这种差异——由事物是如何被组合呈现(the how of the what)①所产生的差异。

这种三角结构,与第五章中对伯特兰·罗素与中国小狗的讨论类似,能够用鲍莫兹的摄影理论来加以思考。鲍莫兹已经指出,摄像机"对感知的转换"所仰赖的是在代理方(摄像机)、事件(所涉及的真实世界)与观察者(旁观者)之间出现的分化。在这种图像下,摄像者的目光就如外科手术般地穿透到中国人生活的麻木当中,而这代表了那些一回到家就会遭遇到作为一种麻醉了以及客体化了的身体的中国(或者更一般意义上的"中国性"),这就是说,这种身体无法像主体一样介入自己的自我生产之中。在代理方、"非活性物质"以及观察者之间的分离发生在摄影者作为实践活动的处决经历与以媒体形式记录处决过程的能力之间的交点上。②

---

① 译者曾与作者有过沟通,作者说,他觉得很难完全按照字面意思来翻译这个句子,他作了如下的解释:the what——事物;the how——如何(how)被组合呈现(to be arranged and represented),并称:"basically I mean that WHAT the photo shows determines HOW it is shown—the subject matter of the photo (the "what") is expressed partly by the formal expression of that subject matter (the "how")"。——译者注
② 同样很明显的是,在路易·卡尔波(Louis Carpeaux)的《远去的北京》(*Pékin qui s'en va*)当中,就用文字和照片记录了对李福柱(音译——译者注)的行刑过程:"La foule innombrable regardait d'un oeil indifférentce beau corps d'ivoire dont l'harmonie des formes sculpturales était vouée à la boucherie infâme"("一大帮人用冷漠的眼睛看着这个美丽的、如(转下页)

要是从作为一张明信片的照片流传背景来理解的话,那种分离就展现了一种外来的好奇心,从而使照片跟文化特殊性发生关联。那帮看客对暴力与受难的冷漠无情,中国看客的整体观看(general look)与受刑者及摄影者的单独观看(single look)之间的不同,告诉明信片的观众,不仅这种凶残恐怖的事情发生了,而且某一群人还能对其无动于衷。用鲍莫兹的话来说,照片中对中国人生命(及其对图像身体的"麻醉")的切入之所以发生,部分原因是为了批判那帮中国看客的麻木态度,而拍摄者自己对受刑者的痛苦的敏感态度也跟那帮看客的麻木无情形成了鲜明对比。从文化的层面上来说,照片在人类普世价值与表现的可表现性上将自己与启蒙信念并置到了一起,这种意识认为,图像所表现的真实既体现在所表现的场景中,而且也出现在对其投射出的场景的概括中。当然,恰恰是在这种情况下,那帮中国看客通过将这种围观转变成外科手术目光下的被麻醉躯体的方式,实实在在地施加了暴力。(那种众目睽睽之下的处决同时也是一种活体解剖,进而成为一种真实外科手术活动的冷酷转喻,从而有效地使这种解释能够自圆其说)。

要是考虑到作为一种类型的例子的话,那么,照片对于中国疼痛的解读就很像罗素所作的解读,虽然这张图像跟罗素所提的街头小狗的故事不一样,这个图像跟一种对躯体—生命的肢解、将一个生命转变为一具躯体过程的着迷、甚至是情欲般乐趣的可能性相互契合。从这种意义上来说,这张照片之所以能成为与这种乐趣相称的图片,它正是通过将场景转变为一种客体的方式实现的,同时也是通过减轻而不是强化其所指涉的痛苦的方式来达成的;就像对麻木身躯的肉体进行外科手术一

(接上页)象牙一般洁白的身体,那种真正和谐完美的雕刻正是一场注定卑鄙的大屠杀")(185页)在这个事例中,那帮看客对李福柱所受痛苦表现得冷漠无情,同时也将他的躯体看成是一种审美客体("beau corps d'ivoire,"等)。(相关的详细信息,可参见http://turandot.chineselegalculture.org/Textual.php?ID=102上的信息。——译者注)。关于巴塔耶所收藏的照片,人们可能会说那群旁观的人都没有充分感受到受刑者的痛苦,他们是麻木不仁的,无法从将受刑者看成是一种摄影潜在客体的审美视角来加以欣赏,这种视角为摄影者及那些观看这幅图像的人所共有。代理者与事件之间的分离也因此扩大了一倍。

样,这幅图像就细致入微地体现出了这种行为。① 正是在这个意义上,照片重新塑造了近代欧洲与中国的某种关系。②

巴塔耶跟这张照片的关系可以被看成是对照片客观化的一种完全否认,而试图去复原照片与其主题的外科手术上的关系,同时也复原对谴责中国暴力的人本主义者的、罗素式的回应。作为现代法国文学与哲学巨头之一,巴塔耶这个人本身,就意味着与照片及作为他作品中图像并加以描述的照片的重新塑造,两者间这种"超认同"(superidentificatory)关系已经历史性地形成了一种再现的循环。从某种意义上来说,这种再现的循环令我之前对这一照片所作的解读黯然失色。在这一循环当中,与其说是明信片的交换,不如说是哲学的交换,巴

---

① 对这种与摄影关系的最极端的表现或许来自恩斯特·荣格(Ernst Jünger,1895-1998,德国著名小说家。——译者注),他1934年所著的《论痛苦》(On Pain)一文被鲍莫蔌引用以作为对法西斯美学整体表现的一个例子。在这篇文章中,荣格赞许式地认为,一种新的"人类"(human type)的进化与"摄影的革命性事实"有着直接的关联(乔尔·阿吉译:《摄影与"第二意识":对痛苦论述的摘录》,收录于克里斯托弗·菲利浦编:《现代摄影:欧洲文献与批评作品,1913—1940年》("Photography and the 'Second Consciousness': An Excerpt from On Pain," trans. Joel Agee, in *Photography in the Modern Era: European Documents and Critical Writings*, 1913 – 1940, ed. Christopher Phillips) [New York, 1989] 208, 207.)。通过将摄影那无懈可击的眼睛跟新的战争技术以及新的大众媒体政治联系起来(在这里,"摄影之所以是一种武器,是因为它正被用来增强统治力量"),荣格所设想的完全是一种新的"第二种"意识的发展,这将使人类与疼痛的关系发生极大转变:"作为物化发展的过程,大量痛苦会持续增多。人们似乎迫切期望建立一个空间,这种空间完全不同于我们通常意义上所习惯的,在这里,痛苦可以被视为一种错觉"(209—210页)。在这里,物化性质的摄影视觉被转化成为一种能够将自身从自己身体中脱离出来,进而将他们自身身体嵌入世界当中的新一代人类的生产。

② 何伟亚(James Hevia)从欧洲与西方的关系角度对中国人行刑图像作了不同的论述。他复制的照片,取自于一本名为《在华拳乱分子行刑图》(*Unique Photographs of the Execution of Boxers in China*)的小册子,讲了三名英国士兵在1900年监视数人的行刑场面。刑场旁边的一根柱子,在照片的右侧又复制了出来,为英国人做宣传。何伟亚对这两个事实(行刑与宣传)作了解读,将之看成是帝国力量的"硬"实力与"软"实力的表现。《英国的课业:19世纪中国的帝国主义教程》(*English Lessons: The Pedagogy of Imperialism in Nineteenth-Century China*) [Durham, 2003], 3.)(中译本:[美]何伟亚著,刘天路、邓红风译:《英国的课业:19世纪中国的帝国主义教程》,社会科学文献出版社,2007年。 ——译者注)。较之巴塔耶,何伟亚所复制的照片更为明瞭地体现了通过军事力量和西方帝国主义所安排的对华关系。这或许恰恰是因为这样一种关系——在对殖民地的反叛者处以极刑时的关系——跟资本主义者的现代性生产之间存在着如此的关联,何伟亚的照片并没有告诉我们什么跟中国的神话(mythological)关系类型相关的东西,而这正是我这里所要弄清楚的。

六、麻醉的观念：针灸、照相与物质形象

塔耶所要弄清的远不仅仅是那些使用这张图片的人们究竟是谁，而毋宁是要弄清楚这种循环的起源。正是在他的关顾之下，这张照片如今所展现出的东西已经不仅仅是中国人的暴力，而成为了"传奇"。①

尽管直到1961年出现在《情欲的泪水》(Tears of Eros)中为止，巴塔耶一直没有复制这张照片，这张照片出现在他在战前几段时期的写作当中。在《内心体验》(Inner Experience)(1943)一书中，他提出了狂喜冥想(ecstatic meditation)的一种可能抒发路径：

> 我已经将图像倒转过来。我会专门凝视照片中的中国人图像，或者关于这些图像的记忆，在我的生命历程当中，这个中国人一定已经饱受折磨。对于这种折磨，我已经在过去有过一系列连续的表达。最终，那个病人痛苦地扭动着，他的前胸被剥了皮，手臂和双腿分别在肘部和膝盖处被用刀子削掉了。他的头发最终挺立起来，面目狰狞而又憔悴，血丝缠绕，美如黄蜂②。
>
> 我写的是"美丽"(beautiful)！……有些摆脱了我，离我而去，恐惧会受到我自己的掳掠，仿佛我想凝视太阳，我的双眼背叛了我。③

---

① 苏珊·桑塔格：《关于他人之痛苦》(Susan Sontag, *Regarding the Pain of Others*)(New York, 2003), 98。(中译本有陈耀成译：《旁观他人之痛苦》(香港版)以及黄灿然译：《关于他人的痛苦》(内地版)。——译者注)
② 作者在与译者的邮件通讯中指出，"黄蜂"(wasp)一词引自恩斯特·荣格(Ernst Jünger)的早期用法。——译者注
③ 对巴塔耶而言，太阳所发出的炫目光线是一个至关重要的象征，这可以追溯到《眼睛的故事》(*Histoire de l'oeil*,英译本 *Story of the Eye*,发表于1927年——译者注)以及"日底"(The Solar Anus)，巴塔耶认为，被贱斥就意味着脱离形式，被驱逐出象征空间底部，即巴塔耶的"日底"(solar anus)，进入真实空间之非形式(informe)——译者注)。卡达瓦(Eduardo Cadava)在论及本雅明作品的过程中，在关于"趋光性"(Heliotropism)部分时认为，"在摄影与哲学的古代交流当中，与光线的转义有关的摄影，就成了一种跟自然一样的知识形象，这是渗入内心的观念与意识认知上的一种太阳语言"(《光线的词汇：论摄影史》(*Words of Light : Theses on the Photography of History*)[Princeton, 1997], 5.)。关于巴塔耶与光线的论述，可参见詹姆斯·艾金斯：《盯着后面的客体：论观看的本质》(James Elkins, *The Object Stares Back : On the Nature of Seeing*)(New York, 1996), 103 - 05。关于巴塔耶与图像的论述，可参见本杰明·诺伊斯：《乔治·巴塔耶：批判性导读》(Benjamin Noys, *Georges Bataille : A Critical Introduction*)(London, 2000), 18 - 37。

......

在那个我所提到的年轻、性感的中国男人左边,刽子手正在忙碌着——我深爱着这个小伙子,在这种爱里面,那种暴虐的本能无所遁形:他将他的痛苦传递给我了,或许这是他痛苦更深层的本质,而很明显,我并不乐在其中,而是在对这种毁灭的反抗中,自己也被毁灭了。①

这些回应表现出了巴塔耶作品中典型的情感与政治困境。他抹去了受刑者的生命史,他对围绕在这种处决周围的并且使其具有合法性的文化和历史环境不置一词,实际上,他将那个受刑者称为"病人"并且"美如黄蜂":所有这些,尤其是最后的那个称呼,已经超出了与这幅图像的合理关联。

巴塔耶所试图抵抗的恰恰就是这种"合理性"。假如他拒绝将他自己归为那个人所遭受的特殊痛苦的话,那么,正如艾米·好莱坞(Amy Hollywood)②所说的:"这是因为要去揭开经历的这些维度——去问为何这些事情会发生,这些事情如何才能被阻止——是去提供一种对这些问题的解释,这就冒险去掩盖那些人的极度恐惧"。而对于巴塔耶来说,"叙述与历史的情境化是……逃避真实的方式"。任何试图问清楚如何解决这种暴力、如何确定起因、如何追寻历史的来龙去脉、如何以一种共同人性的名义表达抗议,就对无言的底层民众的躯体重新施加了暴力,迫使身体在其自身痛苦与从其可阅读性中显现出的标记之间的中介物。

---

① 乔治·巴塔耶:《内心体验》(Georges Bataille, *Inner Experience*),莱斯利·安妮·博尔特译(trans. Leslie Anne Boldt) (Albany, N. Y. , 1988), 119 - 20。
② 目前任哈佛大学神学院教授,她之前曾在美国罗德学院、达特茅斯学院以及芝加哥大学任教,主要从事当代哲学、神学方面的研究。她的主要作品有:《处女妻子的灵魂:马格德堡的麦赫蒂尔德、玛格丽特·波莱特以及麦斯特·埃克哈特》(*Soul as Virgin Wife: Mechthild of Magdeburg, Marguerite Porete, and Meister Eckhart*) (University of Notre Dame Press, 1995);《明智的狂喜:神秘主义、性别差异以及历史的需求》(*Sensible Ecstasy: Mysticism, Sexual Difference, and the Demands of History*) (University of Chicago Press, 2002)等。——译者注

六、麻醉的观念：针灸、照相与物质形象

与被折磨的身体的任何关联,其目的都是为了"提供一种语境,在这种语境当中,将会诉诸于司法行为",或者就是在一种起源点上,其目的是要阻止对身体疼痛、作为一种身体的身体经历的反复抹除,而这是通过转变为一种历史或政治标志的方式实现的。①

巴塔耶对照片的解读,将其中受刑者的任何变化加入到政治的使用价值当中,力图通过将所捕捉到的那一刻作为某一时刻,而以那帮人作为照片中的人,以此来探究图像之间的互动问题。除了将受刑者的痛苦与国家暴力的政治或历史事实、他的传记、或者锯子、刀子及身体的医学机制联系起来加以解读之外,巴塔耶更是将受刑者提升为超越主体性的、没有自我保护甚至全然没有自我的世界的一个神学意义上的形象。正是通过这种方式,巴塔耶所进行的解读就揭示了潜藏在**酷刑**(Supplice)这一词汇中的神学和文化传统,而这一词汇最初在法语和英语中所指称的是一种献祭,这在"表现上是仪式性的,在意义上是超越性的",这种观念渗入到了欧洲基督教文化当中,并且无疑与被钉在十字架上处死的耶稣有着千丝万缕的联系。② 在巴塔耶的那张照片中,那个像耶稣那样饱受折磨的受刑者——更确切地说,存在这样一个事实,即,恰恰是这张照片而不是其他哪张照片能够成为他密切关注受刑者的那一张照片——完全要归功于文化习惯。在这种文化习惯当中,"惩罚与赎罪紧密相连,遭难与福佑紧密相连,受苦与快乐紧密相连",而且,在事实上,也可以从对中国刑罚的早期描述中看出来,例如在图 6.3 中的这幅取自于梅森《中国的刑罚》一书的图像。③

联系到将自身表现为对中国人行动的一张照片的表面,或者从这张照片广为流传的各种历史模式要早于他自己获得照片的角度来看,巴塔

---

① 艾米·好莱坞:《明智的狂喜:神秘主义、性别差异以及历史的需求》(Amy Hollywood, *Sensible Ecstasy: Mysticism, Sexual Difference, and the Demands of History*) (Chicago, 2002), 83。
②③ 卜正民等人(Brook et al.), 21。

图6.3 乔治·亨利·梅森和蒲呱:《中国的刑罚》。"捆绑处死"
亨廷顿图书馆收藏。

耶的回应只能说是一种误读。这种误读忽略了照片的众多指涉内容(围观的人群、刽子手),也没有提到这张照片的流传史及其媒介地位。但是,这样的一种误读并不是全然的错误。毋宁是说,在错误的解读中,通过对照片指涉空间及其视角的有意忽略,就使照片中已经错误的东西再次被错误化,并拒绝了人类学所持的姿态。这要么造成了一种文化优越性的意识,要么就形成了在所谓的共同人性名义下的一种公正并借助外力的干涉。尽管照片可以作为它自身与受刑者之间的媒介先验性地发挥作用,巴塔耶还是用一种在所有照片中体现的"死亡"来对应一种真正的暴力,这种暴力忽视了关于某件事情的图片与这件事情本身之间的不同之处。巴塔耶对照片的解读因此就并不是桑塔格观念中的"摄影";它的目的是通过一种超越视觉的感觉机制来进行摄影。他并没有像公众那样去"观看"这张照片。

这种公众行为展现了其自身的暴力,他们对哲学功用的喜好,使其抛弃了这个受刑者的历史及所受痛苦的特殊性。正如好莱坞所言,"很明显,正是巴塔耶和受刑者之间的距离使他能够既将他者的痛苦加以特殊化(通过抹去个人所受痛苦的历史与政治基础的方式而实现),同时又将个人的经历一般化为任何人乃至所有人的受苦"①。虽然人们会说这种解读否定了照片很容易具有的文化优越性,但是,巴塔耶的看法并不全然是面对那些人类学上的无辜者:欧洲人和美国人很长一段时间以来就发现,在对其他族类的某种积极认同上的转变式狂迷或自杀方面,西方观念具有局限性。巴塔耶从未在没有论及中国性的情况下,而专门提及这位受刑者。(在《情欲的泪水》中,这张照片出现在巫毒仪式系列图片与欧洲人绘制的阿兹台克人祭图像的复制品中间②)。地域的幽灵对争论所施加的魔力表明了巴塔耶在照片中所见到的极端痛苦经历,至少部分源自于这张图片的来源地是中国这样一个事实。③ 巴塔耶将照片中的受刑者从主体转变为嵌入物,将"年轻而又充满魅力的中国人"转变为"黄蜂",这就抵制了将照片以其流传的模式中所体现得更为一般化的摄影客体化当做是通过将人类的人性重绘到分类表上的一张明信片或者一种外国奇珍——仿昆虫或者审美——能够在其主体死亡之后继续留

---

① 艾米·好莱坞(Hollywood),93。
② 在《情欲的泪水》(Larmes d'Eros)的初版和第二版中,这幅图像的位置有过某些调整。在初版中,图像出现时所配的是巴尔蒂斯(Balthus)的色情文学作品《吉他初体验》(La Leçon de guitare)(1934)中的一幅图像复制品;而在第二版当中,所配的则是特写以及其他行刑的图像。第三版则回归到了初版的模式;仅有的英文译本采纳的是第二版的结构。巫毒(voodoo)仪式系列图片与阿兹台克人祭图像,都最接近中国人行刑图像的语境。我十分感谢巩涛提醒我注意这种变化。
③ 这种结构在近代西方几乎是不可避免的:为什么他者总是想当然地认为什么是我们缺少的,去让我们恢复我们如此期望的充实与丰饶? 这是因为,他者正是我们所定义出的我们自己正缺失的东西。正如克里斯托弗·布什所指出的,问题出现在种族意义上的他者变为一般意义上的他者的时候(《他者的他者?:文化研究、理论和现代主义者能指的方位》("The Other of the Other?: Cultural Studies, Theory, and the Location of the Modernist Signifier."《比较文学研究》(Comparative Literature Studies) 42.2 [2005].)。"地理学阴影"(Geographic shadow)被斯皮瓦克(Gayatri Spivak)用在她对德里达的《论文字学》(Of Grammatology)一书英译本的序言中,所指代的是"一种地理学类型的阴影……施加到本书的第一部分之上"(the shadow of a geographical pattern . . . falls upon the first part of the book)(德里达:《论文字学》,佳亚特里·斯皮瓦克译(Derrida, Of Grammatology, trans. Gayatri Spivak) [Baltimore, 1976], lxxxii.)。(中译本:[法]雅克·德里达著,汪堂家译:《论文字学》,上海译文出版社,2005年。——译者注)

存,结果就失去了某些哲学上的动力。① 巴塔耶跟照片中人物的关系仍然"着迷于惊恐的模糊圈子当中",也就是说,处在一种现代生活的基础性政治结构当中。② 可以说,巴塔耶的哲学主张之所以饱受争议,或许在于他未能想象出一种在犯罪的完全可能性之外的政治私生活的替代物。但是,这也足以表明,这种想法之所以失败,是因为他们所想象的对于西方现代性的替代,使之成为其最明显的违法形象,而对此,巴塔耶要是不提到这个人来自东方的话,就无法表达友爱之情。

考虑到如今在巴塔耶的这张照片与对摄影与麻醉的更一般化的理论之间的关系,人们可能会说,巴塔耶对照片的解读试图通过颠倒的方式来克服照片的麻醉与客体化性质。因此在他的手中,照片就成了作为观察者的他自己与受刑者的总体与绝对痛苦的全部体验之间的沟通路径,而不是对"麻木者"的一种审美观察。这张照片,与其说是弱化对痛

---

① 在这种语境下,让我们再去思考让-保罗·萨特(Jean-Paul Sartre)在他为亨利·卡蒂埃—布列松(Henri Cartier-Bresson,1908 – 2004,法国著名摄影家。——译者注)1954 年的《中国故事》(D'une Chine a l'autre,1956 年英译本名为 From One China to the Other)一书所写序言中的那句惊世骇俗的句子吧:"我不曾担心黑奴;有人曾告诉我那是些好狗,跟他们在一起,是待在哺乳动物中间。而亚洲曾使我害怕,像水田里的螃蟹在两条犁沟之间逃窜,像大草原上铺天盖地的蝗虫摧毁一切。我们是鱼中之王、狮中之王、鼠中之王、猴中之王,中国人是最高级的节肢动物,他统治着一切节肢动物。"这种昆虫的比喻将使我们回想起第 4 章中讨论的苦力的形象。(中文译文可参考 http://www.g4photos.com/viewthread.php? tid=12620&extra=&page=1,2012 年 8 月 10 日访问。在这段著名序言中,萨特继续写道:"在旧中国循环往复的时间和新中国不可逆转时间之间,存在一个中间阶段,一个既远离历史又远离重复的凝结期,这就是等待。城市解开了捆在一起的几百万个日常动作,没人再锉,再剪,再刮,再切,再瞄,再擦。放弃了他们狭小的生存空间、仪式、邻居,人们开始聚集,大群大群地毫无秩序,在车站,在码头。房屋、作坊、市场空无一人。在一些偏僻地区,民众在聚集,在凝固,他们精巧的结构被碾碎。紧随着旧北京空气轻松的照片,一些沉重、密集的图像出现了。等待。当民众不承担历史的时候,他们正经历着重大的时刻和无尽的等待。北京和上海的民众不制造历史,他们承受历史,如同监视他们的警察一样承受历史,如同从他们中间经过,又从前线回来,不断从前线回来并且不再去的士兵,如同飞走的官员,如同逃走的将军们。制造历史的人们从未见过帝王的大城市,他们只了解山岗和田野,在那里中国的命运已经被决定了。都市第一次期盼乡村的好意,历史将以农民队伍的形式出现。"这毫无疑问展现出了照片背后的历史意义。——译者注)
② 吉奥乔·阿甘本:《牺牲者:主权和赤裸生命》,丹尼尔·海勒-罗森译(Giorgio Agamben, Homo Sacer: Sovereign Power and Bare Life, trans. Daniel Heller-Roazen)(Stanfoad, 1998),113。

六、麻醉的观念:针灸、照相与物质形象

苦体验,不如说是去扩大并增强这种痛苦体验,使其可能使巴塔耶将之与所指涉的表层内容结合起来,而不是去"刺破"它。① 与此同时,人们也可以说,如果对他照片中受刑者的主体关联的地理类型加以考虑的话,那么,这种对于真实痛苦的极端的主体化与强化就打破了只是一方适应另一方的麻醉视角。尽管巴塔耶与这张照片的关系不能被看成是桑塔格或鲍莫蕬所定义的"摄影"观念,但是他创造了一种在观看照片中的中国人形象上的替代模式——在 20 世纪的欧洲,这些中国人形象表现为中国与前近代欧洲的过往岁月联系到一起的明证,这种关联鲜明地体现在司法暴力当中,进而也形成了一种无法忽略的与前近代原始性(记住围绕这张照片的其他图像:巫毒仪式与阿兹台克献祭)的关联,这必须被理解为是一种跟桑塔格将世界分为"由趣味性所主宰的独裁"(a dictatorship of the interesting)以及"由正确性所主宰的独裁"(a dictatorship of the good)②相类似的一种姿态。正是在这个意义上,巴

---

① 巴塔耶与这张特殊照片的关系可能是"情欲的"(erotic),但并不是"性欲的"(sexual),当然,巴塔耶是对痛苦与享乐之间关系加以阐释的 20 世纪伟人。克伦·哈图恩(Karen Halttunen)将痛苦与享乐之间彼此关系的发展历程,尤其是在色情文学中的表现,明确地与在 19 世纪随着欧洲人和美国人对痛苦关注程度的戏剧性上升所形成的人道主义(humanitarianism)的广泛发展联系了起来。(《人道主义与英美文化中有关痛苦的色情文学》("Humanitarianism and the Pornography of Pain in Anglo-American Culture,")载《美国历史译论》(*The American Historical Review*) 100. 2 [Apr. 1995].). 她写道:"近代关于痛苦的色情文学在 18 世纪晚期和 19 世纪早期逐渐形成,它不仅仅是人道主义式的改革文学的一种肮脏的副产品,而且还是人类情感的一种整体视角"(304 页)。它在一种"更为现代类型的性文学"生产中逐渐崛起,其中包含了对痛苦刑罚的描述,在 18 和 19 世纪施虐式色情文学中尤其突出,这使得"受苦的场面……到 19 世纪早期(变成了)色情文学中具有垄断性的地位"(317 页)。

② "趣味性所主宰的独裁"(a dictatorship of the interesting)以及"由正确性所主宰的独裁"(a dictatorship of the good)的翻译是在与本书作者交流后确定的。作者指出,桑塔格在其《论摄影》一书的这些论述,在某种程度上启示了他:"一种认为,在足够敏锐的眼光看来,任何事物中都存在着美(beauty)或至少是意味(interest)。(对使得一切事物,无论是什么,都适宜拍摄的现实进行审美,这正是同时使得将任何照片,哪怕是全然功利性的那种照片,列为艺术成为可能的态度。)另一种态度就是将一切事物视为某种此刻或将来有用的对象,作为评判、决议和语言的东西。据一种态度看来,没有什么不该看的东西;而据另一种态度看来,没有什么不该记录的东西。作为一种使得所有人都有可能对于重要性、意义和美作出不偏不倚判断的小机械玩意,照相机为现实提供了一种审美的手段。("那可以拍一张好照(转下页)

299

塔耶对图像中受刑者的"再客体化",正是通过从其场景所在的族群式民族起源那里展现哲学意义的方式实现的。人们可能会总结道,哲学所标记出的这种地理影响上的困境正表明了一种认知上的麻醉,一种对地方重要性的感知有所认识但却一直无法加以感知的无能为力。

3. 质素(*Hyle*):图像的意图

在1927年的文章中,齐格弗里德·克拉考尔(Siegfried Kracauer)①就发出了警示,"世界本身具有一副'摄影面孔';它之所以能被拍摄,是因为它努力被吸纳进那屈从于抓拍的空间流动性"②。克拉考尔的论述,在某些方面将鲍莫蕬对手术台的解读这一更为一般化的时间加以简化了。他认为,世界不得不按照摄影特殊类型的要求而安排自身。但是在爱德华多·卡瓦达(Eduardo Cadava)③看来,克拉考尔并没有简单地将

(接上页)片"。)通过收集使我们能够对目前发生的事作出更准确、更为迅速反应的信息,照相机为现实提供了一种工具性手段。……中国树立了一种专政的榜样,其主要观点就是'好'(the good),它将最严厉的限制加诸所有表现形式,包括影像。未来也许会出现另一种专制,其主要观点是'有意味'(the interesting),任何种类的影响,已成俗套的和越轨偏向的,都会激增"([美]桑塔格著,艾红华、毛建雄译:《论摄影》,湖南美术出版社,1999年,193,194-195页)——译者注

① 齐格弗里德·克拉考尔(Siegfried Kracauer,1889-1966),德国著名电影理论家、社会学家和历史学家,生于美因河畔法兰克福,卒于美国纽约。他早年就读于柏林大学和慕尼黑大学,自20世纪20年代起从事报刊的电影评论工作,同时还撰写小说和剧本。在这一时期,他出版了两部重要的社会学著作:《社会学作为科学》以及《雇员们》(这是一部研究德国中产阶级的专著)。1933年,他因遭纳粹迫害流亡国外,开始艺术史的研究。1941年起定居美国,进行电影史和电影理论研究。他最著名的电影学著作有《电影的本性》(*Nature of Film: the redemption of physical reality*,中译本为齐格弗里德·克拉考尔著,邵牧君译:《电影的本性——物质现实的复原》,北京:中国电影出版社,1981年)、《宣传和纳粹战争片》和《从卡里加利到希特勒》(*From Caligari to Hitler*,中译本为齐格弗里德·克拉考尔著,黎静译:《从卡里加利到希特勒》,上海人民出版社,2008年)等。——译者注

② 引自卡达瓦(Cadava),xxvii。

③ 爱德华多·卡瓦达(Eduardo Cadava),当代美国文学与哲学批评家,1989年起任教于普林斯顿大学,现任普林斯顿大学英语系教授,并兼任多个研究项目负责人。著有《世界之光:摄影术的历史》(*Words of Light: Theses on the Photography of History* (Princeton University Press, 1997))等。——译者注

世界看成是像一幅照片一样会抵制自身的状态。他毋宁是相信"摄影表达了对死亡事件的永恒回归——这是一种伴随着理解的死亡而来的死亡……[对克拉考尔来说]危险的是从我们必死无疑这一前提开始的一种政治可能性,让我们对这些死亡能够做出回答",死亡包含着却又无法化约为第一次世界大战的恐怖以及泰勒式工业生产①的致命节奏。② 要去将巴塔耶照片中的人看成是一种狂喜转变的形象,正如巴塔耶所做的那样,这就用一种伦理来试图将照片中的图像—死亡(image-death)说成是与其所指代的主体的生命死亡(living-death)的彼此互通。

因此,对照片的这种解读就转而坚持这样的观念,即,任何既有的图像都是"一种死亡的图像",并认为"死亡与被拍摄在实际上就是摄影确定性的原则",进而向我们展示了今天仍然适用的一些关于照片的最引人注目的理论争论。其中的原因,至少部分在于他们看待世界的视角在面对死亡—图像时,借用了大危机、大萧条时期对现代性的准悲剧性的、准神学化的解读。③ 但是,这种解读的无情病态,尽管它们所围绕的是事实,但却将照片实时展现中的死亡冲动看成是一种物质化的客体,进而,它们也就倾向于生产——就像它们就巴塔耶而言的那样——对他们所关注的照片的不完全的或者最后不受关注的解读。

在现象学中,质素(*Hyle*)这一术语被用来"描述被感知但并没有意图的事物"。鲍莫慈使用胡塞尔关于杜勒(Dürer)④的骑士版画作

---

① 20世纪初美国工程师F. W. 泰勒在传统管理基础上首创的一种新的企业管理制度。他和许多企业管理工作者共同创造的一系列新管理方法和理论,其主要内容和方法包括劳动方法标准化、制定标准时间、有差别的计件工资、挑选和培训工人、管理和分工等。这种管理制度曾被当时许多资本主义国家企业所采用,被称为"科学管理"。——译者注
② 卡达瓦(Cadava), xxviii – xxix。
③ 卡达瓦(Cadava), 10。
④ 阿尔布雷特·杜勒(Albrecht Dürer,1471 – 1528,或译为丢勒)德国著名画家、版画家及木版画设计家,被称为"德国的达芬奇"。1471年生于纽伦堡,童年时代,杜勒随其父学习金工手艺,15岁后开始了其游学生涯,随瓦格莫特(M. Wolgemut)学习绘画和木刻,先后游历于阿尔萨斯、巴泽尔及斯特拉斯堡。他最重要的游学经历为两次意大利的旅行,其间杜勒结识了画家乔瓦尼·贝里尼和拉斐尔,同时研究了达·芬奇的作品和艺术理论,接触并学(转下页)

品①为例来解释这个观念:"尽管这块木版可以被感觉到是按照骑士的形象来做的,但却并不具有感觉的这种**意义**。如果你被问及看到了什么?你会说是一位骑士(比如说表象)而不是一块木版。"②同样的道理,在纸上所留下的是印出来的照片,这种物质媒介的化学延展性使之具有了一种美学意义。

尽管如此,照片从来就不仅仅是一幅图像,而经常会是具有一种特殊基质的图像,这种图像自身对历史影响与情感关系加以组织与回应。③假如我们思考一种摄影印刷品组织光线的方式的话,我们就可以想象关于质素意图的一种指引。这种印刷品形成了一种它自身"背后"的可视领域,并且也通过自身,开启了在一个呈矩形的约 20 平方英寸的焦深,正如它发出的光像一种反向的椎体那样折射到表面之"前"。放在一张

(接上页)习了文艺复兴的思想及风格。杜勒的作品包括木刻版画及其他版画、油画、素描草图以及素描作品。他的作品中,以版画最具影响力。主要作品有《启示录》、《基督大难》、《小受难》、《男人浴室》、《海怪》、《浪荡子》、《伟大的命运》、《亚当与夏娃》、《骑士、死亡与恶魔》等。他的水彩风景画是他最伟大的成就之一,这些作品气氛和情感表现得极其生动。此外,在其一生之中,杜勒还创作了近十幅自画像,包括速写、素描、版画和油画等创作手法,其创作的自画像大多具有严整细致的特征,艺术表现力与后来的伦勃朗遥相呼应,因此,常常被誉为"自画像之父"。杜勒最为传世的作品是《手》,后来被人们改名为《祈祷之手》,其影响力超过其他任何作品。——译者注

① 在 1913 年出版的《纯粹现象学通论》中,胡塞尔以杜勒的版画"骑士、死亡和魔鬼"为例,运用想象学的方法对艺术中感知与想象的关系、审美对象的产生、存在方式以及意义的呈现等问题作了深入探讨,对后来的哲学思想具有深刻影响。在文中,胡塞尔指出:"我们在此首先区分出正常的知觉,它的相关项是'铜版画'物品,即框架中的这块板画。其次,我们区分出此知觉意识,在其中对我们呈现着用黑色线条表现的无色的图像:'马上骑士'、'死亡'和'魔鬼'。我们并不在审美观察中把它们作为对象加以注视:我们毋宁是注意'在图像中'呈现的这些现实,更准确些说,注意'被映象的现实',即有血肉之躯的骑士。能够传达和形成这一映象表现的'图象'意识(小而阴暗的人物形象,在其中由于有根基的意向作用,某种另外的东西按类似性'以映象方式被呈现'),现在成为知觉的中性变样之例。这个正进行映象表现的图像客体,对我们来说既不是存在的又不是非存在的,也不处在任何其它的设定样态中……"——译者注

② 鲍莫蕊(Buck-Morss),28。

③ 桑塔格在《论摄影》(*On Photography*)中开始用媒介化来论述摄影与图像之间的关系,并指出"就静止的照片而言,图像同时也是一种物品,重量很轻,制作起来并不昂贵,携带、收集、储存都很方便"(3页)。(桑塔格进一步指出:"也许,照片是所有形成并强化我们视为现代环境的事物中最为神秘的东西。照片确实是捕获到的经验,照相机乃是意识在其跃跃欲试状态下理想的延伸臂"。——译者注)

桌子上,快照就在世界中打开了一个空洞,光就从这个空洞中投射出来,覆盖了整张桌子;照片可以用手捡起来,倒扣起来或者扔到抽屉里,随着照片的移动,它的明暗度也随之发生变化。

跟光线的这种关系只有印刷品才会有。不管是用语言描述出来,还是在书的字里行间再生产出来,图像都只有正面而没有背面,全都是表面;"焦深"所形成的并不是其背后或下方的真实空间中的物质对应物。它所包含的是指示性的或图标性的特征,其中所指涉的是一种人类学实践或者一种实验性的限度,但是人的视线却使其被把握住了,并且跟世界区分开来。正如伊丽莎白·爱德华兹(Elizabeth Edwards)和贾尼斯·哈特(Janice Hart)所指出的,摄影的路径在于"承认物质的中立性使人们可以像社会性凸显的客体那样看待和使用图像,不仅仅暗示了某种权威性,而且还是主动和互惠的,一方面是控制和被动消费,另一方面则是一种审美话语和单一视野的霸权"。①

在爱德华兹和哈特对摄影的物质性加以论述之后,我试图通过对第二章中蒲呱所绘图画所作分析的理论基础加以进一步阐述。在第二章中,我的注意点是将图像的流通过程看成是一种经过修正的商品,在梅森的《中国的刑罚》一书中,这种商品在另一方面也被看成是标题与图像之间的一种完全正式的关系。但是,我并没有将摄影的地位看成是国际贸易与文化表现当中的一种商品,而更愿意去单独谈论摄影,或者将之当成一种物体,这种物体的物质属性倾向于汇集一些特殊的主观反应,从而弄清楚这种状态是如何成为构成人类主体的一种无生命客体的,它

---

① 伊丽莎白·爱德华兹和贾尼斯·哈特:《照片对象史:论图像的物质性》(Elizabeth Edwards and Janice Hart, *Photographs Objects Histories: On the Materiality of Images*)(New York, 2004),15。关于图像的物质性,另可参见卡罗·玛沃:《寻欢作乐:维多利亚时代照片中性欲的张扬与失落》(Carol Mavor, *Pleasures Taken: Performances of Sexuality and Loss in Victorian Photographs*)(Durham, N.C., 1995),以及何柏第:《隐藏在光线之中:论图像与事物》(Dick Hebdige, *Hiding in the Light: On Images and Things*)(London, 1988)。

是如何移动这些人类主体的,是如何威胁这些人类主体的,又是如何(积极地或者消极地)型塑它们跟其他主体的关系的。① 我想要解读的问题是:人们是如何解读和理解一种既是标志(sign)又是事物(thing)的东西的,而同时又重视其物质性和意义? 人们怎样将一张照片解读为是关于某样东西的一张图片,而又顾及到这张图片上所表现出的一些东西?②

那张我称之为"巴塔耶照片"的行刑照片,据巴塔耶说,是他 1925 年获得的。桑塔格这张照片就放在他的书桌上,"他每天都能看到"。③ 巴塔耶的传记作家米歇尔·苏利亚(Michel Surya)写道,这张行刑照片"令他着迷",而巴塔耶"常常说起照片中的事情,也一直保留着这些东西"。④ 巴塔耶在《情欲的泪水》中复制这张照片之前,曾两度在文章中描述过这张照片。在《内心体验》一书中,他在一个注释中提到,他曾经"长期将这张照片放在家中";在《愧疚》(Guilty)一书中,他称其为"我的相片"。在《情欲的泪水》中,他写道:"从 1925 年起,我就拥有了这些快照中的一张。这是法国最早几位心理分析家之一的波莱尔(Borel)⑤给他的。这

---

① 这一句子改述并引自于比尔·布朗(Bill Brown),他写道:"方法论上的拜物教也并不是一个多大的错误,因为它是思想的一个条件,其中就有关于这么多无生命的物体是如何构成人类主体的、它们如何运动、它们如何威胁、它们如何促进或者威胁到与其他主体的关系等等新的思想"。(《事物理论》("Thing Theory,")载《批判性探讨》(*Critical Inquiry*) 28 [Autumn 2001], 7)。
② 对照片的物质基底的论述很多来自于布朗(Brown)和海尔斯(N. Katherine Hayles);我在这里要做的是设法将布朗和海尔斯的论点加以融会贯通(尤其是《书写机器》(*Writing Machines*) [Cambridge, Mass., 2002]以及《我们如何变成后人类:控制论、文学和信息学之下的虚拟身体》(*How We Became Posthuman: Virtual Bodies in Cybernetics, Literature, and Informatics*) [Chicago, 1999])。(在《我们如何变成后人类》[*How We Became Posthuman*]中,作者指出,在后人类时代,肉体实在和电脑模拟,控制机制和生物体,机器人技术和人体客体,其间并没有本质上的差异或绝对的界限。——译者注)关于文学媒介,为了进行对这些事情的解读,我已称之为媒介化的"基底"(substrates)或"表面"(surfaces),正是通过镌刻、书写来进行,从而用化学方法完成显现、映射、言说、展演等。
③ 《关于他人之痛苦》(*Regarding the Pain of Others*), 98。桑塔格并没有指出这一事实的来源,我也无法加以确证。
④ 米歇尔·苏利亚:《乔治·巴塔耶:思想传记》(Michel Surya, *Georges Bataille: An Intellectual Biography*,柯西耶兹托夫·费加科夫斯基与迈克尔·理查森译(trans. Krzysztof Fijalkowski and Michael Richardson) (London, 2002), 94。
⑤ 安德里亚·波莱尔(Adrien Borel, 1886-1966),法国精神分析学家。——译者注

六、麻醉的观念:针灸、照相与物质形象

张照片在我的生命中具有决定性影响。我一直迷恋着这张痛苦的图像,曾经一度狂喜(?)难耐"。① 在注视着图像的**质素**的同时,来解读这些句子,就足以使我们回想起本雅明所声称的"拥有藏物,使之成为他与身外物品所能有的最亲昵的关系。并不是物品在他身上复活,而是他生活于物品之中。"每一次,巴塔耶都会在字里行间提到这张照片是归他所有的。②

但是,收藏只是收藏陈列、交易裁决这种更为广阔的经济活动中的一种形式,在这中间,一张印制品可以像一份礼物那样馈赠出去,放在一张书桌上,或者挂在墙上,小孩子是看不到的,只有特殊的朋友才能一睹真容,从相册中翻出来,或者混到一摊受损或遗失、保护完好或者暴露在外的东西当中。照片的**质素**使主体成为一种受制于主体生命的具有相同关注或者苦难的事物。在对巴塔耶就图像所作描述的重新解读中,为我们提供了他跟出现的印制品的内在关联,人们看到了图像物质视角的始终如一的展现,暗示着他生命中的这种表现至少在部分上是由一种对照片生命的物质性的占有与关注的道德伦理所把控的。

这种由图像所带来的视觉投射领域是如何跟那种由图像印制品所形成的奥若蒂克式的(auratic)③、占有式的投射领域之间相互发生作用的?而我们又怎样去回答这些问题,即,那些巴塔耶拥有的特殊图像的

---

① 《内心体验》(*Inner Experience*),119;《愧疚》,布鲁斯·布恩译(Guilty, trans. Bruce Boone) (San Francisco, 1988),38;《情欲的泪水》,彼得·康纳译(*The Tears of Eros*, trans. Peter Connor) (San Francisco, 1989),205 - 206,译文经过改动。在一次交流中,巩涛(Jérôme Bourgon)曾告诉我,他并不认为巴塔耶在他《情欲的泪水》一书中所说的那样很早就有这一图像的印制品。假如他没有的话,那么,对于这种分析来说,围绕图像所有权的叙述与欲望的意义就更为重大,而不是减弱。
② 本雅明:《启迪:本雅明文选》(Benjamin, *Illuminations*),67。
③ 这一词汇源于 Aura,其本意为"氛围、(圣像头部的)光环",在 20 世纪 30 年代,本雅明(Walter Benjamin)首创了"auratic"这一词汇,并将之引入艺术研究领域。"奥若(aura)暗示独特而专属的艺术作品具有一种特殊的存在和效果。我们可以把艺术的奥若(aura)想象为天才创作的高尚的艺术品所发出的神圣而不可侵犯的光芒。这样的艺术——(至少潜在的)不同于机械化重复制作的艺术——在文化,精神和经济上都具有极高的价值。奥若蒂克(auratic)的艺术品迫使观众成为被动的旁观者,陶醉在天才的意境中。"(具体可参见www.litEncyc.com 上关于本雅明的词条)。——译者注

历史价值是什么？这张照片的麻醉视野与审美痛苦方面更为巨大的问题是如何成为一种表征的？①

苏珊·斯图尔特(Susan Stewart)②写道，纪念物(souvenir)的"双重功能，一方面在于证实一种过去或者其他遥远的经历，而与此同时，也是对当下的不信任。跟纪念物所指代的东西接触时的亲密和直接体验相比，当下要么太没有人情味、太模糊不清，要么就是太感觉疏远。这种指代是真实可靠的。"③巴塔耶收藏的照片具有两种意义上的纪念物特征：它表明了在他自己的历史当中，与他的精神分析学家安德里亚·波莱尔的关系，进而令人回想起一种共有的男子气概的联合，而这正是一种医疗救助模式的产物。而且，它所指代的既是受刑者让人不寒而栗的痛苦，同时也是晚清中国那种"异域的"、"原始的"时间性，这一图像记忆并让人回想起一种"真实的人类"(authentically human)经历的可能性，在这里，"真实的人类"意味着"跳脱于欧洲现代性之外"的某些东西，也就是说，它是处在"现代"所体现的那种日渐消散的张力之外的。

经由纪念物，真实性得以从物质上重新恢复为对真实的人类经验及很大程度上仰赖的真正友谊的双重表征，但是巴塔耶的纪念物却不仅仅是任何古物之类的话语。这是因为，他的纪念物同时也是一张照片，被编码进其客体状态(object-status)的整个记忆装置由事实所覆盖了，这

---

① 或许如此，但却超出了本书的范围，媒介的基底如何具有了改变政治结构或国际发展感觉的国际交易的地位？考虑到这种背景，《星期六评论》(Saturday Review)从1954年起主办了全球旅行摄影奖，明确表达这样的看法："不论东方西方，都相会于相机镜头当中"(East is East and West is West and the twain shall meet in a camera)(引自克里斯蒂娜·克莱因:《冷战东方主义：中庸想象中的亚洲，1948—1961》(Christina Klein, *Cold War Orientalism: Asia in the Middlebrow Imagination*, 1945 – 1961)[Berkeley, 2003]，115)。照相机成了休战的基础，就像行驶中的火车一样，或许，这是一个运动与转变的标志，它通过在装置的内部空间的一种想象与非人的中立性，而解决了意识或文化上的冲突。

② 苏珊·斯图尔特(Susan Stewart)，1952年生，美国诗人，普林斯顿大学教授，2005年当选为美国诗歌艺术研究院院长。——译者注

③ 苏珊·斯图尔特:《渴望：对微小、巨大、纪念品及收藏的叙述》(Susan Stewart, *On Longing: Narratives of the Miniature, the Gigantic, the Souvenir, the Collection*)(Durham, N. C., 1993)，139。

样一来,作为一种客体,照片就已然是一种纪念物,一种指示并记忆过去特定时刻的图像。照片在这方面所起的作用尤其显著,它形成了在所记录的事情与真实发生的事情之间的一种语言上的滑移,正因如此,人们才会指着照片这样说"这是我儿子",或者说"这是20世纪早期的一个正被处死的人"[1]。就算是作为一种纪念物,它也被看成是一种可视瞬间或经历的潜在检索,照片被广泛认为是很不可靠的,是对"天然"经历的一种令人惊骇的扭曲。而在这当中,充满诱惑力的真实性必须以其他观看的名义加以反抗。照片的这两种功能,也就成了具有最真实可能性的纪念物,同时也成了对真实(real)的最不真实的扭曲,两者是彼此关联的。只有在当照片被看成是如此地真实时,它的不真实性才会被大声而又广泛地提出来。真实性(authenticity)与不真实性(inauthenticity)的这种双重渐近使照片成为最适当的纪念物,尽管纪念物的目的是为了获取足够的真实性,以便创造出一种跟已经逝去的过往岁月相关联的怀旧之情,但并没有形成完全平复那些创造出来的怀旧之情的足够真实性(假如能够的话,只不过就成了记忆中的经历,进而完全无法成为纪念物)。

而在涉及到巴塔耶收藏的照片所表明的是何种图像的问题上,人们也许会说,对它的真实性的印刷式生产,作为一种客体,在很大程度上要依靠表现为图像的场景的极端化。然而,更进一步说的话,人们还能认为,照片中使生命阴阳两隔的图像正是通过对那些围绕在受刑者身边的众多看客实现的,他们看待受刑者的态度跟照片看待事物场景的态度是一样的;作为纪念物的印制品极为到位地抓住了对一系列主观意图加以完全真实表现的客体生命(跟安德里亚·波莱尔的友情,试图跟那位"年轻而又充满魅力的"男子进行的深入交流)与客体在完全没有实现这些

---

[1] 罗兰·巴特在《明室:摄影札记》,理查德·霍华德译(*Camera Lucida: Reflections on Photography*, trans. Richard Howard)(New York, 1981)第5页中提供了前面的例证。(中译本:[法]罗兰·巴特著,赵克非译:《明室:摄影札记》,中国人民大学出版社,2011年——译者注)。

意图之间的临界值。正是在这种意义上,通过将真实的生命体验活动回映到真实的躯体—纪念物中,这种纪念物—照片就复述了受刑者的死亡过程。在这里,躯体作为躯体本身是真实的,而作为一个活着的身体则是不真实的。进而,我们会注意到,巴塔耶所提供的照片,一方面是对图像中缺少关注的受刑者的一种荒谬倒置,另一方面则是对图像中正在发生的事情的来龙去脉的一种复述,在这过程当中,巴塔耶对作为经历与表现(也就是说,作为一种纪念物)之间临界值的客体的保存和关注,就以一种相当令人惊异的方式,将照片自身对图像的保存和关注再生产为一种作为生命与死亡之间临界值的图像。在巴塔耶对照片的关注范围内,更进一步来说,在他着力保护这张照片以免遗失或者损坏(将其放在雨水淋不到的地方,并牢记存放的位置),或者将其看成是对一种理想化但却消逝不见的主体性的映射,巴塔耶确实完美地将其融合到了一起,不仅回答了它所表现的是什么,而且还回答了它本身是什么的问题。①

　　这里并不是要去评判这种融合是令人敬仰,还是让人憎恶。而是力图对照片的特殊材质,同时也对照片作为纪念物的特殊文化角色加以分析,使之能够将巴塔耶对这一图像的所有权所表现出的与照片的关联看成是比某种将之简单"麻醉"更为复杂的东西。如果我们允许将巴塔耶在这张照片展现出的所有权上的关注与自豪来代替人们在这张照片上所展现的所有权上的总体关注与自豪的话,那么,它就完全无法将麻醉

---

① 这种分析的很大一部分也用到这一图像的明信片版本上来,但是在明信片那里,其作为纪念物的内在紧张被其大规模再生产的事实所修正,同时也被明信片自身的运动所改变。马雷克·阿卢拉(Malek Alloula,1937年生,阿尔及利亚诗人、作家、编辑与文学评论家。——译者注)曾写道,欧洲人在海外寄出的明信片"是对母国的断断续续的回归",这是因为它"横跨了两个空间:一个是它表现的空间,另一个则是他将要达到的空间"(《殖民后宫》,莫娜·高泽西与沃劳德·高泽西译(The Colonial Harem, trans. Myrna Godzich and Wlad Godzich)[Minneapolis, 1986], 4.)。那种弥补性的回家是在客体的层面上出现的,而不是在图像的层面上。而在这里,质素的意图之所以被某位读者错过,是因为这位读者并不想去接受其中的"旅行"信息,这种信息与其说是文本性的,不如说是触觉性和身体性的,尽管这两个层次明显能够协调一致,但却无法简单地看成彼此相互分离;正如米切尔提醒我们的,所有的媒介都是混合媒介(《图像理论》(Picture Theory), 94)。

(anesthetizing)想象为是一种客体化过程。在一篇关于19世纪横贯全美的东亚商贸运输的文章中,克里斯托弗·布什就已经指出,在19世纪晚期,一方面,大量的注意力和金钱花在了中国人和日本人这些**客体**身上,而在同时,又出现了大量直接针对中国**人**和日本**人**的文化种族主义和人身暴力行为。他指出,相比之下,这些人更喜欢像**客体**那样被对待。将某些人"客体化"的观念不免有点糟糕,它所仰赖的观点是,人类对于他们拥有的客体的感觉是漠然的,也就是说,他们不会给那些多多少少独立于他们自己的那些人灌输什么主体性,因此,就必须加以改进以适应这种理解。在对日本人这些客体的品质以及他们要求被对待的方式的专门叙述当中,布什认为,我们可能会想象在主体和客体之间存在一种"更少被等级化、更为多向的模式,在这中间,物化(reification)、商品化(commodification)、审美化(aestheticization)以及种族化(racialization)可以被理解为是抽象化(abstraction)与具体化(concretion)(包括个体化[personification])之间关系中具有历史性关联的诸种形态。"①

当摄像视野变得麻木时,从严格意义上说,这并不是"客体化",毋宁是说,正是在客体化的过程中,它导致了将以可视方式所暗示的麻醉工

---

① 克里斯托弗·布什:《美国喷绘时代中事物的族性》(Christopher Bush, "The Ethnicity of Things in America's Lacquered Age,")载《表象》(*Representations*) 99 (Summer 2007), 85。关于昆虫,参见第4章的注释。不要忘记了在胡利奥·科塔萨尔(Julio Cortázar, 1914 - 1984,阿根廷作家、学者,拉丁美洲文学爆炸的代表人物之一。——译者注)的《跳房子》(*Hopscotch*)(又译《踢石游戏》、《掷钱游戏》。这本书被普遍认为是他的集大成之作,后世将其归入拉丁美洲文学爆炸不可或缺的一部分,是阿根廷文学的经典。——译者注)中最早出现的中国人凌迟照片,其中用一整页的篇幅展示了一个王姓男子的八张处死图像。但是,图像物质性的重要性也能用对王姓男子钱包的出现与送回的关注加以衡量:"这张纸而被折了四次,一个黑皮钱包像鳄鱼一样张开着嘴,在烟雾中狼吞虎咽"(《跳房子》,格里高利·拉巴萨译(*Hopscotch*, trans. Gregory Rabassa), [New York, 1966], 56.)。纸张与钱包之间的关系是如此之紧密,进而就将钱包变成了关于生命与死亡的另一种中介性形象:埃及的鳄鱼神索贝克(Sobek)被广泛认为是掌管生产、刑罚和死亡的神灵。这位王姓男子的对谈者奥利维拉(Oliveira)所指的主要是跟性愉悦与中国人的酷刑最具相关性的欧洲例子,即奥克塔夫·米尔博(Octave Mirbeau)1899年的《秘密花园》(直译《酷刑花园》,英文名 *Torture Garden*,法文名 *Le Jardin des supplices*)。

作加以消解的风险,这是因为正在进行的将经历当中的那些未成熟的素材向一种具有可能性的事物的转变,将会形成各种同情的方式。在一些情况下,较之那些起到人们之间沟通桥梁作用的同情来说,意义更为深远。(在其他的历史语境当中,正如乔纳森·兰姆所指出的,由从前的奴隶所写的叙述性文字常常会采用18世纪约定俗成的分类,如"它视角的叙事"(it-narratives)或者"客体故事"(object-tales),来表明从动产/奴隶(chattel)向个人(person)的转变①)。这并不是说,跟事物的联系是毫无问题的或者简简单单的,也并不是说,被当成物体对待一定会比被当成人来对待更好(他们本应这样,或者本应不这样)。但是,我想使关于摄影麻醉视野的理论更为复杂化,因此就假设感官的死亡只有在当某些事情成为一种被一位外科医生或者摄像镜头所穿透的客体时才有必要发生,也就是说,只有在当代理者能够处理像"非活性物质"那样的东西时才会发生。关于人类与非活性物质的关系史的这些理论误解已经融合到各种事物当中,并且过分估量了人类之间同情关系的必要性。考虑到对身处极度痛苦中的人的相片的关联的话,就像巴塔耶的图片那样,这就表明,将这种照片解读为是摄影麻醉的典型特征,或者确实也将那些照片看成是对他者的神学认同的遵从,它所依靠的并不完全是图像所包含的内容,而在于图像跟它所表现出来的物质表象之间的内在互动。在巴塔耶《情欲的泪水》的字里行间数千次出现过的那张相同的照片,将会让人不寒而栗、深感绝望,我就是这种感觉。但是,在我的知识框架内部激发出了一些感觉,即,我并不拥有这张图片,它并不是独一无二的,我们没有去照看这张照片。从这种意义上说,通过大规模复制,图像被"从形体上消解"了,正是通过这种方式,一旦在一本公开出版的书中加以复制的话,就已经不再是一个单一的客体了,较之在电影中的最初瞬间,可

---

① 乔纳森·兰姆:《近代的质变与可耻故事》(Jonathan Lamb, "Modern Metamorphoses and Disgraceful Tales,")载《批判性探讨》(*Critical Inquiry*) 28 (Autumn 2001), 158。

能在实际上具有更为深刻的麻醉过程。（就算客体的大规模再生产创造出了感觉的结构,这在所有权的共同体形式方面最具可视性;而在这里,至关重要的与其说是个体性与审美、大规模生产与麻醉等等一系列二元因素,毋宁说是一个体系内部的差异）。巴塔耶将这张图像当成是一张照片而不是一张明信片的事实,就表明了他跟这一图像关系上的巨大不同,而我要做的,就是对这种关系从整体上加以解读,来分析巴塔耶将他的这张照片放到桌上之前的几年当中,其他类似的图像作为明信片正处在流通当中这样的一个事实。

让我们用观念中的物质性来重新看待巴塔耶的那张照片,现如今,同样至关重要的是,要设法在图像的内部层面上来进行这种分析,以发现在当我们回过头去看待"诸如此类"的图像,并试图对我已经在印制品的层面上对正式结构类型相关的某种关系的配置加以解读时,究竟发生了什么?

在一开始,你会回想起鲍莫蕬将摄影者当成是代理者、刽子手当成是"非活性物质",而将刑场周边的众多看客当成观察者的这种三元结构式的描述图像所作的讨论,在这种情形当中,观看者作为深入真实身体的代理摄影者,在一块"玻璃隔板"的背后进行着被动的观看。在这种关系当中,图像自身的内容,它跟审美（以及麻醉）编码配置都是由摄影者决定的,成为图像预计当中但又未被察觉到的**质素**。

这种"外部"结构能够被看成是对一种存在于图像本身内部结构的复制,正因如此,图像本身作为一种摄影也似乎参与到自身的再生产当中。如果单独从人们对痛苦无动于衷的这张图像的"标准化"解读的角度来看的话,由摄影视角所渗入的"非活性物质"使得图像没有完全成为那些"乌合之众"所作所为所感知的整个领域,这些人对受刑者的痛苦所表露出的冷漠,表现出对中国人在痛苦方面无动于衷的这种历史性的划分。正是这帮子人作为"乌合之众"（尤其是这帮中国乌合之众）的个性与价值,才是深入并将之揭露出来的摄影式"手术"的主体所在。

假如这帮围观的乌合之众完全是图像的"非活性物质"的话,那么,这是因为摄影的视角将图像塑造成了将同情与受刑者关联起来的图像。正是通过在摄影的代理者及暴力的牺牲者之间建立起来的同情,这张照片试图突破那种将代理者从**质素**那里分隔出来的障碍。受刑者的两眼黯淡无光,被总括并回归到照相机的镜头当中,表明摄像者试图并力求使照相机去记录这一形象,而这张图片有着标志性的光影效果。跟外科手术的观察者一样,受刑者使摄影的视野扩大了一倍。但是,在感知范围**内部**的视野加倍,在舞台内部的视野加倍,使受刑者也对那眼睛作出了评判。可以说,并不是在这种观看当中,那人脸上(甚至是他血流不止的胸口上)的白孔将这照片重新摄录为一张躲藏在摄像机后面的人的图片,而毋宁说,正是在那种观看带来的折射当中,他们认为,图像及其透视框架之间的差异与其说是"内部"与"外部"之间的差异,不如说是图像"内部"及其自身内在局限之间的差异。

将摄影之眼、摄影生产的"代理者"或"透视框架"放回到摄影的内部,这是代理者的一项任务。就我所知,受刑者可以看成是从作为代理者图像的**质素**中显露出来的,而他之所以这么做,只不过是想获取一种有限的权力,以唤起对图像特性的关注。但是,这恰恰是因为在照片中的这种代理性介入非常有限,因此就使图像的这部分存在,既成为一种**质素**,也成为一种非**质素**。在一方面,受刑者的图像正是摄影所面对的呆滞、审美化的躯体;而在另一方面,它作为图像,也是图像自我生产的部分代理者。这种情况看上去有点自相矛盾,在这当中,对摄影代理者而言,通过将代理者的相似性展现到图像本身上来,图像的"非活性物质"就成了**质素**,这是一种同情的模式,并且从图像的麻醉化躯体转变为试图深入其中的代理者的自信。就像对纪念物来说,"对具有转喻色彩的客体的**拥有**是一种**剥夺**,在这当中,客体的存在全都更为彻底地将其看成是一种分化状态,最终已经跟自身产生了相当的距离"。在这里,在照片当中,图像的**质素**将自身展现为是对假装要展现外在的图像内部的代理者的一种自我流露。① 拥有这张照片，就等于拥有了一种摄影者自身的断裂与脆弱。不管是图像还是印制品，它们所体现的包容都来自于对这一事实的平静揭露，进而，它们对质素意图及感知的修复（尽管是无意识的），就像那正被雕刻的木头一样，一直在进行着。

4. 缺失现代性的现代性

一方面，这一章的目的本身就已经塑造了历史知识：它表明了与摄影的特定关系是如何在西方将其自身用关于中国人的例子来表达的，以及，这些关系是如何塑造了麻醉与电影视野之间更为广阔的关联的，而这正是鲍莫兹在她1992年的文章中加以明确说明的。在另一方面，对巴塔耶照片的解读尤其着力于展示所感知的痛苦与图像之间的关系——以文学的回路——是怎样依靠着图像的流传而真正发生了变化。对流传的这种关注最终转变成一种对作为**质素**图像的媒介的解读，这种质素表现出的由**图像**所确保的可靠性可以被理解为是对作为纪念品的**印制品**地位所指涉的可靠性产生的部分影响。通过将图像的质素作为激发起的强有力主体回应的一种"事物"能力以及人群组织关系的一种"事物"能力，我试图重新审视这个看来很标准的故事，去探究为什么作为大多数历史中主要副产品的这种饱受关注的摄影作品不仅仅只是图像，而是一种"事物"（thing），并指出，要建立起关于摄影的完整理论，就需要考虑到摄影的方方面面，这样的话，才能更好地加以解读。②

在这章当中，我将提供一个关于解读模式的模版，在这个模版之下，

---

① 苏珊·斯图尔特：《渴望》(Stewart, *On Longing*)，135（黑体为笔者所加）。
② 图像与事物之间的内在互动，使得对相同类型的解释性"干预"（interference）成了一种图像与图片说明之间的干预，在这里，图像与文本之间差异上的潜在冲突也会形成一种协作（collaboration）。我从玛莎·布莱恩特（Marsha Bryant）那里借用了"干预"（interference）这一术语，她用这一术语来指称图像与文本之间的互动（interaction）(《导言》部分，《照片文本性：解读照片与文献》，玛莎·布莱恩特主编（"Introduction," *Photo-textualities: Reading Photographs and Literature*, ed. Marsha Bryant）[Newark, N. J., 1996]，14）。

不管是**质素**还是图像，其目的都是要转到感知的领域当中，它将不得不退回到最初的那种针灸麻醉的再现当中。跟关于中国人行刑场景的明信片一样，那些再现是以大众媒介的形式流传的，并不属于哪个特定的人；尽管它们潜在的物理形态的**质素**能够通过冠有特定艺术家名头的图像生产而被人记起，但是它们在很大程度上还只是索引或文件标记。然而，在这些图片的事例当中，人们可能会说图像本身就包含了一种它们自身质素的图片。在手术台上塑造了一种可以被捕捉到的摄影机制，图像的主体可以说成了摄像机的"回眸"，是为了表现出他们观看方式之间的长期关爱之心。

我所作的总结将会随最后那句而定，但是在我加以阐释之前，请允许我稍微作些回顾。安娜·麦克林托克（Anna McClintock）[①]已经注意到了照片为什么会用到殖民地的明信片当中，"原始的画像与返祖的遗迹被安排在保姆周围，以转喻式地标示出跟现代性的技术时间的一种时间错位的关联"。在所有的殖民地明信片中，"时间被重组为一道奇观"，图像的壮丽与否取决于它对原始性的再现，而这种再现则体现了在空间

[①] 安娜·麦克林托克（Anna McClintock），著名的女权主义学者、作家和公共知识分子。她出生于津巴布韦，幼年时随家庭移居南非，后来参与了南非的反隔离运动。安娜·麦克林托克先后毕业于南非开普敦大学、英国剑桥大学和美国哥伦比亚大学，最终在哥伦比亚大学获得英语文学博士学位。她如今是美国威斯康辛—麦迪逊大学教授。她的主要著作有《帝国皮革：殖民争夺中的种族、性别与性》（*Imperial Leather: Race, Gender and Sexuality in the Colonial Contest*, 1995）等，在《帝国皮革》一书中，麦克林托克对帝国历史中的跨国广告和商品，如照明灯、镜子、肥皂、白色制服、地球仪和皮鞋等等进行了一系列的细致解读，发掘出其中的性别、种族、阶级、宗教、历史乃至贸易保护和爱国主义等各种不同的因素，其涵义远远超出了"商品拜物教"相对单一的内容。麦克林托克正是通过这种开放性的理解，在吸纳与整合女性主义、后殖民主义和新历史主义等观念的基础上，使一幅复杂的帝国历史的动态图景又重新展现在我们面前。她分析了帝国在女性方面的投资，认为"控制女人的性，颂扬母性，抚养帝国创建者的男性后代，被广泛地理解为维护男性帝国主义体制的健康与财富的首要手段"，而殖民主义的文明则通过自我牺牲的白人家庭妇女形象来再现自我。正是通过这样的方式，妇女的形象就成了把自我利益与道德优越性转化为自我牺牲和种族优越的殖民意义系统的工具。——译者注

和时间维度上的外在性。① 某一特定类型的"殖民"再现所表现的部分则是在"原始性"(primitivism)与"现代性"(modernity)之间的时空鸿沟,这条鸿沟可以在都市居民对改革运输方式的赞誉不已中马上体会出来,而且,邮递本身也是现代性的象征,最终强化了历史进步的叙述话语。②(随着时间与空间的最终融合,在这当中,所谓的原始变成了已经逝去的现代性的当代形象,如乔纳斯·费边[Johannes Fabian]③所称,形成了时间性[temporality]与他者性[otherness]之间的关联④)。

麦克林托克的论述有力地阐释了人被折磨致死的图像成为明信片的潜在主体的情况。这也使我们明白了中国人对安东尼奥尼影片的指责原因何在。尽管对西方一些人来说,指责《中国》这部片子专拍"毛驴拉石磙"而不拍田野里奔驰的大小拖拉机;专拍牛车、独轮车,而不拍"公

---

① 安娜·麦克林托克:《帝国皮革:殖民争夺的种族、性别与性》(McClintock, *Imperial Leather*),125。
② 确确实实,不管是在针灸图像中,还是在巴塔耶的照片中,这都是对的,但我要说的是,针灸复杂地再现了一种简单的"此地—当下,彼处—过往"(here-present, there-past)的时间性(temporality)。但是,在审讯酷刑的案例当中,对达米安因弑君罪而处极刑的文字记载,在福柯《规训与惩罚》(*Discipline and Punish*)一书中,就表明了审判机制在书写的那个时刻,通过认识上的转变,跟当下情形区分了开来,这使得这种"惩罚"(punishment)变得无法理解,而这,就表明了我这里所谈论的欧洲人在图像中所发现的部分东西正是一种被重塑为"他者的当下"的他们自身对过去的再现。
③ 乔纳斯·费边(Johannes Fabian),荷兰阿姆斯特丹大学文化人类学教授,此前曾在美国西北大学和卫斯理学院以及扎伊尔国立大学任教。著作有《牙玛:堪特加的慈善运动》(*Jamaa: A Charismatic Movement in Katanga*)、《时间与异文化——人类学如何制造它的客体》(*Time and the Other: How Anthropology Makes its Object*)、《语言与殖民权力》(*Language and Colonial Power*)、《下面来的历史》(*History from Below*)和《权力与操作》(*Power and Performance*)等。费边对于人类学的最核心的贡献在于,他对人类学家写作背后的时间观进行了彻底的解构。实际上,时间的世俗化是理解进化的时间观的最为基本的东西。这里首先有必要介绍费边对时间的"直裂增殖式"使用。在费边看来,从事田野工作的人类学家所使用的有关时间的概念,与向他提供信息的报告人所使用的概念大不一样。他所做的进一步分析认为,构成人类学知识的田野调查的实践,应该成为对人类学的话语做一般性分析的切入点。费边关于时间与异文化问题的详细论述,可参见赵旭东:《人类学的时间与他者建构》。——译者注
④ 参见乔纳斯·费边:《时间与他者:人类学如何制造它的客体》(Johannes Fabian, *Time and the Other: How Anthropology Makes its Object*)(New York, 1983)。

路上汽车川流不息"似乎有些愚蠢,但关键在于这部片子是否成了一张殖民地明信片,要是这样的话,原始景观就成了中国"原始"过去的表现,要么就成为这个国家"现代"形象的宣传广告。① 而反过来,这也解释了为什么没有人指责纪录片的外科手术场景:他们不在乎多么不连贯的抓拍,不在乎它所再现的符号超结构与中国文化有着多大的差异,尽管如此,这种外科手术场景还是在一定程度上有力地证明了这样的事实,即,中国人已经"学会了"怎样做现代外科手术。正如鲁桂珍(Lu Gwei-Djen)②和李约瑟(Joseph Needham)③指出的,"跟任何其他进步相比,这种针灸止痛法……对世界其他地区的康复医生和神经科大夫产生了更为深远的影响,**几乎是史无前例地**使他们开始正视中华医学"④。

通过对一场外科手术的再现,这种针灸麻醉的图像中包含了一张医学视角的图片,这也是对其全球贡献的反映,其中部分原因在于,在这些时刻展现给西方的不仅仅是中国现代外科技术的事实,而且更是中国按

---

① 杨贵:《驳斥安东尼奥尼拍摄的反华影片对林县的诬蔑》(Yang, "Refuting Antonioni's Slanders against Linhsien County,") 13。
② 鲁桂珍(英文名 Lu Gwei-Djen,1904 - 1991),中国科学技术史专家、营养学博士。是英国剑桥大学中国古代科技史权威李约瑟(Joseph Needham)主持的《中国的科学与文明》《中国科学技术史》项目的重要研究员和作者。经常以李约瑟的长期助手、合作者、汉语教师和第二任妻子(1989 年 9 月 15 日与李约瑟结为伉俪)为人所知。——译者注
③ 李约瑟(Joseph Terence Montgomery Needham,1900 - 1995)英国现代生物化学家、汉学家和科学技术史专家,英国皇家科学院院士、英国文学院院士,中英友谊协会会长,一生著作等身,被誉为"20 世纪的伟大学者"、"百科全书式的人物"。他主编的七卷本英文版《中国科学技术史》从 1954 年开始由英国剑桥大学出版社陆续出版,被认为是 20 世纪完成的重大学术成果之一,是欧洲人学术研究的最高成就,第一次以令人信服的史料和证据,全面而又系统地阐明了四千年来中国科学技术的发展历史,展示了中国在古代和中世纪科技方面的成就及其对世界文明所做的贡献。他关于中国科技停滞的李约瑟难题也引起各界关注和讨论。——译者注
④ 鲁桂珍、李约瑟:《针灸:历史与理论》(Lu Gwei-Djen and Joseph Needham, *Celestial Lancets: A History and Rationale of Acupuncture and Moxa*)(Cambridge, 1980),5(黑体为笔者所加)。(中译本:鲁桂珍、李约瑟著,周辉政、洪荣贵译:《针灸:历史与理论》,(台北)联经出版公司,1995 年。——译者注)。《针灸:历史与理论》一书是在针灸似乎要实现医学的最高希望的时刻所写的最佳论著。鲁桂珍和李约瑟对西方观察者针对针灸麻醉的"魔力"的所有指摘都做了详细评述,其中就包含了病人只是处于被催眠状态的可能性(参见 226 页)。他们就针灸麻醉在大型手术中运用的评述可参见 218 - 230 页。

照观看的现代方式要求而组织起内部物理空间的能力。正是在这种语境之下,关键在于最终意识到了针灸麻醉与西方麻醉方式之间的主要不同:在针灸麻醉下,**患者仍然保持清醒**。通过部分化学麻醉(失去感觉)和止痛(疼痛消失)的实验,从19世纪晚期开始,形成了使用硬膜麻醉(epidural anesthesia)和骶管麻醉(caudal anesthetic)的做法(有时候也使用非蒸馏水与可卡因的混合制剂),脊椎麻醉只是到了20世纪70年代才在西方医学界广泛使用。① 虽然针灸所带来的清醒状态下的局部止痛效果并不十分明显,但它确实开启了这样一种可能性,即,现代西方医学实践所长期追求的一个目标终于可以通过一种在文化和科学谱系方面都不被西方承认为具有合法性的办法所实现了。对于这种可能性所引发的文化震撼的某些看法,即使在一些美国科学家看来,也坚持认为针灸治疗是一种"麻醉",这是因为"没有什么例子是感觉完全被剥夺或者意识被扰乱了",合适的术语应该是止痛(analgesia)或者痛觉消退(hypalgesia)。② 赛珍珠和桑塔格都使用"麻醉"这个词来描述他们所看到的整个过程,这就表明,由针灸麻醉造就的文化工作已经被当成西方医学的假定性对等物,成为中国人的一种替代性治疗方式。③

有鉴于此,对于吕布的摄影作品而言,最令人震撼的事情或许并不是那个被针灸麻醉的妇女,而是那个正喂她吃水果片的医护人员,这种举动巧妙地表明了这位妇女不但没有疼痛,而且意识清醒。病人在针灸

---

① 关于运用硬膜麻醉的早期实验的历史,可参见马克·G·曼达巴赫(Mark G. Mandabach)的《硬膜麻醉的早期史》("The early history of spinal anesthesia")一文,载《麻醉史:第五届国际麻醉史研讨会论文集》,何塞·C·迪兹、韦利诺·弗朗哥、道格拉斯·R·培根、约瑟夫·鲁普耶特、朱利安·阿尔瓦雷斯合编(*The History of Anesthesia: Proceedings of the Fifth International Symposium on the History of Anesthesia*, eds. Jose'C. Diz, Avelino Franco, Douglas R. Bacon, Joseph Rupreht, and Julia'n Alvarez)(New York, 2002)。
② 美国针灸麻醉研究小组(American Acupuncture Anesthesia Study Group),3。
③ 美国针灸麻醉研究小组的作者认为,包括"麻醉"(Anesthesia)在内的跟"痛觉消退"(hypalgesia)相关的各类名称,都表明了一种缓解(而不是消除)疼痛的意识。在他们的研究当中,鲁桂珍和李约瑟使用了"止痛"(analgesia)这个术语,但是他们指出,这是一种"惯用法,尤其是在中国的外文出版物当中",称之为'麻醉'(anaesthesia)"(221nC)。

麻醉之下做手术就不会成为外科医生所要穿透的"非活性物质";而毋宁是说,对身体的外科手术式的穿透将会像主体那样与主体残存的自我意识相伴而行。病人的主体欲望能够在不被手术中断的情况下得以实现,这样的一个事实就表明了主体性已经不仅仅变成了外科手术的一种障碍,甚至还与其同时并存,甚至形成了对外科手术常规做法的挑战。① 针灸麻醉在西方公众文化中的出现,被认为不仅提供了一种对化学式催眠的对等"替代"的可能性,更为重要的是,还提供了一种操控疼痛的新办法,这种办法通过使主体被麻醉但却依然保持主体清醒的方式,消解了西方现代性的麻醉与"客体化"效应;将身体从其自身疼痛中移置出来,同时又没有使身体脱离开自身意识。②

如果考虑到摄影视角与现代外科手术之间的历史与形式性关联的话,那么,针灸麻醉就开启了一种可能性,即,现代性可以跟那麻木的、被麻醉的审美分离开来,而这自然而然就需要将针灸手术的替代性**医学**现代性转变为一种类似的替代性**审美**现代性。通过展现一种保持清醒意识的外科手术的可能性,针灸麻醉的图像回归到摄像机的观看当中。疼痛可以在没有将身体作为主体**质素**的条件下而被操控。对于杜勒的那个疑问,你看到了什么?一个从这种视角来观看别人的人可能**在同时**认识到身体及个人,不管是在包含身体的作用当中,在对主体的物质化基础当中,还是在对感知与认可的领域之内,都是如此。

在对缺乏总体客体化的外科手术的展示当中,这些图像同样展示出了一种没有采用摄影视角的电影观看。而且,假如视野可以发生变化的

---

① 与之相反:鲍莫蕊举了一个19世纪的外科手术的例子,据此指出,在麻醉状态下,"病人平静地躺着,是一个被动的主体,而不是挣扎不休的、甚至发出哀怨哭声与呻吟的人。"(28页)。
② 波尼克(Pernick)认为,在1846年到19世纪末的那段时间里,一些医生和病人拒绝使用麻醉手段,以求在外科手术中确保病人的主动参与,或者让病人去清醒地面对他们死亡的可能性:"晚至1862年,还是常常会发现外科医生'希望病人能在一些小手术当中帮上忙',比如说探查伤口或者取除碎骨"(59页)。那些意识模糊的病人不但成为潜在的牺牲者,而且还成为"施惠于受苦的人类"的麻醉发明的潜在受益者;有人担心"被麻醉的主体的无力感所导致的不仅是被忽视和不尊重,而且还有无意识的手术以及不必要的、实验性的手术"(59页)。

话——如果中国确实像桑塔格所相信的那样,提供了一种没有摄影经历的摄像经历——进而,整个世界就可能会拥有没有痛苦的现代性、没有劳动力剥削的工业化(文化大革命时期的又一个迷梦)、没有对过激反应麻木的大众文化。而所有这些照片都在图像的层面上表现出**质素**与非**质素**之间的一种新关系,它们通过一种身体而得以明确连接起来,整个身体已经没有疼痛的感觉了,但同时却仍然保持着关于自身及自身欲望的意识,这样的一个身体能够接纳一种对自身疼痛的态度,这同时也是审美化了的——能够从一种客体化和麻醉化的距离来看待自己——以及"人对人"的观念,在这种意识观念之下,病人仍然能保持清醒,要么去注意作为自我的身体,要么就忽视它,转而吃水果。①

对针灸麻醉的再现并没有导致对前现代的某种类型的原始回归,在前现代时期,与疼痛的对抗塑造了一种像疼痛一样完全被掌控和维系的自我(进而,在代理者、观察者与非活性物质之间就没有了美学或麻醉上的区分),以一种与献祭相关的迷幻动作,将自身投射到了现代性的范围之外。这也正是巴塔耶的模式。当然,这些图像在现代性的本域内开启了这样一种质素与身体、质素与图像之间通融共处的可能性。在这些外科手术"明信片"当中,暂时性变成了一道奇观,这就为欧洲展现出了一种"可替代"的现代化未来的可能性,而这,只有等到20世纪90年代后期方才表现为"亚洲价值观"支持者的一种完全有意识的哲学规划。后者所强调的没有社会痛苦(个人主义、离婚、吸毒、犯罪)的现代性的可能性,将会把这些图像的魅力转变为一种更能被识别的、更为持久的政治习语。

---

① 在某些有着深刻讽刺意味的观念当中,这正类似于巴塔耶在看照片中这位"漂亮的"年轻中国男子时见到的东西,尽管巴塔耶在他的狂喜式交流(ecstatic communion)中所克服的现代性并没有卷土重来,因为它潜藏在中国外科手术的照片当中,这迄今仍然是一个更健康、更舒适的世界同时也更为平淡无奇的明证。

七、结语
找寻结论的三个事例

  由于仁慈只是遭受挫败的自爱的投射;因为温柔能够在堕落中形成并转变为暴力,且由于他人对我们自身认同消失的预感这一无法模仿的真正意识,我们就不会对日益扩大的同情表示担心,应该担心的则是这种同情已经泛滥得满大街都是了。

  ——乔纳森·兰姆(Jonathan Lamb):《近代的质变与可耻故事》("Modern Metamorphoses and Disgraceful Tales"),《批判性探讨》(*Critical Inquiry*)28(2001年秋季),166页。

  在身体承受的教育模式当中,我感到了自己那颗宽宏之心的猛烈撞击。

  ——白欣玉(Shin Yu Pai):《身体世界》("Body Worlds"),《艺术杂志》(*EOAGH*)4。

  耶稣曾说过(或者未曾说过):我是神……是开始……也是终结!对一种封闭性的线性体系象征的确信坚定了他对无限性的追寻。跟这位神的使者一样,学术性书籍也勾画出了从开始到结束的整个世界。就像神灵一样,他们最终实现了融合,虽然更少具有预言性,却成为确定书中故事来龙去脉的终点。卡达瓦写道,所有的表面都是见光的,而同样,所有的结论都标志着缝隙的合拢。① 在窗帘掩盖的门框(不管开关与否)之前,你们所看见的仅仅是它展现出的景象。

1. 终结意识(Ⅰ)

1983 年,奥地利作家彼得·汉德克(Peter Handke)为他新出版的小说加了这样一个名字:《痛苦的中国人》(*Der Chinese des Schmerzes*),其中的一部分被译为英文,名为 *The Chinaman of Pain*。这一名称在主客观上的某种令人困惑的反转使《假想的"满大人"》的主题有了比喻上的局限性。这种局限性在于,西方关于中国人痛苦的历史观念突然出现在人格之镜的另一面,使读者对所属的完全不同的模式有所预期。

尽管这一召唤式的名字当中明确体现出好奇之心,但《痛苦的中国人》却几乎与中国毫不相干。在这部小说中,以一位去萨尔斯堡的中年人的第一人称口吻叙述。这个人沉默少言,在公交车上一会儿上去,一会儿又下来,参加一个纸牌游戏,并穿行于郊外群山中的蜿蜒小道,他在此用石头砸死了一个人。他最后回到了家里,并给他儿子讲了一个故事,而这个故事看起来就像是小说中的情节。随着时间的推移,这位叙述者跟他认识或者貌似认识的一个女人在机场酒店的房间中有了性接触。当这个女人离开时,他不无绝望地问道,"我确实需要被小瞧一下",从而露出了他的真容。

随后他回答道:"你似乎并没有全部展示出来;你流露出了不满之情。你是个委顿不堪的货色。我尊敬你但却不相信你。你的良心有些问题;别再偷窃了,不然你会一直亡命天涯。当然,你一直逍遥法外,但这却使你深受痛苦。我不会相信你,我会说到做到。你就像门口的那个人。尽管身患重病,但却是一个好朋友。要走的时候,他远远地站在门口,并努力让脸上

---

① 爱德华多·卡达瓦:《光线的词汇:论摄影史》(Eduardo Cadava, *Words of Light: Theses on the Photography of History*)(Princeton, N. J., 1997), xvii.

露出笑容;他紧绷着的双眼眯成了一条缝,就像削平的透镜那样局限在眼眶当中。'回头见,我那痛苦的中国人',他的朋友说道。"(德文为:'Auf Widersehen, mein Chinese des Schmerzes!'sagte der Freund.)①

在其他人的小说中,也能够从这一故事中重构出一种前后连贯的基本原理,而这种基本原理断言,在中国性与受苦之间存在着联系。在这种情况下,只有通过对事实的说明,即,朋友试图用微笑重塑出一种中国人的关键外貌特征。② 但是,即便汉德克通过《痛苦的中国人》(绝大多数也确实是他的虚构)这一策略提供了深入解释的能指,却未曾将之联系起来加以适当的所指,我转而认为,场景使得解释上的愿望("为何朋友会称他为中国人?为何这会成为小说的名字?")明显无法令人满意。意味深长但却空洞无物的意识在阅读此段时如影随形,而这也是汉德克作品的典型风格,他对中国的参照无法用一种显著的方式将对社会现实的诗化或分析化的一致性联系起来。

造成这种情况的原因可能在于,在拉尔夫·曼海姆(Ralph Manheim)于1986年将《痛苦的中国人》译为英文的时候,他将名字改成了《穿越》(Across)。③ 英文版中的这一变化抹去了"我痛苦的中国人"一章中故事外叙述的特质,而英文版的读者将会转而将时间用来关注小说中众多的穿越场面(文学和隐喻性的:桥、翻译等等)。我将曼海姆认为

---

① 彼得·汉德克:《痛苦的中国人》(Peter Handke, *Der Chinese des Schmerzes*)(Berlin, 1983), 217-18;拉尔夫·曼海姆(Ralpha Manheim)将该书译为英文,名字改为 *Across* (New York, 1986), 116-17。文中之后的引用出自英文译本。
② 从这一点来看,我们也许会转到书中其他四次提及中国的问题上来。其中的一次是,这位兴奋的叙述者将机场的中国餐厅想象成是在月亮上,在这个餐厅中,人们在用餐者和观光客的众目睽睽之下被屠杀并做成食物(98—99页)。在另一个事例当中,一位公交车司机对这位叙述者做了相当啰嗦的告别:"晚安,中国的这位先生!"(Gute nacht, Herr Chinese!)(81页);书中还提及了中国的挂钟以及远东的书法艺术(19,38页)。前面的两个事例至少让我们知晓了中国人类型的历史形象,其中充斥着同类相食的暴力、冗长,充斥得到处都是。而小说中却似乎完全没有对中国有过论述。
③ 拉尔夫·曼海姆的观点显然并不被法文或西班牙文译本的译者所认同,法文和西班牙文译本的名称分别是 *Le Chinois de la douleur* 以及 *El Chino del dolor*。

名称没有意义(这种名称的无意义仰赖于对跟痛苦的中国人毫无关联的小说进行真正意义上的阅读)的看法视作是一种对其至关重要性的确认或者重新确认:事实上,名称中所表现出来的内涵可以因内容毫不相关而消弭殆尽,而与本书的所有其他特征相比,这是一种不同寻常的声望。通过翻译、图书销售以及报章的书评抹除了中国人这种指称,从而在物质层面重塑了小说自身已经具有的象征性作用,它将该书跨国出版史当中的重要性与不重要性(以及不重要的重要性)结合起来,从而将作品中的模仿性角色潜在地映照到其(有时候)所给出的名称之上。

在这部书的最后,汉德克指出,在奥地利,论及中国、同情以及痛苦的历史趋势在20世纪80年代初期就成为一种启示性的终结,成为一种向纯粹观念领域的转变。尽管这种看法并不一定意味着汉德克小说中"受苦的中国人"终结了一种**历史性**的轨迹,但这必然会使高度经济化的媒介(乔治·亨利·梅森,伯驾)转变为更为自信的形象(乔治·巴塔耶,汉德克),汉德克的选择将会确立起一种使物质转向精神的**逻辑**连续体的终点。16世纪后期,司各特在爪哇岛上对一位中国金匠的酷刑折磨所展现的经济与帝国主义者的强悍霸气,与汉德克作品中的中国性及受苦之间关联性的实际缺失的情况两相比较,人们就可以描绘出这本书中所有其他事例所处的状态。正是从这种角度来看,《痛苦的中国人》就成为中国人"例证—效果"的制高点,它所指代的是中国在总体上不重要或者可有可无模式中的显现("当然,汉德克并没有为'Chinese'这个词赋予任何意义!这就是我们为何会改变小说题目的原因……"),这就确证了其他人中国人事例方面几乎全都是无知的,哪怕所确认的是其至关重要的、未曾缓和的大量事实。

2. 终结意识(Ⅱ)

其他的结局也是有可能的。跟汉德克恰恰相反,鲁迅这位中国现代主义者曾回顾自己的人生经历,尤其是他早年在日本学医时,看到了一幅处死中国间谍的图片时,毅然决定弃医从文,当一名作家。这个场景首次出现在《呐喊》(1922年)的自序当中:

> 我已不知道教授微生物学的方法,现在又有了怎样的进步了,总之那时是用了电影,来显示微生物的形状的,因此有时讲义的一段落已完,而时间还没有到,教师便映些风景或时事的画片给学生看,以用去这多余的光阴。其时正当日俄战争的时候,关于战事的画片自然也就比较的多了,我在这一个讲堂中,便须常常随喜我那同学们的拍手和喝彩。有一回,我竟在画片上忽然会见我久违的许多中国人了,一个绑在中间,许多站在左右,一样是强壮的体格,而显出麻木的神情。据解说,则绑着的是替俄国做了军事上的侦探,正要被日军砍下头颅来示众,而围着的便是来赏鉴这示众的盛举的人们。
>
> 这一学年没有完毕,我已经到了东京了,因为从那一回以后,我便觉得医学并非一件紧要事,凡是愚弱的国民,即使体格如何健全,如何茁壮,也只能做毫无意义的示众的材料和看客,病死多少是不必以为不幸的。所以我们的第一要著,是在改变他们的精神,而善于改变精神的是,我那时以为当然要推文艺,于是想提倡文艺运动了。①

---

① 鲁迅:"自序",见《鲁迅选集》,杨宪益、戴乃迭译(北京,1978年),2—3页。更为"美式"且新近的译文则是威廉·莱尔(William A. Lyell)所译,收录于鲁迅:《〈狂人日记〉及其他故事》(Lu Xun, *Diary of a Madman and Other Stories*)(Honolulu, 1990)。刘禾在《跨语际实践》(*Translingual Practice: Literature, National Culture, and Translated Modernity, China, 1900-1937*(Stanford, 1995)一书第61—62页中也译过这段文字,保留了鲁迅更多的句式结构(杨氏夫妇的译文由短句子组成);另可参见周蕾在《原初的激情:视觉、性欲、民族志与中国当代电影》(*Primitive Passions: Visuality, Sexuality, Ethnography, and Contemporary Chinese Cinema*)(New York, 1995),4—5页中的修正译文。对于鲁(转下页)

这段文字在 20 世纪中国文学史中被广为讨论。在其弃医从文、从旁观者转向写作、从被动转向主动、从外籍身份转向民族认同的过程中，我们可以看到中国知识分子在 20 世纪早期转而将现代性作为一种**通过**文学而恢复民族精神的庞大计划中的社会—文化框架。而这种计划在鲁迅自传中的首次体现，则是一种并非明显直接指向他自身场景的被动旁观的结果，而正是他转变了这一场景，或者使之迂回宛转，将其错置到一个特殊而又特别具有创造性的地方——这就表明，在 20 世纪早期的中国，后殖民知识分子的使命是如何在私底下被卷入一种与暴力及表现性相关的双重关系当中的。

鲁迅叙述当中的这种自我意识上的现代化主题——他对中国看客"狂欢上的神秘意识"失望透顶，进而他对同情所赋予的特权，他对以残忍行为为乐的厌恶，他对作为展现国家力量的公开行刑的抗拒——也被一种明显的现代形式伪装起来。① 正像一些学者所观察到的，那段文字对于转变旁观者的位置安排，以及所表现出的所有那些与真实性的契合与分离，都塑造出了一种解释与介入的内在扭结，从而形成了"现代中国

(接上页)迅的生平加以批判性解读中的这种图景的更为详细的叙述，可参见李欧梵：《铁屋中的呐喊：鲁迅研究》(Leo Ou-fan Lee, *Voices from the Iron House: A Study of Lu Xun*)(Bloomington, 1987)；李欧梵对这段的翻译收入其中 16—17 页。(中译本：刘禾著，宋伟杰译：《跨语际实践：文学、民族文化与被译介的中国性(中国 1900—1937)》，生活·读书·新知书店，2008 年；周蕾著，孙绍谊译：《原初的激情：视觉、性欲、民族志与中国当代电影》，(台湾)源流出版社，2001 年；李欧梵著，尹慧珉译：《铁屋中的呐喊》，人民文学出版社，2010 年。——译者注)

① 王德威：《历史与怪兽：二十世纪中国的历史、暴力、叙事》(David Der-wei Wang, *The Monster That Is History: History, Violence, and Fictional Writing in Twentieth-Century China*)(Berkeley, 2004)，22 页。(中译本：王德威：《历史与怪兽：历史、暴力、叙事》，麦田文化，2011 年。——译者注)周蕾在其《原初的激情》(*Primitive Passions*)中认为，在关于鲁迅的轶事中，从图像到写作的转变表明了一种转向，"通过身体折磨与可视场景所表现的一种旧的、前现代的规训与惩罚模式取得了一种'进步'，这是因为教育的规训与惩罚意识更为有效"(18 页)。因此，作为一种民族国家转变机制的写作的重要性就显现出来了，问题并不在于彻底摆脱国家的规训机制，而在于通过"硬"的和"软"的方面的规训机制的转变，来消除国家的"现代化"(modernizing)。

批判现实主义的主要问题之一"。① 但是,鲁迅所塑造出的这种三角叙述结果——在这当中,他将自己与欢呼雀跃的日本学生作对比,同时也与那些对行刑场面看得津津有味的中国看客形成了鲜明对照——同样让人回想起对伯特兰·罗素所描绘的人们对一条过街小狗的仲裁式的叙述性凝视,以及巴塔耶所喜爱的图像的摄影者所塑造的民族志知识。我论述其中的一部分,是要说明对于受苦的这种旁观关系,其本身就是某种特定现代性的结构化**形式**,同时也是在任何这类场景中的报道者或观察者的内涵所在——对于他者实行残忍行为的任何未被证实的报道的可信度,取决于观察者对于暴力场景既加以否定,同时又参与其中的实际状况——这就揭示出这种现代叙述者的双重地位。鲁迅对于这样一种身份地位的塑造,部分就发生在他有生之年关于中国人国民性的西方文本的对话与转变当中,明恩溥的《中国人的气质》一书就属于其中之一,鲁迅曾看过该书的日文译本,此外还有罗素的《中国问题》,其中关于中国人性格的章节曾于1922年年初刊印在《东方杂志》上,而在同一年,鲁迅撰写了《呐喊》自序。②

尽管这个例子并没有终结我讲述的关于中国人痛苦感知史的周期性故事,也没有明确声称,之所以具有那样的关系,是因为中国在某些方面是具有文化或种族上的特殊性的。这也标志着那种进入中国语境中的话语所出现的松动,这要部分地感谢鲁迅的影响力。正是凭借这种巨大的影响力,苦难成为中国现代性历史上的一种至关重要的意识形态特征。在这种杂乱无章的变动过程中,一位中国作家开始去思考中国人与同情的关系问题,进而提出这样的问题,即,归结为一种更为一般化的西方帝国主义,并形成了一种诸如回归的东西:离散运动中的最后一步,就是凭什么到达家园的旅行问题,并进而拥抱那个"本真"的源头,哪怕是

---

① 王德威,24页。
② 对于从"现代性"观念的翻译与国际化角度对这些重要时刻的更为详细的论述,可参见刘禾《跨语际实践》的第一章。

第一次。正是在这样的一种观念之下,鲁迅这一事例的力量才围拢成一个地理学上的圆圈,或多或少地,在梅森与马嘎尔尼使团之间的关系上展开了一种话语——而且确实是以一种中国人"未能实现"现代化的意识——将会发现一种几乎都以表面上达成一致而收尾的状态。而这,正是现代中国作家最为现代之举。

但是,要想表现出这种终结,并进而使鲁迅的这段轶事堪称是一种"回归"的话,就需要我们犯下两大错误:首先,要去想象在所设想的地点上的差异在一种文学文本的社会与哲学意义上却并没有什么不同。其次,要相信"中国"是我所表述的话语的真正**来源**。首先值得一提的是,正如刘禾所指出的,有必要考虑到暴力戏剧表现出的场景"同样在阅读的层次上展现出来,在这当中,读者惊诧地发现,他或她通过被引导着扮演相同荣耀场景的见证者的方式,被暗含在一种再现的暴力当中"①。鲁迅对这一场景的描述以及罗素的叙述之间的不同之处在于,前者直接指向的是一位中国看客,所指的对象既包括鲁迅本人,也包括"作为他们自身历史的主体与代言者的"读者,而且不仅仅是确认了一种西方读者所熟知的中国人的残忍行为。②

所犯的第二个错误,则是将"中国"看成是我曾叙述过的话语的源头。我的立场毋宁是说,围绕着中国人跟痛苦的关系问题而建立起来的散漫网络,不是在中国国内而是在黄道才最令人熟悉:放之四海而皆准的、事实上的地方形象叙述了那个网络**貌似**展现出的文化上的有限空间(而最终,其功能则成为一种表面现象)。这就是说,没有什么地方是熟悉的,或者说,只有在关系网络中,才变得熟悉起来。正如我所说的,自从黄道将全球性从地方视角中标示出来之后,对西方读者而言,家园在必要性上是具有决定性的——实际上,就像地球本身那样具有决定

---

① 刘禾:《跨语际实践》,64页。
② 同上书,76页。

性——尽管从任何其他角度来看的话,是完全武断的。这种神秘家园的一般感觉所依赖的就是建立在那两种视角之上的关系,就像在处决中国人的故事当中展现出的中国人受苦的感知为鲁迅的职业生涯提供了一种可追溯的开始,这既未出现在中国,也没有出现在正处于进一步的再生产与循环的西方,而是出现在那两种认识论和社会类型之间的历史与叙述关系当中。

3. 终结意识(Ⅲ)

其他的终结同样是可能的。想一想,跟汉德克及鲁迅的看法不同的是,自从1995年开始在少数几个城市中出现的塑化及无皮尸体的全球大巡展,展现了人类身体的内部功能与结构。这些展览通常会暴露出人体肌肉组织,有时候会直接展现骨骼,有时候则会展示血管网的拟人态聚合,这些塑化尸体以瑜伽姿势表现出来,或者被做成奋力拼搏的样子,偶尔也会对他们自己奇怪的本体状态做出一番讥讽的样子。这些尸体让人回想起安德雷亚斯·维萨里(Andreas Vesalius)①16世纪所写的《人体的构造》(*De Humani corporis fabrica*)②一书中的惊人之语。在这部书当中,他以不时的黑色幽默风格(一具骨架倚靠在一把铁锹上,而这把铁锹刚刚埋葬掉了这个人;而这在后来的20世纪被看成是"寓教于乐"类型的一种早期例子),在那些解剖学图画上添加了对真实说明的

---

① 安德雷亚斯·维萨里(拉丁名 Andreas van Wesel,也常作 Andreas Vesal,1514 - 1564),比利时解剖学家、医生,他编写的《人体的构造》(*De humani corporis fabrica*)是人体解剖学的权威著作之一,他被认为是近代人体解剖学的创始人。——译者注
② 1543年,维萨里邀请约翰内斯·奥坡瑞努斯帮助他印刷七卷本的《人体的构造》一书,这本关于人类解剖学的划时代巨著邀请了提香的弟子让·范·卡尔卡做插画,并被献给查理五世国王。该书强调了解剖工作时候的优先项,也就是后来被称作人体解剖学的观点——把人体的内部机能看作是一个充满了各种器官的三维的物质结构。这就和过去的解剖学模型形成鲜明对比。在这本书里,维萨里也是第一个描述人工呼吸的人。尽管维萨里不是首个进行实际解剖的人,但是他这部《人体的构造》的价值仍是毫无疑义的——高度详细和精细的版画,即使是现在仍然被公认为是经典。——译者注

七、结语

评论。

收藏在美国自然历史博物馆的"塑化"尸体在东京的一个展览会上首次展出,名为"身体世界"(*Body Worlds*)。① 到2006年,在美国、欧洲和东亚的一些主要城市,这次展览连同后续的展出吸引了超过两千万参观者,获利超过两亿美元。② 在原创的"身体世界"取得成功之后不久,就出现了很多取名为"内部的宇宙"(The Universe Within,旧金山)、"人类身体的奥秘"(Mysteries of the Human Body,韩国)以及"有趣的结构"(Cuerpos entrañables,西班牙)的山寨式展览,这种现象甚至一度直逼20世纪90年代后期泰坦尼克号遗物大巡展的商业成就,甚至还超越了19世纪80年代对机器恐龙的狂热追捧。③ 正因如此,最近一段时间的公众博物热情从对动物化石的收集转到了自身的层面上来:尽管在过去,在前两种情况下,一旦被死者观察和触摸的话,生命就充满了观察和触摸物体的重要乐趣,这已经被提升为一种无动于衷的预期。在这过程

---

① 早在1978年,哈根斯博士(Dr. Gunther von Hagens)在海德堡大学发明了这种复杂的人体解剖与保存技术。海德堡解剖研究所(Institute for Plastination, Heidelberg)的网站简要地描述了他的方法:"在一种真空工序过程中,生物标本渗透和充满了一种类似硅橡胶、合成树脂或多元树脂的反应性聚合物。聚合物种类确定了视觉的(透明的或者不透明的)和机械的(灵活的或者固定的)被灌注标本的特性。解剖的标本是干的,无气味的,可长期保存,并且确实能够严格控制。他们保持了其原来安然无恙的外表,且在显微镜下还能够观察到细胞身份。"很显然,在这种技术条件下,生物的腐烂和脱水已不复存在了,这样,人身体内部的东西可以被深入地认知,而不再被看做令人作呕的对象。观者也不会因气味而烦恼了。——译者注
② "塑化"过程是哈根斯在20世纪70年代发明的,他利用液态硅胶和其他合成高分子材料置换身体内部的水分与脂肪。我下面所提到的哈根斯所在的海德堡解剖研究所,就负责"身体世界"(*Body Worlds*)的展览工作。
③ 从博物馆产业的角度对这些展览所作的更为详细的论述,可参见大卫·巴博萨:《中国出口供展的干尸》(David Barboza, "China Turns Out Mummified Bodies for Displays,")载《载纽约时报》(*The New York Times*), Aug. 8 2006,另可参见网上信息:http://www.nytimes.com/2006/08/08/business/worldbusiness/08bodies. html? ei = 5088&en = 672da5787d998daf&ex=1312689600&partner=rssnyt&pagewanted=print。Barboza 的报告视频可从http://www.youtube.com/watch?v=AqKvYUO7C7w 上获取。对于恐龙的追捧及其文化意义,可参见米切尔:《最后恐龙之书:一个文化偶象的生活与时间》(W. J. T. Mitchell, *The Last Dinosaur Book: The Life and Times of a Cultural Icon*)(Chicago, 1998)。

中,博物馆为生命带来的是参观者不可避免的**未来**,这种近乎字面卡通的形式在事实面前遇到了很大的麻烦,问题在于,这样的一种未来非常明确地使参观者意识到,他们在将来会成为一具尸体。

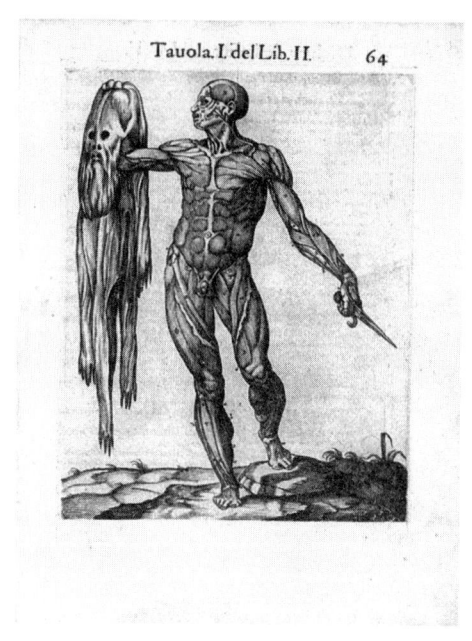

图7.1　加斯帕·贝萨拉(Gaspar Becerra),"一个剥皮者拿着他自己的皮肤",1556年

假如围绕在这些展览周边的教育素材真实可信的话,那么,这些展示也还是无法体现将来,而只能表现当下。尤其是在当它所表现的是一个吸烟者的干瘪的、熏黑的肺,或者一位酗酒者情况同样糟糕的肝脏的时候,每一样个体的器官组织都在提醒着我们,它们仍然并且目前正在生命当中关心着那宝贵的货物,这些东西就长在他们毛发与皮肤之下。同样,整个身体,也常常摆出姿势,以便展现出运动的姿态,而这有通过与他们分隔开的相关说明来展现出一种人类机体的"奇迹"与"奇妙"之感。与此同时,又唤起参观者本人躯体的脆弱与复杂感觉。身体的**质素**成为一种超越表面的艺术作品的身体认同。

七、结语

这种身份认同式的身体在展览的过程中发出了自己的声音,并且最终使参观者的身体在很大程度上依赖对尸体皮肤的剥除才能得以保存:化学作用已经消除了人的各种标志,使一些人为这些无名的、没有面孔的外貌赋予某些文化惯习或个人特征。肌肉和组织、血管与骨的最终完全暴露将尸体沉浸在一种如此伤感而又羞怯的匿名化当中,这就跟崇高伟大有点相近了。在"身体世界"的第二、第三次展览中,那些由参观过第一次展览的参观者自己所捐献的尸体的生物体展示造成了不小轰动:去参观这些躯体就是想要——有些时候,对一些人而言——成为这些躯体当中的一份子,去分享这些躯体的持久感(lasting)、庆典化(celebrated)与展示性(permanence),以及它们"那不朽的,能够独一无二地长期保存的物质形态"①。不朽与变化就像生存与死亡一样:展览"深刻改变了我对自己身体、对生命与死亡的态度",一位参观者引述梅根·斯特恩(Megan Stern)的话如是说,"我感到我自己如今生活在一条不同的道路上了,更紧张了"②。因此,正是这种外在的面孔重新跟公开展示出来的由肌肉及骨骼所组成的"内部"面孔联合起来。内部与外部之间的这种调和,既表现在展览本身的寓言化形式当中,同时也体现在一个人的摆成各种姿势的尸体当中,这个人大步向前,浑身赤裸、英勇大胆,

---

① 梅根·斯特恩:《满怀喜悦的人:"身份世界"与健康的商品化》(Megan Stern, "Shiny, Happy People:'Body Worlds'and the Commodification of Health,")《激进哲学》(*Radical Philosophy*) 118 (March/April 2003),另可参见网上资源:http://www.radicalphilosophy.com/default.asp?channel_id=2187&editorial_id=11213。

② 正如你所想见的,这些展览也遭到了抗议,其中包括宗教领袖的抗议之声,他们认为这些展览是对死者的大不敬。例如。生物伦理学家露丝·盖伊(Ruth Guyer)就对"全国公共广播电台"(National Public Radio,简称 NPR,是一家获公众赞助及部分政府资助、但独立运作的非商业性美国媒体,成立于 1970 年 2 月 24 日,开播于 1971 年 4 月。节目以新闻、综述、采访为主,也有一些音乐、脱口秀等文化、娱乐节目。由于提供深入、透彻、公正的新闻报道,所以 NPR 在美国广播界处于主流地位。——译者注)说,"身体被摆成另类的、反常的、搞笑式的姿态",而参观者则"用低俗的话语对其品头论足",这表明"我们已经忘掉了对死者的道义责任"。("A Bioethicist Takes a Peek at 'Body Worlds'," http://www.npr.org/templates/story/story.php?storyId=5640183)。

他的整块皮肤被他的右手高举着:这恰恰是对加斯帕·贝萨拉(Gaspar Becerra)①16世纪的解剖画的一种刻意模仿。

在被称为"皮人"(The Skin Man)的展览形象所激起的强烈感受当中,我注意到了马克·萨尔茨(Mark Seltzer)所称的"创伤文化"(wound culture)的一种模式化表现。在这当中,那些"集中在一起的撕裂和敞开的躯干与人体",通过一系列凶杀和恐怖影片的添油加醋,成为对公共空间所要求的他者性的更为一般意义上的特权化与文学化隐喻。萨尔茨写道,在创伤文化当中,"与他者关系的公开('同情'的社会关联)"表现为与"自我与他者(认同的身份领域化)之间边界的创伤性崩解"——这就意味着进入了一种在对自我的起源性以及暴力忍受术语定义下所生发的精神体验基础之上。② 作为一种社会事实,正是这种意识的产物将创伤文化的"公共空间"塑造得如此病态,这是因为其所有的参与者所仰赖的是建立在惊奇

图7.2 皮人(The Skin Man),1995年。哈根斯(Gunther von Hagens),德国海德堡解剖研究所(Institute for Plastination, Heidelberg, Germany),www.body-worlds.com。

上的推定平等,也就是说,正是这种平等性——以及共同体的起源——源自一种对自我封闭与自我维系的起源性创伤,这种创伤是先于公共空间存在的。③ 因此,我们都是牺牲者,而在当前社会中,没有什么权力与

---

① 加斯帕·贝萨拉(Gaspar Becerra,1520-1570),文艺复兴时期西班牙画家、雕塑家。——译者注
② 马克·萨尔茨:《连环杀手:美国创伤文化中的生命与死亡》(Mark Seltzer, *Serial Killers: Life and Death in America's Wound Culture*) (New York, 1998), 258。
③ 因此,正如萨尔茨在其《连环杀手》(*Serial Killers*)中所指出的,这是在真实生活与新闻、娱乐媒体中对犯罪场景、血腥谋杀以及法医探查等的强迫性回归。

魔力能比得上创伤与被剥夺更能令我们感同身受的了；就像温迪·布朗(Wendy Brown)所说的，"通过这种民族气质所塑造出来的身份认同会进一步着力强调它自身的虚弱无力，甚至是在它通过复仇的道德化而试图平复无力感所带来的痛苦的时候，也是如此"。①

假如从属于和参与到当代社会世界当中的结构被定义成是一种根源性的和无可逃避的暴力(更乐观地说，而不是对一种日渐溃烂和消极的离群独处的热情疗治而言)的功能的话，那么，正如萨尔茨所说的，我们可能会将诸如"身体世界"之类的展览理解成是对创伤本质的去病理学化(depathologize)的尝试，将之一般化为一种集体身份认同的核心，在这当中，"公共"被拓展到了人种的限度之外。从这种视角来看，在"身体世界"展览当中，对于人的尸体所施加的骇人暴力正是对与之相伴的旁观者的比喻化身份认同的物质先驱，而对于那些已经死亡的身体所施加的暴力，也被想象成是对那些生者创伤的开场白(avant la lettre)。"我感到自己如今生活在一条不同的道路上了，更紧张了"，这正表明了这样的一种认识，在这种认识当中，对那些被开膛破肚的身体的同情心激发起你我正经受创伤的感觉。正是这些肌腱与肌肉将我聚合到一起，并意识到它们在将来会分崩离析：这种认同回过头来导致了身体的认定。对"我们是什么：商业世界中自然的脆弱"的市场化的物质暗示，将参观者与尸体联系到了一起。②

---

① 温迪·布朗：《受伤的状态：后期现代性中的权力与自由》(Wendy Brown, *States of Injury: Power and Freedom in Late Modernity*) (Princeton, N. J., 1995), 70。
② 从"身体世界"的公开材料中引述的信息可见 http://www.bodyworlds.com。就认同而言，它的强烈程度就说明了为何会有如此多的展览参观者回来后立刻成为展览尸体的捐赠者。对于机制化的世界而言，来自展览目录上的东西使我们回想起近期关于"自然"身体的观念，这些观念强调了对所身处的"机制化"世界的想象性关联，这种文化习惯始于二十世纪早期对"人造机器"(human motor)的发明，尤以诸如弗雷德里克·泰罗(Frederick Taylor)的作品中对自动传送装置的痴迷为甚，并转而进入到被凯瑟琳·海尔斯(N. Katherine Hayles)称为身体的"后人类"(posthuman)状态的姗姗来迟的历史意识中，后者已经跟我们紧密结合到了一起。对于这些观念，可参见丹尼尔·蒂芙尼：《玩具媒介：物质主义和现代抒情》(Daniel Tiffany, *Toy Medium: Materialism and Modern Lyric*) (Berkeley, 2000)；杰西卡·(转下页)

这至少在理论上是对的。在具体的实践当中,这种"我们"的联合体证明了维系变得愈加艰难,这在很大程度上是因为那些不会发声的、易受伤害的尸体已经——尽管这是展览最佳的意图——超越他们的死亡,而继续"发声",进而重新定位那种建立在普遍性假定基础上的身份认同结构。而他们所说的则是:我们当中绝大多数都曾经是中国公民。

这一事实部分要归结于中国国内尸体的便宜,部分则归结于受过训练的解剖者人数众多,而另一些则要归因于在 2006 年之前在尸体交易方面的法规缺失,而所有这些汇聚到一起,在中国东北城市大连形成了一个庞大的尸体处理产业。然而,就那些在展览中使用的尸体的来源,人权活动者曾指控称,不管是君特·冯·哈根斯(Gunter von Hagens)(他组织了"身体世界"展览)还是第一展览公司(Premier Exhibitions)①

(接上页)里斯金:《排便的鸭子,或者,人造生命的不确定起源》(Jessica Riskin, "The Defecating Duck, or, the Ambiguous Origins of Artificial Life"),载《批判性探讨》(*Critical Inquiry*)29(Summer 2003);安森·拉宾巴赫(Anson Rabinbach)的《人类动力:能源、疲劳与现代性的起源》(*The Human Motor: Energy, Fatigue, and the Origins of Modernity*)(Berkeley, 1992);玛莎·班塔(Martha Banta)的《泰罗式人生:泰罗、维布伦与福特时代的叙事生产》(*Taylored Lives: Narrative Productions in the Age of Taylor, Veblen, and Ford*)(Chicago, 1993);马克·萨尔茨(Mark Seltzer)的《身体与机器》(*Bodies and Machines*)(New York, 1992);以及海尔斯(Hayles)的《我们如何变成后人类:控制论、文学和信息学之下的虚拟身体》(*How We Became Posthuman: Virtual Bodies in Cybernetics, Literature, and Informatics*)(Chicago, 1999)。关于"身体世界",哈根斯在 2003 年"在英国发起了一次公开呼吁,希望能找到那些即将因病离世的人,能够在他们身后将遗体捐献给一个叫做'未来人'(Futurehuman)的项目。在捐献者死后,一家电视台计划将他的塑化和再造为一个有所'改进'的'未来人'的过程拍摄下来,以改正哈根斯在人类革命性塑造方面的想法"(罗素·沃金:《震撼价值》(Russell Working, "Shock Value"),《芝加哥论坛报》(*Chicago Tribune*),2005 年 7 月 31 日,另可参见网上资源:http://www.chicagotribune.com/features/lifestyle/health/chi-0507310429jul31,1,3790747.story?page=2&coll=chi-health-utl.)。

① 一家总部设在美国亚特兰大的组织巡回展览的公司,尸体展览(Bodies... The Exhibition)是其重要的一项展览。关于该公司的详细介绍,可参见:http://en.wikipedia.org/wiki/Premier_Exhibitions(2012 年 7 月 9 日访问)。——译者注

(身体:展览)①,他们都曾经使用精神病人和死囚的尸体作为他们项目的供体来源。② 尽管这些指控从没有被确证,冯·哈根斯甚至还打赢了跟公开这些情况的德国《明镜》周刊(Der Spiegel)的一场官司,但事实上,不管是海德堡解剖研究所(the Institute for Plastination),还是第一展览公司都继续从中国获得他们大多数的尸体与器官——近几年来,为满足世界范围内对处理尸体的需要,至少开办了十家尸体处理工厂——这就意味着他们所展示的尸体的来源已经成为在任何一个新城市中的展览的必要挡箭牌:没有哪篇评述展览的报章文章不会忘了提到令人头疼的人权指控,而在一些城市,当地组织已经组织起对展览组织方的抗议活动,虽然他们想尽各种办法,但还是没能阻止展览的举办。③

---

① 英文名为"Bodies: The Exhibition",于2005年8月20日在美国佛罗里达州坦帕市开展,这一展览与1995年的"身体世界"(Body Worlds)相类似。该展览后来还在都柏林、阿姆斯特丹、马德里、华沙等地举行。具体资料,可参见:http://en.wikipedia.org/wiki/BODIES..._The_Exhibition(2012年7月9日访问)。——译者注
② 除了这些指控,哈格斯和"第一展览公司"还卷入了版权与商标方面的案子当中,其中的部分原因至少是大连的主要供货商隋鸿锦控告哈根斯的公司侵权。而哈根斯和第一展览公司则认为对方才在中国进行反伦理的工作,可参见巴博萨、斯特恩与纳达·乌拉比:《所展出的尸体来源饱受质疑》(Barboza、Stern 与 Neda Ulaby, "Origins of Exhibited Cadavers Questioned,")全国公共广播电台(National Public Radio),2006年8月11日,http://www.npr.org/templates/story/story.php?_storyId=5637687。
③ 例如,在伦敦,抗议不经父母同意而使用幼儿及胎儿的身体组成部分的组织 Pity II 的成员就要求关闭展览;在阿姆斯特丹,"身体:展览"在开始时就"被人行道上的21个白色叉叉包围,上面写着'不知名字的中国人'字样",这是开办一家要求停止尸体展览的网站的阿隆·金斯伯格(Aaron Ginsburg)说的。(http://dignityinboston.googlepages.com/presscoverage)。正如琳达·舒尔特—扎塞(Linda Schulte-Sasse)指出的,对欧洲所办展览的直接批判——哈根斯在此被贴上了"玩弄死亡的投机分子"的标签,并将其与约瑟夫·孟格尔(Joseph Mengele,臭名昭著的纳粹军医,在纳粹当政期间,负责将囚犯送到毒气室杀死,或使其成为强制劳动劳工,并且对集中营里的人进行残酷、科学价值不明的人体实验。——译者注)相提并论——这与他在美国的情况相比,抨击更为尖锐(《建议同意:关于身体世界的美国化》("Advise and Consent: On the Americanization of Body Worlds,")载《生态社会》(BioSocieties)1[2006],370 - 71.)。她指出,这中间的部分差别在于,实际上,在美国,展览已经进行,而且已经被他们的博物馆产业所批准:不仅是博物馆空间中的文字呈现(而不是欧洲的展览厅或者改装过的屠宰场),而且还在这些空间的灯光和表现力方面大有改进(她注意到,在一些展览当中,躯体通过表现得像是"回到中世纪"的解剖画而被情景化(contextualized),373页)。

335

让我们来看看那些展览成功举办以来的"创伤文化"中，尸体的"中国性"是以怎样的方式来打断对这种"创伤文化"的普世化与认同的。"从一种文化的视角来看，尤其是自从在中国获取大量尸体之后，这感觉就像是一种粗暴的侵犯"。在"身体：展览"在西雅图开展前不久，人权活动者贝蒂·卢克（Bettie Luke）对一位报纸记者如是说，"将一具身体有意地放到不确定的展览当中，这就像迫使灵魂在地狱徘徊，永世不得翻身"①。卢克的这种异议，尽管反映的是个人信仰，但却向我们表明了尸体的"中国性"是如何持续超越它们的处理与剥皮的，而他们死后所受折磨的法则所仰赖的则是在他们生前可能已经深深信任的那些机构（比如医院等）。正是在这种坚持当中，人们发现，对那些展览所再生产出的非常类似的绝境所依赖的正是他们纯粹而又全神贯注的魅力。作为"身体世界"所坚称的宣传材质，实际上，这些展出的尸体中的每一个都曾经是作为他们集体魅力一部分的独一无二的个体：

> 每个人都是独一无二的。人类不仅通过可以观察到的外貌而显示出他们的个性，而且还经由他们身体的本质而展现个性，因为每个身体是跟其他人有着显著差别。骨骼、肌肉、神经以及器官的位置、大小、形状及结构都决定了我们"内在的面孔"。不可能用模型来表达这种解剖学上的个性，模型除了作为一种解释之外，就什么也不是了。所有的模型看上去都差不多，但在本质上却只是真实事物的简化版。

---

① 引自班奈迪提：《教育还是畸形秀？拿我们的好奇心来赚钱的……尸体展览》（Winda Benedetti, "Education or Freak Show? 'Bodies... The Exhibition Cashes in on Our Own Curiosity,"）载《西雅图邮报》（Seattle Post-Intelligencer），Sep. 28 2006，另可见网上资源：http://seattlepi.nwsource.com/lifestyle/286689_bodies28.html。贝蒂·卢克（Bettie Luke）的评述被另一名美籍华人马世云（Fiona Ma）所印证，马世云是旧金山参事会（San Francisco board of supervisor）的一员，她对《芝加哥论坛报》（Chicago Tribune）的"罗素·沃金专栏"说："中国文化对死者是极为尊重的，对死者的身体和死亡也非常迷信。所以我觉得他们从不会像这样，以这样一种方式来展示死者的躯体"。

七、结语

尽管在"身体世界"中躯体的独一无二性与"无法解释的"品质之间的任何区别必须取决于这样一个事实,即,这些躯体不仅是有意摆出姿势的,而且还是由冯·哈根斯一个个**设计出来的**,然而,这种修辞所表现出来的是对举办展览中的某种残忍行为的理解。他们正是通过将展览作为一个整体(在机械化的世界面前的不堪一击,等等)的方式而再现出泛化的"人性",所依赖的是从未真正体现在任何特殊躯体上的力量。只有在恰巧我们"是"单个的,我们所表现出来的是我们从属于一个由他者所组成的共同体当中,这些他者当中的每一个,从他们自己的角度来说,恰恰就"是"这些人。然而,反常的是,在这些模型当中,去形成一种泛化的单个性的动力反而消解了这些模型力图重塑的再现特质。正是对唯一性及再现性的这种怪异结合——事实上,在某种观念中,在展现个性方面,正是这些身体最具有表现力——这就使展览中的那些尸体保留了历史的嵌入性形式,同时又处在对其起源的文化焦虑的激励当中。① 因此,那些来自中国的身体就提供了类似于对民族与文化特殊性的回归的东西,这种特殊性所压制的是展览的理想化观念,即,一个普世性的"人类"解剖体体现了由某种泛化的弱点所定义的一种相互平等的泛化的机械时代。② 尸体的种族与国家源头,他们在一种交换网络中的循环,在很

---

① 例如,将身体展览的历史与巡回过程与被称为"霍屯都的维纳斯"(Hottentot Venus,一名来自属于今天南非地区的土著女萨拉·巴特曼,1810年被带到伦敦,随后在欧洲各国展览,被当做怪物在光天化日之下进行裸体展览。她的臀部和下垂裸露的阴部成为人们讥讽的对象,而科学家们则去研究她为何会如此的丰满。还给她取了艺名"霍屯督的维纳斯"("霍屯督"是欧洲白种人对非洲黑人的蔑称),这种亵玩并没有与这个26岁生命一同消失,一直到1985年,莎拉的性器官和大脑依然被保存在巴黎的人类博物馆(Paris's Musee de l'Homme),他们对外声称是为了科学研究。从上世纪80年代开始,南非人就要求将莎拉的遗体归还南非;迫于社会各界的舆论压力,人类博物馆最终将遗体撤出展台。1992年,当时的南非总统尼尔森·曼德拉提出了要求归还遗体的正式要求,但还是等待了十多年,法国才归还了遗体。2002年8月9日,她终于安葬在南非的故土。——译者注)的对萨拉·巴特曼(Saartjie Baartman)被迫展览的暴力模式相比,或者跟19世纪被带向充满优越感的欧洲城市居民"展示"他们种族及文化差异的非洲、南美或者太平洋土著相比。

② 反过来,想象一下,如果我们参观了一具死于肝硬化的人的尸体,而文字解释却是这样的:他之所以酗酒,是因为他工作的厂子被卖给了外国投资商,因此他失业了,不得不借酒消愁。

大程度上要归因于人类尸体售卖方面的国家法规以及特定类型的操作实验室方面的不同之处,而这些解剖学知识足以使这些展览在素材获取及宣传方面采用两种不同话语,这两种话语偶尔会像社团活动者那样纠缠在一起,彼此争论不休,提醒着公众,尽管"外部"的面孔移除了,但仍将会证明这样一个事实,即,所展示的尸体在种族上和国籍上仍然是中国人。①

但是,在其他的事例当中,我们已经看到了与中国相关的黄道特质从型塑他们自身的内部再现结构中浮现了出来——例如,mandarin的中国性就是在一种语言学上的细分从政治向哲学转变的假想框架当中形成的,而这就使他的中国性显得毫不相干——在这种背景之下,中国性的黄道显现与消失就随着人类的有限性而在尸体的再现功能与其物质内涵之间的鸿沟当中发挥了作用。由身体所带来的对普遍人性的追求作为一种术语(唯一性的术语)的再现,用一种脆弱的辩证法使之随着他们身体来源的事实而定。身体的制造史就是一种对他们再现性的模仿效果的人工干预。这些虚拟尸体的饱受创伤,在同时也表现为事物的普遍人类状态的一种特征,也是对没有同意将他们转变为艺术品的人类主观推定所施加的一种特殊暴力行为。(在这种意义上,展览重复了爱德华·史泰钦(Edward Steichen)②1955年在大都会艺术博物馆所作的如

---

① 在卢克的评论当中,族群构成是相当明晰的。对于国别问题,艾伦·金斯伯格(Aaron Ginsburg)在《西雅图邮报》(*Seattle Post-Intelligencer*)上还有这样一篇文章:《中国不是一个法治国家,所有关于尸体是从合法渠道获取的保证都是没有意义的》("China is not a nation of laws, and any assurances that the bodies were legally obtained is meaningless")(班奈迪提)。

② 爱德华·史泰钦(Edward Steichen,1879 - 1973) 全名为 Edward Jean Steichen,也常简写为 Edward J. Steichen。1879年生于卢森堡,1881年随家族移民到美国,在1900年成为归化的美国公民。史泰钦16岁时开始从事摄影艺术的追求和创造。在他94载的人生旅途中,摄影生涯就有78年,被誉为美国的摄影巨人,摄影大师。他不仅在创作题材上包括了"人像"、"静物"、"风景"、"社会新闻"、"生活"、"广告"、"集锦"等许多方面,而且在创作上更是把"画意派"、"纯摄影派"和"纪实派"以及"抽象构成派"等风格之长汇于一身。用史泰钦自己的话说是:"每隔十年,人就应该鞭策自己,好使自我进入一个全新的境界!"——译者注

今广受好评的"四海一家"(Family of Man)①摄影展的一些标题)。②

让我们回过头看看萨尔茨的论述,他认为,在创伤文化中,那些被侵犯的身体边界意味着将"开启与他者的关联"明确构想为**同情化**的"社会纽带"。进而似乎有可能表明,对在展览中滥用尸体的人权方面的指控必须被看成是更大的复杂体的组成部分,这种复杂体包括展览、展览所使用的教学及公众资源、展览生产和流通的模式以及围绕这些展览的新闻报道与相关活动。而所有这些,都最终决定了从属于曾经组织起这一研究的同情、经济与拟态的三重领域。由这种复杂体所开启的同情纽带对我们来说,就变成了经由并体现为心理创伤所扮演的面向他者性的更为一般化的问题,而这,更多地倚靠人们在资本生产与交易领域内的流通。事实在于,身体保存着他们的历史,而且对某些活动家来说,确实还有他们的文化背景,这些都穿越了死亡的面纱,而让人再次回想起在康德所谓的内在价值以及市场价格化的简单化之下的生命主体化之间那种问题百出的划分:这种划分在巴尔扎克对满大人的假想中也出现过。

在这些"身体世界"中,中国人主体所受的近乎彻底的创伤感,如今被理解为是一种对面向他者的同情的身体寓言,因此就使我们回归到普遍的人类主体那总是延期的未来上面,而世界当中芸芸众生的命运也就经常成为类似理念的未完成品。但是,这也提醒我们,近代思想是怎样遭遇和衡量普世化(universal),并以此来抵抗全球化(global)的,后者的

---

① 1955 年,史泰钦主持的大型摄影团体展《四海一家》(The Family of Man)获得了不少好评,展览共有来自不同摄影师所拍摄的 500 多张作品,以来自不同国家的人民为主题,描述了他们的生活、爱和死亡。——译者注
② 参见罗兰·巴特:《神话学》,安妮特·莱维斯译(Roland Barthes, *Mythologies*, trans. Annette Lavers)(New York, 1972), 100 – 103 页。(中译本:[法]罗兰·巴特著,许蔷薇、许绮玲译:《神话:大众文化诠释》,上海人民出版社,1999 年。——译者注)关于展览的经典批判,另可参见恩里·J·桑迪恩:《图绘一种展览:男人家庭和 20 世纪 50 年代的美国》(Eric J. Sandeen, *Picturing an Exhibition: The Family of Man and 1950s America*)(Albuquerque, 1995)。

功能则成为前者对趋于无限化的要求的一种未曾成功的标准。[①] 对于这一点，人们可能会发现，至少在"身体世界"这一事例当中，身体的黄道中国性的流传范围所依据的是这本书得以形成的一种地理逻辑。通过一种诸如东京、首尔（汉城）、新加坡、台北以及纽约、科隆、墨西哥城等地国际化的都市风光，这场展览运动表明了由假想的满大人形象所获取的话语网络在当代已经被一种生产与流通新形式所瓦解，进而型塑了一种晚期资本的不均衡的地理学，从而将"全球"形象转变为一种想象，这种想象也同样影响到了试图对之施加影响的普世性。

在这一观念的最后，则要回到话语另一方面的闭合处，而这正是《假想"满大人"》一书所要叙述的，曾经控制着本书中早期事例的东西方之间的水平定位，如今似乎已经被对空间的全球化新安排所超越了：资本化吞并了古老的地理学。尽管这种差别在表面上似乎预示着对目前所勾勒出的同情话语本质的一种激进转变，但问题还在于，就算主体特征的某些主要部分缺失了，话语的核心结构还是能够留存下来，而那些特征所发生的变化也只不过表明了类似进化式的转变方式，这种转变方式会采用任何文化型塑过程以维持一种历久弥新的结构连贯性与生命力。这些变化从未真正结束，这表明了转变或者修正的可能性在实际上是一种足以形成单一性影响的任何话语连贯性的决定性特征。因此，正是在想象的远端，人们可以思考这样的一种可能性，即，本书所勾勒出来的话语将会超越那些中国人事例的文学表达而仍然切实可行：即使将来有一天，所有的塑化尸体都是那些欧洲志愿人士捐献出来的，那些想象的满大人全都来自拉丁美洲的话，他们所指涉的社会类型就将会在西方地理学与被称为"中国"的那种整体化的、未受创伤的他者的冲撞中保持

[①] 我将这种构想归功于拉斯·卡斯特罗诺沃（Russ Castronvo），他在2007年5月18日于加州圣马力诺亨廷顿图书馆的演讲"民主尝起来怎么样？"（How Does Democracy Taste?）中说："全球被展现为是普世的一种不完美转译"（the global is revealed as the imperfect translation of the universal）。

其起源方面的某些化石遗迹。正是在那种原创性当中，未来的读者将会发现，如果他们细加关注的话，在这个时代，人类自我再生产的普遍性带来的物质基础正在逐渐消失，而且也在生产的过程中被消费殆尽。正如巴尔扎克笔下的满大人的那种"中国性"一样，它本身就是一种对生命与资本具有特殊假设性安排的、同时又在很大程度上忽略的特征，这些展览当中的尸体的"中国性"表明，只有在普世理念与其对并未利用身体或语言材料之间的冲突加以详细阐述的过程中，现代才自认为是一种现代。在大多数情况下，就连那些体认的方式在很大程度上也没有被认识到。

4. 趋于同情

亚历山大·布罗迪（Alexander Broadie）已经指出了亚当·斯密在《道德情操论》中所强调的同情的相互关系以及作为《国富论》一大基石的"以物易物，物物交换"（truck，barter，and exchange）之间的相似之处。① 对于这种看法，我们只需要引用大卫·马歇尔（David Marshall）的评述，他认为，同情是"由剧场机制所结构化了的……依靠民众**将自身表现为**他者面前的舞台造型、精彩表演以及各项评测"，以表明对何种同情的认同是如何紧密地取决于实践上和理论上关于"交易"的看法的，而这种"交易"包含了表现与经济的维度。② 对满大人的假设正是对那种关系的虚构化编纂，而这段特殊历史在本书的字里行间被展现出来。

同情的经济维度，与中国人受苦的整体关联程度在历史上是跟全球

---

① 亚历山大·布罗迪：《同情和公共的旁观者》，载《剑桥亚当·斯密研究指南》，努德·哈孔森编（Alexander Broadie, "Sympathy and the Impartial Spectator," in *The Cambridge Companion to Adam Smith*, ed. Knud Haakonssen）(Cambridge, 2006), 178。
② 大卫·马歇尔：《同情的惊人效果：马里沃、狄德罗、卢梭和玛丽·雪莱》(David Marshall, *The Surprising Effects of Sympathy: Marivaux, Diderot, Rousseau, and Mary Shelley*) (Chicago, 1988)，5 页（黑体为笔者所加）。

化劳动力市场的商业交易及理解息息相关的,这在本书开头几章中已经做了详细探究。在那几章当中,我说明了同情交易的观念作为经济交换的一种特征,在威廉·米勒类型化的系列图书框架中是如何造成一种广泛侵害的,而且,我还指出,要"公开"(我拿爱伦·坡被偷的信件作过类比)我们在建立起欧洲同情与中国人交易之间关联的困境中所掩盖那些文本曾造成的伤害,并认识这种伤害的深刻必要性。在梅森那一章之后,我探讨了医疗传教计划对于中英之间在 19 世纪中叶爆发的经济战争上的身体信赖,并且转而对 19 世纪晚期美国小说中随处可见的苦力劳工所发挥作用作了分析,凡此种种,我要表明的是,采取这样的一种感觉结构,揭示出了同情交易、受苦以及人员货物的跨国流通之间的内在关联。

这些文本之间的相似之处,以及这些文本与后几章素材之间的关联确实让我(在导论的最后)将它们的复杂性看成是"全型的"(holomorphic),这个单词在数学中意指"在并非无限大的整个平面中所具有的特征"这样一种功能。① 而那些章节当中的个案研究所表明的则是,历史过程当中留存下来的"特征"将我们从 1790 年(亚当·斯密《道德情操论》第六版出版时间)带到了当下,这种特征如今广泛体现在各种类型(奇闻轶事、小说、医案、水粉画、照片、版画作品)当中,以及各类情感模式(冷漠、怜悯、沉默、惊恐、欣赏)当中,更不用说历史环境与地理方位了。但是,所有这些差别并没有严重扰乱结构上的相似性,而正是这种相似性提供了它们通常会有的事例,使之并非因意外事件而是在意识形态上具有了某种严肃的历史意识。这种观念结构所扮演的角色正是西方思考中国及现代性历史的一种体现,对此,本书已经作了深入的挖掘,其目的则是对中西方之间普世性、经济及政治关系所持续展开的当

---

① 正如安德鲁·福赛斯(Andrew Forsyth)在 1893 年的《复变函数论》(*Theory of functions of a complex variable*)中所写的那样,引自《牛津英语词典》(*Oxford English Dictionary*)"holomorphic, a., 2."部分。

前争论的加以体认,并确确实实对无情的全球化进行长期的主观定位。

然而,这并不是要将"全纯包络"(holomorphic envelop)推得太远。这种数学功能及其表现之间的决定性差别,一方面跟我这里所谈到的文化型塑的类型有关,在另一方面,在前者的事例中,功能上的表达优先性是自然而然的事情,而对后者来说,其功能则只表现为是追溯性的,被当成一系列**本应提到的**理想化类型。尽管对那种功能的重塑已经占据了计划的一部分内容,但是我还要强调的是,不管虚构作品中出现的劳工以怎样的叙述结构出现,它表明了只有在一系列隐藏的虚幻事例中才会显现的某种想象的历史类型。跟数学表达不同的是,正是因为文化类型是由多种因素决定的,它们是众多彼此重叠和相互竞争的因果关系的主体,这些因果关系全都有助于任何没有遵照某种逻辑的对象或事件的发生,这种逻辑允许对责任加以重新分配,或者能够轻易摆脱纠结在一起的整体的单个因果关系链。我对例证—效果的介绍性论述意味着准许这种多元决定的事实进入到表演的领域当中,并指出了从单个文化类型向更为庞大的次结构化形式的分配是如何经常以某种特定的非目视为代价的。与之相应地,我所作的解读试图从每一样事例当中去估测素材选取方面的多线化可能性:首先,作为全型(holomorph)的历史体现,它们至少部分是例示,并以此成为中国及现代人类的相关话语长期存在的表现例证;其次,虽然它们彼此相似,但却并不等同,也就是说,作为对历史与文化差别类型的一系列诸多修正的表现方式,这同样出现在观念、媒介以及类别的差别方面,从而证明了这种随时间而逝的全型话语的**复杂性**;第三,这也成为跟中国及全人类问题没什么关系的文化利益类型的表现,但是它所指称的反而是文本与图像、本地与外来劳工,或者医疗救助与受苦主体之间的关系。后者的这些事例当中,没有哪个能够脱离开中国而加以思考,而且,也只有在我对这些事例的书写当中,才表明了解读的有限性,即,这些事例正是通过它们的独特功效才展现出本书的主要观点。

在关于亚瑟·温顿一章的末尾,经济与同情之间的历史关联对我来说就变得很容易确立起来了,这很大程度上要靠在阅读梅森与伯驾相关资料的阅读中所出现的例证,在这些例证中,西方人对中国人受苦状况的理解表现出一种跟贸易、跨国劳工以及医学、宗教、市场渗透等问题的强烈的文化关联。与此同时,在那些章节中逐渐浮现出来的关于交易的整个问题,逐渐萌发出了一种关于再现重要性的意识。关于再现的主题早在第一章的轶事理论中就已经出现了,但是直到梅森与温顿的那些章节才被囊括进关于同情的经济功能问题中。然而,在写到罗素的那部分时,我觉得应该在同情的经济维度及其拟态之间保持一种平衡,结果就是最后关于罗素与巴塔耶的两章,尤其是对审美及麻醉的探讨,特别是再现式交换所扮演的角色问题。在所有这些事例当中,我的重心与其说是对被用来相互攀比的同情的人际交往的欠缺或者优先性的理想化,毋宁说是一种再现性的方式,力图**通过**同情或受苦行为而被维系到一起,似乎那种将特定类型的人类感觉加以转化的能力正是对任何再现的拟态能力的检验:也就是说,这是对它是否算作拟态的检验。①

正如我在书中所希望的,任何想要思考同情、疼痛和再现之间关系的人都没法忽视伊琳·斯凯瑞1985年出版的《痛苦中的身体》(*The Body in Pain*)的巨大影响。斯凯瑞的历史和地理学雄心一览无遗,浓缩在她的副标题当中:"创造和改变世界",尤其是在她的第四和最后一章中,从对于受苦具有历史性的特殊关系的讨论,转向对全人类创造力的本质加以更为哲学化的探究。斯凯瑞写道,对痛觉的所有反应:例如,对一张椅子的认知就是坐在硬地上会感到痛苦,普罗米修斯的炉火意味着对冬天的寒冷感到痛苦,邮政服务是对孤独感到痛苦,诸如此类。所有人类制造品都是对痛苦体验的拟态"投射",是一种最初认知的产物,而这种最初的认知则是,某些

---

① 认为同情(移情)与拟态可以关联起来的观点早在亚里士多德论述"戏剧净化"(theatrical catharsis)的时候就有了,虽然在亚里士多德和当前之间的任何比较都会剖析亚里士多德戏剧中"净化"的社会功能以及对文本与图像作品的当代叙述中更为个人化的同情驱动之间的不同之处。不管怎样,让我们观察指向情感(affect)与指向逼真性(verisimilitude)的拟态理论之间的差别。

东西是痛苦的,而某种意图的身体表现则是去消除自己或他人的痛苦。

对于一系列或大或小的材料投影,斯凯瑞接连分析了人类的各种创造发明,从椅子、炉火,到各类令人舒适或感到温暖的人造物品,从中探究这些东西是如何被作为观念(例如"炉边"的观念)而理想化的,进而想方设法去支持或者维持这些东西。因此,正如斯凯瑞所说的,"在一个混凝土避难所和在活生生的家庭生活中那种受保护的统一体感觉观念,也会在'都市'的观念下大为拓展;而且,反过来,在观念中的领会并深深扎根的投射行为,城市的那些偏远观念当中……可能被地图、各色印花布、法庭以及口头承诺的相对独立存在而促成并安下心来",这当中的每一样都持续了对记忆的痛苦或困难的物质或类感知投射,而且每个都以自己的方式成功地开启了进一步的认同与投射,这些认同与投射都将带来社会变迁:医院、渠道等等。① 在 250 万年前**人类的能工巧匠**出现之后,所有这种投射、反应、理想化以及发明创造使我们今天这个世界变得越来越冷酷无情,这在本质上是对人类受苦的整个历史的一种拟态反映,同时也是对人们试图从痛苦中摆脱出来的一种拟态反映。

在谈论斯凯瑞的物种史得以确立的拟态理论的含义之前,我想简要地勾勒下这个所声称的**本体论**范围所造成的问题,这个问题将同情放到了人类生产的核心位置。关于慷慨,斯凯瑞指出了一个方面的意蕴,她说,这是"内嵌在作为创造者的人类的**本体论**地位中的"(BP, 324;黑体为笔者所加)。我们应该如何去思考人类创作能力(作为疼痛经历以及怜悯的永恒本质的基础)的**本体论**本质问题,以抵抗那些证据,即,对相同类别事物的其他看法可以被放到一系列特殊的历史时刻上,并进而反对那些诸如此类的本体类宣称上的完全欧洲中心主义观念?严肃的回应不能仅仅是对哲学争论的历史证明的反对:正如佳亚特里・斯皮瓦克

---

① 伊琳・斯凯瑞:《痛苦中的身体:创造和改变世界》(Elaine Scarry, *The Body in Pain: The Making and Unmaking of the World*)(Oxford, 1985),322。在下文中,我简写作 BP。

(Gayatri Spivak)很敏锐地指出的,历史与哲学之间的差别在另一种语境中变得生死攸关,"这样想是不对的,因为'不可剥夺的'权利已经一次次受到侵犯,它们并不存在"。① 尽管如此,假如我们试图维护全人类的本体论上的慷慨,或者说,假如这样一种维护的主要后果是将同情彻底地与再现联系到一起(使之在本质上变得完全相同)的话,我们就能够很好地察觉到那些反对星球上的活生生历史的直觉,进而认识到,像斯凯瑞这样的论述在何种程度上有效地在生产了关于认识论暴力的语言,对于这种暴力,在本书当中已经做过论述。

思考与暴力如影随形的娱乐活动的历史共谋关系,并不意味着我们就无视这些教训或者声称。与之相反,这需要我们认识到那种怜悯的地理局限性,以及跟观念领域息息相关的历史表现问题。在这种语境之下,如果我们一时去想象看待事物的另一种方式,例如,将人类的创造活动看成是尊崇上帝的一种方式,或者将疼痛看成是对世界的世俗性虽则不公平但却必需的一种分配方式,而没有通过隐喻的方式将其中的每一种归结到与受苦的一种**基本**关系上来,进而,我们就能想象这样一个星球,在这之上,正如新加坡总理李光耀在20世纪90年代所反复指出的,任何单个个人身体的痛苦并不是政治的最终的指涉对象,而仅仅是能够融入社会体系(其他的则是家庭、司法或者秩序)的一项要素。问题并不在于李光耀的说法是否正确,也不在于人们应该尊崇他们所看到的哪一种文化差异,不管看上去多么残忍或者无知,问题在于,跟真正差别的冲突是由那些与最初费解的冲突所决定的,同时也伴随着表面上的残忍或者无知愚昧。跨文化理解的挑战,并不在于跟一个与你的冰激凌口味不同的人相处,而在于你怎样跟一个将你吃冰激凌的行为看成是下流的人打交道,或者说,这个人从没有想过将冰激凌放到你嘴里还牵扯到"吃"——也就是说,对待差异的形式迫使一个人去重新思考他在处理这

---

① 2007年5月8日斯皮瓦克在加州大学洛杉矶分校的演讲。

个自我与那个自我、这个世界与那个世界之间适当关系时最标准的假设。这样一来,我们所要做的,就是在当仍然存在证据意识的时候,如何去思考疼痛与人类生存状况之间的关联,并认为疼痛最重要的地方(以及因此的适应)是被**教育**和**型塑**出来的,并且是在跟一系列其他事件与影响相互协作的过程中被历史性地教育和型塑出来的,而其中最主要的则是对现代性这一概念的构建与叙述。

要完成那一任务的话,则是另一本书的事情了,我在这里的一些只言片语就像是一篇序言。而在当下,要回归到斯凯瑞关于同情本质的普遍性看法的明确拟态维度的话,我想指出的是,对于斯凯瑞就创造性产物的拟态力量所赋予的所有复杂性而言,对外套与火焰、城市与地图的所有那些令人惊异的多样性,在最后都成为一种单个的再现性需要:你可以创造出任何你想要的东西,但是你所创造出来的东西最终都会成为受苦的一种表现。这样一种模式为其拟态对象赋予了一种被称为"实在论"的再现策略的相当有力的说法:"尽管[世界上的]客体是知觉的再现性、响应性和呼唤能力的投影式虚构,但是,这种拟态的特征性表演,**假如没有受到他它们虚构性的约束或者没有被真实性与非真实性的自觉问题的环抱的话**,那么,就会更为成功",这也就是说,假如它们没有将它们自身的状态当成是虚构作品的话(*BP*, 325;黑体为笔者所加)。要对这种以疼痛为中心的对象的再现力相对贫瘠的观念加以回应,我要说的是,我的工作首先是要精确地证明精心打造的这部虚构小说在实际上经常会成为拟态工作所在之处(就像梅森、伯驾或者关于中国犯人行刑的摄影者的事例一样)。其次,是要表明,对于同情拟态化的任何理论,如果这种理论限制了通过严格的卢卡奇式(Lukacsian)①现实主义所确立

---

① 卢卡奇(匈牙利语:Lukács György,1885 – 1971),匈牙利马克思主义哲学家和文艺批评家,传统西方马克思主义创始人。他将物化和阶级意识引入马克思主义哲学和理论。卢卡奇的《历史和阶级意识》(德文名:*Geschichte und Klassen-Bewusstsein*,英文名:*History and Class Consciousness*)和科尔施的《马克思主义和哲学》被称为西方马克思主义的"圣经"。——译者注

347

起来的再现功能的话,那么,就会错失很多东西,因为对再现所最终指涉的"受苦"真实性的坚持,使其无法去想象**其他**类型的拟态动机(在类型上则通过运用一种文学速写、现代主义、浪漫主义或者超现实主义来实现)。将世界的客体作为疼痛体验的拟态表现的意识就得到了拓展,这本书所展示的就是要囊括一种再现策略的广泛多样性。我的计划的目标之一就是通过展现现实主义对再现策略的依赖,来瓦解某一特定的现实主义的效果,其中就包括删节、中断以及赘述,此外还有一系列正式和一般意义上的关注——对于图像的证据地位、寓言的本质或者那些空洞观念的展现——都一贯预示着真实性与非真实性方面的真正问题,即,文本与图像自身似乎想要在沉默中被一带而过。

这种情况因为一旦那种从"真实性"向"再现"转变所造成的拟态交换从属于交换的一般范畴的话,就会造成同情的转变,这不仅是由于同情经常是对受苦的再现明证的回应,而且还在于同情交换本身的过程可

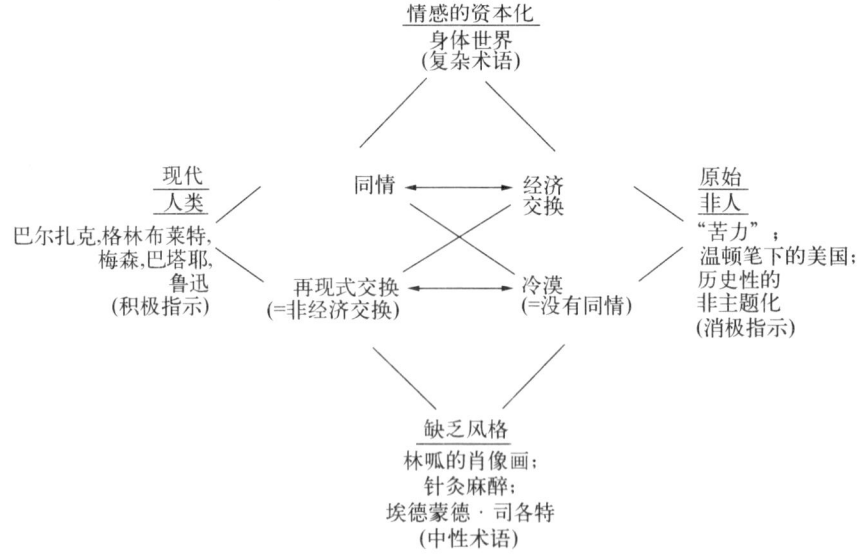

图 7.3　此种状态下的格雷马斯方阵

能比我们所想象的在拟态方面要复杂得多。如果同情是一种拟态模式的话,也就是说,假如拟态可以被看成是遵循一系列复杂的再现战略(流派、运动)或者策略(转喻、反叙)的话,在这之后,任何关于同情再现性的理论自身都没有考虑到一种类似的策略与战略,而这在实际上会瓦解对于最初认可的根本洞察力。问题并不只在于同情的交换与再现性的交换彼此之间"很相似",而在于,正是通过一整套拟态策略,我们对再现问题的解读才会转变为对同情的解读,其中的部分原因在于同情的本质非常复杂,而且跟历史纠缠在一起,另一部分原因则在于对同情**发生**的这种持续关注将会逐渐消解对其自然性的正常化假设,使之难以去想象这样的原因所在,即,某些人对你受苦的方式没有什么感觉。我对这些拟态对象所作的解读,**加上必要的修改**,因此也应被理解为是对那些在对受苦的认同与不认同中逐渐生发出来的感同身受的劳工的解读,这样的一个劳工,在复杂性和自我指涉方面,并不亚于使之凸现得更为明显的文本或图像。

译后记

经过近两年的努力,这部中译本终于完成了,但在心情上,我却并没有感到轻松:因为虽然完成了翻译,但解读的过程才刚刚开始。在本雅明看来,译者的任务是在译作的语言里创造出原作的回声,我努力让原作者的思想能够以中文语言发出声音,并使读者能够感知与理解。但最终做出评判的,还是各位读者。

对我来说,翻译的过程也是一个自我认识逐渐深化的过程。2011年7月,我有机会访问伦敦国王学院(King's College London,KCL),并与在此任教的著名伦理学者姚新中教授作了交流,其中就提到了亚当·斯密的《道德情操论》,并顺带讨论了关于伦理与社会发展这一更宏观的问题。我自己对于道德问题的理解也正是在这样的开放式交流中逐步深化的。

承蒙包智明老师、张海洋老师的厚爱,我有幸进入中央民族大学世界民族学人类学研究中心(Institute of Global Ethnology and Anthropology,IGEA)工作,这是一个主要面向亚、非、拉地区进行海外(包括跨界)民族与社会进行人类学、社会学、民族学研究的专门机构,虽属初创,但因领导得力、同事合力,如今已经颇有成效,长远蓝图亦已展开。借此契机,我自己的学术旨趣也从较为纯粹的历史研究转向了历史/社会的研究,更为关注研究背后所蕴含的理论张力与现实意义,但"边疆视角"则是我一直秉持不懈的。如果说翻译《危险的边疆:游牧帝国与中国》([美]巴菲尔德著,江苏人民出版社,2011年)是我对中国北部边疆新视角的一种体认与追寻、翻译《清代在华的英国博物学家:科学、帝国与文化遭遇》([美]范发迪著,中国人民大学出版社,2011年)是我对中国东南"文化边疆"的中西冲撞的一种理解与再思的话,那么,这本《假想的"满大人"》的译介则是我对"痛苦"这一中西文化"心灵边疆"的一种介入与诠释。

在此,我要特别感谢刘东老师,他给予我充分的信任,使我有时间和信心把这项翻译工作做好;同时也要感谢江苏人民出版社的王保顶先生,是他的耐心与宽容,使我能够在一次次的延期之后依然能够较为从容地打磨稿件。此外,在我对翻译过程中的难点束手无策的时候,本书原作者韩瑞(Eric Hayot)通过电子邮件细致地为我解答,并给出了详细的后续阐述,使很多问题迎刃而解,而且还欣然为该中译本撰写了长篇中译本序言,感激之情无以为报,只有努力将他文中的原意用另一种语言(中文)表达详尽,才算对得住作者的一片苦心。在翻译的漫长过程中,中央民族大学世界民族学人类学研究中心主任包智明老师、《中国图书评论》总编杨平先生、南开大学文学院周志强老师、中国社科院外国文学研究所程巍老师、中国人民大学清史研究所杨念群老师、中国社会科学杂志社李红岩老师等各位师长时时给予关怀,令我非常感激。在与龚浩群、庄晨燕、尤陈俊、黄家亮、张亚辉、黄东海、李扬、钱玲燕、刘昕亭等各位同事、学友的交流中,也使我受益良多。本书的责编孙立先生也为此倾注了不少的心血。最后,还要多谢我的家人,尤其是我身边的最佳读者方笑天,他们是我为未来不懈努力的动力与支柱。

对我而言,人生计划终究要落实为一步步迈出的印迹,我愿以此作为我人生当中这段时光的一个简要总结,而从另一个角度来看,这也是对自己下一个阶段的鼓舞与期望。当然,尽管我已经尽了所能,但终究还是才疏学浅,难以全面把握作者极为广博的知识领域和如此丰富多样的资料素材,对于作者在分析中所运用的一些方法和术语也不能说完全参透。因此,中译本中还是会出现这样那样不尽如人意的问题,有些问题可能会妨碍各位读者对文本与分析过程的理解,所有这些问题,都由我负责。我也真诚希望各位师友、读者能围绕本书中译以及所展现的主题、分析思路等方面多多交流,以实现学术上的良好互动与沟通,我的联系方式是 rucyuanjian@hotmail.com。

袁剑

2012 年 11 月 29 日

"海外中国研究丛书"书目

1. 中国的现代化 [美]吉尔伯特·罗兹曼 主编 国家社会科学基金"比较现代化"课题组 译 沈宗美 校
2. 寻求富强:严复与西方 [美]本杰明·史华兹 著 叶凤美 译
3. 中国现代思想中的唯科学主义(1900—1950) [美]郭颖颐 著 雷颐 译
4. 台湾:走向工业化社会 [美]吴元黎 著
5. 中国思想传统的现代诠释 余英时 著
6. 胡适与中国的文艺复兴:中国革命中的自由主义,1917—1937 [美]格里德 著 鲁奇 译
7. 德国思想家论中国 [德]夏瑞春 编 陈爱政 等译
8. 摆脱困境:新儒学与中国政治文化的演进 [美]墨子刻 著 颜世安 高华 黄东兰 译
9. 儒家思想新论:创造性转换的自我 [美]杜维明 著 曹幼华 单丁 译 周文彰 等校
10. 洪业:清朝开国史 [美]魏斐德 著 陈苏镇 薄小莹 包伟民 陈晓燕 牛朴 谭天星 译 阎步克 等校
11. 走向21世纪:中国经济的现状、问题和前景 [美]D.H.帕金斯 著 陈志标 编译
12. 中国:传统与变革 [美]费正清 赖肖尔 主编 陈仲丹 潘兴明 庞朝阳 译 吴世民 张子清 洪邮生 校
13. 中华帝国的法律 [美]D.布朗 C.莫里斯 著 朱勇 译 梁治平 校
14. 梁启超与中国思想的过渡(1890—1907) [美]张灏 著 崔志海 葛夫平 译
15. 儒教与道教 [德]马克斯·韦伯 著 洪天富 译
16. 中国政治 [美]詹姆斯·R.汤森 布兰特利·沃马克 著 顾速 董方 译
17. 文化、权力与国家:1900—1942年的华北农村 [美]杜赞奇 著 王福明 译
18. 义和团运动的起源 [美]周锡瑞 著 张俊义 王栋 译
19. 在传统与现代性之间:王韬与晚清革命 [美]柯文 著 雷颐 罗检秋 译
20. 最后的儒家:梁漱溟与中国现代化的两难 [美]艾恺 著 王宗昱 冀建中 译
21. 蒙元入侵前夜的中国日常生活 [法]谢和耐 著 刘东 译
22. 东亚之锋 [美]小R.霍夫亨兹 K.E.柯德尔 著 黎鸣 译
23. 中国社会史 [法]谢和耐 著 黄建华 黄迅余 译
24. 从理学到朴学:中华帝国晚期思想与社会变化面面观 [美]艾尔曼 著 赵刚 译
25. 孔子哲学思微 [美]郝大维 安乐哲 著 蒋弋为 李志林 译
26. 北美中国古典文学研究名家十年文选 乐黛云 陈珏 编选
27. 东亚文明:五个阶段的对话 [美]狄百瑞 著 何兆武 何冰 译
28. 五四运动:现代中国的思想革命 [美]周策纵 著 周子平 等译
29. 近代中国与新世界:康有为变法与大同思想研究 [美]萧公权 著 汪荣祖 译
30. 功利主义儒家:陈亮对朱熹的挑战 [美]田浩 著 姜长苏 译
31. 莱布尼兹和儒学 [美]孟德卫 著 张学智 译
32. 佛教征服中国:佛教在中国中古早期的传播与适应 [荷兰]许理和 著 李四龙 裴勇 等译
33. 新政革命与日本:中国,1898—1912 [美]任达 著 李仲贤 译
34. 经学、政治和宗族:中华帝国晚期常州今文学派研究 [美]艾尔曼 著 赵刚 译
35. 中国制度史研究 [美]杨联陞 著 彭刚 程钢 译

36. 汉代农业:早期中国农业经济的形成　[美]许倬云 著　程农 张鸣 译　邓正来 校
37. 转变的中国:历史变迁与欧洲经验的局限　[美]王国斌 著　李伯重 连玲玲 译
38. 欧洲中国古典文学研究名家十年文选　乐黛云 陈珏 龚刚 编选
39. 中国农民经济:河北和山东的农民发展,1890—1949　[美]马若孟 著　史建云 译
40. 汉哲学思维的文化探源　[美]郝大维 安乐哲 著　施忠连 译
41. 近代中国之种族观念　[英]冯客 著　杨立华 译
42. 血路:革命中国中的沈定一(玄庐)传奇　[美]萧邦奇 著　周武彪 译
43. 历史三调:作为事件、经历和神话的义和团　[美]柯文 著　杜继东 译
44. 斯文:唐宋思想的转型　[美]包弼德 著　刘宁 译
45. 宋代江南经济史研究　[日]斯波义信 著　方健 何忠礼 译
46. 一个中国村庄:山东台头　杨懋春 著　张雄 沈炜 秦美珠 译
47. 现实主义的限制:革命时代的中国小说　[美]安敏成 著　姜涛 译
48. 上海罢工:中国工人政治研究　[美]裴宜理 著　刘平 译
49. 中国转向内在:两宋之际的文化转向　[美]刘子健 著　赵冬梅 译
50. 孔子:即凡而圣　[美]赫伯特·芬格莱特 著　彭国翔 张华 译
51. 18世纪中国的官僚制度与荒政　[法]魏丕信 著　徐建青 译
52. 他山的石头记:宇文所安自选集　[美]宇文所安 著　田晓菲 编译
53. 危险的愉悦:20世纪上海的娼妓问题与现代性　[美]贺萧 著　韩敏中 盛宁 译
54. 中国食物　[美]尤金·N. 安德森 著　马孆 刘东 译　刘东 审校
55. 大分流:欧洲、中国及现代世界经济的发展　[美]彭慕兰 著　史建云 译
56. 古代中国的思想世界　[美]本杰明·史华兹 著　程钢 译　刘东 校
57. 内闱:宋代的婚姻和妇女生活　[美]伊沛霞 著　胡志宏 译
58. 中国北方村落的社会性别与权力　[加]朱爱岚 著　胡玉坤 译
59. 先贤的民主:杜威、孔子与中国民主之希望　[美]郝大维 安乐哲 著　何刚强 译
60. 向往心灵转化的庄子:内篇分析　[美]爱莲心 著　周炽成 译
61. 中国人的幸福观　[德]鲍吾刚 著　严蓓雯 韩雪临 吴德祖 译
62. 闺塾师:明末清初江南的才女文化　[美]高彦颐 著　李志生 译
63. 缀珍录:十八世纪及其前后的中国妇女　[美]曼素恩 著　定宜庄 颜宜葳 译
64. 革命与历史:中国马克思主义历史学的起源,1919—1937　[美]德里克 著　翁贺凯 译
65. 竞争的话语:明清小说中的正统性、本真性及所生成之意义　[美]艾梅兰 著　罗琳 译
66. 中国妇女与农村发展:云南禄村六十年的变迁　[加]宝森 著　胡玉坤 译
67. 中国近代思维的挫折　[日]岛田虔次 著　甘万萍 译
68. 中国的亚洲内陆边疆　[美]拉铁摩尔 著　唐晓峰 译
69. 为权力祈祷:佛教与晚明中国士绅社会的形成　[加]卜正民 著　张华 译
70. 天潢贵胄:宋代宗室史　[美]贾志扬 著　赵冬梅 译
71. 儒家之道:中国哲学之探讨　[美]倪德卫 著　[美]万白安 编 周炽成 译
72. 都市里的农家女:性别、流动与社会变迁　[澳]杰华 著　吴小英 译
73. 另类的现代性:改革开放时代中国性别化的渴望　[美]罗丽莎 著　黄新 译
74. 近代中国的知识分子与文明　[日]佐藤慎一 著　刘岳兵 译
75. 繁盛之阴:中国医学史中的性(960—1665)　[美]费侠莉 著　甄橙 主译　吴朝霞 主校
76. 中国大众宗教　[美]韦思谛 编 陈仲丹 译
77. 中国诗画语言研究　[法]程抱一 著　涂卫群 译
78. 中国的思维世界　[日]沟口雄三 小岛毅 著　孙歌 等译

79. 德国与中华民国　[美]柯伟林 著　陈谦平 陈红民 武菁 申晓云 译　钱乘旦 校
80. 中国近代经济史研究:清末海关财政与通商口岸市场圈　[日]滨下武志 著　高淑娟 孙彬 译
81. 回应革命与改革:皖北李村的社会变迁与延续　韩敏 著　陆益龙 徐新玉 译
82. 中国现代文学与电影中的城市:空间、时间与性别构形　[美]张英进 著　秦立彦 译
83. 现代的诱惑:书写半殖民地中国的现代主义(1917—1937)　[美]史书美 著　何恬 译
84. 开放的帝国:1600年前的中国历史　[美]芮乐伟·韩森　梁侃 邹劲风 译
85. 改良与革命:辛亥革命在两湖　[美]周锡瑞 著　杨慎之 译
86. 章学诚的生平与思想　[美]倪德卫 著　杨立华 译
87. 卫生的现代性:中国通商口岸健康与疾病的意义　[美]罗芙芸 著　向磊 译
88. 道与庶道:宋代以来的道教、民间信仰和神灵模式　[美]韩明士 著　皮庆生 译
89. 间谍王:戴笠与中国特工　[美]魏斐德 著　梁禾 译
90. 中国的女性与性相:1949年以来的性别话语　[英]艾华 著　施施 译
91. 近代中国的犯罪、惩罚与监狱　[荷]冯客 著　徐有威 等译　潘兴明 校
92. 帝国的隐喻:中国民间宗教　[英]王斯福 著　赵旭东 译
93. 王弼《老子注》研究　[德]瓦格纳 著　杨立华 译
94. 寻求正义:1905—1906年的抵制美货运动　[美]王冠华 著　刘甜甜 译
95. 传统中国日常生活中的协商:中古契约研究　[美]韩森 著　鲁西奇 译
96. 从民族国家拯救历史:民族主义话语与中国现代史研究　[美]杜赞奇 著　王宪明 高继美 李海燕 李点 译
97. 欧几里得在中国:汉译《几何原本》的源流与影响　[荷]安国风 著　纪志刚 郑诚 郑方磊 译
98. 十八世纪中国社会　[美]韩书瑞 罗友枝 著　陈仲丹 译
99. 中国与达尔文　[美]浦嘉珉 著　钟永强 译
100. 私人领域的变形:唐宋诗词中的园林与玩好　[美]杨晓山 著　文韬 译
101. 理解农民中国:社会科学哲学的案例研究　[美]李丹 著　张天虹 张洪云 张胜波 译
102. 山东叛乱:1774年的王伦起义　[美]韩书瑞 著　刘平 唐雁超 译
103. 毁灭的种子:战争与革命中的国民党中国(1937—1949)　[美]易劳逸 著　王建朗 王贤知 贾维 译
104. 缠足:"金莲崇拜"盛极而衰的演变　[美]高彦颐 著　苗延威 译
105. 饕餮之欲:当代中国的食与色　[美]冯珠娣 著　郭乙瑶 马磊 江素侠 译
106. 翻译的传说:中国新女性的形成(1898—1918)　胡缨 著　龙瑜宬 彭珊珊 译
107. 中国的经济革命:20世纪的乡村工业　[日]顾琳 著　王玉茹 张玮 李进霞 译
108. 礼物、关系学与国家:中国人际关系与主体性建构　杨美惠 著　赵旭东 孙珉 译　张跃宏 译校
109. 朱熹的思维世界　[美]田浩 著
110. 皇帝和祖宗:华南的国家与宗族　[英]科大卫 著　卜永坚 译
111. 明清时代东亚海域的文化交流　[日]松浦章 著　郑洁西 等译
112. 中国美学问题　[美]苏源熙 著　卞东波 译　张强强 朱霞欢 校
113. 清代内河水运史研究　[日]松浦章 著　董科 译
114. 大萧条时期的中国:市场、国家与世界经济　[日]城山智子 著　孟凡礼 尚国敏 译　唐磊 校
115. 美国的中国形象(1931—1949)　[美]T.克里斯托弗·杰斯普森 著　姜智芹 译
116. 技术与性别:晚期帝制中国的权力经纬　[英]白馥兰 著　江湄 邓京力 译

117. 中国善书研究 [日]酒井忠夫 著 刘岳兵 何英莺 孙雪梅 译
118. 千年末世之乱:1813年八卦教起义 [美]韩书瑞 著 陈仲丹 译
119. 西学东渐与中国事情 [日]增田涉 著 由其民 周启乾 译
120. 六朝精神史研究 [日]吉川忠夫 著 王启发 译
121. 矢志不渝:明清时期的贞女现象 [美]卢苇菁 著 秦立彦 译
122. 明代乡村纠纷与秩序:以徽州文书为中心 [日]中岛乐章 著 郭万平 高飞 译
123. 中华帝国晚期的欲望与小说叙述 [美]黄卫总 著 张蕴爽 译
124. 虎、米、丝、泥:帝制晚期华南的环境与经济 [美]马立博 著 王玉茹 关永强 译
125. 一江黑水:中国未来的环境挑战 [美]易明 著 姜智芹 译
126. 《诗经》原意研究 [日]家井真 著 陆越 译
127. 施剑翘复仇案:民国时期公众同情的兴起与影响 [美]林郁沁 著 陈湘静 译
128. 华北的暴力和恐慌:义和团运动前夕基督教传播和社会冲突 [德]狄德满 著 崔华杰 译
129. 铁泪图:19世纪中国对于饥馑的文化反应 [美]艾志端 著 曹曦 译
130. 饶家驹安全区:战时上海的难民 [美]阮玛霞 著 白华山 译
131. 危险的边疆:游牧帝国与中国 [美]巴菲尔德 著 袁剑 译
132. 工程国家:民国时期(1927—1937)的淮河治理及国家建设 [美]戴维·艾伦·佩兹 著 姜智芹 译
133. 历史宝筏:过去、西方与中国妇女问题 [美]季家珍 著 杨可 译
134. 姐妹们与陌生人:上海棉纱厂女工,1919—1949 [美]韩起澜 著 韩慈 译
135. 银线:19世纪的世界与中国 林满红 著 詹庆华 林满红 译
136. 寻求中国民主 [澳]冯兆基 著 刘悦斌 徐硙 译
137. 墨梅 [美]毕嘉珍 著 陆敏珍 译
138. 清代上海沙船航运业史研究 [日]松浦章 著 杨蕾 王亦铮 董科 译
139. 男性特质论:中国的社会与性别 [澳]雷金庆 著 [澳]刘婷 译
140. 重读中国女性生命故事 游鉴明 胡缨 季家珍 主编
141. 跨太平洋位移:20世纪美国文学中的民族志、翻译和文本间旅行 黄运特 著 陈倩 译
142. 认知诸形式:反思人类精神的统一性与多样性 [英]G.E.R.劳埃德 著 池志培 译
143. 中国乡村的基督教:1860—1900江西省的冲突与适应 [美]史维东 著 吴薇 译
144. 假想的"满大人":同情、现代性与中国疼痛 [美]韩瑞 著 袁剑 译
145. 中国的捐纳制度与社会 伍跃 著
146. 文书行政的汉帝国 [日]富谷至 著 刘恒武 孔李波 译
147. 城市里的陌生人:中国流动人口的空间、权力与社会网络的重构 [美]张骊 著 袁长庚 译
148. 性别、政治与民主:近代中国的妇女参政 [澳]李木兰 著 方小平 译
149. 近代日本的中国认识 [日]野村浩一 著 张学锋 译
150. 狮龙共舞:一个英国人笔下的威海卫与中国传统文化 [英]庄士敦 著 刘本森 译 威海市博物馆 郭大松 校
151. 人物、角色与心灵:《牡丹亭》与《桃花扇》中的身份认同 [美]吕立亭 著 白华山 译
152. 中国社会中的宗教与仪式 [美]武雅士 著 彭泽安 邵铁峰 译 郭潇威 校
153. 自贡商人:近代早期中国的企业家 [美]曾小萍 著 董建中 译
154. 大象的退却:一部中国环境史 [英]伊懋可 著 梅雪芹 毛利霞 王玉山 译
155. 明代江南土地制度研究 [日]森正夫 著 伍跃 张学锋 等译 范金民 夏维中 审校
156. 儒学与女性 [美]罗莎莉 著 丁佳伟 曹秀娟 译

157. 行善的艺术:晚明中国的慈善事业(新译本)　[美]韩德玲 著　曹晔 译
158. 近代中国的渔业战争和环境变化　[美]穆盛博 著　胡文亮 译
159. 权力关系:宋代中国的家族、地位与国家　[美]柏文莉 著　刘云军 译
160. 权力源自地位:北京大学、知识分子与中国政治文化,1898—1929　[美]魏定熙 著　张蒙 译
161. 工开万物:17世纪中国的知识与技术　[德]薛凤 著　吴秀杰 白岚玲 译
162. 忠贞不贰:辽代的越境之举　[英]史怀梅 著　曹流 译
163. 内藤湖南:政治与汉学(1866—1934)　[美]傅佛果 著　陶德民 何英莺 译
164. 他者中的华人:中国近现代移民史　[美]孔飞力 著　李明欢 译　黄鸣奋 校
165. 古代中国的动物与灵异　[英]胡司德 著　蓝旭 译
166. 两访中国茶乡　[英]罗伯特·福琼 著　敖雪岗 译
167. 缔造选本:《花间集》的文化语境与诗学实践　[美]田安 著　马强才 译
168. 扬州评话探讨　[丹麦]易德波 著　米锋 易德波 译　李今芸 校译
169. 《左传》的书写与解读　李惠仪 著　文韬 许明德 译
170. 以竹为生:一个四川手工造纸村的20世纪社会史　[德]艾约博 著　韩巍 译　吴秀杰 校
171. 东方之旅:1579—1724 耶稣会传教团在中国　[美]柏理安 著　毛瑞方 译
172. "地域社会"视野下的明清史研究:以江南和福建为中心　[日]森正夫 著　于志嘉 马一虹 黄东兰 阿风 等译
173. 技术、性别、历史:重新审视帝制中国的大转型　[英]白馥兰 著　吴秀杰 白岚玲 译
174. 中国小说戏曲史　[日]狩野直喜 著　张真 译
175. 历史上的黑暗一页:英国外交文件与英美海军档案中的南京大屠杀　[美]陆束屏 编著/翻译
176. 罗马与中国:比较视野下的古代世界帝国　[奥]沃尔特·施德尔 主编　李平 译
177. 矛与盾的共存:明清时期江西社会研究　[韩]吴金成 著　崔荣根 译　薛戈 校译
178. 唯一的希望:在中国独生子女政策下成年　[美]冯文 著　常姝 译
179. 国之枭雄:曹操传　[澳]张磊夫 著　方笑天 译
180. 汉帝国的日常生活　[英]鲁惟一 著　刘洁 余霄 译
181. 大分流之外:中国和欧洲经济变迁的政治　[美]王国斌 罗森塔尔 著　周琳 译　王国斌 张萌 审校
182. 中正之笔:颜真卿书法与宋代文人政治　[美]倪雅梅 著　杨简茹 译　祝帅 校译
183. 江南三角洲市镇研究　[日]森正夫 编　丁韵 胡婧 等译　范金民 审校
184. 忍辱负重的使命:美国外交官记载的南京大屠杀与劫后的社会状况　[美]陆束屏 编著/翻译
185. 修仙:古代中国的修行与社会记忆　[美]康儒博 著　顾漩 译
186. 烧钱:中国人生活世界中的物质精神　[美]柏桦 著　袁剑 刘玺鸿 译
187. 话语的长城:文化中国历险记　[美]苏源熙 著　盛珂 译
188. 诸葛武侯　[日]内藤湖南 著　张真 译
189. 盟友背信:一战中的中国　[英]吴芳思 克里斯托弗·阿南德尔 著　张宇扬 译
190. 亚里士多德在中国:语言、范畴和翻译　[英]罗伯特·沃迪 著　韩小强 译
191. 马背上的朝廷:巡幸与清朝统治的建构,1680—1785　[美]张勉治 著　董建中 译
192. 申不害:公元前四世纪中国的政治哲学家　[美]顾立雅 著　马腾 译
193. 晋武帝司马炎　[日]福原启郎 著　陆帅 译
194. 唐人如何吟诗:带你走进汉语音韵学　[日]大岛正二 著　柳悦 译

195. 古代中国的宇宙论　[日]浅野裕一 著　吴昊阳 译
196. 中国思想的道家之论:一种哲学解释　[美]陈汉生 著　周景松 谢尔逊 等译　张丰乾 校译
197. 诗歌之力:袁枚女弟子屈秉筠(1767—1810)　[加]孟留喜 著　吴夏平 译
198. 中国逻辑的发现　[德]顾有信 著　陈志伟 译
199. 高丽时代宋商往来研究　[韩]李镇汉 著　李廷青 戴琳剑 译　楼正豪 校
200. 中国近世财政史研究　[日]岩井茂树 著　付勇 译　范金民 审校
201. 魏晋政治社会史研究　[日]福原启郎 著　陆帅 刘萃峰 张紫毫 译
202. 宋帝国的危机与维系:信息、领土与人际网络　[比利时]魏希德 著　刘云军 译
203. 中国精英与政治变迁:20世纪初的浙江　[美]萧邦奇 著　徐立望 杨涛羽 译　李齐 校
204. 北京的人力车夫:1920年代的市民与政治　[美]史谦德 著　周书垚 袁剑 译　周育民 校
205. 1901—1909年的门户开放政策:西奥多·罗斯福与中国　[美]格雷戈里·摩尔 著　赵嘉玉 译
206. 清帝国之乱:义和团运动与八国联军之役　[美]明恩溥 著　郭大松 刘本森 译